अन्तरंग बहिरंग

अन्तरंग बहिरंग

देवेन्द्र राज अंकुर

राजकमल प्रकाशन

ISBN : 978-81-267-0848-2

मूल्य : ₹895

पहला संस्करण : 2004
तीसरा संस्करण : 2021
This book is printed on **Print on Demand** Technology : 2024

प्रकाशक : राजकमल प्रकाशन प्रा. लि.
1-बी, नेताजी सुभाष मार्ग, दरियागंज
नई दिल्ली-110 002

शाखाएँ : अशोक राजपथ, साइंस कॉलेज के सामने, पटना-800 006
पहली मंजिल, दरबारी बिल्डिंग, महात्मा गांधी मार्ग, प्रयागराज-211 001
1, अनमोल सोराबजी संतुक लेन, धोबी तलाव, मरीन लाइंस, मुम्बई-400 002

वेबसाइट : www.rajkamalprakashan.com
ई-मेल : info@rajkamalprakashan.com

ANTARANG BAHIRANG
by Devendra Raj Ankur

आभार

कसौटी, जनसत्ता, राष्ट्रीय सहारा, आलोचना, छायानट, उत्तर प्रदेश, तद्‌भव, राजभाषा मंजूषा, रंग प्रसंग का जिनमें ये लेख पहली बार प्रकाशित हुए।

क्रम

चिन्तन

- *नाटक को देखना*
- *नाटक का अध्ययन और अध्यापन*
- *विश्वविद्यालयों में नाटक के अध्ययन-अध्यापन का प्रश्न*
- *रंगमंचीय दृष्टि से नाटक का अध्ययन*
- *नाटक लिखने का व्याकरण*
- *नाटक : अस्वीकार का माध्यम*
- *भारतेन्दु का रंग-चिन्तन*

नाटक को देखना

जब हम किसी नाटक को पढ़ते हैं तो उसकी कहानी, कथ्य और उसमें छुपी रंगमंचीय सम्भावनाओं की पहचान प्रायः पढ़ने के दौरान ही सम्भव हो जाती है, लेकिन मंच पर प्रस्तुत होते समय उसे देखने का अनुभव कैसा होगा, उसके बारे में हम प्रायः अनभिज्ञ रहते हैं। एक जिज्ञासा सहज ही मन में उठती है कि जब हम किसी नाटक को मंच पर देख रहे होते हैं तो उस क्षण वस्तुतः हम क्या देख रहे होते हैं—नाटक की कहानी, उसका कथ्य, उसका चरित्र, उसकी मंचसज्जा, प्रकाशसज्जा, पात्रों की वेशभूषा, रूपसज्जा और इन सबको मिलाकर पात्रों के प्रवेश-प्रस्थान और पूरे मंच पर फैला उनका गतिविधान, इन सामने दिखनेवाले तत्त्वों के अतिरिक्त नेपथ्य से आता गीत-संगीत अथवा दूसरे ध्वनि प्रभाव, मंच पर ही बैठी गायक मंडली—इन सारी चीज़ों को मिलाकर शुरू से लेकर अन्त तक चलती हुई एक यात्रा जिसमें हम भी उसके साथ-साथ चलते हैं। क्या नाटक को देखना, उपर्युक्त तमाम चीज़ों को एक साथ देखना अथवा अनुभूत करना है ? क्या नाटक को देखना मंच पर घटित होते हुए नाटक के पार भी कुछ देखना है ? क्या प्रकाश और अन्धकार, संवाद और मौन, स्वगत और प्रकट के बीच जो कुछ अनलिखा ही रहता है, उसको देखना है ? संक्षेप में किसी भी नाट्य प्रस्तुति को देखने के वास्तविक अनुभव को कैसे परिभाषित किया जाए, यही सबसे बड़ी चुनौती है। क्या कारण है कि कोई नाटक हमें बहुत अच्छा लगता है और कोई नाटक बहुत ही खराब। यदि हम अपने आप से ही यह सवाल भी करें कि कोई नाटक क्यों अच्छा या खराब लगा तो क्या हम उसका उत्तर ढूँढ़ पाने की स्थिति में हैं ? आइए, मिल-जुलकर नाटक देखने के इस रंगमंचीय अनुभव को शुरू से लेकर आख़िर तक पकड़ें और फिर कुछ निष्कर्षों तक पहुँचा जाए।

यह ज़रूरी नहीं है कि नाटक देखने से पहले हमने उसे पढ़ा भी हो। हम कभी अपने परिवार और दोस्तों के साथ और कभी अकेले ही किसी नाटक को देखने जाते हैं। शुरुआत की घंटियों के बजने तक हम हॉल के बाहर अपने परिचितों से मिलते-जुलते रहते हैं अथवा उस मौके पर लगी किसी प्रदर्शनी को देख रहे होते हैं या यूँ ही सिगरेट-चाय पी रहे होते हैं। दूसरे चरण में हम हॉल में पहुँचकर, रोशनी रहने तक आपसी बातचीत में मशगूल रहते हैं। ज्यों ही नाटक शुरू होने की तीसरी घंटी बजती है, हम अपने को नाटक देखने के लिए तैयार कर लेते हैं। इस तैयारी में क्या शामिल

है ? हमारा पूरी तरह से ख़ामोश हो जाना, हॉल में अन्धकार, प्रकाश अथवा संगीत के माध्यम से परदे का उठना और नाटक से जुड़े किसी भी तरह के कार्यव्यापार की शुरुआत होना। ख़ामोशी और अन्धकार के क्षणों में हम भी मानो पूरी तरह से एकाग्रचित्त हो जाते हैं और मंच पर कुछ घटित होने की प्रतीक्षा करने लगते हैं। यह घटित होना कुछ भी हो सकता है—एक हँसी, एक रुदन, एक शोर, एक खाँसी, एक प्रवेश, एक आहट, खटखटाहट अथवा कोई संवाद, कहने का अर्थ यह है कि एक ऐसा क्षण जहाँ से नाटक की कहानी शुरू होती है। इस कहानी को संवादों के माध्यम से आगे बढ़ना है, फिर चाहे वे संवाद मात्र एक चरित्र का एकालाप हो या उसमें दो-तीन या बहुत से पात्र शामिल हों। इतने छोटे से क्षण विशेष में भी कुछ चीज़ें बिना बताए पहले ही तय हो चुकी हैं अर्थात् एक लिखी हुई या मौखिक कहानी, उस कहानी को आगे लेकर चलनेवाले कुछ जीते-जागते इंसान, वे जीते-जागते इंसान किसी एक स्थान पर एकत्रित और उनके आपसी सम्बन्धों के भीतर से पैदा होते अनुभव को शेयर करनेवाले दर्शक। देखा जाए तो मंच पर प्रस्तुत हो रहे नाटक में स्वयं में ही रंगमंच के चार आवश्यक और अनिवार्य तत्त्व समाहित हैं अर्थात् नाटक की कहानी, कहानी को अभिनीत करनेवाले अभिनेता, अभिनीत करने के लिए तमाम तकनीकों के साथ तैयार किया गया रंगस्थल और उस प्रस्तुति को देखने आए दर्शक। जब से रंगमंच की शुरुआत हुई है, नाटक को देखने के इस अनुभव में कोई परिवर्तन नहीं आया है बेशक़ अभिनेता और दर्शक के सम्बन्धों में रंगभूमि के अपने स्थापत्य की वज़ह से कोई अन्तर आया हो अर्थात् नाटक देखने का यह अनुभव कभी चहुँतरफ़ा, कभी तीनतरफ़ा, कभी दोतरफ़ा और कभी एकतरफ़ा रहा है लेकिन यह तय है कि इस प्रक्रिया के अपने तत्त्व क़मोबेश वही रहेंगे जिनका ऊपर ज़िक्र किया गया है।

यह एक तथ्य है कि जब हम हॉल में आते हैं तो हममें से हर व्यक्ति अपनी-अपनी स्मृतियों के साथ नाटक देखने आता है, फिर धीरे-धीरे नाटक की कहानी और उसको जीते और झेलते पात्रों के आपसी सम्बन्धों और तनाव में से गुज़रते हुए हम अपने साथ लाई स्मृतियों को छोड़ते जाते हैं और एक स्थिति ऐसी भी आती है जब हम नाटक के पात्रों की स्मृतियों के साथ एकाकार होने लगते हैं। यह प्रक्रिया लगभग सभी शैलियों के नाटकों को देखने के दौरान सम्भव होती है, फिर चाहे मंच पर शास्त्रीय नाटक, लोक नाटक, पारसी नाटक, यथार्थवादी नाटक, विसंगत नाटक और यहाँ तक कि ब्रेष्ट के अलगाववादी सिद्धान्त पर आधारित नाटक हों, जिनके विषय में कहा जाता है कि दर्शक उन्हें देखते हुए कभी भी कथासूत्र के साथ एकाकार नहीं होता। वास्तव में एकाकार न होने की प्रक्रिया उन सभी आलेखों के साथ अनिवार्य रूप से जुड़ी होती है जिनका कथ्य हमें पहले से मालूम रहता है लेकिन यह अलगाव या दूरी मात्र सतही या ऊपर से ही दिखाई पड़ती है। सच्चाई यह है कि किसी भी नाटक को देखने का गहरा अनुभूतिपरक और संवेदनापरक अनुभव वही होता है जब हम उसे अपने भीतर तक अनुभूत करते हैं। नाटक देखने का और वह भी किसी अच्छे नाटक को देखने का

अनुभव संगीत के किसी राग, नृत्य की एक मुद्रा, खेल के किसी क्षण विशेष को देखने के अनुभव से मिलता-जुलता है जब हमारी सारी इन्द्रियाँ एक जगह पर सिमटकर इस बात की प्रतीक्षा करने लगती हैं कि आगे क्या होनेवाला है। इस बात को दोहराने की ज़रूरत नहीं है कि इस अनुभव में आलेख के साथ-साथ गायक, नर्तक, खिलाड़ी अथवा अभिनेता की अपनी कला और कौशल की ऊँचाइयाँ भी शामिल रहती हैं, लेकिन यह कोई उतना ज़रूरी भी नहीं। कहीं-न-कहीं इन सारी विधाओं में किसी अप्रत्याशित, किसी रोमांच अथवा किसी चमत्कार के घटित होने की आशा भी बरकरार रहती है। उदाहरण के लिए अभी हाल ही में हुए विश्व फुटबॉल कप के विषय में क्या कभी किसी ने यह कल्पना की थी कि फ्रांस, इटली और अर्जेंटाइना जैसी विश्वविजेता टीमें देखते-देखते प्रतियोगिता से बाहर हो जाएँगी लेकिन जब ऐसा क्षण सचमुच में घटित हुआ तो क्या सभी दर्शकों ने एक साथ मिलकर उस थ्रिल का अनुभव नहीं किया जिसे हम नाटक के मुहावरे से साधारणीकरण, रसास्वादन अथवा आनन्द का नाम देते हैं। क्यों ऐसा होता है कि जब मंच पर कुछ ग़लत घटित हो जाता है तो सबके मुँह से एक साथ चू... चू...चू...की ध्वनि और जब कुछ उम्दा अभिनय देखने को मिलता है तो सब एक साथ वाह...वाह...कर उठते हैं। आज यह बात भले ही अविश्वसनीय लगे, लेकिन ज़्यादा वक़्त नहीं बीता जब पारसी नाटकों के मंचन में दर्शक अभिनेताओं के अभिनय से अभिभूत होकर वन्स मोर, वन्स मोर चिल्ला उठते थे और वे अभिनेता भी ऐसे ज़ाँबाज़ और ज़िन्दादिल हुआ करते थे कि यथार्थ के भ्रम को तोड़कर पुनः उस दृश्य को दोहराने लगते थे, फिर चाहे वह दृश्य उनके अपने मरण का ही क्यों न रहा हो। दर्शकों की तल्लीनता और अलगाव का इससे बड़ा उदाहरण और क्या होगा कि वे वन्स मोर के बहाने से ऐसे दृश्यों को दोहराने की माँग कर रहे हैं जिसमें उस दृश्य में उपस्थित अभिनेता कुछ ही क्षणों पहले मर चुका है। अलगाव और तादात्म्य के ऐसे क्षण भारतीय नाट्य परम्परा में न जाने कब से मौज़ूद हैं। भारतीय परम्परा की बात जाने दीजिए, क्या स्वयं नाटक को देखने की प्रक्रिया में ये दोनों तत्त्व एक साथ क्रियाशील नहीं होते। साहित्य में रचनाकार अपनी रचना के प्रकाशित होने के बाद उससे पूरी तरह से अलग हो सकता है। यही अनुभव चित्रकार और फ़िल्मकार का भी हो सकता है, लेकिन मंच पर घटित होते नाटक से न तो उतनी देर के लिए अभिनेता अलग हो सकता है और न ही दर्शक। यहाँ एक सुविधा और भी है कि हम जब चाहें तो उन क्षणों को दोहरा भी सकते हैं, यदि हम दूसरे दिन पुनः इस नाटक को देखने पहुँच जाएँ। यह अनुभव दूसरे कला माध्यमों में भी सम्भव है लेकिन ठीक उसी रूप और अनुपात में नहीं।

दरअसल, नाटक को देखना एक ऐसे ज़ादुई और रहस्यमय लोक में विचरण करना है जहाँ सब कुछ पहले से निश्चित है और फिर भी कुछ निश्चित नहीं है। क्यों ऐसा होता है कि एक अभिनेता किसी दिन ज़बर्दस्त असर पैदा करता है और दूसरे ही दिन उसका अभिनय निहायत ही निचले दर्ज़े का भी हो सकता है। इसलिए अच्छे अभिनेता से हमेशा यह अपेक्षा की जाती है कि वह अपने अभिनय के उन ऊँचे प्रतिमानों को

बनाए रखे जिन्हें उसने प्रस्तुति के कुछ शुरुआती प्रदर्शनों में हासिल कर लिया हो। यह अपेक्षा इसलिए भी ज़रूरी है क्योंकि अभिनेता वही रहता है लेकिन उसके दर्शक हर प्रदर्शन में बदलते रहते हैं। यदि किसी दिन प्रस्तुति का स्तर किसी भी कारणवश यान्त्रिक, बासी और घटिया हो गया तो उस नए दर्शक के मन-मस्तिष्क में उसकी वही छाप बनी रहेगी। यही कारण है कि अभिनेता की कला एक दुधारी तलवार पर चलने के समान है और वह ऐसे कि पहले तो वह अपनी आवाज़ और शरीर को एक यन्त्र की तरह से साधे और फिर प्रस्तुति के दौरान उसमें लगातार प्राणतत्त्व की प्रतिष्ठा करते चले। ठीक यही प्रक्रिया दर्शक को भी अपनानी होती है अर्थात् पहले तो वह स्वयं को एकाग्रचित्त करे और फिर नाटक की कहानी और उसको लेकर आगे चलनेवाले चरित्रों के साथ ही एकाग्रचित्त हो। यह एकात्मकता की स्थिति दोनों तरफ़ से जितनी ज़्यादा होगी उतना ही नाटक को देखने का अनुभव अद्भुत और अविस्मरणीय बनता चला जाएगा।

क्या नाटक को देखने का ज़ादू इस तथ्य से अपने आप प्रमाणित नहीं हो जाता कि किसी लिखित अथवा रिकार्डिड इतिहास की अनुपस्थिति में भी प्रस्तुतियों के कुछ क्षण विशेष, कुछ स्थितियाँ विशेष और कुछ अभिनय-प्रसंग चिरकाल के लिए हमारी स्मृति में दर्ज़ हो जाते हैं, और हम जब चाहें उन्हें याद करके उनका वैसा ही आनन्द उठा सकते हैं जैसा शायद पहली बार उठाया था। संक्षेप में, नाटक को देखना मानो धीरे-धीरे अपनी वैयक्तिक स्मृतियों से अलग होते जाना और नाटक के पात्रों की स्मृतियों को अपना बनाकर अनुभूत करना है।

नाटक का अध्ययन और अध्यापन

प्रायः यह सवाल उठाया जाता है कि साहित्य की दूसरी विधाओं से अलग नाटक के अध्ययन और अध्यापन की क्या विधि हो सकती है ? एक तरफ़ नाटक भी कविता, कहानी, उपन्यास, संस्मरण, आत्मकथा, रिपोर्ताज़ आदि की तरह साहित्य का अंग माना जाता है, दूसरी तरफ़ उसकी अपनी प्रदर्शनमूलक प्रकृति के कारण उसे साहित्य से अलग करके भी देखा जाता है, नाटक की इसी दोहरी आयामिता की वज़ह से उसके अध्ययन और अध्यापन को लेकर हमेशा प्रश्न उठाए जाते रहे हैं—नाटक को मात्र साहित्यिक दृष्टि से विवेचित-विश्लेषित किया जाए अथवा उसके प्रस्तुतीकरण को अध्ययन का आधार बनाया जाए। इसमें कोई सन्देह नहीं कि नाटक हमें पहले लिखित रूप में प्राप्त होता है और उसके बाद ही हम उसके मंचित रूप की तरफ़ बढ़ते हैं। अतः यह स्वाभाविक ही है कि किसी भी नाटक का पहला अध्ययन उसके लिखित अथवा पाठ्यालेख को लेकर ही होगा और दूसरा अध्ययन उसके मंच पर प्रस्तुत आलेख से सम्बद्ध होगा। इसीलिए हर नाटक के कम-से-कम दो पाठ अवश्य होते हैं—पहला लिखित पाठ और दूसरा प्रस्तुति-पाठ। ऐसी प्रक्रिया केवल नाटक विधा के साथ ही जुड़ी है क्योंकि कविता, कहानी, उपन्यास और दूसरी विधाएँ अपने पहले पाठ के साथ ही सम्पूर्णता को प्राप्त कर चुकी होती हैं, जबकि नाटक के सन्दर्भ में उसका पहला पाठ कच्चे माल या स्रोत सामग्री से ज़्यादा महत्त्व नहीं रखता, भले ही साहित्यिक दृष्टि से उसकी कितनी भी महत्ता क्यों न हो।

नाटक का अध्ययन वस्तुतः उसके इन्हीं दोनों पाठों के समेकित रूप से जुड़ा हुआ अध्ययन है, दूसरे शब्दों में कहा जाए तो पहले एक नाटक को साहित्यिक दृष्टिकोण से अपने आपको गहरा मार्मिक और ख़रा साबित करना होता है, और फिर अपनी प्रस्तुति में भी इन्हीं मूल्यों और प्रतिमानों की कसौटी पर कसा जाना होता है। सबसे पहले देखने की कोशिश करें कि नाटक के साहित्यिक अध्ययन की क्या दिशाएँ हो सकती हैं ? आज तक इस विषय में जो भी चिन्तन, विवेचन और विश्लेषण होता रहा है, वह नाटक के कथानक, देशकाल, चरित्र-चित्रण और उद्देश्य आदि तत्त्वों से जोड़कर होता रहा है, लेकिन ये सारे तत्त्व तो साहित्य की किसी भी विधा पर लागू किए जा सकते हैं, तो फिर नाटक के अध्ययन को अलग से रेखांकित करने की ज़रूरत क्यों पड़ती है ? इसका एकमात्र कारण यही है कि हम जब तक नाटक के साहित्यिक

अध्ययन की तरफ़ बढ़ते हैं तो उसे ही उसका अन्तिम अध्ययन मान बैठते हैं, हम भूल जाते हैं कि जिन तत्त्वों की साहित्य की दूसरी विधाओं की तरह हम नाटक में भी व्याख्या और विवेचना कर रहे हैं, उसी के साथ-साथ इन तत्त्वों की रंगमंचीय सम्भावनाओं और परिकल्पनाओं पर भी उतना ही ध्यान दिया जाना आवश्यक है। यह ज़रूरी नहीं कि हम आज जिस नाटक का साहित्यिक दृष्टि से अध्ययन कर रहे हैं उसका मंचित रूप हमें तभी देखने को मिल जाए। कई बार इसमें वर्षों का अन्तराल हो सकता है, और प्रायः होता भी है। जयशंकर प्रसाद के लगभग सभी नाटक, रवीन्द्रनाथ टैगोर के लगभग सभी नाटक, धर्मवीर भारती का 'अन्धायुग' आदि अनेक ऐसे नाटक हैं जिनका मंचन उनके लिखे और प्रकाशित होने के न जाने कितने वर्षों बाद हुआ। लेकिन इसका अर्थ यह नहीं कि उनमें रंगमंचीय सम्भावनाएँ मौज़ूद ही नहीं थीं। मौज़ूद थीं इसीलिए तो देर से ही सही उनका मंचन सम्भव हो पाया।

अतः यह बात काफ़ी हद तक अपने आप में साफ़ हो जाती है कि दरअसल नाटक का लिखित रूप ही उसके मंचन की दिशा निर्धारित कर देता है। जिज्ञासा होती है कि आख़िर नाटक के लिखित रूप में कौन सी ऐसी चीज़ें समाहित होती हैं जिनसे हम उसके भावी मंचित स्वरूप को लेकर पूर्णतः आश्वस्त हो जाते हैं। मेरे विचार में नाटक के लिखित आलेख में दो तत्त्वों का सबसे पहले अध्ययन किया जाना चाहिए और वे हैं—नाटक का कथ्य और नाटक का शिल्प, ढाँचा अथवा संरचना। कथ्य से अभिप्राय यह है कि नाटक की कहानी या कथानक अन्ततः क्या अभिव्यक्त करना चाहता है, सबसे पहले इसे समझना बेहद ज़रूरी है। कहा जा सकता है कि किसी भी नाटक का कोई एक कथ्य नहीं हो सकता, लेकिन इसका अर्थ यह नहीं कि उसमें कथ्य होता ही नहीं, यदि कहानी है तो वह कहानी अपने आप में किसी-न-किसी जीवन मूल्य, जीवन दृष्टि अथवा दृष्टिकोण को सामने लाएगी ही। दूसरी कड़ी यह है कि नाटक के उस कथ्य को किस विशेष प्रविधि, मुहावरे, तेवर और व्याकरण के माध्यम से प्रस्तुत किया गया है क्योंकि यदि नाटक का कथ्य उसके साहित्यिक अध्ययन का आधार बनता है तो उसका शिल्प, फॉर्म या संरचना उसके प्रस्तुतीकरण से सम्बन्ध रखती हैं।

मूलतः यही दो तत्त्व सभी साहित्यिक विधाओं के अध्ययन के अनिवार्य एवं अपरिहार्य तत्त्व होते हुए भी नाटक के क्षेत्र में अपनी अलग सत्ता और महत्ता रखते हैं। चूँकि नाटक हमेशा वर्तमान काल में घटित होता है वह हाड़-मांस के जीते-जागते चरित्रों के माध्यम से, अपनी बात कहता है, अपने मंचन के क्षण में वो समय की विशेष सीमा से बँधा हुआ रहता है, उसका एकमात्र माध्यम संवाद होता है और उसे प्रत्यक्ष दर्शकों के समूह द्वारा देखा और सुना जाना होता है। एक तरह से हम नाटक को देखते हुए भी पढ़ रहे होते हैं जबकि दूसरी साहित्यिक दिशाओं के साथ ऐसा नहीं है क्योंकि हम उन्हें पढ़ते हुए कहीं भीतर अनुभूत कर रहे होते हैं या शायद देख भी रहे होते हैं। यदि हम आरम्भ में ही नाटक और अन्य विधाओं के इस मूलभूत अन्तर को समझते तो हमारे लिए नाटक के अध्ययन की प्रक्रिया बहुत कुछ स्पष्ट होती जाएगी। देखना

होगा कि लिखित पाठ में नाटक किस रूप में हमारे सामने आता है—एक कहानी, विभिन्न पात्रों और चरित्रों के बीच संवादों में बँधी हुई, बीच-बीच में नाटककार द्वारा कोष्ठक में दिए गए मंच निर्देश, कहानी का दृश्यों, खंडों अथवा अंकों में विभाजन। कहीं संगीत, कहीं अन्धकार और कहीं प्रकाश के संकेत और यदि यह नहीं तो पर्दा उठने और गिरने जैसी युक्तियों की सूचना, पात्रों के मंच पर प्रवेश-प्रस्थान और दूसरे कार्य-व्यापारों से जुड़े हुए दूसरे रंग निर्देश। नाटक का परिवेश क्या है, पात्रों की वेश-भूषा एवं व्यक्तित्व कैसा है, कहानी का क्रमिक विकास कैसे होता है इन सबके कहीं बहुत ही स्पष्ट और कहीं झीने से आवरण में लिपटे संकेत भी नाटक के लिखित आलेख में दिखाई पड़ते रहते हैं। इसीलिए इस बात को दोहराने की ज़रूरत नहीं कि जब हम किसी नाटक की साहित्यिक दृष्टि से आलोचना-समालोचना करें तो हमारी दृष्टि नाट्य रचना के उपर्युक्त दृश्य-तत्त्वों पर भी अवश्य जानी चाहिए। जिस नाटक में ये दृश्य-तत्त्व जितने ज़्यादा मुखर होंगे वह उतना ही अच्छा नाटक माना जाएगा, दिक़्क़त तब पैदा होती है जब हम संवादमात्र में लिखी हुई रचना को ही नाटक मान बैठते हैं, संवाद कहानी और उपन्यास में भी होते हैं लेकिन हम इसी आधार पर उन्हें नाटक की श्रेणी में तो नहीं रख देते ! हमें देखना होगा कि वो कौन से अनिवार्य पहलू हैं जो कहानी और उपन्यास में आए संवादों के बरक्स नाटक के संवादों को अलग करते हैं। कहानी और उपन्यास में संवाद वर्णन अथवा अधिक-से-अधिक किसी स्थिति विशेष के चित्रण का काम करते हैं, जबकि नाटक के संवाद किसी स्थिति विशेष में घटित होते हैं, अर्थात् उनमें देखे और सुने जाने का गुण अनिवार्य रूप से शामिल होता है। कहानीकार विवरणात्मक ब्यौरों को अलग से विवरण के रूप में भी प्रस्तुत कर सकता है जबकि नाटक में एकमात्र संवाद ही सम्प्रेषण का माध्यम होते हैं—वही विवरण हैं, वही कहानी को आगे बढ़ाते हैं, वही घटना का दृश्य रूप प्रस्तुत करते हैं। संक्षेप में, नाटक के संवाद अपनी मूल प्रकृति में वर्णनात्मक न होकर क्रियात्मक होते हैं, इसके साथ-साथ उनका सघन, संक्षिप्त एवं बहुअर्थी और बहुआयामी होना भी बेहद ज़रूरी है। आदर्श संवाद वह माना जाता है जो अपने लिखित और वाचिक रूप से अलग भी नए-नए अर्थों और व्याख्याओं को साथ लेकर चले। उदाहरण के लिए, जयशंकर प्रसाद के नाटक स्कन्दगुप्त का पहला संवाद—'अधिकार सुख कितना मादक और सारहीन है...' को लें। क्या इस संवाद से मात्र एक ही अर्थ ध्वनित होता है ? एक दूसरा उदाहरण—हैमलेट का सुप्रसिद्ध संवाद 'टू बी ऑर नॉट टू बी' भी इसी कोटि का एक बहुआयामी नाटकीय संवाद है, जिसकी पिछले चार सौ वर्षों में न जाने कितनी व्याख्याएँ की जा चुकी हैं। अतः यह स्पष्ट है कि जब हम किसी भी नाटक का भाषा और संवाद की दृष्टि से अध्ययन करें तो संवाद के उपर्युक्त गुणों और लक्षणों को ध्यान में रखें। हमारे अपने काव्यशास्त्र में अभिधा से ज़्यादा लक्षणा और व्यंजना पर ज़ोर दिया गया है, जिस नाटक के संवादों में ये दो गुण जितने ज़्यादा-से-ज़्यादा होंगे वह उतना ही अपने रंगमंचीय रूप में भी सशक्त और जीवन्त होगा।

नाटक के कथानक को पात्रों और चरित्रों के माध्यम से आगे बढ़ना होता है, इसलिए यह ज़रूरी है कि उनका चित्रण भी संवादों की तरह से उतना ही बहुआयामिता लिए हुए हो। वे सिर्फ़ काले और सफ़ेद अर्थात् अच्छे और बुरे की एकांगी श्रेणियों में विभाजित नहीं किए जा सकते, यदि ऐसा है तो वे चरित्र न होकर मात्र टाइप हो जाएँगे। यानी बिना हाड़-मांस के ढाँचे विशेष में फिट। क्या हम स्वयं अपनी ज़िन्दगी में वही होते हैं जो कि हम बाहर से दिखाई देते हैं ? शायद कभी नहीं। शायद बाहर और भीतर की अलग-अलग तस्वीर ही नाटक के चरित्रों को गहराई प्रदान करती है, किसी भी चरित्र को अपने सामने देखकर हमारे लिए जितने ही ज़्यादा सवाल पैदा होंगे, उतना ही सार्थक वह चरित्र होता जाएगा। मसलन कोई चरित्र विशेष ऐसा क्यों है ? दूसरे चरित्र उसके विषय में क्या सोचते हैं? उसकी अपनी सोच क्या है ? और इन सब प्रश्नों से मिलकर उनके आपसी सम्बन्ध किस रूप में बनते-बिगड़ते और विकसित होते हैं, इसकी तह तक जाना पड़ेगा, यह ख़ोजबीन जितनी उस अभिनेता के लिए आवश्यक है, जो उस चरित्र की भूमिका में उतरेगा उतनी ही उस पाठक, आलोचक अथवा प्राध्यापक के लिए भी जो अपने छात्रों के साथ उस नाटक का अध्ययन करेगा। इतना ही नहीं चरित्र विशेष के व्यक्तित्व के दूसरे पहलुओं पर भी नाटक को पढ़ते समय हमारा ध्यान केन्द्रित रहना चाहिए—उसकी आयु क्या है ? उसका पहनावा क्या है ? उसकी आवाज़ कैसी है ? उसकी चाल-ढाल कैसी है ? उसके हाव-भाव कैसे हैं ? ये सारी चीज़ें पढ़ने में भले ही नगण्य हों लेकिन कहीं-न-कहीं शब्दों के पीछे से संवादों के भीतर से उनका अहसास बराबर होते रहना चाहिए।

यही बात नाटक के देश-काल के विषय में भी कही जा सकती है। नाटक में देश-काल एक दिखावे के रूप में उपस्थित निर्जीव वस्तु नहीं हुआ करता वरन् वह नाटक के सम्पूर्ण कार्य-व्यापार के लिए एक ऐसी जीवन्त पृष्ठभूमि और परिवेश तैयार करता है, जो वहाँ स्थित चरित्रों के व्यक्तित्व और कृतित्व का भी एक आवश्यक अंग बन जाता है। उदाहरण के लिए मोहन राकेश के नाटक 'आषाढ़ का एक दिन' में क्या घर के अन्दर की ज़र्ज़र होती जाती दीवारें और टूटे घड़े या उसमें रहनेवाले लोगों की ज़िन्दगी के जीते-जागते प्रतीक नहीं बन जाते ? इसी प्रकार 'आधे-अधूरे' का टूटा-फूटा फ़र्नीचर, भोथरा चाकू अथवा फ़ाइलों पर जमी धूल जिस परिवेश का निर्माण करती है वह उसमें रहनेवालों की अपनी ज़िन्दगी से कहाँ अलग है ? यदि एक और उदाहरण लेना हो तो 'अन्धा-युग' में बर्बर पशुओं के झुंड, बिजली की कड़क, बादलों की गरज, आकाश में छाए धूल-धूसरित रंग, कभी अन्धकार तो कभी प्रकाश—क्या ये सारे संकेत हमें स्वयं नाटक के लिखित आलेख में से ही प्राप्त नहीं होते जिन्हें हम उसकी मंच-प्रस्तुति में साकार करने की कोशिश करते हैं।

हर रचना का कोई-न-कोई उद्देश्य अवश्य हुआ करता है, लेकिन क्या उसे अलग से सीधे और सपाट शब्दों में कहने की ज़रूरत होनी चाहिए ? नाटक जैसी विधा के सन्दर्भ में तो बिल्कुल भी नहीं। यदि नाटक को भी निबन्ध, विचार या वक्तव्य के रूप

में कहने या स्पष्ट करने की ज़रूरत पड़ती है तो उसके प्रस्तुतीकरण का अर्थ ही क्या रहेगा ? ज़ाहिर है कि ऐसा नाटक अपने कथ्य और शिल्प में एक कमज़ोर नाटक साबित होगा और उसे शायद ही कोई रंग-निर्देशक मंच पर प्रस्तुत करे। हिन्दी का नाट्य-साहित्य ऐसे अनगिनत नाटककारों से भरा पड़ा है, जो भले ही पाठ्य-पुस्तकों के रूप में कक्षाओं में पढ़ाए जाते रहे हों, लेकिन मंच पर शायद ही कभी प्रस्तुत हुए हों। हम सोचने की कोशिश करें कि भास, कालिदास, शूद्रक, विशाखदत्त, शेक्सपियर, मोलियर के नाटकों में आख़िर ऐसा क्या है जो उन्हें हरिकृष्ण प्रेमी, सेठ गोविन्द दास और यहाँ तक कि उदयशंकर भट्ट के नाटकों से अलग करता है ? क्या कारण है कि प्रसाद, भारतेन्दु और टैगोर के नाटक तमाम बहसों, विरोधों, अन्तर्विरोधों के बावजूद खेले जाते रहे हैं और लक्ष्मीनारायण मिश्र के किसी भी नाटक को मंच पर आने का अवसर नहीं मिला।

इस प्रकार हम देख सकते हैं कि अभी तक नाट्य समीक्षा और अध्ययन के जो परम्परागत तत्त्व रहे हैं, यदि उन्हें भी एक नए और रंगमंचीय कोण से देखने की शुरुआत कर दी जाए तो नाटक के अध्ययन की असीम सम्भावनाएँ खुल जाती हैं। यही बात इसके अध्यापन को लेकर कही जा सकती है। अभी तक नाटक के अध्यापन की जो परिपाटीबद्ध पद्धति रही है, वह यही है कि नाटक के कुछ महत्त्वपूर्ण संवाद-अंशों की सन्दर्भसहित व्याख्या कर दी जाए और शास्त्रीय दृष्टि से उसमें बीज, बिन्दु, पताका, प्रकरी और कार्य को रेखांकित कर दिया जाए। सन्दर्भसहित संवादों की व्याख्या ठीक इसी अन्दाज़ में—जैसे कहानी, कविता या उपन्यास के अंशों की की जा सकती है यानी संवाद विशेष किस नाटक से लिया गया है, किस पात्र द्वारा बोला गया है, उसका शाब्दिक अर्थ क्या है और अन्त में विशेष के अन्तर्गत कोई अलग से टिप्पणी। ग़नीमत है कि इधर नाटक की पढ़ाई-लिखाई में यह पद्धति समाप्त कर दी गई है।

बहुत कम ऐसा हुआ है कि कोई प्राध्यापक किसी नाटक का शुरू से लेकर आख़िर तक सस्वर अपने छात्रों के सामने पाठ करे। सस्वर पाठ का अर्थ यही है कि हर नाटक की अपनी एक लय और गति होती है, अपनी एक ध्वनि और संगीत होता है, अपनी एक सम्भावित प्रस्तुति-शैली और स्वरूप होता है। यदि ऐसा न होता तो हम किस आधार पर किसी नाटक को शास्त्रीय, लोक, पारसी, यथार्थवादी अथवा एब्सर्ड जैसे वर्गों में विभाजित करके देखने लगते हैं। यदि नाटक के पाठ को सस्वर किया जाए तो हमें इन प्रश्नों के उत्तर स्वयं ही मिलना शुरू हो जाएँगे। छात्र हमारे अलग से समझाने से पहले ही नाटक में बहुत गहरे तक डूब चुके होंगे। यदि सम्भव हो तो यह पाठ प्राध्यापक स्वयं न करके अपने छात्रों से भी करवा सकता है। इससे कई लाभ होंगे। छात्र नाटक के शब्दों और संवादों का सही उच्चारण करना सीख जाएँगे, संवाद किस भाव दशा से बोले जाने हैं, इसका एक सीधा साक्षात्कार होगा और नाटक के कथानक का संवादों के माध्यम से विकास कैसे होता है, इसका अनुमान हो जाएगा। इतना ही नहीं, नाटक का सस्वर पाठ करते समय वे अपनी ही आवाज़ की गुणवत्ता के प्रति सचेत होंगे। उसमें बलाघात क्या है, घात-प्रतिघात क्या है, झिझकते हुए स्वर में कैसे बोलना है,

काँपते हुए स्वर में कैसे बोलना है, क्रोधित स्वर में कैसे बोलना है—इस क्रम में नाटक की प्रस्तुति स्वयं ही आँखों के सामने साकार होने लगती है। यह सही है कि नाटक के अध्ययन और अध्यापन में उसका मंचन नहीं किया जा सकता है और न ही प्राध्यापक और छात्रों को निर्देशक और अभिनेताओं की भूमिका में उतरना पड़ता है लेकिन यदि यह किए बिना भी नाटक के अध्ययन को उसके मंच से जोड़ा जा सके तो क्या यह अध्ययन स्वयं अपने लिए और छात्रों के लिए और भी ज़्यादा सुखद और रुचिकर नहीं हो जाएगा ? इसके लिए यह क़तई ज़रूरी नहीं कि एक प्राध्यापक पहले रंगमंच का पूर्ण ज्ञाता बने और फिर नाटक का अध्यापन करना शुरू करे। नाटक से भी ज़्यादा उसे अपने दिन-प्रतिदिन के विविध और बहुल अनुभवों में से ही सहायक सामग्री लेनी होगी—क्या हम अपने व्यावहारिक जीवन में किसी की मृत्यु पर रोते नहीं ? किसी सुखद प्रसंग को उतनी ही शिद्दत से नहीं जीते ? किसी घटना विशेष को अकेले किसी को सुनाते समय उस घटना में आए सभी चरित्रों के संवाद स्वयं उनके अन्दाज़ में ही नहीं बोलने लगते और सुननेवाले के सामने इस घटना का एक जीवन्त चित्र प्रस्तुत कर देते हैं। यह रोचकता, यह तादात्म्य, यह अन्तरंगता नाटक, कविता, कहानी और उपन्यास को पढ़ाते समय कहाँ तिरोहित हो जाती है और हम एक नीरस और यान्त्रिक प्रक्रिया के शिकार हो जाते हैं।

क्या यह अपने आप में एक अन्तर्विरोध नहीं कि जिन विधाओं की स्रोत सामग्री जीवन से ली जाती है और जीवन इतना विविधपर्णी और बहुआयामी है उन्हीं विधाओं के अध्ययन और अध्यापन की विधि इतनी रूढ़, परम्परागत, नीरस और यान्त्रिक हो गई है? हम यहाँ तुरन्त यह प्रतिक्रिया दे सकते हैं कि जीवन ही इतना नीरस और यान्त्रिक हो गया हो तो इन विधाओं के अध्ययन-अध्यापन में वह रोचकता कैसे बची रह सकती है जिसकी इतने ज़ोरदार शब्दों में वक़ालत की जा रही है ! शायद यह तस्वीर का एक ही पक्ष है। यदि हम स्वयं अपने पाठ को एक तीसरी अदृश्य आँख से देखना शुरू कर दें तो वह रोचकता, वह बदलाव और वह निखार अपने आप भाता चला जाएगा। दिक़्क़त यह है कि हम सिर्फ़ अपनी प्रशंसा सुनने के अभ्यस्त हैं, इसीलिए मात्र आत्ममुग्ध और आत्मलिप्त हैं। नाटक ही वह विधा है जो हमें इस आत्ममुग्धता-आत्मलिप्तता से बाहर ला सकती है क्योंकि वह वस्तुतः जीवन को कभी भी यथास्थिति में प्रस्तुत नहीं करती। वह मूलतः अस्वीकार का माध्यम है, विरोध का माध्यम है, प्रतिरोध का माध्यम है, इसीलिए लगातार सक्रिय, व्यावहारिक और सामाजिक है। उनके अध्ययन में एक समूह शामिल रहता ही है—चाहे वह पाठक हों अथवा दर्शक। यह एक अज़ीब संयोग है—किसी नाटक को मंचित करते समय निर्देशक अपने अभिनेताओं के साथ प्राध्यापक और छात्र जैसी भूमिकाओं में होता है। यदि एक प्राध्यापक नाटक को पढ़ते समय अनायास ही निर्देशक और अभिनेताओं की भूमिकाओं में उतर जाए तो नाटक के अध्ययन और अध्यापन से जुड़ी जड़ता और एकसरता को बड़ी आसानी से समाप्त किया जा सकता है।

नाटक का सस्वर पाठ केवल प्राध्यापक करे, मात्र एक छात्र करे अथवा बहुत से छात्र पात्रानुसार मिलकर करें, नाटक कक्षा में पूरा पढ़ा जाए अथवा उसके किसी एक अंक अथवा दृश्य का पठन-पाठन किया जाए—किसी भी सूरत में उसकी सम्भावित प्रस्तुति का स्वरूप क्या होगा, इसकी सहज सी कल्पना की जा सकती है। उदाहरण के लिए, प्रसाद ने अपने नाटकों में जिस भाषा का प्रयोग किया है, वह हमारे दिन-प्रतिदिन के व्यवहार में आनेवाली भाषा नहीं है। अतः यह स्वाभाविक है कि हमें अपने रोज़मर्रा के यथार्थवादी रवैये को छोड़कर संवाद अदाएगी की उस दिशा की ओर बढ़ना होगा जो रीतिबद्ध, शैलीबद्ध और नाट्यधर्मी हो। कभी गद्य, कभी गति—नाटकों में प्राप्त यह संरचना हमें स्वयं ही यथार्थवाद से परे किसी दूसरी शैली की ओर ले जाती है, फिर हम उसे चाहे कोई भी नाम क्यों न दें। इसी के साथ नाटक के दूसरे तत्त्वों के साथ भी यही दृष्टि काम करने लगती है—उसकी मंच-सज्जा, वेशभूषा, रंगदीपन, पात्रों की गतिचर्या, गीत-संगीत—क्या इन सभी पक्षों के विषय में एक हल्का संकेत नाटक को पढ़ाते समय ही नहीं दिया जा सकता ? यदि संयोग से जिन दिनों नाटक कक्षा में पढ़ा जा रहा हो, उन्हीं दिनों कहीं नगर में उसका मंचन भी हो रहा हो तब कहना ही क्या ?

लेकिन ऐसा बिरले ही सम्भव हो पाता है। इधर दिल्ली विश्वविद्यालय ने अंग्रेज़ी ऑनर्स के पाठ्यक्रम में भारतीय साहित्य खंड में मराठी के सुप्रसिद्ध नाटक 'घासीराम कोतवाल' को रखा गया है। संयोग से राष्ट्रीय नाट्य विद्यालय ने इन्हीं दिनों उसकी मंच प्रस्तुतियाँ कीं। परिणाम यह हुआ कि एक नया, ताज़ा और युवा दर्शक वर्ग तैयार हो गया। भले ही वह पाठ्यक्रम की बाध्यता के चलते नाटक देखने आया हो लेकिन इस बात से इनकार नहीं किया जा सकता कि जब यही युवा दर्शक कक्षा अथवा परीक्षा भवन में बैठकर उसी नाटक का साहित्यिक और आलोचनात्मक अध्ययन करेंगे तो उनकी सोच और दृष्टि में निश्चय ही बदलाव आएगा।

संक्षेप में इतना ही कहा जा सकता है कि नाटक के अध्ययन-अध्यापन और प्रस्तुति पक्ष आपस में बहुत गहराई से जुड़े हुए रहते हैं। आवश्यकता मात्र इस बात की है कि हम पढ़ते-पढ़ाते वक़्त नाटक के इन दोनों पक्षों के विषय में यथास्थान अपनी टिप्पणी करते चलें। यदि हम इतना भी कर पाते हैं तो पाठ्य नाटक और मंचीय नाटक जैसे बनावटी वर्गीकरण से हमेशा के लिए छुटकारा हो जाएगा। नाटक या तो अच्छा होता है या नहीं होता—वहाँ पाठ्य अथवा मंचीय नाटक जैसे दो भेद कभी नहीं रहे। सीधी सी बात है कि यदि नाटक पढ़ने में कहीं भीतर से झकझोरता है, प्रभावित करता है, नए-से-नए सवालों का सामना करने के लिए उकसाता है तो कोई कारण नहीं कि वह आज या कल या कभी भी अपने मंचन में भी उतना ही प्रभावशाली नहीं हो। कई बार कोई रचना यदि किन्हीं भी कारणों से अपने समय में अनचीन्ही और अनपहचानी रह जाती है तो इसका यह अर्थ नहीं कि वे लचर नाटक हैं—भास का 'उरुभंगम', भारतेन्दु का 'अन्धेर नगरी' और प्रसाद के नाटक इसका ज्वलन्त उदाहरण हैं।

विश्वविद्यालयों में नाटक के अध्ययन-अध्यापन का प्रश्न

अभी पिछले दिनों दिल्ली विश्वविद्यालय के एक कॉलेज के हिन्दी विभाग की दो प्राध्यापिकाएँ भारतेन्दु की डेढ़ सौवीं जयन्ती के अवसर पर अपने कॉलेज में आयोजित की जानेवाली संगोष्ठी और नाट्य प्रदर्शन का कार्यक्रम तय करने के लिए मुझसे मिलने आईं। उनसे पता चला कि आगामी सत्र से नाटक और रंगमंच को भी एक स्वतन्त्र और वैकल्पिक विषय के रूप में निश्चित किया गया है। यह सूचना पाकर मुझे आज से सैंतीस वर्ष पूर्व की याद हो आई जब मैं स्वयं इसी विश्वविद्यालय में हिन्दी ऑनर्स का छात्र था। तब पाठ्यक्रम में नाटक एक स्वतन्त्र विषय के रूप में नहीं बल्कि गद्य साहित्यवाले परीक्षा-पत्र का एक छोटा सा हिस्सा हुआ करता था। सन् पैंसठ-छियासठ के आसपास डॉ. नगेन्द्र की पहल पर हिन्दी एम.ए. के पाठ्यक्रम में नाटक और रंगमंच अवश्य ही एक वैकल्पिक विषय के रूप में पढ़ाया जाने लगा था। लेकिन तब भी उसका अध्ययन-अध्यापन साहित्य के दूसरे अंशों की तरह से ही हुआ था अर्थात् नाटक के संवादों की सन्दर्भसहित व्याख्या करना और अधिक-से-अधिक उनके पात्रों का चरित्र-चित्रण लिख देना। उसका दूर-दूर तक नाटक के व्यावहारिक पक्ष अर्थात् प्रस्तुति और प्रदर्शन से कोई सम्बन्ध नहीं था।

लेकिन इधर पिछले दो-तीन वर्षों में इस स्थिति में निश्चय ही सुधार और परिवर्तन हुआ है। एक रोचक जानकारी यह भी है कि इसकी पहल अंग्रेज़ी ऑनर्स के पाठ्यक्रम में भारतीय साहित्य पर केन्द्रित एक अलग पेपर से हुई, जिसमें मोहन राकेश का नाटक 'आधे-अधूरे', विजय तेन्दुलकर का नाटक 'घासीराम कोतवाल' जैसे नाटक इस्मत चुगताई की 'लिहाफ़' जैसी कहानी और जीवनानन्द दास की कविताएँ शामिल हैं। यों यहाँ इस तथ्य को रेखांकित करना भी ज़रूरी होगा कि देश के कम-से-कम बीस-पच्चीस विश्वविद्यालयों में नाटक और रंगमंच के स्वतन्त्र विभाग न जाने कितने वर्षों से स्थापित हैं, लेकिन उनमें भी उसकी पढ़ाई-लिखाई दूसरे विषयों की तरह मात्र सैद्धान्तिक रूप में ही होती है। इसलिए इतने वर्षों से कार्यरत होने के बावजूद उनका कोई असर नहीं पड़ा। यहाँ तक कि वहाँ से एम.ए. की डिग्री लेने के बाद भी छात्रों का रुझान राष्ट्रीय नाट्य विद्यालय के तीन वर्षीय डिप्लोमा पाठ्यक्रम की तरफ़ ही रहता है। अब दिल्ली

विश्वविद्यालय के हिन्दी ऑनर्स में नाटक और रंगमंच के पाठ्यक्रम के जिस परिवर्तन का ज़िक्र ऊपर किया गया है उससे निश्चय ही आशा बँधती है, क्योंकि इस नए पाठ्यक्रम में नाटक के मात्र ऐतिहासिक और सैद्धान्तिक पक्ष को ही नहीं वरन् उसके रंगमंचीय पक्ष को भी समाहित किया गया है। शायद पाठकों के लिए यह जानकारी और भी दिलचस्प होगी कि पिछले तीन-चार वर्षों में हिन्दी विभाग में जो शोध कार्य हुए हैं उनके विषय पूरी तरह से रंगमंच के व्यावहारिक पक्ष से सम्बद्ध हैं। उदाहरण के लिए 'हिन्दी रंगमंच में नाटकेतर विधाओं के मंचन और उनका विवेचन' दूसरा 'आधुनिक भारतीय रंगमंच के विकास में राष्ट्रीय नाट्य विद्यालय का योगदान—कहानियों की मंच प्रस्तुति'। एक तरह से यह शोध प्रबन्ध उन दिशाओं की ओर संकेत करते जान पड़ते हैं, जहाँ साहित्य जैसे विषय को ही पढ़ाने के नए-नए तरीके अपनाए जा रहे हैं, इसलिए इन सारी कोशिशों का खुले मन से स्वागत किया जाना चाहिए।

दरअसल नाटक और रंगमंच जैसे विषय को यदि किसी भी शैक्षणिक स्तर पर पाठ्यक्रम में शामिल किया गया था तो उसे पढ़ाए जाने की एक नई पद्धति की भी अपेक्षा थी, लेकिन ऐसा न होने की वज़ह से नाटक जैसे प्रदर्शनकारी विधा को भी मात्र पढ़ने-पढ़ाने तक ही सीमित करके रख दिया गया। यही कारण है कि नाटक और रंगमंच एक होते हुए भी पाठ्य नाटक और रंगमंचीय नाटक जैसे विभाजन का शिकार होते चले गए। चाहे कितने ही छोटे स्तर पर क्यों न सही, यदि कक्षा में पढ़ाए जानेवाले नाटकों में उपलब्ध मंच निर्देशों को आधार बनाकर उनकी कुछ अभ्यास प्रस्तुतियाँ भी की जा सकतीं तो निश्चय ही उस दक़ियानूसी ढाँचे से छुटकारा मिलता। यह अभ्यास-प्रस्तुति किसी अतिरिक्त धन के प्रावधान की माँग नहीं करता वरन् कक्षा में उपलब्ध छात्रों को पात्रों के रूप में प्रयोग में लाकर, उनके उच्चारण एवं संवाद सम्भाषण पर थोड़ा काम करके बड़ी आसानी से एक दृश्य रूप में परिवर्तित किया जा सकता है। नतीज़ा यह होता है कि जिस नाटक को मात्र आज तक एक प्रध्यापक ने उस पुराने ढर्रे से पढ़ा उसमें एक पूरे समूह की भागीदारी होने लगती है क्या यह अपने आप में कोई कम उपलब्धि है।

बेशक़ अभी भी निराशावादी कोई स्थिति नहीं दीखती यदि आज पाठ्यक्रम में परिवर्तन हुआ तो कल उसके दूरगामी परिणाम भी सामने आएँगे। इसका अर्थ यह नहीं है कि साहित्य का हर विद्यार्थी एक अभिनेता भी बन जाएगा, लेकिन यह ज़रूर तय है कि वह नाटकों का एक सहृदय दर्शक बनने की दिशा में अवश्य प्रेरित होगा। विश्वविद्यालयों में दिन-प्रतिदिन नाटक और रंगमंच को लेकर बढ़ती जानेवाली गतिविधियों और कार्यक्रमों से इस बात के संकेत मिलने लगे हैं। ज़रूरत इस बात की है कि पाठ्यक्रम में किए जा रहे बदलाव के साथ-साथ अभी से शिक्षकों की नई कतार को भी विकसित किया जाए जो भले ही नाटकों के प्रदर्शन पक्ष के व्यावहारिक अध्येता न भी हों, लेकिन ऐसी समझ अवश्य रखते हैं। जिसके कारण वे नाटक जैसी विधा के साहित्यिक पक्ष का भी विवेचन और विश्लेषण कर सकें और उसमें निहित रंगमंचीयता

की सम्भावनाओं पर भी खुलकर विचार कर सकें। ऐसे शिक्षकों के विकास के लिए ही उस आपसी लेन-देन की शुरुआत होनी चाहिए। यहाँ नाटक पढ़ानेवालों और उन्हें मंच पर प्रस्तुत करनेवालों के बीच एक संवाद की स्थिति बन सके। ऐसी दो कोशिशें दिल्ली विश्वविद्यालय के हिन्दी विभाग में पहले भी हो चुकी हैं पहली 1979 में मिरांडा हाउस में आयोजित भारतेन्दु हरिश्चन्द्र के सुप्रसिद्ध नाटक 'अन्धेर नगरी' के अलग-अलग निर्देशकों के आलेख और बाद में उसका मंचन। दूसरी सन् '88 में लेडी श्रीराम कॉलेज के हिन्दी विभाग द्वारा प्रसाद के नाटकों पर केन्द्रित संगोष्ठी। कोई कारण नहीं कि निकट भविष्य में कालिन्दी कॉलेज के हिन्दी विभाग द्वारा नाट्यानुभूति और रंगानुभूति पर आयोजित परिसंवाद के साथ-साथ भारतेन्दु, प्रसाद और भीष्म साहनी जैसे नाटककारों के नाटकों के कुछ अंशों की मंच प्रस्तुति नाटक और रंगमंच सम्बन्धी सोच और समझ को और विस्तार न दे।

रंगमंचीय दृष्टि से नाटक का अध्ययन

जब भी कभी किसी सेमिनार, संगोष्ठी अथवा पढ़ाने के सिलसिले में विद्यालयों और विश्वविद्यालयों के हिन्दी विभागों में जाना पड़ता है तो वहाँ छात्र और प्राध्यापक यह सवाल बार-बार पूछते हैं कि आप अपने क्षेत्र में एक नाटक के अध्ययन और अध्यापन के लिए क्या तरीक़ा अपनाते हैं। इसलिए सोचा कि इस बार अपने पाठकों के साथ इसी बारे में एक संवाद किया जाए। अपने आलेख के लिए मैंने भारतेन्दु के नाटक 'अन्धेर नगरी चौपट्ट राजा' को चुना है। एक तो इसलिए कि यह नाटक हर छात्र और रंगकर्मी ने पढ़ा या खेला है, दूसरे इस कॉलम की स्थान-सीमा को देखते हुए यह छोटा नाटक ही बेहद उपयुक्त है और तीसरे इसके अध्ययन में भी उन दिशाओं का तनिक आभास तो मिल ही जाएगा जिनके विषय में हम रंगकर्मी विचार-विमर्श करते हैं अथवा किया जाना चाहिए।

सबसे पहले संक्षिप्त में नाटक की कहानी को लिया जाए। एक महन्त और उसके दो चेलों—नारायण दास, गोवर्धन दास—का घूमते-घूमते एक नगर में पहुँचना। महन्त का दोनों चेलों को भिक्षा के लिए भेजना। नगर के एक बाज़ार का दृश्य जिसमें तरह-तरह का सामान बेचनेवाले लोग। हर चीज़ टके सेर बेच रहे हैं। गोवर्धन दास का वहाँ पहुँचना और भिक्षा में मिले हुए पैसों से टके सेर खाने का सामान खरीद लाना। दोनों चेलों का महन्त के पास पहुँचना। गोवर्धन दास के पास ढेर सारी सामग्री देखकर महन्त द्वारा उस बारे में पूछताछ। गोवर्धन दास का उत्तर और नगर का नाम अन्धेर नगरी सुनकर महन्त और नारायण दास का वहाँ से चले जाना। गोवर्धन दास को चेताना लेकिन गोवर्धन दास का वहीं रुक जाना। राजदरबार का दृश्य। राजा, मन्त्री और दूसरे दरबारी। नशे में धुत राजा। एक फ़रियादी अपनी बकरी के मरने की फ़रियाद लेकर आता है। राजा उसके न्याय के चक्कर में अलग-अलग लोगों को बुलाता चला जाता है। अन्ततः कोतवाल को फ़ाँसी की सज़ा सुना देना। गोवर्धन दास नाचता-गाता एक जगह पर बैठकर खा-पी रहा है कि चार सिपाही आकर उसे पकड़ लेते हैं और उसे बताते हैं कि फ़ाँसी का फ़न्दा कोतवाल के लिए छोटा पड़ा इसलिए किसी मोटे आदमी की तलाश कर उसे फ़ाँसी दे दी जाएगी। श्मशान भूमि में फ़ाँसी का तख़्ता। गोवर्धन दास का रोना-चिल्लाना और गुरुजी को पुकारना। महन्त का तुरन्त वहाँ पहुँचना। सारी जानकारी हासिल करना और उसके कान में मन्त्र फूँकना जिसे सुनकर गोवर्धन दास और महन्त

आपस में लड़ने लगते हैं कि पहले मैं फ़ाँसी चढ़ूँगा। राजा का वहाँ पहुँचना। हैरानी से देखना और बात का पता लगाना। जैसे ही उसे बताया जाता है कि इस क्षण जो भी फ़ाँसी पर चढ़ेगा वह सीधा बैकुंठ को जाएगा। यह सुनते ही सबको पीछे धकेलकर वह स्वयं फ़ाँसी के तख़्ते पर लटक जाता है। सब लोग उसके मरने पर खुशियाँ मनाते हैं। ज़ाहिर है कि यह पूरी कहानी एक लोककथा के रंगवाली है। नाटक लिखे जाने से पहले भी यह जनमानस में हमेशा से लोकप्रिय रही है। सम्भवतः 'कथासरित्सागर' में इसके कुछ अंश विद्यमान हैं भी। प्रश्न यह है कि इस कहानी के माध्यम से नाटककार क्या कहना चाहता है। क्या वह मात्र 'अन्धेर नगरी' को एक मनोरंजक कहानी के रूप में प्रस्तुत करना चाहता है, या यह कहानी किसी और कथ्य का संकेत या प्रतीक है। वे संकेत या प्रतीक क्या हो सकते हैं। क्या तत्कालीन अंग्रेज़ी शासन व्यवस्था अथवा किसी भी युग में उपस्थित कोई भी गलत या भ्रष्ट शासन व्यवस्था। नाटक का मुख्य पात्र कौन है—राजा अथवा महन्त अथवा गोवर्धन दास। यदि राजा है तो क्या वह सचमुच में इतना नादान या बेवकूफ़ राजा है अथवा जान-बूझकर ऐसा व्यवहार करता है। यदि महन्त है तो वह गोवर्धन दास को नगर छोड़ने का सन्देश ईमानदारी से देता है अथवा उसे परिस्थितियों के हवाले छोड़कर वहाँ से भाग खड़ा होता है। नाटक के पहले दृश्य में वह गोवर्धन दास को चेतावनी देता है, तीसरे दृश्य में देता है और अन्ततः अन्तिम दृश्य में उसे बचाने भी पहुँचता है। अतः वह कम-से-कम धूर्त चरित्र तो नहीं लगता और यदि देखना ही चाहें तो बचाने की युक्ति में महन्त की चालाकी भी रेखांकित की जा सकती है। गोवर्धन दास क्या सचमुच में ही ख़ानपान को लेकर इतना लालची है अथवा वह भी एक के बाद एक संयोग से मिलनेवाली स्थितियों का शिकार होता चला जाता है और एक त्रासदी पात्र के रूप में सामने आता है। ये सारे सवाल इसलिए विचार और विश्लेषण में आते हैं क्योंकि अन्ततः हमें इन पात्रों को मंच पर अपनी आँखों के सामने इन घटनाओं में से गुज़रते हुए और तदनुरूप व्यवहार करते हुए देखना होता है।

इसी कड़ी का आख़िरी सवाल यह कि इस नाटक के लिए कौन सी अभिनय शैली, कैसी मंचसज्जा, वेशभूषा, गीत-संगीत इत्यादि तत्त्व इस्तेमाल किए जाएँ। क्या इसे रँगे हुए परदों के सामने खेला जाए या पूरे यथार्थवाद के साथ या एक लोक नाटकवाले खाली मंच पर। इसी तरह से पात्रों के बोलने का अन्दाज़ यथार्थवादी रहे, शैलीबद्ध रहे अथवा इन दोनों का मिला-जुला रूप। ज़ाहिर है कि ये सारी रंगमंचीय सम्भावनाएँ स्वयं नाटक के आलेख में उपलब्ध हैं और अलग-अलग निर्देशक इस नाटक को हर बार नए ढंग से प्रस्तुत करते रहे हैं। आज से लगभग पैंतीस साल पूर्व डॉ. सत्यव्रत सिन्हा ने इस प्रस्तुति के लिए एक कार्टूननुमा शैलीबद्ध प्रस्तुति की परिकल्पना की थी तो उसके ठीक दस वर्ष के बाद ब.व. कारन्त ने इसे पूरी तरह से एक संगीतमय प्रस्तुति बना दिया। नाटक के अन्त में राजा के फ़ाँसी पर चढ़ने के बाद महन्त स्वयं राजा बन बैठता है और उसके दो चेले, उसके मन्त्री, और ये नए नाटक का पहला संवाद भी

उसी अन्दाज़ में शुरू होता है—पान खाइए महाराज। इस प्रकार हम देखते हैं कि यह छोटा सा आलेख भी निर्देशक और अभिनेताओं के लिए रंगमंचीय दृष्टि से अच्छी-ख़ासी चुनौतियाँ खड़ी करता है। देखने में इसकी कहानी जितनी सतही और सपाट लगती है उतनी वास्तव में है नहीं। मेरे मन में इसको लेकर बार-बार कुछ सवाल हमेशा उठते रहते हैं। मसलन बाज़ारवाले दृश्य में सभी लोग अपना सामान टके सेर बेच रहे हैं। क्या वे ऐसा अपनी इच्छा से कर रहे हैं अथवा उनके ऊपर ऐसा आदेश लादा गया है और उन्हें मज़बूरी में अपना सामान इतने सस्ते दामों में बेचना पड़ रहा है। ज़ाहिर है कि इनमें से जो हम तय करेंगे उसी के हिसाब से दृश्य के लय और स्वर बदल जाएँगे। कुछ-कुछ ऐसी ही दुविधा राजदरबारवाले दृश्य में भी पेश आती है। क्या लोग ज़िम्मेदारी से बचने के लिए एक-दूसरे का नाम लेते चले जाते हैं अथवा एक खेल की तरह से वे एक-दूसरे को बिना सोचे-समझे फँसाते चले जाते हैं।

ये सारे और उनसे जुड़े हुए ऐसे दूसरे सवाल सम्भवतः हर निर्देशक अपने आप से और अपनी मंडली के अभिनेताओं से अवश्य करता होगा। यदि नहीं करता तो उसे उनकी शुरुआत करनी चाहिए और यदि यही सवाल हमारे प्राध्यापक को पढ़ाने की पद्धति में भी शामिल हो जाएँ तो फिर पाठ्य नाटक और मंचीय नाटक का भेद हमेशा के लिए ख़त्म हो जाए।

नाटक लिखने का व्याकरण

हिन्दी रंगमंच में पहली शिकायत यह सुनाई देती है कि नाटक बहुत कम लिखे जा रहे हैं। यदि लिखे भी जा रहे हैं तो वे अच्छे नाटकों की कोटि में नहीं रखे जा सकते। यदि भूले-भटके किसी अच्छे नाटक की रचना हो भी जाती है तो उसका मंचन नहीं होता। नाटककारों को निर्देशकों से यह शाश्वत शिकायत है कि वे उनके नए व ताज़ा आलेखों को लेने की बज़ाय पहले से आज़माए नाटकों को उठाना पसन्द करते हैं अथवा अनुवादों या रूपान्तरों से अपना काम चला लेते हैं। बदले में निर्देशकों को नाटककारों से यह शिकायत है कि उन्हें नाटक लिखना नहीं आता और यदि वे उन्हें अपनी तरफ़ से कोई सुझाव देने की कोशिश करते हैं तो नाटककारों को उनकी यह कोशिश अपने क्षेत्र में अनाधिकार चेष्टा लगती है। इसमें कोई सन्देह नहीं कि उपर्युक्त सारे आरोपों और प्रत्यारोपों में काफ़ी हद तक सच्चाई है लेकिन इसे अर्धसत्य ही माना जा सकता है। दरअसल यह सारी समस्या नाटककार और निर्देशक के बीच एक बराबरी का संवाद न होने की वज़ह से है। जब-जब दोनों के बीच ऐसा संवाद क़ायम हुआ है, निश्चित ही अच्छे नाटक लिखे गए हैं। हिन्दी रंगमंच में मोहन राकेश और उनके अलग-अलग निर्देशकों के साथ संवाद इसके साक्षी हैं। मन्नू भंडारी और अमाल अल्लाना की साझेदारी ने 'महाभोज' नाटक को जन्म दिया। भीष्म साहनी और एम.के. रैना के आपसी तालमेल से 'कबिरा खड़ा बाज़ार में' तैयार हुआ। राजेश जोशी और बंसी कौल भी परस्पर मिल-जुलकर नाट्य रचना करते हैं। ऐसे ही और भी न जाने कितने उदाहरण होंगे लेकिन अभी उनमें न जाकर मैं नाटक लिखने की रचना प्रक्रिया को अपने नए नाटककारों के साथ 'शेयर' करना ज़्यादा पसन्द करूँगा।

दूसरे निर्देशकों की तरह मेरे पास भी नए युवा और कई बार अनुभवी नाटककारों के भी बहुत से आलेख मंचन के लिए आते हैं। मैं उन्हें पूरी एकाग्रता से पढ़ता भी हूँ लेकिन सचमुच में ऐसा बहुत कम होता है कि आपको कोई रचना प्रभावित कर पाए। नतीज़ा यह होता है कि रचनाएँ उन्हें लौटानी पड़ती हैं। वे पूछते हैं कि आख़िर इनमें कमी क्या है तो खुलकर उन्हें बताना भी पड़ता है। आज मैं उन्हीं बातों की संक्षेप में चर्चा कर रहा हूँ। मेरा मानना है कि नाटककार के पास कथ्य का कोई अभाव नहीं है। एक से एक नए शाश्वत या तात्कालिक ऐसे कथ्य उनके आलेखों के भीतर से झाँकते रहते हैं जो सचमुच में गहरा असर पैदा कर सकते हैं। लेकिन दिक़्क़त यह है

कि उस कथ्य को किस तरह के शिल्प, फार्म, संरचना या स्वरूप के भीतर से लेकर चला जाए, इसकी समझ, जानकारी या अनुभव हमारे नाटक लिखनेवालों के पास बिल्कुल नहीं है। वे नाटक को भी उसी मुहावरे में लिखते हैं जिसमें वे कहानी या उपन्यास लिखने के आदी हैं। वे भूल जाते हैं कि कहानी या उपन्यास मूलतः वर्णित माध्यम हैं, जबकि नाटक एक घटित माध्यम है। कहने को कहानी या उपन्यास में भी वर्णन घटित होता है लेकिन अन्तर यह है कि नाटक में वह कहानी सचमुच हमारी आँखों के सामने घटित होती है अर्थात् नाटक का वर्णित दृश्यता का आधार लिए होता है। इस अर्थ में वह कविता के बिम्बों, प्रतीकों के ज़्यादा निकट हैं। यह अकारण नहीं कि नाटक को दृश्यकाव्य की संज्ञा दी गई है और नाटककार को भी कवि के नाम से जाना जाता रहा है। अतः नाटककार के लिए ज़रूरी है कि वह संक्षिप्त और सांकेतिक भाषा का प्रयोग करे जो अपने आप में वर्णित न होकर क्रियात्मक हो, दृश्यता की क्षमता में भरपूर हो और अभिधा से ज़्यादा व्यंजना की ओर ले जाए। कहा भी गया है कि अच्छा और गहरा नाटक वही होता है, जो लिखे अथवा बोले गए शब्दों से भी ज़्यादा उसे ध्वनित करे जो लिखा या बोला नहीं जा रहा।

नाटककार को नाटक की एक मूल विशेषता को हमेशा याद रखना है और वह यह है कि नाटक एक मात्र ऐसी विधा है जो हमेशा वर्तमान काल में घटित होती है। साहित्य की दूसरी विधाओं के साथ ऐसा नहीं होता। यहाँ तक कि नाटक की कहानी बेशक़ भूतकाल या भविष्यकाल से सम्बद्ध हो, तब भी उसे घटित वर्तमान में ही होना पड़ता है। यह वर्तमान या काल का बन्धन एक और तरह से भी नायक की संरचना पर अपना असर डालता है और वह यूँ कि नाटक को शुरू से लेकर आख़िर तक एक निश्चित अवधि के भीतर पूरा होना होता है। यहाँ एक वैज्ञानिक दृष्टि भी अपनानी पड़ती है—दर्शक अन्ततः कितनी देर तक किसी कहानी को अपने सामने घटित होते देखते रहने की शारीरिक क्षमता रखता है। नाटक की कहानी के किन पक्षों का चुनाव किया जाए—यह सबसे ज़्यादा महत्त्वपूर्ण है। यहाँ कहानी या उपन्यास की तरह सब कुछ वर्णित करने की सुविधा नहीं है। नाटक का मात्र एक मौन, अन्धकार या ध्वनि प्रभाव कहानी या उपन्यास के बीस-पच्चीस पृष्ठों की बराबरी कर सकता है। इसीलिए कहा भी गया है कि नाटककार को रचनाकार के साथ-साथ एक कुशल सम्पादक भी होना चाहिए। पहले तो घटनाओं, स्थितियों अथवा दृश्यों का चुनाव, फिर उन्हें किस क्रम में रखा जाए कि वे शून्य से शिखर की तरफ़ एक विकास में आगे बढ़ें, यह कला उसे अवश्य आनी चाहिए। नाटक का सबसे ज़रूरी और सशक्त माध्यम है संवाद। दूसरी किसी विधा के लिए यह क़तई ज़रूरी नहीं कि वह संवादों का सहारा ले लेकिन नायक का तो उनके बिना काम ही नहीं चल सकता। संवाद है तो उसे कम-से-कम दो लोगों के बीच तो होना ही होगा। इसीलिए अच्छा नाटक वही है जो कथा को आपसी बहस-मुबाहिसे से आगे बढ़ाए। परस्पर विरोधी विचारधाराओं के संवादों के भीतर से ही वे सारे तत्त्व जन्म लेते हैं जिन्हें नाटकीय कहा जाता है, जैसे—तनाव, संघर्ष, उत्सुकता,

रहस्य, रोमांच और अन्त में उपसंहार। इसीलिए नायक प्रतिनायक, एंटेगोनिस्त प्रोतेगोनिस्त की परिकल्पना भारतीय या पाश्चात्य नाट्यशास्त्र में आरम्भ से ही की गई थी।

संक्षेप में यदि हमारे नए और युवा नाटककार उपर्युक्त बातों के परिप्रेक्ष्य में अपने आलेखों की रचना में प्रवृत्त हों तो निश्चित ही उन्हें एक गहरा नाटक लिखने में मदद मिलेगी। इसी के साथ-साथ वे इस बात का भी ध्यान रखें कि वे रंगमंच की कौन सी विधा के लिए लिख रहे हैं—नुक्कड़ नाटक, लोक नाटक या प्रोसीनियम के लिए नाटक। और अन्त में एक बात वे दूरदर्शन या फ़िल्म के लिए भी नहीं लिख रहे हैं क्योंकि प्रायः उनके नाटक पाँच या ज़्यादा-से-ज़्यादा दस मिनट के छोटे-छोटे दृश्यों से भरे रहते हैं, जिनमें किसी भी चरित्र का पूरा विकास नहीं होता। मात्र उदाहरण के लिए ही सही, यह देखने की कोशिश की जाए कि एक तीन अंकों के नाटक का एक अंक कम-से-कम कितना समय लेता है ? शायद यह जानकारी हमारे लिए बहुत रोचक जान पड़ेगी कि आज से न जाने कितने हज़ार साल पहले भी भरत ने अपने नाट्यशास्त्र में नाटककारों से यह अपेक्षा की थी कि नाटक के हरेक अंक की अवधि कम-से-कम (आज के मुहावरे में) अड़तालीस मिनट हो।

नाटक : अस्वीकार का माध्यम

पिछले दिनों दिल्ली दूरदर्शन पर बीसवीं शताब्दी के कालजयी नाटकों पर एक परिचर्चा में भाग लेने का अवसर मिला। इस परिचर्चा में जयशंकर प्रसाद के 'स्कन्दगुप्त' और 'ध्रुवस्वामिनी,' जगदीश माथुर का 'कोणार्क,' धर्मवीर भारती का 'अन्धा युग,' मोहन राकेश के 'आषाढ़ का एक दिन,' 'आधे अधूरे,' सुरेन्द्र वर्मा का 'सूर्य की अन्तिम किरण से सूर्य की पहली किरण तक,' भीष्म साहनी का 'हानूश' और असग़र वजाहत का 'जिस लाहौर नहीं देख्या...' मुख्य रूप से इन नाटकों के नाम उभरकर सामने आए। परिचर्चा से पहले बातों-बातों में संयोग से एक बहुत ही रोचक तथ्य उभरकर सामने आया और वह यह कि आख़िर वह कौन सा सामान्य सूत्र है जो उपर्युक्त सभी नाटकों को एक साथ जोड़ता है। वह है कथ्य के रूप में किसी-न-किसी तरह के अस्वीकार की उपस्थिति—कहीं यह अस्वीकार स्त्री-पुरुष सम्बन्धों में एक-दूसरे की तरफ़ से, कहीं व्यक्ति द्वारा समाज, राजनीति और व्यवस्था के अस्वीकार से जुड़ा है और कहीं रचनाकार, कलाकार के अपने चारों तरफ़ फैले परिवेश के अस्वीकार के रूप में दिखाई पड़ता है।

अस्वीकार के इस पक्ष पर विचार करते-करते कुछ दूसरे महत्त्वपूर्ण मुद्दों की तरफ़ भी ध्यान गया और वह यह कि मात्र इन नाटकों की दृष्टि से नहीं नाटक और रंगमंच जैसी विधा का सृजन ही मूलतः अस्वीकार के भीतर से ही होता है। साहित्य के दूसरे माध्यमों और ललित कलाओं के अलग-अलग रूपों के लिए बेशक़ यह उतना ज़रूरी हो या न हो लेकिन नाटक और रंगमंच की तो इसके बिना कल्पना ही नहीं की जा सकती।

यहाँ सहज ही यह प्रश्न उठाया जा सकता है कि आख़िर नाटक के लिए ही अस्वीकार की अनिवार्यता पर इतना आग्रह क्यों ? क्या व्यापक अर्थों में हर कला और विधा में यह अपने आपमें समाहित नहीं होता ? जैसा कि पहले संकेत किया जा चुका है कि बाकी सारी कलाओं और विधाओं के लिए फिर भी उसे इतना अनिवार्य हरगिज़ नहीं माना जा सकता जितना कि नाटक के लिए। जिसे हम नाटक अथवा नाटकीयता कहते हैं वह वस्तुतः पैदा कैसे होती है ? ज़ाहिर है दो परस्पर विपरीत विचारधाराओं के आपसी टकराव के कारण और यह टकराव एक पक्ष के सकारात्मक और दूसरे पक्ष के नकारात्मक रुख अर्थात् स्वीकार-अस्वीकार के कारण ही पैदा होगा। यदि हम पूरे नाट्य साहित्य पर उपर्युक्त दृष्टिकोण से विचार-विमर्श करें तो सब कुछ अपने आपमें

स्पष्ट हो जाता है। नाटक में हम जिस तनाव, संघर्ष, उत्सुकता, रहस्य जैसे नाटकीय पक्षों की उपेक्षा करते हैं वे अन्ततः इस स्वीकार-अस्वीकार के आपसी प्रतिरोध पर भी आधारित होते हैं।

यूँ भी देखा जाए तो नाटक के स्वयं में एक जीवन्त माध्यम होने के कारण भी अस्वीकार की यह स्थिति बराबर बनी रहती है। कोई भी दो चरित्र जब भी आपस में मिलते हैं तो विचारों के आदान-प्रदान में टकराहट पैदा होना स्वाभाविक है। यही कारण है कि रंगमंच प्रतिरोध का सबसे सशक्त माध्यम है। वह कभी भी यथास्थिति को स्वीकार कर ही नहीं सकता क्योंकि कोई भी जीता-जागता संवेदनशील प्राणी वर्तमान परिस्थितियों को लेकर असन्तुष्ट हुए बिना नहीं रह सकता। मज़े की बात यह है कि जिस नाटक में इस तरह की असन्तुष्टि, छटपटाहट, प्रतिरोध और अस्वीकार जैसे नकारात्मक तत्त्वों की जितनी ज़्यादा उपस्थिति होगी वह उतना ही गहरा और सशक्त नाटक साबित होगा। यह अकारण नहीं है कि जब-जब किसी भी विचार, व्यवस्था अथवा तात्कालिक समस्याओं के समर्थन में नाटक लिखे गए वे कभी भी बहुत दिनों तक चर्चा में नहीं रहे।

क्या कारण है कि हमें राम की अपेक्षा रावण, प्रहलाद की अपेक्षा हिरण्यकश्यप और कृष्ण की अपेक्षा कंस अधिक आकर्षित करता है। इसी को बहुत सरल ढंग से कहा जाए तो हिन्दी फ़िल्मों में नायक की बज़ाय ख़लनायक की उपस्थिति ज़्यादा तालियाँ प्राप्त करती हैं। इसी कारण परिणाम हुआ कि सातवें दशक के आरम्भ में अमिताभ बच्चन जैसे अभिनेता ने एंटी हीरो जैसी छवि अख़्तियार करके नायक और प्रतिनायक दोनों रूपों को एक साथ समाहित कर लिया।

नाटक और रंगमंच की मूल प्रकृति में अस्वीकार के तथ्य की उपस्थिति को एक और तरह से भी परिभाषित किया जा सकता है। एक स्तर पर नाट्य गीत, संगीत, नृत्य, चित्रकला, मूर्तिकला और स्थापत्य जैसी कलाओं को अपने में समेटे हुए है लेकिन दूसरे स्तर पर यदि हम इनमें से किसी एक कला तक नाटक और रंगमंच को सीमित करने की कोशिश करें तो वह न तो गीत है, न संगीत, न नृत्य, न चित्रकला, न मूर्तिकला और अन्ततः न ही स्थापत्य है क्योंकि वह अपने शुद्ध रूप में कभी भी नाटक के काम नहीं आती। नाटक इन कलाओं से मात्र उतना ही ग्रहण करता है जितने की उसे ज़रूरत होती है और शेष को छोड़ देता है। और यह ग्राह्यता भी उसके अपने माध्यम की शर्तों पर आधारित होती है। कहीं-न-कहीं सारी कलाओं का मिश्रण होते हुए भी नाटक और रंगमंच की अपनी निजी, अलग एवं स्वतन्त्र पहचान अवश्य बनी रहती है।

यह पहचान उसकी अस्वीकार की प्रकृति से ही जन्म लेती है और अस्वीकार के इस माध्यम में बहुविध छवियाँ देखी जा सकती हैं, मसलन—तात्कालिक कथ्यों का अस्वीकार, बनी बनाई लीक पर चलने से अस्वीकार, अभिनेता द्वारा किसी भी भूमिका को करने से पहले अपने मूल व्यक्तित्व का अस्वीकार, भूतकाल, भविष्य जैसे कालखंडों के भीतर स्थित उनकी बनी समय सीमा का अस्वीकार और हर बार वर्तमान में ही

अभिव्यक्त होना—यह अकारण नहीं है कि हर वह व्यवस्था जो यथास्थिति को बनाए रखना चाहती है वह नाटक और रंगमंच जैसे अभिव्यक्ति के जीवन्त माध्यमों पर सबसे पहले प्रतिबन्ध लगाती है। क्या इसलिए नहीं कि अस्वीकार में स्वीकार से ज़्यादा बल होता है ?

भारतेन्दु का रंग-चिन्तन

भारतेन्दु हरिश्चन्द्र ने यदि मौलिक नाटक, मौलिक अधूरे नाटक, अनुवादित नाटक, अनुवादित अधूरे नाटक, संशोधित नाटक, संवाद, छायाचित्र और विविध लेखन के रूप में यदि 1868 से 1885 के बीच लगभग पच्चीस-तीस नाट्य-रचनाएँ आधुनिक हिन्दी रंगमंच की आधारशिला के रूप में प्रस्तुत की है तो उसी के साथ नाट्य-कला के सिद्धान्त-विवेचन को लेकर नाटक अथवा दृश्य-काव्य-विवेचन शीर्षक से 1880-81 के आसपास लगभग पचास पृष्ठों का एक लम्बा निबन्ध भी लिखा। यह निबन्ध उनके पूरे रचनाक्रम का निचोड़ तो है ही इसके साथ ही भारतेन्दु से पहले के समस्त भारतीय रंग-चिन्तन का भी आधुनिक हिन्दी रंगमंच की दृष्टि से पहला गम्भीर आकलन है। यों ऐतिहासिक दृष्टि से भारतेन्दु से पहले बदरीनारायण 'प्रेमघन' का भी 'नाटक' शीर्षक से एक छोटा सा निबन्ध प्रकाशित हो चुका था। लेकिन भारतेन्दु को अपने निबन्ध के लिए मुख्य रूप से दशरूपक, भारतीय नाट्यशास्त्र, साहित्यदर्पण, काव्यप्रकाश, विल्संस हिन्दू थिएटर्स, लाइफ ऑफ दि एमिनेंट परसंस, ड्रामेटिस्ट्स एंड नावेलिस्ट्स हिस्ट्री दि इटालिक थिएटर्स और आर्य दर्शन से उन्हें प्रेरणा मिली जिसका उल्लेख उन्होंने इसकी भूमिका में किया है।

भरत के नाट्यशास्त्र का रचनाकाल ई.पू. चौथी शताब्दी से चौथी ईस्वी के बीच माना जाता रहा है। यदि हम ईसा की चौथी शताब्दी को भी उसके रचना-काल की अन्तिम सीमा मान लें तो इसके आगे के पन्द्रह सौ वर्षों में नाट्यशास्त्र को आधार बनाकर अभिनव-भारती, दशरूपक, अभिनय-दर्पण, साहित्यदर्पण, ध्वन्यालोक इत्यादि जितने भी शास्त्रीय ग्रन्थों की रचना हुई, वे सब मूलतः संस्कृत भाषा के थे। इस बीच संस्कृत से इतर किसी भी लोक, क्षेत्रीय बोली अथवा भाषा में नाटक और रंगमंच विषयक ग्रन्थ-रचना की कोई प्रामाणिक जानकारी उपलब्ध नहीं है। इसलिए यह तथ्य काफ़ी महत्त्वपूर्ण हो जाता है कि पहली बार सन् 1883 में भारतेन्दु ने 'नाटक अथवा दृश्यकाव्य—सिद्धान्त विवेचन' शीर्षक से संस्कृत से अलग हिन्दी भाषा में इतना लम्बा निबन्ध लिखा और उसे स्वतन्त्र रूप से पुस्तकाकार प्रकाशित कराया। इतिहासकारों ने प्रायः इस निबन्ध की चर्चा करके हाशिए पर ही छोड़ दिया और अधिकतर भारतेन्दु के रचनाकारवाले व्यक्तित्व पर ही केन्द्रित रहे। एक दृष्टि से देखा जाए तो यह निबन्ध उनके समस्त रचनात्मक लेखन के बाद लिखी गई सैद्धान्तिक कृति है अर्थात् कम-से-कम

पन्द्रह-बीस वर्ष तक लगातार नाटकों को लिखने, उनमें अभिनय करने, उनका निर्देशन करने, पूरे देश के अलग-अलग भागों में होनेवाली नाट्य गतिविधियों को साक्षात् देखने, भारतीय और विदेशी नाटकों का अनुवाद करने के विशद अनुभव के पश्चात् इस निबन्ध का प्रणयन हुआ है।

यहीं पर थोड़ा रुककर एक और तथ्य का भी उल्लेख कर लिया जाए और वह यह कि भरत के बाद भारतेन्दु ही पहले ऐसे व्यक्ति के रूप में सामने आते हैं जो स्वयं ही सिद्धान्तकार भी हों, रचनाकार भी हों और प्रयोक्ता भी हों। यहाँ तक कि पश्चिम में भी इस तरह के त्रिआयामी व्यक्तित्ववाला व्यक्ति बहुत वर्षों के बाद बेष्ट के रूप में पैदा होता है। स्तानिस्लाव्स्की भी मात्र प्रयोक्ता और सिद्धान्तकार थे। भारतेन्दु का महत्त्व एक अर्थ में भरत से भी ज़्यादा आँका जा सकता है और वह इस तरह से कि स्वयं भरत ने तो किसी नाटक की रचना नहीं की। दूसरे—अपने समय में अपने नाटकों का प्रयोग भी किस प्रकार किया होगा इस विषय में भी भरत का 'नाट्यशास्त्र' कोई संकेत नहीं देता। इसके विपरीत भारतेन्दु न केवल एक शास्त्र की रचना करते हैं वरन् उस शास्त्र में विवेचित सिद्धान्तों के आधार पर नाटकों के प्रयोग कैसे किए जाएँ, इसकी भी बार-बार चर्चा करते हैं। तीसरी और सम्भवतः सबसे महत्त्वपूर्ण बात यही कही जा सकती है कि आज के भारतीय रंगमंच में जिस प्रकार से प्राचीन और आधुनिक, पूर्वी और पश्चिमी नाट्य-परम्पराओं और रंग-शैलियों के आपसी मेल-जोल से जिस नए, ताज़े भारतीय रंगमंच की खोज़ का काम पूरे ज़ोर-शोर से किया जा रहा है, उसकी ठोस ज़मीन भारतेन्दु अपने निबन्ध के माध्यम से आज से 118 वर्ष पूर्व ही तैयार कर देते हैं।

इसमें कोई सन्देह नहीं कि इससे पूर्व पश्चिम में चौथी शताब्दी ईस्वी पूर्व में अरस्तू का काव्यशास्त्र लिखा जा चुका था। सोलहवीं शताब्दी में यूरोप में आए पुनर्जागरण काल के फलस्वरूप रोमन वास्तुकार वित्रुवियस की पुस्तक 'द आर्किटेक्चरा' का पुनराविष्कार हो चुका था। कालिदास के नाटक 'अभिज्ञान शाकुन्तल' का जर्मन भाषा में अनुवाद किया जा चुका था और जर्मन नाटककार एवं सिद्धान्तकार फेतेदेव द्वारा नाटक की संरचना और शिल्प को लेकर पर्याप्त विचार-विमर्श किया जा चुका था। इब्सन जैसे नाटककार का जन्म और उसके नाटकों का मंचन होने लगा था—और भारत में भी अंग्रेज़ी नाटकों के प्रभाव में पारसी नाटक और रंगमंच की एक नई शैली लोक-रंगमंच के बाद जन्म ले चुकी थी और जिन विदेशी भाषाओं की पुस्तकों का ज़िक्र स्वयं भारतेन्दु ने किया है, वे तो उनके सामने मौज़ूद थीं ही। इतना सब कुछ होते हुए भी एक नया सिद्धान्त और शास्त्र रचने जैसा कार्य भारतेन्दु जैसा बहुमुखी व्यक्तित्व ही सम्पन्न कर सकता था। अतः भारतेन्दु के इस निबन्ध को भारतेन्दु का नाट्यशास्त्र अथवा भारतीय रंगमंच में पहले आधुनिक नाट्यशास्त्र की संज्ञा से अभिहित किया जाना चाहिए।

भारतेन्दु ने मात्र पच्चीस पृष्ठों की मुद्रित सामग्री में जिस संक्षिप्तता के साथ बहुविध सामग्री का विवेचन किया है, वह देखते ही बनता है। उदाहरण के लिए नाटक अथवा दृश्यकाव्य की परिभाषा, दशरूपक, उपरूपक, पाश्चात्य एवं भारतीय नाटक, नाटक-रचना,

मंच-विधान, अभिनय, रस सिद्धान्त और नाटकों का संक्षिप्त इतिहास अर्थात् कोई भी विषय ऐसा नहीं है जो नाटक के सिद्धान्त और उसके प्रयोग पक्ष से अछूता रहा हो। नाटक अथवा दृश्यकाव्य की दृष्टि से काव्य के दो भेद, दृश्य और श्रव्य की अवधारणा का जन्म सबसे पहले भारतेन्दु के यहाँ मिलता है। ध्यान रहे, तबतक ध्वनि अथवा रेडियो जैसे श्रव्य माध्यम का जन्म भी नहीं हुआ था। भारतेन्दु दृश्य-श्रव्य इन दो शब्दों की मात्र स्थापना ही नहीं करते बल्कि 'अभिज्ञान शाकुन्तल' के एक ही उदाहरण से दोनों भेदों को बखूबी स्पष्ट करते हैं। उदाहरणस्वरूप 'शाकुन्तल' में भ्रमर के आने पर शकुन्तला की सुधि, चितवन से कटाक्षों का फेरना आदि जो वर्णन है उसे देखने पर दृश्य-काव्य का और यही वर्णन सुनने पर श्रव्य-काव्य का आनन्द प्राप्त होता है।

इसी तरह से नाटक को साहित्य के रूप में न लेते हुए उसकी अर्थग्राहिता को रंगस्थ खेल के अन्तर्गत ही विश्लेषित करते हैं। प्राचीन समय में अभिनय के सन्दर्भ में नाटक, नृत्य, नृत्त, तांडव और लास्य इन पाँच शब्दों की व्याख्या करने के पश्चात् केवल नाट्य को नाटक के साथ जोड़कर देखने की दृष्टि नितान्त आधुनिक और मौलिक सोच-विचार का परिणाम है। प्रायः आज रंगमंच में गीत, संगीत और नृत्य को नाटक और रंगमंच का अनिवार्य अंग मान लिया जाता है। लेकिन यदि हम पहले भरत के नाट्यशास्त्र को और उसके बाद भारतेन्दु की इन स्थापनाओं को साक्ष्य के रूप में उपस्थित करें तो यह अवधारणा स्वयं ही खंडित हो जाती है। नाट्य के अतिरिक्त बाकी चार भेदों को भारतेन्दु ने भी नाचनेवालों के लिए छोड़ दिया है। भारतेन्दु से पूर्व भरत ने भी नाटक में इन तत्त्वों का समावेश शिव के कहने पर ही किया था। अतः रंगमंच अपने-आपमें एक पूर्ण, मौलिक और शुद्ध कला है, यह निष्कर्ष सहज ही निकाला जा सकता है। गीत, संगीत और नृत्य उसके सहायक तत्त्व भले ही हो जाएँ, वे उसके अनिवार्य तत्त्व नहीं हैं। क्या आज हमारे अपने समय में फ़िल्म को लेकर उसकी अपनी रंगमंच से अलग एक मौलिक भाषा और व्याकरण की दिशा में सोच-विचार नहीं हो रहा है ?

भारतेन्दु ने नाटकों को दो श्रेणियों में विभक्त किया है—प्राचीन और नवीन। प्राचीन में भी नाट्य के रूपक और उपरूपक दो भेद किए गए हैं। यह विभाजन भरत के नाट्यशास्त्र में भी उपलब्ध है। पहले वह रूपक के दस भेद, यथा—नाटक प्रकरण, भान-व्यायोग, सवोकाट, डिम्ब, इहावृक्क, अंक, वीथि और प्रहसन की व्याख्या करते हैं और इसके बाद उपरूपक के अन्तर्गत नाटिका, त्रोटक, गोष्ठी, सट्टक, नाट्यरासक-प्रस्थान, उल्लाप्य, काव्य, प्रेखण, रासक संलापक, श्रीगदित (श्रीरासिका), शिल्पक, विलासिका, दुर्मल्लिका, प्रकरणिका, हल्लीश और भाणिका का विवेचन करते हैं।

इसी तरह नवीन भेद के अन्तर्गत उन्होंने यूरोप के नाटकों की छाया पर लिखे जानेवाले नाटकों का उल्लेख किया है, जिनकी शुरुआत उस समय बंगाल में हो चुकी थी। भारतेन्दु के अनुसार, "प्राचीन की अपेक्षा नवीन की परम मुख्यता बारम्बार दृश्यों के बदलने में है और इसी हेतु एक अंक में अनेक-अनेक गर्भांकों की कल्पना की जाती

है क्योंकि इस समय में नाटक के खेलों के साथ विविध दृश्यों का दिखलाना भी आवश्यक समझा गया है। इन अंक और गर्भांकों की कल्पना यों होनी चाहिए, यथा पाँच वर्ष के आख्यान का एक नाटक है तो उसमें वर्ष-वर्ष के इतिहास के एक-एक अंक और उस अंक के अन्तःपाती विशेष-विशेष समयों के वर्णन का एक-एक गर्भांक। अथवा पाँच मुख्य घटना विशिष्ट कोई नाटक है तो प्रत्येक घटना के सम्पूर्ण वर्णन का एक-एक अंक और भिन्न-भिन्न स्थानों में विशेष घटनान्त : पाती छोटी-छोटी घटनाओं के वर्णन में एक-एक गर्भांक। ये नवीन नाटक मुख्यतः दो भेदों में बँटे हैं—एक नाटक, दूसरा गीतिरूपक। जिनमें कथा भाग विशेष और गीति न्यून हों वह नाटक और जिसमें गीति विशेष हों वह गीतिरूपक। यह दोनों कथाओं के स्वभाव से अनेक प्रकार के हो जाते हैं किन्तु उनके मुख्य भेद इतने किए जा सकते हैं यथा—1. संयोगान्त—अर्थात् प्राचीन नाटकों की भाँति जिसकी कथा संयोग पर समाप्त हो, 2. वियोगान्त—जिसकी कथा अन्त में नायिका वा नायक के मरण व और किसी आपद घटना पर समाप्त हो। (उदाहरण—'रणधीर प्रेममोहिनी') 3. मिश्र—अर्थात् जिसके अन्त में कुछ लोगों का तो प्राणवियोग हो और कुछ सुख पावें।''

दशरूपक, उपरूपक, नया नाटक, प्राचीन नाटक, कोई भी विषय-विवेचन क्यों न हो, भारतेन्दु ने हर परिभाषा को उसके उदाहरण से भी पुष्ट किया है। और जहाँ उनके पास संस्कृत अथवा हिन्दी या किसी और भारतीय भाषा में कोई उदाहरण उपलब्ध नहीं है तो उन्होंने इस सूचना को भी महत्त्व दिया है। इस पूरे विवेचन में उनके तीन निष्कर्ष बहुत ही सार्थक दिखाई देते हैं। एक तो यह कि आज न तो यह ज़रूरी है कि किसी नाटक की रचना में प्राचीन रीति का पूरी तरह से परित्याग कर दिया जाए और न ही इस बात की कोई गारंटी है कि जो कुछ आधुनिक है उसे दर्शक पूरी तरह से स्वीकार ही कर लेंगे। इससे मिलता-जुलता मत कालिदास जैसे नाटककार ने भी अपने नाटक 'मालविकाग्निमित्र' में व्यक्त किया है। दूसरे, आज के नाटक में अस्वाभाविक लगनेवाली सामग्री को बिल्कुल भी प्रस्तुत न किया जाए और अलौकिक विषयों को आधार न बनाया जाए तो ज़्यादा अच्छा होगा। तीसरे और सम्भवतः सबसे महत्त्वपूर्ण निष्कर्ष के रूप में यह विचार कि संस्कृत नाटकों में उपलब्ध नाट्यालंकार, पंच सन्धि, प्रकरी अथवा ऐसे ही अन्य तत्त्वों की हिन्दी नाटकों की रचना में कोई आवश्यकता नहीं है। भरत मुनि ने संस्कृत नाटकों की रचना के सन्दर्भ में उपर्युक्त तत्त्वों का विवेचन-विश्लेषण किया था। आज उनमें से जो तत्त्व सीधे-सीधे हमारी नाट्य-रचना से जुड़ते हैं, उनका उपयोग किया जाए और जिन्हें छोड़ा जा सकता हो उन्हें निःसंकोच छोड़ देना चाहिए। इस प्रकार कुल मिलाकर नए और पुराने के प्रयोग को लेकर भारतेन्दु के समन्वयवादी और सर्वग्राही दृष्टिकोण का पता चलता है।

नाटक की संरचना और शिल्प के बाद भारतेन्दु उसके मंचन और प्रस्तुति से सम्बन्धित तत्त्वों पर नई दृष्टि से चिन्तन करते हैं। यद्यपि उन्होंने बार-बार अपने विश्लेषण में चित्रपट द्वारा नदी, पर्वत, वन या उपवन दिखलाने का प्रावधान किया है,

लेकिन लगता है कि यह चित्रपट अथवा अन्तःपटी भरत द्वारा उल्लिखित रंगपटी नहीं है वरन् भारतेन्दु के अपने समय में प्रचलित पारसी रंगमंच के पर्दों की याद दिलाती है। यद्यपि वह स्वयं स्वीकार करते हैं कि स्वयं भरत ने भी चित्रपट द्वारा दृश्य और परिवेश दिखाने का कोई संकेत नहीं दिया है, फिर भी उनकी दुविधा यह है कि यह कैसे सम्भव हो सकता था कि एक ही रंगस्थल में एक ही समय में अयोध्या का राजप्रासाद और वाल्मीकि का आश्रम एक साथ दिखाए जा सकते हैं। सम्भवतः भारतेन्दु भरत की कक्षा-विभाग पद्धति से बहुत गहरे में परिचित नहीं थे अन्यथा वे ऐसी जिज्ञासा न करते। भारतेन्दु मंच पर एक ही समय में अलग-अलग अभिनय क्षेत्रों की सम्भावना की उपस्थिति से तो परिचित जान पड़ते हैं लेकिन उस सम्भावना का जो हल वे चित्रपट द्वारा प्रस्तुत करते हैं, उसे आंशिक रूप में ही स्वीकार किया जा सकता है। हाँ, यवनिका अथवा बाह्य पटी के रूप में जिस ड्रॉप सीन नामक पर्दे का उल्लेख भारतेन्दु कर रहे हैं वह आज के प्रोसीनियम अथवा रंगहारी मंच पर प्रस्तुत किया जानेवाला सामने का पर्दा है। स्वयं भारतेन्दु के समय में पारसी नाटक मंडलियाँ इसका खुलकर इस्तेमाल कर रही थीं। नाटक के नेपथ्य से जुड़े एक और बहुत ही आवश्यक तत्त्व की आवश्यकता पर भारतेन्दु ने सबसे ज़्यादा बल दिया है और वह है एक रसज्ञ वेशविधायक। भारतेन्दु के समय में मंच सज्जा और आलोक सज्जा को लेकर भले ही बहुत गम्भीर सोच-विचार शुरू न हुआ हो, यह बात तो निश्चित जान पड़ती है कि रूप सज्जा और वेशभूषा की दृष्टि से काफ़ी सोच-विचार और व्यवहार की प्रक्रिया आरम्भ हो चुकी थी। भारतेन्दु के अपने नाटक 'सत्य-हरिश्चन्द्र' में दरिद्र वेश में हरिश्चन्द्र का प्रवेश जैसे रंग-संकेत इस बात के प्रमाण जान पड़ते हैं।

नाट्यशास्त्र पर आधारित मंच-प्रस्तुति से जुड़े लगभग सभी तत्त्वों, यथा—प्रस्तावना, वृत्ति, उत्क्षेप, कथावस्तु, अभिनय, पात्र आदि का भी विस्तृत विवेचन किया है। यहाँ वह इन सभी तत्त्वों की परिभाषा में लगभग नाट्यशास्त्र का ही अनुसरण करते दिखाई पड़ते हैं। अतः यहाँ उन्हें अलग से दोहराने की ज़रूरत नहीं है। लेकिन जिस प्रकार भारतेन्दु नाटक के मंचन को लेकर गहन मनन चिन्तन करते हैं। उससे भी कहीं ज़्यादा वह उसकी रचना को लेकर भी सजग दिखाई पड़ते हैं। इस दिशा में उनके कुछ निष्कर्ष तो निहायत ही उपयोगी और समकालीन जान पड़ते हैं। कुछ उदाहरण यहाँ उद्धृत करना अप्रासंगिक नहीं होगा :

1. नाटक लिखना आरम्भ करके, जो लोग उद्देश्यवस्तु परम्परा से चमत्कारजनक और मधुर अति वस्तु निर्वाचन करके भी स्वाभाविक सामग्री परितोष के प्रति दृष्टिपात नहीं करते, उनका नाटक, नाटकादि दृश्यकाव्य लिखने का प्रयास व्यर्थ है क्योंकि नाटक आख्यायिका की भाँति श्रव्य काव्य नहीं है।

2. पात्र की बात सुनकर उसके स्वभाव का परिचय ही नाटक का प्रधान अंग है।

3. थोड़ी सी बात में अधिक भाव की अवतारणा ही नाटक जीवन का महौषध है।

इसीलिए उनका यह निष्कर्ष बिल्कुल सही जान पड़ता है कि यदि किसी को नाटक

लिखने की वासना हो तो नाटक किसको कहते हैं इसका तात्पर्य हृदयंगम करके नाटक रचयिता को सूक्ष्म रूप से ओत-प्रोत भाव में मनुष्य प्रकृति की आलोचना करनी चाहिए। यहाँ तक कि नाटक-रचना में शैथिल्य दोष कभी न होना चाहिए। वह अपने मन्तव्य को एक उदाहरण द्वारा भी स्पष्ट करते हैं—शकुन्तला के पतिगृह जाने के अवसर पर कण्व ऋषि की चिर-परिचित प्रतिक्रिया—''हाय ! हम वनवासी तपस्वी हैं, सो जब हमारे हृदय में ऐसा वैकल्य होता है तो कन्या के वियोग के अभिनव दुःख में बिचारे गृहस्थों की क्या दशा होगी।'' इसके विषय में भारतेन्दु हरिश्चन्द्र की टिप्पणी पर विचार किया जाए—सहृदय पाठक ! आप विवेचना करके देखिए कि इस स्थान में कविश्रेष्ठ कालिदास कुलपति कण्व ऋषि का रूप धारण करके ठीक उनका मानसिक भाव व्यक्त कर सके हैं कि नहीं ?

इसके बदले कालिदास यदि कण्व ऋषि का छाती पीटकर रोना वर्णन करते तो उनके ऋषि जनोचित धैर्य की क्या दुर्दशा होती अथवा कण्व का शकुन्तला के जाने पर शोक ही न वर्णन करते तो कण्व का स्वभाव मनुष्य स्वभाव से कितना दूर जा पड़ता है। इस सन्दर्भ में भारतेन्दु द्वारा नाटकों की रचना और मंचन से जुड़ी दो-तीन स्थापनाएँ अनायास ही ध्यान आकृष्ट कर लेती हैं। यथा-वेश और वाणी दोनों ही पात्र की योग्यतानुसार होनी चाहिए। नाटक में विदूषक की अनिवार्यता का कोई अर्थ नहीं है, विशेष रूप से वीर या करुण रस के नाटकों में। अभिनय करते हुए कोई अभिनेता दर्शकों से कैसे सम्बन्ध स्थापित करे, इसको लेकर भी भारतेन्दु की दृष्टि बहुत सजग जान पड़ती है। जब वह स्पष्ट करते हैं कि यद्यपि परस्पर वार्ता करने में पात्रों को दर्शकों की ओर देखकर बोलना पड़ेगा लेकिन अभिनेता का कौशल इस बात में है कि पात्र दर्शकों की ओर देखे ज़रूर, किन्तु यह अहसास कभी न होने दे कि वह दर्शकों से बात कर रहा है। प्राचीन रंगमंच में पात्रों द्वारा दर्शकों को अपनी पीठ न दिखलाने का एक साधारण सा नियम प्रचलित था। लेकिन भारतेन्दु ने इस नियम के शतशः पालन का विरोध किया है। उनका मानना है कि यदि किसी दृश्य में पात्र को सचमुच में दर्शकों की ओर पीठ करके खड़ा होना है और वह ऐसा न करे तो इससे ज़्यादा हास्यास्पद स्थिति और कोई नहीं हो सकती।

इसी सन्दर्भ में पात्रों के परस्पर कथोपकथन के विषय में भारतेन्दु के विचार दृष्टव्य हैं अर्थात् पात्रगण आपस में जो वार्ता करें उनको कवि (रचयिता) निरे काव्य की भाँति न ग्रथित करें यथा नायिका से नायक साधारण काव्य की भाँति 'तुम्हारे नेत्र कमल हैं, कुच कलश हैं', इत्यादि न कहे। परस्पर वार्ता में हृदय के भावबोधक वाक्य ही करने योग्य हैं। किसी मनुष्य अथवा स्थानादि के वर्णन में लम्बी-चौड़ी काव्य-रचना नाटक के लिए उपयोगी नहीं होती। इन सारी बातों से बार-बार भारतेन्दु की उस सहज और स्वाभाविक दृष्टि का पता चलता है जो नाटक की रचना और उसके प्रदर्शन में कभी भी अतिरंजित होकर अभिव्यक्त न होने पाए। क्या इसे मात्र संयोग मानकर छोड़ दिया जाए कि अभिनय को लेकर जिस आन्तरिक सत्य की तलाश पर बाद में स्तानिस्लाव्स्की,

ब्रेष्ट और ग्रोतोवस्की जैसे रंग-चिन्तकों और प्रयोक्ताओं ने बार-बार ज़ोर दिया है, वह भारतेन्दु के यहाँ न जाने कब से उपस्थित हैं और किसी विद्वान रंग अध्येता का इस ओर ध्यान नहीं गया। इतना ही नहीं, ये विचार इसलिए भी अवश्य रेखांकित किए जाने चाहिए क्योंकि जिस तरह भारतेन्दु इन्हें व्यक्त कर रहे हैं, उस समय मात्र शैलीबद्ध अभिनय का ही प्राधान्य था। चाहे वह पूर्व का रंगमंच हो अथवा पश्चिम का रंगमंच। यों पश्चिम में अलेक्ज़ेंडर ड्रामा जैसे उपन्यासकार और इब्सन जैसे नाटककारों द्वारा प्रकृतवाद, स्वाभाविकतावाद और अन्ततः यथार्थवाद की चर्चा और रचनाकर्म आरम्भ हो चुका था लेकिन भारतेन्दु उससे बहुत ज़्यादा परिचित होंगे, इसके विषय में निश्चित रूप से कुछ नहीं कहा जा सकता।

नाटक की रचना को लेकर भारतेन्दु की यह धारणा भी अत्यन्त महत्त्वपूर्ण है कि नाटक की कथा की रचना ऐसी विचित्र और पूर्वापरबद्ध होनी चाहिए कि जब तक अन्तिम अंक न पढ़ा जाए, यह बोध कदापि न हो कि नाटक समाप्त कैसे होगा। यह नहीं कि 'सीधा एक को बेटा हुआ, उसने यह किया वह किया।' प्रारम्भ में ही कहानी का मध्यबोध हो। आज नाटक के कथानक को लेकर जिस उत्सुकता, तनाव, संघर्ष और विकास की बात की जाती है, भारतेन्दु ने उसी से मिलते-जुलते विचार सहज रूप में ही प्रस्तुत कर दिए हैं। यूँ आज ऐसे मंच-संकेत बहुत ही साधारण जान पड़ते हैं जैसे कि 'शोक, हर्ष, हास, क्रोध आदि के समय में पात्रों को स्वर भी घटाना-बढ़ाना उचित है। जैसे स्वाभाविक स्वर बदलते हैं वैसे ही कृत्रिम भी बदलें। आप ही आप ऐसे स्वर में कहना चाहिए कि बोध हो कि धीरे-धीरे कहता है किन्तु तब भी इतना उच्च हो कि श्रोतागण निष्कंटक सुन लें।' लेकिन फिर भी इनसे यह जानकारी तो अवश्य मिलती है कि भारतेन्दु मात्र नाटक की रचना को लेकर ही नहीं उसके प्रयोग से जुड़े हर पक्ष को लेकर भी कितने जागरूक रहते थे। अपने इस निबन्ध के अन्तिम अध्याय के रूप में भारतेन्दु ने नाटक के जन्म से लेकर अपने समय तक के नाटकों का पूरा इतिहास और उनकी एक विस्तृत तालिका प्रस्तुत की है। उन्होंने ऐतिहासिक और साहित्यिक प्रमाणों के द्वारा इस तथ्य की पुष्टि की है कि सबसे पहले नाट्यकला का जन्म भारत में ही हुआ था। इसी के साथ उनकी दी हुई तालिका से एक तथ्य और उजागर होता है कि हमारे यहाँ संस्कृत नाट्य-परम्परा के बाद मध्यकाल में नाटकों को लिखे जाने की परम्परा समाप्त हो गई, यह स्थापना बिल्कुल निर्मूल है। वास्तव में इस तरह के निष्कर्ष पश्चिमी रंगमंच की देन हैं क्योंकि उनके यहाँ रोमन नाट्य परम्परा के बाद लगभग चौदहवीं-पन्द्रहवीं शताब्दी तक कोई लिखित नाटक नहीं मिलता। अतः उन्होंने मान लिया कि शायद दूसरे देशों के रंग-इतिहास में भी ऐसा ही कुछ हुआ होगा। नाटकों की दी गई सूची में कहीं भी भास जैसे नाटककार का उल्लेख नहीं मिलता। यह बात काफ़ी रोचक और स्वयंसिद्ध है कि तब तक भास के तेरह नाटकों की खोज़ ही नहीं हुई। फिर भी यदि भारतेन्दु कालिदास के 'मालविकाग्निमित्र' से परिचित हैं तब वह भास के नाम से कैसे अपरिचित रह गए, इस पर ज़रूर आश्चर्य होता है। बहरहाल, इससे भी

ज़्यादा गहरा और मार्मिक विवेचन इस इतिहास का वह हिस्सा है जहाँ भारतेन्दु संस्कृत नाटकों के हिन्दी भाषा में किए गए भ्रष्ट अनुवादों की जमकर खबर लेते हैं।

शास्त्र के आधार पर नए शास्त्र की रचना करना एक बात है और उस नए शास्त्र की पुष्टि के लिए नाट्य-रचना करना इससे भी बड़ी बात है अर्थात् भारतेन्दु ने मात्र नए नाट्यशास्त्र की रचना ही नहीं की वरन् अपने नाटकों की रचना के माध्यम से उन्होंने उसके व्यावहारिक पक्ष को भी स्थापित किया। दशरूपक की शायद ही ऐसी कोई विधा बची हो जिसके उदाहरण के रूप में भारतेन्दु ने स्वयं नाट्य-रचना न की हो। नाटक, प्रकरण, प्रहसन, भाण, नाटिका और यहाँ तक कि उपरूपकों में परिगणित सट्टक जैसे भेद का भी 'कर्पूर मंजरी' जैसी रचना के माध्यम से उदाहरण प्रस्तुत किया, इतना ही नहीं शास्त्रीय विवेचन से अलग नई नाट्य विधा, नई-नई नाट्य शैली और नए-नए शिल्प खोज़ने में भी भारतेन्दु की कोई तुलना नहीं। यदि उस समय फ़ोटोग्राफ़ी जैसे माध्यम का आविष्कार हो चुका था, तो भारतेन्दु ने भी छायाचित्र शीर्षक के अन्तर्गत इससे मिलते-जुलते एक नए साहित्यिक एवं रंगमंचीय मुहावरे की तलाश की। आज हम रंगमंच में जिस प्रकार से दूसरी कलाओं और विधाओं के हस्तक्षेप की बात कर रहे हैं, भारतेन्दु ने छायाचित्र, श्रव्य-चित्रण जैसे उदाहरणों से बहुत पहले ही यह सब कुछ प्रस्तुत कर दिया था।

नाटक अथवा रंगमंच के लिए कौन सी फार्म, कौन सा शिल्प, कौन सी संरचना और कौन से मुहावरे की तलाश की जाए यह सवाल आज के रंगकर्मी के सामने सबसे ज़्यादा ज्वलन्त सवाल है। क्या हम पूरी तरह से अपने शास्त्रीय नाट्य और रंगशैलियों की तरफ़ लौट जाएँ अथवा लोकशैलियों से प्रेरित होकर अपने रंगकर्म को पुष्ट करें ? क्या हम अपने समकालीन रंगमंचीय मुहावरे की खोज़ पश्चिम में प्रचलित विभिन्न शैलियों के भीतर से करें ? यह सारे सवाल ठीक इसी रूप में भारतेन्दु के सामने भी उपस्थित थे और उन्होंने इन सबके बीच रहते हुए भी एक अपना सहज सा रास्ता खोज़ लिया था। जब उन्होंने अपने रंगकर्म की शुरुआत की उस समय उनके सामने पश्चिम का यथार्थवादी और रोमांटिक रंगमंच था। अपने यहाँ का लोक और पारसी रंगमंच था और कहीं कुछ शास्त्रीय शैलियाँ भी विद्यमान थीं और इन सबके साथ तत्कालीन बंगाल में उपलब्ध जात्रा जैसी संगीतमय शैली और भावनाओं से ओत-प्रोत अतिरंजित अभिनय शैली भी मौज़ूद थी जो बाद में द्विजेन्द्रलाल राय के नाटकों में दिखाई देती है और शायद पारसी नाटकों और रंगमंच से प्रभावित थी—इतना सब कुछ अपने सामने होने के बावजूद भारतेन्दु ने किसी भी एक शैली को पूरी तरह से आत्मसात् नहीं किया वरन् सभी से थोड़ा-थोड़ा अंश लेकर अपनी एक निजी रंगशैली विकसित की जिसे भारतीय रंगमंच की खोज़ का पहला पड़ाव कहा जा सकता है। कहना होगा कि रंगमंच में जिस प्रयोगशीलता का ज़िक्र आज हम बार-बार करते हैं, उसकी पहली नींव भारतेन्दु ने ही रखी थी। इतना ही नहीं भारतीय और विश्व रंगमंच में जिस सिंथीसिस की बात हो रही है, उसका पूर्वानुमान भारतेन्दु के रंगकर्म में साफ़-साफ़ दिखाई पड़ता है।

अब हम भारतेन्दु की इस रंगशैली और मुहावरे पर विस्तृत चर्चा कर सकते हैं। उसकी पहली और सबसे बड़ी विशेषता तो यही है कि वह मात्र एक साहित्यिक शैली या मुहावरा नहीं है वरन् पूरी तरह से रंगमंचीयता से सम्बद्ध है। नाटक के आरम्भ में ही एक गीत या प्रार्थना या मंगलाचरण का इस्तेमाल। भले ही यह युक्ति कोई नई नहीं थी और रंगमंच के आरम्भ से ही चली आ रही थी, लेकिन फिर भी उसके इस्तेमाल से कैसे एकदम से दर्शकों को काबू में किया जा सकता है, यह भारतेन्दु ने बहुत अच्छी तरह से जान-समझ लिया था। इसकी प्रेरणा उन्हें संस्कृत नाटकों से मिली हो, लोक नाटकों से मिली हो अथवा पारसी नाटकों से मिली हो, लेकिन अहम बात यह है कि उन्होंने इन सभी परम्पराओं को मिलाकर अपने नाटकों का जो मुहावरा तैयार किया वह कई तरह से अपनी ओर ध्यान आकृष्ट करता है। एक तो यही कि उसमें शास्त्रीय रंगमंच जैसी दुरूहता और क्लिष्टता बिल्कुल भी नहीं है, न ही पारसी रंगमंच जैसा फूहड़पन है और न ही लोक-रंगमंच जैसा खुलापन है। यदि सही मायनों में कहा जाए तो उनकी शैली एक सहजता और स्वाभाविकता लिये हुए है। यह अकारण नहीं है कि परवर्ती नाटककार जयशंकर प्रसाद ने भारतीय रंगमंच में यथार्थवाद को लाने का श्रेय भारतेन्दु हरिश्चन्द्र को दिया है। यहाँ प्रसाद का मक़सद पश्चिम के उस यथार्थवाद से हरगिज़ नहीं है जहाँ हम जीवन को हू-ब-हू प्रस्तुत करने पर बल देते हैं, इसकी बज़ाय भारतेन्दु के सन्दर्भ में प्रसाद द्वारा उल्लिखित यथार्थवाद उस लोकधर्मी परम्परा के निकट पड़ता है, जिसमें नाटक की कहानी का ताल्लुक़ कहीं भी क़रिश्मों, अद्‌भुत क़ारनामों से नहीं होता और वह पूरी स्वाभाविकता लिए रहती है।

इस प्रकार यह पूरा निबन्ध भारतेन्दु के चिन्तक पक्ष का एक ऐसा चित्र प्रस्तुत करता है जिसे आज के 'रंगकर्मी' के लिए जानना बहुत ही व्यापक है। जितना एक नाटककार को इससे नाटक लिखने की दिशा में सहायता मिलती है उससे कहीं ज़्यादा अभिनेता को नाटक की प्रस्तुति से सम्बद्ध जानकारी प्राप्त होती है और वह भी एक ऐसी सहज, सरल और व्यावहारिक भाषा में जो सीधे-सीधे सम्प्रेषित हो सके। क्या इस सम्पूर्ण विश्लेषण से ऐसा स्वयं में प्रमाणित नहीं हो जाता कि भारतेन्दु ने सदैव रंगकर्म में स्वाभाविकता और विश्वसनीयता पर बल दिया है, चाहे वह नाट्य-रचना हो अथवा नाट्य मंचन ? यही कारण है कि भारतेन्दु के इस निबन्ध 'नाटक अथवा दृश्य-काव्य सिद्धान्त विवेचन' को आधुनिक भारतीय रंगमंच का पहला नाट्यशास्त्र कहा जाए तो अत्युक्ति न होगी।

नाटक : कुछ प्रश्न

हिन्दी में मौलिक नाट्य लेखन की समस्याएँ

हिन्दी रंगमंच में बहुत सालों से एक बात दोहराई जाती रही है कि हिन्दी में अच्छे नाटकों का अभाव है। हिन्दी रंगमंच की अपनी कोई नियमित रंग परम्परा नहीं है। इसी के साथ कभी-कभार यह भी सुनाई पड़ता है कि हिन्दी रंगमंच में हिन्दी के नाटक होने चाहिए अथवा हिन्दी में नाटक ? ये सारे सवाल अपनी जगह पर सही हैं लेकिन आज तक उन समस्याओं पर कभी भी जमकर बहस और विमर्श नहीं हुआ, जिनके कारण रंगकर्मियों के बीच ये सारे सवाल पिछले तीस-चालीस वर्षों में लगातार उठते रहे हैं। आइए इन सारे प्रश्नचिह्नों से गुज़रते हुए हिन्दी में मौलिक नाट्य लेखन की क्या समस्याएँ हैं, वे क्यों हैं और उन्हें कैसे दूर किया जा सकता है इस पर तो गहराई से विचार करें ही साथ-साथ नाट्य लेखन की वर्तमान दशा क्या है और उसकी भावी दिशा क्या हो सकती है इसके बारे में भी कुछ संकेत किए जाएँ।

सबसे पहले इस बारे में बातचीत की जाए कि हिन्दी रंगमंच की अपनी कोई नियमित परम्परा नहीं है। ऐसा कहते समय हम यह भूल जाते हैं कि हमारे देश की दूसरी सभी भाषा के रंगमंच की परम्परा भी दो सौ साल से पुरानी नहीं है। उदाहरण के लिए बंगला रंगमंच ने अभी 1999 में अपने पहले मंचित नाटक के दो सौ साल पूरे किए हैं। मराठी का पहला संगीत नाटक 1863 में खेला गया था। हिन्दी में पहले मंचित नाटक के रूप में पं. शीतलाप्रसाद त्रिपाठी रचित 'जानकी मंगल' का नाम लिया जाता है जो 3 अप्रैल, 1848 को बनारस में प्रस्तुत किया गया था, इसमें भारतेन्दु हरिश्चन्द्र ने लक्ष्मण की भूमिका में अभिनय किया था। यदि इसी इतिहास में वाजिद अलीशाह द्वारा मंचित अमानत लख़नवी के नाटक 'इन्दरसभा' को जोड़ लें तो हिन्दी रंगमंच की परम्परा 1848 से शुरू की जा सकती है। इसी समय के आसपास पारसी नाटकों के मंचन भी शुरू हो गए थे। पारसी कम्पनियों के मालिक भले ही गुजराती रहे हों, उनके नाटक उर्दू, हिन्दुस्तानी और हिन्दी में मंचित होते थे।

उपर्युक्त सारी ऐतिहासिक जानकारियों को देने का एकमात्र कारण यही है कि जब भी हम हिन्दी में नाटकों और रंगमंच की परम्परा के अभाव का रोना रोते हैं, तो हम तथ्यों से कितने अपरिचित होते हैं। यही एक और तथ्य का उल्लेख करना भी अप्रासंगिक न होगा कि हिन्दी भाषा के खड़ी बोली स्वरूप अथवा वह हिन्दी, जिसे आज अपने व्यवहार में लाते हैं, की पहली साहित्यिक अभिव्यक्ति नाटक के रूप में हुई थी।

हाँ, यदि नियमित परम्परा से विद्वानों का आशय बंगला व मराठी भाषाओं में प्रचलित व्यावसायिक या व्यावहारिक रंगमंच से है, उसका निश्चय ही हिन्दी रंगमंच के अभाव की धारणा के पीछे एक और कारण भी प्रस्तुत किया जा सकता है। लगभग एक हज़ार ईस्वी के आसपास भारत में संस्कृत नाटकों की शास्त्रीय रंग परम्परा के बाद अलग-अलग क्षेत्रों, प्रान्तों और राज्यों में लोक नाटकों और रंगमंच की धारा ने जन्म लिया और मध्यकाल तक आते-आते पूरी तरह से विकसित-पल्लवित हो चुकी थी।

जहाँ दूसरे क्षेत्रों के लोक रंगमंच ने अपना एक निश्चित सम्पूर्ण और दृश्यात्मक पक्ष भी विकसित किया, वहाँ उत्तर भारत, विशेषतया आज के हिन्दी भाषा-भाषी क्षेत्र में ऐसा नहीं हो पाया। इसके लिए ठोस ऐतिहासिक एवं राजनीतिक कारण और परिस्थितियाँ ज़िम्मेदार हैं। एक हज़ार ईस्वी के बाद उत्तर भारत लगातार लड़ाइयों में व्यस्त रहा, जिसके चलते यहाँ के निवासी कभी भी स्थायी जीवन पद्धति के आदी नहीं हो पाए। इसलिए भागते-दौड़ते लोक रंगमंच की जो भी धाराएँ विकसित हो सकती थीं, वे मात्र गाने-बजाने से जुड़ी थीं, चाहे वह स्वांग हो, भगत हो, नौटंकी हो, भाँड-मिरासी हों। यों रामलीला-रासलीला का नाम भी लिया जा सकता है लेकिन एक तो वे वर्ष में मात्र कुछ दिनों के लिए ही मंचित होती हैं, दूसरे उनमें भी अन्ततः गायन की ही प्रधानता है। इस पृष्ठभूमि से यह स्पष्ट हो जाता है कि बेशक़ लोकरंगमंच के रूप में हिन्दी रंगमंच में उतनी सशक्त और सम्पूर्ण परम्परा कभी नहीं रही, लेकिन जहाँ तक आधुनिक रंगमंच का सम्बन्ध है, हिन्दी रंगमंच अपनी नियमित परम्परा में किसी भी भाषा के रंगमंच से पीछे नहीं है।

हिन्दी रंगमंच में नाटककारों को निर्देशकों से यह शाश्वत शिकायत है कि वे उनके नए व ताज़ा आलेखों को लेने की बज़ाय पहले से आज़माए नाटकों को उठाना पसन्द करते हैं। अथवा, अनुवादों या रूपान्तरों से अपना काम चला लेते हैं। बदले में निर्देशकों को नाटककारों से यह शिकायत है कि उन्हें नाटक लिखना नहीं आता और यदि वे उन्हें अपनी तरफ़ से कोई सुझाव देने की कोशिश करते हैं तो नाटककारों को उनकी यह कोशिश अपने क्षेत्र में अनाधिकार चेष्टा लगती है। इसमें कोई सन्देह नहीं कि उपर्युक्त सारे आरोपों और प्रत्यारोपों में काफ़ी हद तक सच्चाई है लेकिन इसे अर्धसत्य ही माना जा सकता है। दरअसल यह सारी समस्या नाटककार और निर्देशक के बीच एक बराबरी का संवाद न होने की वज़ह से है। जब-जब दोनों के बीच ऐसा संवाद क़ायम हुआ है, निश्चित ही अच्छे नाटक लिखे गए हैं। हिन्दी रंगमंच में मोहन राकेश और उनके अलग-अलग निर्देशकों के साथ संवाद इसके साक्षी हैं। मन्नू भंडारी और अमाल-अल्लाना की साझेदारी ने 'महाभोज' नाटक को जन्म दिया। भीष्म साहनी और एम.के. रैना के आपसी तालमेल से 'कबिरा खड़ा बाज़ार में' तैयार हुआ। राजेश जोशी और बंसी कौल भी मिल-जुलकर नाट्य रचना करते हैं। ऐसे ही और भी न जाने कितने उदाहरण होंगे लेकिन अभी उनमें न जाकर मैं नाटक लिखने की रचना प्रक्रिया को अपने नए नाटककारों के साथ 'शेयर' करना ज़्यादा पसन्द करूँगा।

दूसरे निर्देशकों की तरह मेरे पास भी नए युवा और कई बार अनुभवी नाटककारों के भी बहुत से आलेख मंचन के लिए आते हैं। मैं उन्हें पूरी एकाग्रता से पढ़ता भी हूँ लेकिन सचमुच में ऐसा बहुत कम होता है कि आपको कोई रचना प्रभावित कर पाए। नतीज़ा यह होता है कि रचनाएँ उन्हें लौटानी पड़ती हैं। वे पूछते हैं कि आख़िर इनमें कमी क्या है तो खुलकर उन्हें बताना भी पड़ता है। आज मैं उन्हीं बातों की संक्षेप में चर्चा कर रहा हूँ। मेरा मानना है कि नाटककार के पास कथ्य का कोई अभाव नहीं है। एक से एक नए शाश्वत या तात्कालिक ऐसे कथ्य उनके आलेखों के भीतर से झाँकते रहते हैं जो सचमुच में गहरा असर पैदा कर सकते हैं लेकिन दिक़्क़त यह है कि उस कथ्य को किस तरह के शिल्प फार्म, संरचना या स्वरूप के भीतर से लेकर चला जाए, इसकी समझ, जानकारी या अनुभव हमारे नाटक लिखनेवालों के पास बिल्कुल नहीं है। वे नाटक को भी उसी मुहावरे में लिखते हैं जिसमें वे कहानी या उपन्यास लिखने के आदी हैं। वे भूल जाते हैं कि कहानी या उपन्यास मूलतः वर्णित माध्यम है, जबकि नाटक एक घटित माध्यम है। कहने को कहानी या उपन्यास में भी वर्णन घटित होता है लेकिन अन्तर यह है कि नाटक में वह कहानी सचमुच हमारी आँखों के सामने घटित होती है अर्थात् नाटक का वर्णित दृश्यता का आधार लिए होता है। इस अर्थ में वह कविता के बिम्बों, प्रतीकों के ज़्यादा निकट है। यह अकारण नहीं कि नाटक को दृश्यकाव्य की संज्ञा दी गई है और नाटककार को भी कवि के नाम से जाना जाता रहा है। अतः नाटककार के लिए ज़रूरी है कि वह संक्षिप्त और सांकेतिक भाषा का प्रयोग करे जो अपने आप में वर्णित न होकर क्रियात्मक हो, दृश्यता की क्षमता से भरपूर हो और अभिधा से ज़्यादा व्यंजना की ओर ले जाए। कहा भी गया है कि अच्छा और गहरा नाटक वही होता है, जो लिखे अथवा बोले गए शब्दों से भी ज़्यादा उसे ध्वनित करे जो लिखा या बोला नहीं जा रहा।

नाटककार को नाटक की एक मूल विशेषता को हमेशा याद रखना है और वह यह है कि नाटक एक मात्र ऐसी विधा है जो हमेशा वर्तमान काल में घटित होती है। साहित्य की दूसरी विधाओं के साथ ऐसा नहीं होता। यहाँ तक कि नाटक की कहानी बेशक़ भूतकाल या भविष्यकाल से सम्बद्ध हो, तब भी उसे घटित वर्तमान में ही पड़ता है। यह वर्तमान या कला का बन्धन एक और तरह, से भी नायक की संरचना पर अपना असर डालता है और वह यूँ कि नाटक को शुरू से लेकर आख़िर तक एक निश्चित अवधि के भीतर पूरा होना होता है। यहाँ एक वैज्ञानिक दृष्टि भी अपनानी पड़ती है—दर्शक अन्ततः कितनी देर तक किसी कहानी को अपने सामने घटित होते देखते रहने की शारीरिक क्षमता रखता है। नाटक की कहानी के किन पक्षों का चुनाव किया जाए—यह सबसे ज़्यादा महत्त्वपूर्ण है यहाँ कहानी या उपन्यास की तरह सब कुछ वर्णित करने की सुविधा नहीं है। नाटक का मात्र एक मौन, अन्धकार या ध्वनि प्रभाव कहना या उपन्यास के बीस-पच्चीस पृष्ठों की बराबरी कर सकता है, इसीलिए कहा भी गया है कि नाटककार को रचनाकार के साथ-साथ एक कुशल सम्पादक भी होना

चाहिए। पहले तो घटनाओं, स्थितियों अथवा दृश्यों का चुनाव, फिर उन्हें किस क्रम में रखा जाए कि वे शून्य से शिखर की तरफ़ एक विकास में आगे बढ़ें, यह कला उसे अवश्य आनी चाहिए। नाटक का सबसे ज़रूरी और सशक्त माध्यम है—संवाद। दूसरी किसी विधा के लिए यह क़तई ज़रूरी नहीं कि वह संवादों का सहारा ले लेकिन नाटक का तो उनके बिना काम ही नहीं चल सकता। संवाद है तो उसे कम-से-कम दो लोगों के बीच तो होना ही होगा। इसीलिए अच्छा नाटक वही है जो कथा को आपसी बहस-मुबाहिसे से आगे बढ़ाए। परस्पर विरोधी विचारधाराओं के संवादों के भीतर से ये सारे तत्त्व जन्म लेते हैं जिन्हें नाटकीय कहा जाता है, जैसे तनाव, संघर्ष, उत्सुकता, रहस्य, रोमांच और अन्त में उपसंहार। इसीलिए नायक प्रतिनायक, इंटेगोनिस्त प्रोतेगोनिस्त की परिकल्पना भारतीय या पाश्चात्य नाट्यशास्त्र में आरम्भ से ही की गई थी।

संक्षेप में यदि हमारे नए और युवा नाटककार उपर्युक्त बातों के परिप्रेक्ष्य में अपने आलेखों की रचना में प्रवृत्त हों तो निश्चित ही उन्हें एक गहरा नाटक लिखने में मदद मिलेगी। इसी के साथ-साथ वे इस बात का भी ध्यान रखें कि वे रंगमंच की कौन सी विधा के लिए लिख रहे हैं—नुक्कड़नाटक, लोकनाटक या प्रोसीनियम के लिए नाटक। और अन्त में एक बात वे दूरदर्शन या फ़िल्म के लिए भी नहीं लिख रहे हैं क्योंकि प्रायः उनके नाटक पाँच या ज़्यादा-से-ज़्यादा दस मिनट के छोटे-छोटे दृश्यों से भरे रहते हैं, जिनमें किसी भी चरित्र का पूरा विकास नहीं होता। मात्र उदाहरण के लिए ही सही, यह देखने की कोशिश की जाए कि एक तीन अंकों के नाटक का एक अंक कम-से-कम कितना समय लेता है ? शायद यह जानकारी हमारे लिए बहुत रोचक जान पड़ेगी कि आज से न जाने कितने हज़ार साल पहले भी भरत ने अपने नाट्यशास्त्र में नाटककारों से यह अपेक्षा की थी कि नाटक के हरेक अंक की अवधि कम-से-कम (आज के मुहावरे में) अड़तालीस मिनट हो।

जैसा कि ऊपर लिखा जा चुका है कि हिन्दी में मौलिक नाट्य लेखन की रचना प्रक्रिया को दूरदर्शन और फ़िल्मों के साथ-साथ रेडियो जैसे ध्वनि-माध्यम ने भी बहुत दूर तक प्रभावित किया। सच्चाई तो यह है कि रेडियो जैसे जिस ध्वनि माध्यम ने बीसवीं शताब्दी के आरम्भिक वर्षों में जन्म लिया या उसका असर मुख्यतः नाट्य विधा पर ही पड़ा और वह इस रूप में कि रेडियो को अपनी सामग्री के रूप में छोटे-छोटे एकांकियों, वार्ताओं, फ़ीचरों और ध्वनि रूपकों के लिए हिन्दी के लेखकों की ज़रूरत महसूस हुई। इस ज़रूरत ने जहाँ एक ओर लेखकों को अर्थ प्राप्ति और आजीविका के साधन उपलब्ध करवाए वहीं दूसरी ओर नाट्य लेखन की अपार सम्भावनाओं को भी सीमित कर दिया। दूसरे शब्दों में कहें तो कविता, कहानी और उपन्यास जैसी विधाओं को रेडियो ने बिल्कुल भी प्रभावित नहीं किया क्योंकि ये विधाएँ तो अपने मूल-प्रकृति में ही सुनने या पढ़ने की विधाएँ थीं। लेकिन नाटक तो इससे अलग देखने की विधा भी है। और रेडियो ने नाटक की इसी प्रकृति पर अपना पूरा असर डाला और नाटक को भी कहानी, उपन्यास के बराबर लाकर खड़ा कर दिया। नतीज़ा यह

हुआ कि हिन्दी में जितने भी नाटक लिखे गए वे नाटक कम और ध्वनिरूपक ज़्यादा थे। यही कारण है कि हिन्दी नाटकों में शब्द बहुत ज़्यादा दिखाई पड़ते हैं लेकिन वे दृश्य में बहुत कम परिवर्तित होते हैं। आम कहानी को मात्र संवादों में रख देने से वह नाटक कहलाने लगेगी लेकिन ऐसा होता नहीं। हमें पढ़ने और सुने जानेवाले शब्दों के साथ-साथ दिखाई देनेवाले शब्द भी चाहिए। कहने का अर्थ यह है कि उन शब्दों में इतने अर्थ, ध्वनियाँ और क्रियाएँ छिपी हों कि वे अभिनेता को अधिक-से-अधिक सक्रिय होने के लिए प्रेरित करें।

नाटक में जो भी चरित्र प्रस्तुत किए जाएँ वे सपाट सतही और टाइप्ड न हो। जिस प्रकार हम अपनी रोज़मर्रा की ज़िन्दगी में किसी भी व्यक्ति को सिर्फ़ अच्छा या बुरा नहीं कह सकते उसी तरह नाटक की कहानी में भी चरित्रों के विकास में इस बात का ध्यान रखा जाए कि वे स्थितियों के अनुसार अपनी क्रियाओं-प्रतिक्रियाओं को व्यक्त करते चले। इसमें कोई सन्देह नहीं कि अन्ततः नाटककार नाटक के कथानक के माध्यम से जो कुछ भी कहना चाहता है उसे अपने चरित्रों और उनके बीच होते परस्पर संवादों से ही अभिव्यक्त करता है। लेकिन ऐसा कभी भी न लगे कि वह पहले से निश्चित विचारों को मात्र शब्दों के माध्यम से व्यक्त कर रहा है। ऐसी स्थिति में नाटक नाटक न रहकर सिर्फ़ शब्दों के रूप में विचारों का एक पुंज सा होकर रह जाता है। हमें याद रखना चाहिए कि इन शब्दों को बोलनेवाले पात्र मंच पर सचमुच के हाड़-मांस से युक्त जीवन्त प्राणी होते हैं न कि कविता, कहानी और उपन्यास में उपस्थित रहनेवाले शाब्दिक चरित्र। अतः संवाद जितने ज़्यादा सहज और स्वाभाविक होंगे उतने ही दर्शक के मर्म को छुएँगे। यहाँ सहज स्वाभाविक होने से मेरा आशय भाषा की सरलता से कदापि नहीं है। संवाद चाहे कितनी भी तत्सम और क्लिष्ट भाषा में क्यों न लिखे गए हों। स्थिति और परिवेश की माँग के अनुसार यदि वे स्वाभाविक जान पड़ते हैं तब उनके दर्शक तक सम्प्रेषित होने में कोई मुश्किल नहीं है। इस दृष्टि से यदि हमें एक तरफ़ जयशंकर प्रसाद, मोहन राकेश, जगदीश चन्द्र माथुर, धर्मवीर भारती और सुरेन्द्र वर्मा जैसे नाटककारों की भाषा से साक्षात्कार होता है, जो हमें शब्दों के तात्कालिक अर्थों के परे भी ले जाती है वहीं दूसरी तरफ़ सेठ गोविन्द दास, हरिकृष्ण प्रेमी, रामकुमार वर्मा जैसे नाटककारों के संवादों से भी सामना होता है, जो मात्र संवादों की शैली में लिखे खोखले और बनावटी शब्द जान पड़ते हैं। यही कारण है कि इन नाटककारों की रचनाएँ स्कूल, कॉलेजों के वार्षिक सांस्कृतिक कार्यक्रमों के दायरे से कभी भी बाहर नहीं निकल पाई।

इसी के साथ जुड़ा दूसरा सवाल उस शिल्प प्रविधि और संरचना का भी है जिसके भीतर से नाटककार अपने कथ्य को व्यंजित करता है। आज हिन्दी के नाटककारों के पास कई तरह के विकल्प मौज़ूद हैं। सबसे पहले तो 'स्वप्नवासवदत्ता', 'अभिज्ञानशाकुन्तल', 'मृच्छकटिक' और 'उत्तर रामचरित' जैसे संस्कृत नाटकों का ढाँचा जिसे हम पारिभाषिक शब्दावली में शास्त्रीय कहते हैं। फिर एक लोकनाटकों की फॉर्म जिसमें कोई लिखित आलेख नहीं है और सब कुछ मौखिक रचना प्रक्रिया के माध्यम से घटित होता है। फिर

पारसी नाटकों का अपना एक शिल्प है जो शेरो-शायरी, गीत-संगीत और अतिरंजित संवादों पर आधारित होता था। इब्सन की तर्ज पर यथार्थवादी नाटकों का अपना एक मुहावरा है, जो मुख्यतः गद्य पर आश्रित है इनके अतिरिक्त विसंगत नाटक, नुक्कड़ नाटक मानो शारीरिक रंगमंच का नाटक—इन सबकी अपनी अलग अहमियत है। यह नाटककार को तय करना है कि वह इनमें से किसी एक तरह के शिल्प का चुनाव करे, अलग-अलग विकल्पों के मिश्रण से अपनी एक नई शैली तैयार करे अथवा इन सबको छोड़कर बिल्कुल ही एक नया शिल्प लेकर प्रस्तुत हो। प्रायः कहा जाता है कि कथ्य अपना शिल्प स्वयं निर्धारित कर लेता है और यही सही स्थिति है। लेकिन जब-जब नाटककार ने पहले शिल्प या संरचना को निश्चित कर लिया और फिर उसमें किसी कथ्य कहानी को फिट करना चाहा तो ऐसी कोशिशें बहुत दूर तक कामयाब नहीं हुईं। बादल सरकार के तीसरा रंगमंचवाले दौर में रचित नाटकों का उदाहरण हमारे सामने है। नुक्कड़ नाटकों के आलेखों का अध्ययन भी इस दृष्टि से विचारणीय है। यहाँ तक कि कभी-कभी तो ब्रेष्ट के नाटकों पर भी एक प्रश्नचिह्न सा लगाना पड़ता है जब उनमें कहानी से अधिक शैली मुखर होने लगती है। क्या कारण है कि संस्कृत नाटकों में एक निश्चित व्याकरण होने के बावजूद वह कथ्य पर आरोपित नहीं लगता। यही बात क़मोबेश पारसी नाटकों के बारे में भी कही जा सकती है। मेरे विचार में इसका सीधा सा उत्तर यही है कि दोनों शैलियों में सब कुछ निश्चित होने के बावजूद नाटककार उस दृश्यता सांकेतिकता और अभिनय पक्ष से कभी भी अलग नहीं होता जो उसे प्रदर्शनकारी विधा के रूप में स्थापित करते हैं।

इतिहास साक्षी है कि दुनिया में जब भी कहीं भी अच्छा, समर्थ और सशक्त रंगमंच हुआ है, उसकी बुनियाद नाटककार के आलेख पर ही आधारित रही है। बेशक़ एक लम्बी परम्परा मौखिक आलेखों की भी रही और उसके बाद निर्देशकों ने भी अपने आलेख स्वयं लिखे और आज भी लिखते रहते हैं। लेकिन उन्हें आलेख की दृष्टि से कभी बड़ी रचनाओं के रूप में नहीं लिया गया। संस्कृत रंगमंच, ग्रीक रंगमंच, शेक्सपीयर का रंगमंच, मौलियर का रंगमंच, प्रसाद का रंगमंच और पूर्व या पश्चिम का आधुनिक रंगमंच—हम अभिनेताओं, निर्देशकों और दूसरे नेपथ्य-कर्मियों के नाम भले ही भूल जाएँ या कि नहीं भी जानते, लेकिन नाटककारों के नाम और उनके नाटक आज भी उसी रूप में जाने जाते हैं जिस रूप में वे अपने समय में रहे होंगे।

यदि हम पिछले 150 वर्षों के हिन्दी रंगमंच के इतिहास पर भी ग़ौर करें तो पाएँगे कि इस पूरे कालखंड के वही दौर सबसे ज़्यादा उर्वर और चर्चित रहे हैं, जब-जब हिन्दी रंगकर्मियों ने नाटककार और उसके आलेख को अपनी रंग-प्रक्रिया में उचित स्थान दिया। आज भले ही बहुत से निर्देशक और अभिनेता अपने आलेख स्वयं रचने में लगे हों लेकिन उन्हें नाटककार के रूप में भी मान्यता मिल पाएगी, इसकी सम्भावना बहुत कम है। बहुत दूर जाने की ज़रूरत नहीं है ब्रेष्ट जैसे नाटककार-निर्देशक को छोड़कर हिन्दी का कौन सा ऐसा नाटककार-निर्देशक यह दावा कर सकता है कि उसके आलेख

को उसके अलावा दूसरी नाट्य मंडलियों ने भी किया हो। दरअसल नाट्य-लेखन के लिए रंगमंच के निकट रहकर भी जिस तरह की निस्संग, निष्पक्ष तटस्थ दृष्टि की दरकार रहती है, वह निर्देशक अथवा अभिनेता में हो ही नहीं सकती क्योंकि इनमें से जब भी कोई नाट्य-रचना की तरफ़ लौटता है तो उसकी सारी प्रक्रिया लिखित आलेख की नहीं एक प्रस्तुति आलेख के रूप में क्रियाशील रहती है। दूसरे शब्दों में कहा जाए तो वह नाटक के आलेख की नहीं वरन् एक रंगमंचीय पटकथा की रचना कर रहा होता है। इसीलिए आज यह और भी ज़रूरी हो गया है कि ज़्यादा-से-ज़्यादा नाटककार मंच की तरफ़ लौटकर आएँ और इसके लिए नाट्य मंडलियों को अपनी तरफ़ से पहल करनी चाहिए। यह बात तयशुदा है कि यदि रंगमंच को बहुत दिनों तक ज़िन्दा रहना है तो वह नाटककार द्वारा रचित, लिखित, मंचित और प्रकाशनीय आलेख से ही सम्भव होगा।

इसी परिप्रेक्ष्य में इक्कीसवीं सदी के सम्भावित नाटक और रंगमंच की दिशा का एक ख़ाक़ा तैयार किया जा सकता है। एक बात को शुरू में ही साफ़ कर लिया जाए कि नाटक और रंगमंच का भावी स्वरूप जो भी बनेगा उसमें यह तथ्य ध्रुवतारे की तरह से अटल है और होना चाहिए कि अन्ततः उसे मनुष्य की जीवन्त उपस्थिति के साथ ही सम्पन्न होना है। बेशक् स्वयं मनुष्य ने औद्योगिक क्रान्ति, वैज्ञानिक क्रान्ति, तकनीकी क्रान्ति और अन्ततः संचार क्रान्ति के माध्यम से जीवन क्रम में कितना भी परिवर्तन ला दिया हो लेकिन यदि यह मशीनीकरण आदमी के अस्तित्व पर ही प्रश्नचिह्न लगा देगा तो फिर उसकी क्या सार्थकता है ? यदि स्वयं आदमी द्वारा विकसित साधनों में उसके अपने लिए ही स्पेस नहीं बचेगा तो फिर रंगमंच जैसे माध्यम पर किसी भी तरह के विचार-विमर्श का कोई अर्थ नहीं रह जाता। तकनीक कितनी भी विकसित और अग्रगामी क्यों न हो जाए वह अपने जन्मदाता मनुष्य पर हावी नहीं हो सकती। जब-जब ऐसा हुआ भी है तो वह माध्यम स्वयमेव ही अपनी अकाल मृत्यु को प्राप्त हो गया। 1995 ई. में जन्म लेनेवाली विधा फ़िल्म की मृत्यु की घोषणा 1995 ई. तक आते-आते कर दी गई थी। दूरदर्शन और वीडियो जैसे माध्यमों से जनमानस का मोहभंग हो चुका है और कम्प्यूटर, इंटरनेट व ई-मेल जैसे नए-नए माध्यम हमारे नित्य प्रति के जीवन में अपना स्थान बनाते ही जा रहे हैं। इस मोड़ पर यह एक शुभ लक्षण है कि हम उपर्युक्त सभी विकल्पों को लगभग छोड़ते हुए पुनः रंगमंच जैसे जीवन्त माध्यम की तरफ़ लौटने लगे हैं। अतः आज यह सवाल और भी ज़्यादा मुखर और गहरा होकर सामने आ रहा है कि अब यहाँ से आगे बढ़ने पर रंगमंच की भावी तस्वीर क्या होनेवाली है ? आज तक वह जितने भी दौरों, दिशाओं और धाराओं में से गुजरा है उन सभी में एक तथ्य कॉमन है कि एक विशेष समय में उसका अपना स्वरूप जो भी रहा हो, उसने शब्द का साथ कभी नहीं छोड़ा। इसीलिए आज एक नए विकल्प की ओर संकेत किया जा रहा है कि शायद अगली सदी में रंगमंच जैसे माध्यम में शब्द कम-से-कम होते जाएँगे या कि बिल्कुल ही समाप्त हो जाएँगे और उनका स्थान पूरी तरह से मुद्राएँ, गतियाँ, मुखौटे, नृत्य आदि दृश्यात्मक तत्त्व ले लेंगे। इस तरह से नाटक

और रंगमंच अपनी एक नई रंगभाषा विकसित कर पाएगा जिसमें साहित्य से उधार लिए गए शब्द के लिए कोई जगह नहीं होगी। ऐसा अनुमान लगानेवालों का मत है कि यह इसलिए सम्भव होगा क्योंकि संचार माध्यमों द्वारा विकसित दृश्य और सम्प्रेषण की भाषा का मुकाबला इसी रूप में किया जा सकता है।

लेकिन यह विकल्प और उसके पक्ष में दी जानेवाली दलीलें और तर्क बहुत ज़्यादा दूर तक साथ नहीं देते। सबसे पहले तो यही कि मुद्राएँ, गतियाँ, मुखौटे, नृत्य इत्यादि तत्त्व नाटक और रंगमंच के आरम्भ से ही उसके अनिवार्य और अपरिहार्य अंग रहे हैं। और वह भी तब जब वहाँ शब्द भी अपनी पूरी अस्मिता के साथ मौज़ूद हैं। तब शब्दों की अनुपस्थिति से ऐसा नया और अनदेखा क्या घटित होनेवाला है ? क्या पहले से मौज़ूद कठपुतली जैसे माध्यम में ऐसा नहीं होता ? मूकाभिनय अपने आप में एक स्वतन्त्र विधा के रूप में न जाने कब से चली आ रही है। नृत्य, फ़िल्म, चित्रकला, मूर्तिकला और यहाँ तक कि फोटोग्राफी जैसी विधाएँ भी कहीं पूरी तरह से और आंशिक रूप में शब्दों से अलग अपनी पहचान स्थापित करती आ रही है। अतः यह साफ़ दिखाई पड़ता है कि शब्दहीन नाटक की कल्पना के पीछे जो भी सम्भावित दृश्य, बिम्ब और स्वरूप जन्म लेगा वह और जो कुछ भी हो नाटक तो हरगिज़ नहीं ही हो सकता।

एक दूसरा विकल्प शायद यह हो सकता है कि जितने जटिल तामझाम से आच्छादित संचार माध्यमों की रचना प्रक्रिया है उनका मुकाबला करने के लिए नाटक को भी अपने स्वरूप और प्रक्रिया में उतना ही जटिल हो जाना चाहिए। कहने का तात्पर्य यह है कि यदि फ़िल्म, दूरदर्शन, वीडियो और दूसरे संचार माध्यम अपने छोटे या बड़े परदे पर कुछ भी दिखा सकने की सामर्थ्य रखते हैं तो नाटक और रंगमंच जैसा त्रिआयामी माध्यम ऐसा क्यों नहीं कर सकता। परिणाम यह हुआ कि नाटक और रंगमंच मात्र तकनीकी तामझाम में उलझकर रह गया और उसके दूसरे ज़्यादा सार्थक, मार्मिक और संवेदनशील तत्त्व गौण होते चले गए, जिसमें मुख्य रूप से नाटक की कहानी, कथ्य और उन्हें सम्प्रेषित करनेवाली सबसे सशक्त इकाई—अभिनेता। यूँ भी इस तथ्य से किसी को इनकार नहीं होगा कि नाटक वह सब कुछ दिखा जाने की क्षमता पा भी ले, जो संचार माध्यमों के चलते सम्भव है तो फिर दर्शक की अपनी कल्पना विस्तार के लिए स्पेस और गुंजाइश कहाँ बचेगी ? क्या यह कारण ही फ़िल्म, वीडियो और दूरदर्शन जैसे माध्यमों की मृत्यु के लिए ज़िम्मेदार नहीं बना, इतना ही नहीं, क्या मंच पर सब कुछ दिखा देने में ही कलात्मक अनुभव समाहित है अथवा कम-से-कम दिखाने पर भी ज़्यादा-से-ज़्यादा अभिव्यक्त कर पाना और गहरा कलात्मक अनुभव है ? क्या साहित्य, चित्रकला, मूर्तिकला, संगीत और नृत्य जैसी विधाएँ व कलाएँ अपने-अपने माध्यमों में यही नहीं करती और करती आ रही हैं, जहाँ ठोस रूप में मंच पर कुछ न मौज़ूद होते हुए भी शायद सब कुछ मौज़ूद होता है और पाठक, दर्शक या श्रोता भी उसे उतनी ही गहराई से अनुभूत करता है।

यदि हम नाटक और रंगमंच के कम-से-कम पाँच हज़ार वर्षों के जाने-पहचाने

इतिहास पर भी एक नज़र डालें तो बात साफ़ हो जाएगी। इन पाँच हज़ार वर्षों में भी लगभग साढ़े चार हज़ार वर्ष ऐसे रहे हैं, जब मंच पर तकनीकी, यान्त्रिक तामझाम, कलाकौशल एवं साज सज्जा के नाम पर कुछ भी नहीं हुआ करता था। यहाँ तक कि मंच बिल्कुल खाली होता था और प्रेक्षागृह का अपना स्थापत्य ही नाटक की मंचसज्जा और दृश्यांकन का काम देता था। क्या हम लोगों ने अपने समय में ही मंच से यथार्थवाद के हू-ब-हू चित्रणवाले दौर को जड़ से ही समाप्त होते नहीं देखा है ? पारसी नाटक और रंगमंच जैसा माध्यम, जो मंच पर तरह-तरह के तकनीकी कारनामे और ज़ादुई करिश्मे दिखा सकता था, फ़िल्मों के आते ही कैसे तिरोहित हो गया ? यहाँ तक कि स्वयं फ़िल्म जैसी विधा भी महज़ सौ साल में ही अपनी अकाल मृत्यु को प्राप्त कर पुनर्जन्म के लिए छटपटा रही है।

अन्ततः यह सारा इतिहास अनजाने ही एक ऐसे विकल्प की ओर संकेत कर रहा है जो शायद इतना अनजान भी नहीं है। जैसा कि इस लेख के शुरू में ही उल्लेख किया गया था। नाटक और रंगमंच के ऐसे दो अनिवार्य तत्त्व हैं जिनके सामने कोई भी संचार माध्यम अपनी तमाम उपलब्धियों के बावजूद कोई मायने नहीं रखता। और वह है नाटक का शब्द और उसको बोलनेवाला एक जीवन्त अभिनेता। जब तक मंच पर इन दोनों तत्त्वों की उपस्थिति बराबर बनी रहेगी तब तक रंगमंच जैसे माध्यम के भावी स्वरूप को लेकर ऊहापोह में पड़ने की ज़रूरत नहीं है। यहाँ आलोचक अथवा संचार माध्यमों के पक्षधर तुरन्त अपनी प्रतिक्रिया दे डालेंगे कि ये दोनों तत्त्व तो संगीत में भी हैं, नृत्य में भी हैं, फ़िल्म में भी हैं और किसी हद तक साहित्य में भी हैं। तब फिर नाटक के सन्दर्भ में इन्हें अलग से किस रूप में व्याख्यायित और विश्लेषित किया जा सकता है ? वे शायद भूल जाते हैं कि बेशक़ ये दोनों तत्त्व उपर्युक्त सभी माध्यमों में भी भरपूर मौज़ूद हैं, इसके बावजूद श्रोता, दर्शक अथवा पाठक उन्हें किसी भी बदले हुए रूप में अनुभूत कर सकता है। अर्थात् संगीत को रिकॉर्डिंग रूप में सुना जा सकता है, नृत्य को परदे पर देखा जा सकता है, फ़िल्म तो है ही परदे का माध्यम और साहित्य मात्र मुद्रित शब्दों के भीतर से हम तक पहुँच सकता है। लेकिन नाटक के साथ ऐसी कोई सुविधा नहीं ली जा सकती। वहाँ शब्द भी जीवन्त है और उन्हें प्रयोग में लानेवाला कारक तत्त्व भी जीवन्त है। इन दो तत्त्वों की जीवन्तता तीसरे जीवन्त तत्त्व-दर्शक से मिलकर जिस अनुभव की सृष्टि करती है वह अपने आप में बेमिसाल है। इसलिए भावी नाटक को इन्हीं दो तत्त्वों की ओर लौटना होगा। और यह अकारण या संयोग मात्र नहीं है कि पूरे विश्व के नाटक में यह यात्रा भी हो चुकी है। पश्चिम में संचार माध्यमों की क्रान्ति से विमुख होकर वहाँ का नाटक और रंगमंच पुनः उसी सादगी की ओर लौट रहा है जो हमारी परम्परा में बहुत पहले से उपस्थित है। यह सादगी मंच के खाली होने या कम-से-कम साधनों के इस्तेमाल के बावजूद रंगमंच को मात्र वाचिक के रूप में ही प्रस्तुत नहीं करती वरन् शब्द, गीत, संगीत और आहार्य के माध्यम से एक ऐसा दृश्यत्व बुनती है जो फ़िल्म, दूरदर्शन, वीडियो अथवा किसी भी दूसरे संचार माध्यम में

सम्भव नहीं है। यह जानकारी अपने आप में काफ़ी दिलचस्प जान पड़ेगी कि नाटक और रंगमंच के क्षेत्र में पिछले पच्चीस वर्षों में साहित्य के साथ जो आदान-प्रदान हुआ है वह नाटक तथा रंगमंच के इसी भावी स्वरूप की दशा और दिशा से जुड़ा हुआ है। नाटक ने अपनी स्रोत सामग्री के लिए कहानी, कविता, उपन्यास, डायरी, रिपोर्ताज़, संस्मरण और यहाँ तक कि पत्रों को भी मंचन के लिए इस्तेमाल किया है। इतना ही नहीं एक से दूसरे माध्यम में यह आवाजाही रंगमंच के साथ-साथ नृत्य और चित्रकला में भी सम्भव हुई है। ये सारी बातें क्या अपने आपमें इस तथ्य की सूचक नहीं हैं कि कहीं-न-कहीं इक्कीसवीं सदी के आने से बहुत पहले ही सृजनात्मक कलाओं में एक-दूसरे के नज़दीक आने की ओर अपने-अपने माध्यम की नई-नई भाषा और फिर सभी माध्यमों के आपस में मिल-जुलकर एक नई रंगभाषा तैयार करने की कोशिशें शुरू हो चुकी थीं। यहाँ तक कि फ़िल्म जैसे माध्यम में भी महान रूसी निर्देशक सर्ज़ेई आइज़ैंस्टाइन की सोच चौथे आयाम के रूप में किसी जीवन्त तत्त्व की खोज़ में आज से पचास-पचपन साल पहले शुरू हो गई थी। हमारे यहाँ भी उदयशंकर जैसे नृत्यकार फ़िल्म और जीवन्त अभिनेता के माध्यम से किसी ऐसे ही दृश्य माध्यम की रचना में संलग्न था। इस भावी स्वरूप के शुरुआती बीज हमें उस दौर में भी मिलते हैं जब फ़िल्में मूक हुआ करती थीं। और एक सूत्रधारनुमा व्यक्ति शुरू में अथवा बीच-बीच में अपनी जीवन्त उपस्थिति से दर्शकों को नाटक की कहानी से परिचित कराता था अथवा चरित्रों के संवादों के विषय में भी सूचित करता था। साज़िन्दों की एक जीवन्त मंडली तो परदे के सामने बैठी ही रहती थी जो लगातार फ़िल्म देखते हुए संगीत एवं ध्वनि प्रभाव का संचालन करती रहती थी। अतः आज ज़रूरत इस बात की है कि रंगमंच और संचार माध्यमों को परस्पर विरोधी तत्त्वों के रूप में न देखकर एक-दूसरे के पूरक तत्त्वों के रूप में देखा जाए ताकि भावी नाटक और रंगमंच की एक ऐसी परिकल्पना को साकार रूप दिया जा सके जिसमें शब्द भी हों, अभिनेता भी हों और दोनों के सामंजस्य से बनते-सँवरते दृश्य भी हों। तामझाम हो अथवा न हो यह उसका निर्णायक कारक तत्त्व नहीं होना चाहिए। हमारे विद्वान रंग अध्येताओं को यह सम्भावना एक प्रत्यागमन जैसी जान पड़ सकती है। लेकिन क्या यह किसी भी कला माध्यम के बारे में एक सच्चाई नहीं है कि हम जब तब उन्हीं मूल्यों, रूढ़ियों और परम्पराओं की ओर लौटते रहते हैं।

साठ के बाद : नाटककारों के सामाजिक सरोकार

कला समाज का दर्पण होती है। यही बात साहित्य की हर विधा के विषय में भी कही जा सकती है। रचनाकार समाज से ही अपनी सामग्री ग्रहण करता है और अपने-अपने माध्यम से वही सामग्री पुनः समाज को लौटा देता है। बाकी सारी कलाओं और विधाओं में समाज में सामग्री लेने के बाद रचनाकार का समाज से कोई सीधा सम्बन्ध नहीं रहता। लेकिन नाटक और रंगमंच ही एक मात्र ऐसी कला है जहाँ यह रिश्ता एकदम सीधे-सीधे वापस समाज से आकर जुड़ता है क्योंकि जिस समाज से नाटककार अपनी सामग्री ग्रहण करता है वही समाज के मंचन के दौरान वहाँ जीवन्त रूप में अभिनेता और दूसरे रंगकर्मियों के समक्ष उपस्थित रहता है। अतः यह स्वाभाविक ही है कि नाटककार के सामाजिक सरोकार अलग से दिखाई पड़ें।

1947 में आज़ादी मिलने के बाद पहले पन्द्रह वर्ष एक आदर्श शासन व्यवस्था के स्वप्न और निर्माण के वर्ष हैं। यही भावना नाटक जैसी कला विधा में भी दिखलाई पड़ती है। जहाँ 'अन्धायुग', 'आषाढ़ का एक दिन' और 'कोणार्क' जैसी रचनाओं के माध्यम से नाटककार के लिए अपनी पहचान, अपना शिल्प, अपने कथ्य और अपनी संरचना को खोज़ने के वर्ष रहे हैं। लेकिन सन् 1962 में चीनी आक्रमण, 1965 में पाकिस्तान के साथ संघर्ष, 1971 में पुनः पाकिस्तान के साथ संघर्ष और 1975 में इमरजेंसी लागू होने के साथ-साथ जिस तरह से वह स्वप्न टूटने-बिखरने लगता है, उसी तरह से भारतीय परिवार, समाज और राजनीति में भी एक मोहभंग की स्थिति दिखाई पड़ती है। इसलिए यह मात्र संयोग नहीं है कि इसी दौर में रमेश बक्षी का 'देवयानी का कहना है', लक्ष्मी नारायण लाल का 'कर्फ़्यू' और 'व्यक्तिगत' बलराज पंडित का 'पाँचवाँ सवाल', बृज मोहन शाह का 'त्रिशंकु', ज्ञानदेव अग्निहोत्री का 'शुतुरमुर्ग', डॉ. शंकर शेष का 'एक और द्रोणाचार्य' गिरीश कार्नाड का 'तुग़लक', बादल सरकार के 'एवम् इन्द्रजीत' और 'बाकी इतिहास', विजय तेन्दुलकर का 'ख़ामोश अदालत जारी है' और मोहन राकेश का 'आधे-अधूरे' जैसे नाटक दिखाई पड़ते हैं। ये सभी नाटक कहीं आदमी और औरत के टूटते रिश्तों की बात करते हैं। कहीं संयुक्त परिवार प्रथा के बिखरने पर केन्द्रित हैं, कहीं शिक्षा व्यवस्था के खोखलेपन पर व्यंग्य करते हैं, कहीं नवयुवकों में फैली बेरोज़गारी और दिशाहीनता की ओर संकेत करते हैं और अन्ततः राजनीति में फैले अवसरवाद, भ्रष्टाचार और षड्यन्त्रों का पर्दाफ़ाश करते हैं।

सन् 1980 से 2000 तक का समय पुनः कई कारणों से देश में उथल-पुथल का वातावरण तैयार करता है जिसमें देश में बढ़ता साम्प्रदायिक तनाव बिल्कुल अलग से रेखांकित किया जा सकता है। इसीलिए इस दौर में असग़र वजाहत जैसा नाटककार 'जिस लाहौर नई देख्या ओ जन्मया नाई' जैसा नाटक लेकर उपस्थित होता है, जो भारत विभाजन के बाद पैदा हुई समस्याओं को केन्द्र में रखकर लिखा गया है। इसी समय में मन्नू भंडारी पहले उपन्यास के रूप में 'महाभोज', फिर उसी को नाटक के रूप में लेकर प्रस्तुत होती हैं जो राजनीति की भीतरी तस्वीर प्रस्तुत करता है। यही वह समय भी है जब अचानक दूरदर्शन, वीडियो, फ़िल्म, कम्प्यूटर, इंटरनेट आदि संचार माध्यमों के रूप में हमारे देश में एक तकनीकी क्रान्ति का आक्रमण होता है। नतीज़ा यह होता है कि भारतीय समाज अपनी सामूहिकता को खोकर नितान्त व्यक्तिगत होता चला जाता है और अपने-अपने ड्राइंगरूमों अथवा शयनकक्षों में सिमटकर रह जाता है। ज़ाहिर है कि समाज में आया यह परिवर्तन नाटककार के रचना संसार का हिस्सा भी बनता है और अचानक एकल प्रस्तुतियों के रूप में लम्बे आलेख अथवा अधिक-से-अधिक दो पात्रों के बीच के कई नाटक सामने आते हैं जिनका कथ्य पुनः आपसी रिश्तों के टूटने और बनने पर केन्द्रित रहता है।

जहाँ कथ्य की दृष्टि से नाटककारों में ऐसे सामाजिक सरोकार दिखाई पड़ते हैं जो सीधे-सीधे उनकी ज़िन्दगी से जुड़ते है। वहीं शिल्प और शैली के स्तर पर नाटककार कम-से-कम दो रास्तों का चुनाव करते हैं। एक रास्ता वह है जहाँ नाटककार इतिहास, पुराण और मिथकों के माध्यम से आज के समय से जुड़ता है और दूसरा रास्ता वह है जहाँ वह आज की बात आज के मुहावरे में कहता है। इस दृष्टि से पहले विकल्प के रूप में गिरीश कार्नाड का 'हयवदन', विजय तेन्दुलकर का 'घासीराम कोतवाल', चन्द्रशेखर कम्बार का 'जो कुमार स्वामी', मणि मधुकर का 'रस गन्धर्व' और जगदीशचन्द्र माथुर के 'पहला राजा' का नाम लिया जा सकता है, वहीं दूसरे रास्ते के उदाहरण के रूप में मुद्राराक्षस के 'योअर्स फैथफूली', 'मरजीवा', कृष्ण बलदेव वैद का 'भूख आग है' जैसे नाटकों को रेखांकित किया जा सकता है। समाज में फैली बुराइयों, कुरीतियों और समस्याओं की ओर ध्यान दिलाने के लिए नुक्कड़ नाटकों ने भी अपनी महत्त्वपूर्ण भूमिका निभाई है। इस दृष्टि से तमाम उन सारे नाटककारों और संस्थाओं का नाम लिया जा सकता है जो लगातार शहरों और क़स्बों के चौराहों पर जाकर समाज की दिन प्रति दिन की समस्याओं पर कभी आशु अभिनय के माध्यम से और कभी पहले से लिखे हुए आलेख पर आधारित नुक्कड़ नाटकों का मंचन करते रहते हैं। इस प्रकार हम देखते हैं कि हिन्दी का नाटककार पिछले चालीस-पचास वर्षों में कभी भी समाज की छोटी-से-छोटी समस्या से भी अलग नहीं रहा। कहना तो यह चाहिए कि अगर वह चाहे तो भी अलग नहीं रह सकता क्योंकि उसका माध्यम ही ऐसा है जो हमेशा एक सामूहिकता की माँग करता है और जहाँ सामूहिकता मौज़ूद है वहाँ सामाजिक सरोकार अपने आप दिखाई पड़ने लगता है।

हिन्दी नाटकों में राष्ट्रीय चेतना के स्वर

हिन्दी नाटकों पर एक आरोप बार-बार यह भी लगाया जाता रहा है कि उनके कथ्यों में कितनी भी गहराई क्यों न मिलती हो, लेकिन उनका दायरा बहुत सीमित होता है। वह प्रायः स्त्री-पुरुष सम्बन्धों, पारिवारिक कथ्यों और ज़्यादा-से-ज़्यादा व्यक्ति और समाज के रिश्तों के आसपास सिमटकर रह जाता है। इन नाटकों में कभी भी राष्ट्रीय अस्मिता, राष्ट्रीय चेतना जैसे बड़े शाश्वत और सार्वकालिक सवालों को नहीं उठाया जाता। लेकिन इस स्थापना को एक अर्द्ध-सत्य के रूप में ही स्वीकार किया जा सकता है।

आधुनिक हिन्दी नाट्य साहित्य के 150 वर्षों से अधिक के इतिहास पर नज़र डाली जाए तो हर दौर में जहाँ जीवन के तात्कालिक प्रश्नों और समस्याओं को नाटकों में कथ्य के स्तर पर समेटने की कोशिश है, वहीं राष्ट्रीय स्तर के सवाल भी नाटकों में अपने बराबर की पहचान बनाते रहे हैं। भारतेन्दु हरिश्चन्द्र के यहाँ यदि 'विद्या सुन्दर', 'चन्द्रावली नाटिका' और 'सत्य हरिश्चन्द्र' जैसे चरित्र विशेष नाटकों की रचना मिलती है तो उसी के समानान्तर 'भारत दुर्दशा', 'नीलदेवी' और 'अन्धेर नगरी' जैसे नाटक भी प्रस्तुत किए जा सकते हैं जिनका प्रमुख स्वर राष्ट्रीय चेतना है और वह भी हर बार एक नए रूप में। यूँ तो तीनों तत्कालीन अंग्रेज़ी शासन व्यवस्था के विरोध में लिखे गए नाटक हैं लेकिन इनका दायरा मात्र विरोध तक सीमित न रहकर उस भ्रष्ट और विदेशी राजनीतिक व्यवस्था को उखाड़ फेंकने की प्रेरणा भी देता है।

बीसवीं शताब्दी के पहले पच्चीस-तीस सालों में इसी राष्ट्रीय स्वर को जयशंकर प्रसाद ने अपने सभी छोटे-बड़े नाटकों में व्यापक स्तर पर उद्‌घाटित किया। भारतवासियों को अपने वर्तमान को पहचानने, उसे बदलने की प्रेरणा देने और एक नई राज्य-व्यवस्था की प्रतिष्ठा करने के लिए वे अपने नाटकों के कथ्य भारत के स्वर्णिम अतीत से चुनकर लाए। 'विशाख', 'अजातशत्रु', 'राज्यश्री', 'चन्द्रगुप्त', 'स्कन्दगुप्त' और 'ध्रुवस्वामिनी' जैसे नाटकों में शायद ही कोई ऐसा नाटक हो जो अतीत की गौरव-गाथा के माध्यम से वर्तमान राष्ट्रीय चेतना को रेखांकित न करता हो। यदि 'आनन्द मठ' ने भारतीय समाज को वन्दे मातरम् जैसा राष्ट्रगान दिया तो जयशंकर प्रसाद ने भी अपने नाटक स्कन्दगुप्त में 'हिमाद्रि तुंग शृंग से प्रबुद्ध शुद्ध भारती' जैसा पहला राष्ट्रगीत साहित्य, समाज और देश को समर्पित किया। हमें यह याद रखना चाहिए कि हिन्दी नाटकों में राष्ट्रीय चेतना के इस मूल स्वर के पीछे देश की आज़ादी के लिए

किए जानेवाले संघर्ष, असहयोग और विद्रोह का भी कम योगदान नहीं था।

बीसवीं शताब्दी के आगे पच्चीस वर्षों में रेडियो और फ़िल्म जैसे माध्यमों के आगमन ने इस चेतना के बहुमुखी आयामों और दिशाओं के द्वार खोल दिए। रेडियो में हरिकृष्ण प्रेमी, उदयशंकर, रामकुमार वर्मा ने छोटे-छोटे एकांकियों के रूप में राष्ट्रीय चेतना को उभारा तो फ़िल्मों में 'पड़ोसी', 'डॉ. कोटनीस की अमर कहानी', 'आनन्दमठ', 'शहीद' जैसी हिन्दी फ़िल्में भी भुलाई नहीं जा सकतीं। आज़ादी के बाद के पचास सालों में तो राष्ट्रीय चेतना बहुमुखी धाराओं में मुखरित होती दिखाई देती है। जगदीश चन्द्र माथुर के 'कोणार्क' और 'शारदीया' में एक शिल्पी के प्रेम, कला और पीड़ा में अभिव्यक्ति पाती है। ज्ञानदेव अग्निहोत्री का नाटक 'नेफा की एक शाम' चीनी आक्रमण की पृष्ठभूमि में देश की समस्त जनता में फैली जागरूकता, सजगता और चेतना को पहचानने का बहुत ही सशक्त प्रयास है। इसी क्रम में हम असग़र वजाहत के नाटक 'जिस लाहौर नहीं देख्या...' का नाम ले सकते हैं, जिसमें पहली बार नाट्य विधा की दृष्टि से भारत-विभाजन की त्रासदी को कथ्य रूप में उठाया गया और हिन्दू-मुस्लिम दंगों और साम्प्रदायिक तनावों के बीच माई जैसे चरित्र के माध्यम से दोनों सम्प्रदायों की एक-दूसरे के नज़दीक लाने की कोशिश की गई है।

लगभग इसी से मिलती-जुलती कोशिश यदि रवीन्द्रनाथ ठाकुर ने 'काबुलीवाला' जैसी कहानी और 'गोरा' जैसे उपन्यास में की थी तो उसी समय के आसपास आग़ा हश्र कश्मीरी की 'यूहदी की लड़की', 'रुस्तम सोहराब' और 'सीता वनवास', राधेश्याम कथावाचक के 'वीर अभिमन्यु' और नारायण प्रसाद बेताब के 'महाभारत' में भी पाई जा सकती है, जिसकी परिणति पृथ्वीराज कपूर द्वारा लिखित और मंचित नाटकों 'पठान' और 'दीवार' में होती है।

इस पूरे सन्दर्भ में एक जिज्ञासा यह भी उभरती है कि जब-जब नाटककारों ने राष्ट्रीय चेतना को अपने नाटकों के कथ्य के रूप में लिया तो उन्होंने वर्तमान की बज़ाय सुदूर अतीत में से ही उसका चुनाव क्यों किया ? इसके उत्तर में यही कहा जा सकता है कि जब-जब रचनाकारों ने शाश्वत प्रश्नों को अपने कथ्य का विषय बनाया तो उसकी व्यापकता को ध्यान में रखते हुए वर्तमान की तात्कालिकता उन्हें हमेशा सीमित जान पड़ी। इसीलिए उन्हें उसे अतीत से ढूँढ़ना पड़ा। इसका एक और कारण भी प्रस्तुत किया जा सकता है और वह यह कि तात्कालिक समस्याओं पर लिखे राष्ट्रीय चेतनावाले नाटक बहुत कम समय के लिए अपना प्रभाव छोड़ पाते हैं, लेकिन यदि हम अपने कथ्य को इतिहास, पुराण, मिथक और लोककथा के माध्यम से व्यंजित करने की कोशिश करें तो निश्चित रूप से उसका प्रभाव दूरगामी और चिरस्थायी होगा, जितने दूरगामी और चिरस्थायी वे स्रोत स्वयं होते थे। यही कारण है कि जिन नाटकों का हमने उल्लेख किया है वे आज भी चर्चा के केन्द्र में हैं और हमेशा रहेंगे। मैंने जान-बूझकर ऐसे अनगिनत नाटकों का नाम तक नहीं लिया जो किसी राष्ट्रीय संकट के समय विशेष में लिखे गए और उस संकट के समाप्त होते ही भुला भी दिए गए।

रंगमंच में नारी विमर्श

आजकल भारतीय साहित्य और विशेषतः हिन्दी साहित्य में दलित चेतना और महिला लेखन को लेकर बहुत ज़ोरों से विचार-विमर्श हो रहा है। लेकिन इसके विपरीत यदि हम साहित्य की ही एक दूसरी किन्तु उतनी ही महत्त्वपूर्ण विधा नाटक पर ग़ौर करें तो हम पाते हैं कि नारी विषयक यह विमर्श न जाने कितने हज़ार वर्षों से लगातार चला आ रहा है। हमारे यहाँ ऐसा माना जाता रहा है कि आरम्भ से ही पुरुष प्रधान सामाजिक व्यवस्था की उपस्थिति के कारण शायद नारी को उसका उचित स्थान कभी नहीं दिया गया। यह तथ्य तत्कालीन वर्ण व्यवस्था, सामाजिक व्यवस्था और राजनीतिक व्यवस्था के चलते व्यावहारिक रूप में बेशक़ दिखाई पड़ता रहा हो, लेकिन जहाँ तक भारतीय सभ्यता, संस्कृति, चिन्तन और साहित्य का सवाल है, वहाँ नारी हमेशा से पुरुष के समकक्ष खड़ी दिखाई पड़ती है।

आइए, इस पृष्ठभूमि के भीतर से उभरती स्थापनाओं की जाँच-पड़ताल पिछले पाँच हज़ार वर्षों से ही आरम्भ की जाए। अब यह लगभग मान लिया गया है कि वैदिक साहित्य और संस्कृति की शुरुआत कम-से-कम पाँच से दस हज़ार वर्ष के बीच हुई होगी और उसमें भी वेदों के लिखे जाने का समय तीन हज़ार से पाँच हज़ार सालों तक निर्धारित किया गया है। भारत में नाटक और रंगमंच के जन्म को भी अधिकांश विद्वान इसी समय-सीमा के भीतर निश्चित करते हैं और नाटक और रंगमंच के मूल स्रोत के रूप में प्रायः *ऋग्वेद* में उल्लिखित संवादों और *रामायण, महाभारत* जैसे महाकाव्यों का उदाहरण दिया जाता है। मैं यहाँ अलग से वैदिक युग में उल्लिखित गार्गी और मैत्रेयी जैसी विदुषी नारियों के भारतीय मनीषा में अपने विशिष्ट योगदान की कोई चर्चा नहीं करूँगा। इसी तरह से मध्यकाल में दक्षिण के महात्मा शंकराचार्य के साथ वाराणसी के विद्वान मंडन मिश्र की पत्नी उभय भारती के साथ हुई शास्त्रार्थ की घटना भी अपना ख़ास महत्त्व रखती है। यहाँ तक कि *नाट्य शास्त्र* का भी उदाहरण लें तो हमारे यहाँ नाटकों के प्रदर्शन में स्त्री पात्रों के लिए अभिनेत्रियों की उपस्थिति को आरम्भ से ही अपरिहार्य समझा गया, जबकि दुनिया के और किसी भी देश में रंगमंच पर एक अभिनेत्री के रूप में नारी का आना-जाना बहुत बाद में जाकर शुरू हुआ। बेशक़ हमारे यहाँ भी मध्यकाल में बाहरी आक्रमणों के बाद नई राजनीतिक व्यवस्था के कारण नारी पात्रों की मंच से उपस्थिति लगभग समाप्त हो गई है, लेकिन जहाँ तक नाट्य लेखन

और चिन्तन में नारी विमर्श की अहमियत का प्रश्न है, उसमें कोई ख़ास बदलाव नहीं आया।

ऋग्वेद के जिन संवादात्मक अंशों का भारत में नाटक की उत्पत्ति और विकास के लिए बार-बार उल्लेख किया जाता है, उनमें एक है यम-यमी संवाद अंश। यह संवाद नाटक के जन्म की दृष्टि से तो अपना महत्त्व रखता ही है, लेकिन उससे भी ज़्यादा साहित्य में, और वह भी नाट्य साहित्य में नारी विमर्श का ज़बर्दस्त सूचक है।

ग़ौर किया जाए कि यम और यमी परस्पर भाई-बहन हैं, लेकिन यहाँ वे इस सम्बन्ध से परे मात्र एक स्त्री और पुरुष के रूप में सामने आते हैं, और यमी स्वयं अपनी तरफ़ से यम को शारीरिक संसर्ग के लिए आमन्त्रित करती है अर्थात् कोई सामाजिक वर्जना नहीं, बन्धन नहीं और स्वयं नारी द्वारा एक उन्मुक्त आह्वान। मैं यहाँ इस प्रसंग की नैतिकता और अनैतिकता पर कोई प्रश्नचिह्न नहीं लगाना चाहता। मेरे लिए यह तथ्य ज़्यादा महत्त्वपूर्ण है कि जिस वैदिक समाज और व्यवस्था में बार-बार हम नारी के शोषण और उसके इस्तेमाल का उल्लेख करते अघाते नहीं हैं, वहीं यह प्रसंग स्वयं नारी के दृष्टिकोण से एक ऐसी आधुनिक अवधारणा को सामने लाता है, जिस तक पहुँचने में पश्चिम को कितने हज़ार वर्ष लगे हैं। वैदिक साहित्य ही क्यों यदि हम अपने यहाँ की प्राचीन नाट्य साहित्य के मात्र चार नाटकों को भी प्रतिनिधि मानकर अपनी बात को आगे बढ़ाएँ तो इस विमर्श की स्थापना को और बल मिलता है।

सबसे पहले मैं महाकवि भास के नाटक *'स्वप्नवासवदत्ता'* को लेना चाहूँगा—नाटक की कहानी मात्र इतनी है कि मन्त्री यौगन्धरायण महाराज उदयन का विवाह मगध राजकुमारी पद्मावती से कराने के उद्देश्य को लेकर वासवदत्ता के अग्निकांड में मारे जाने का झूठा प्रचार करा देते हैं और जब तक महाराजा उदयन का पद्मावती से विवाह नहीं हो जाता, तब तक वासवदत्ता को उन्हीं के महल में घूँघट की ओट में एक धरोहर के रूप में छोड़ जाते हैं। यूँ आज के आलोचकों ने इसमें भी पुरुष द्वारा अपने स्वार्थ और सत्ता के लिए औरत को एक उपकरण के रूप में इस्तेमाल करने जैसा तत्त्व खोज़ लिया है, लेकिन मुझे लगता है कि यह खोज़ बहुत ही सतही है। वासवदत्ता स्वयं अपनी इच्छा से मन्त्री यौगन्धरायण के इस षड्यन्त्र में शामिल है; क्योंकि इस बात को वह भी बखूबी समझती है कि मगध की सहायता से यदि उसके पति उदयन उज्जयिनी का अपना खोया हुआ राज्य भी दोबारा प्राप्त कर लेते हैं तो उनकी शक्ति दोगुनी हो जाएगी। एक तरफ़ नाटक औरत के त्याग और उत्सर्ग का आदर्शवादी रूप प्रस्तुत करता जान पड़ता है तो दूसरी तरफ़ निहायत ही व्यावहारिक स्तर पर एक आधुनिक और समकालीन टिप्पणी भी करता है; और यह टिप्पणी नाटक की कहानी और कथ्य में वासवदत्ता के मुख्य पात्र होने की वज़ह से ही सम्भव होती है। अकारण नहीं है कि नाटककार के नाटक का शीर्षक भी वासवदत्ता के नाम पर रखा है। शुरू से लेकर आख़िर तक नाटक में वासवदत्ता के अलग-अलग मनोभावों, क्रियाओं और प्रतिक्रियाओं को जिस तरह से भास ने चित्रित किया है, वह देखते ही बनता है। वासवदत्ता का पति

उदयन ठीक उसके सामने है, वह उसे छू सकती है, वह उसके साथ सो सकती है, लेकिन इसके बावजूद एक निर्धारित समय तक अपनी पहचान को छुपाने की पीड़ा को वहन करती है, क्या ठीक आज की-सी किसी नारी का चरित्र नहीं जान पड़ता, जहाँ उसे एक साथ कई स्तरों पर जीना पड़ता है।

इसी की अगली कड़ी के रूप में कालिदास के नाटक *'अभिज्ञानशाकुन्तल'* को रखना होगा। यूँ तो कालिदास के दूसरे दो नाटक *'मालविकाग्निमित्र'* और *'विक्रमोर्वशीयम्'* भी प्रकारान्तर से नारी को ही केन्द्र में ले आते हैं, लेकिन जिस तरह के चरित्र के रूप में शकुन्तला हमारे सामने आती है वह अद्भुत है। कहानी इस नाटक की भी ऊपर से देखने में बहुत ही सामान्य सी जान पड़ती है अर्थात् राजा दुष्यन्त हरिण का शिकार करते-करते महर्षि कण्व के आश्रम तक आ पहुँचते हैं, जहाँ उनकी मुलाक़ात शकुन्तला नाम की लड़की से होती है और वे दोनों पहली नज़र में ही एक-दूसरे से प्रेम करने लगते हैं और परिणय-सूत्र में भी बँध जाते हैं। दुष्यन्त शकुन्तला को परिणय की पहचान के रूप में अपनी अँगूठी देकर राजधानी लौट जाते हैं और शकुन्तला को महर्षि कण्व और आश्रम के दूसरे वासियों द्वारा राजधानी के लिए प्रस्थान करा दिया जाता है। रास्ते में नदी में नहाते समय वह अँगूठी अँगुली से फिसलकर कहीं खो जाती है, दुष्यन्त शकुन्तला को दुर्वासा के श्राप के प्रभाव के कारण पहचान नहीं पाता और उसे अपने राजदरबार से निष्कासित कर देता है। लम्बे समय तक शकुन्तला मारीच ऋषि के आश्रम में अकेली रहती है और दुष्यन्त की सन्तान भरत को जन्म देती है। इस बीच दुष्यन्त को अपनी खोई हुई अँगूठी मिल जाती है और साथ ही उसे शकुन्तला की स्मृति भी लौट आती है। दोनों की पुनः मुलाक़ात होती है। दुष्यन्त शकुन्तला को वही अँगूठी पहनाना चाहता है, लेकिन शकुन्तला इनकार कर देती है।

आज से लगभग पन्द्रह सौ अथवा दो हज़ार वर्ष पूर्व नारी की यह अस्वीकृति कितनी अग्रगामी दृष्टि का परिचय देती है अर्थात् स्त्री-पुरुष सम्बन्धों में अँगूठी, आभूषण, वस्त्र अथवा अन्य दूसरी भौतिक चीज़ों की कोई महत्ता नहीं होती। इसके विपरीत यदि कोई स्थायी तत्त्व है तो वह है आपसी विश्वास, प्रेम, समझ और संवेदना। एक-दूसरे को बराबर उतना ही स्थान देना, जितने का वह अधिकारी है, फिर चाहे वह पुरुष हो अथवा स्त्री, दोनों को समान रूप से कष्ट और पीड़ा को झेलना है; दोनों को अपने व्यक्तित्व के उस अहंकारी अंश को छोड़ना है, जिसके कारण उन्हें एक-दूसरे से एक लम्बे समय तक अलग होना पड़ता है। यहीं पर एक और तथ्य की तरफ़ भी ध्यान दिया जा सकता है; और वह यह कि स्त्री और पुरुष के अलग-अलग होकर रहने का कथ्य हमारे प्राचीन नाट्य साहित्य का बहुत ही चिरपरिचित कथ्य है। *'स्वप्नवासवदत्ता'* हो, *'अभिज्ञानशाकुन्तल'* हो, *'विक्रमोर्वशीय'* हो, और यहाँ तक कि शूद्रक का नाटक *मृच्छकटिक* भी संयोग से गाड़ियों की अदला-बदली के कारण चारुदत्त और वसन्तसेना के बिछुड़ने, नई-नई आपदाओं में घिरने, उनसे उबरने और अन्त में पुनः एक-दूसरे से मिलने के इर्द-गिर्द ही बुना गया है। कहने को नाटक का नाम

'मृच्छकटिक' अर्थात् मिट्टी की गाड़ी है, लेकिन यहाँ भी वसन्तसेना जैसा नारी पात्र ही उसके केन्द्र में है। समाज में आज जिस तरह से वेश्याओं के उद्धार अथवा सुधार की बात बार-बार की जाती है, उस लिहाज से यह नाटक तब का लिखा होकर भी कितनी सदियाँ आगे का लिखा होने का अहसास कराता है।

यह सोचनेवाली बात है, वसन्तसेना उस अर्थ में बेशक़ एक वेश्या न हो, जिस रूप में हम आज उनसे परिचित हैं, लेकिन फिर भी उस सामाजिक व्यवस्था में एक गणिका नगरवधू अथवा वारवधू की अवधारणा तो मिलती ही है, जहाँ कोई भी धनी-मानी व्यक्ति उचित मूल्य देकर उसे अपने यहाँ शयन और मनोरंजन के लिए आमन्त्रित कर सकता था। वैशाली की नगरवधू आम्रपाली और वसन्तसेना जैसे पात्र इसी व्यवस्था का प्रतिनिधित्व करते हैं, लेकिन यहाँ वसन्तसेना का गणिका होने से भी ज़्यादा जीवन्त और सशक्त पक्ष यह है कि वह सब कुछ छोड़कर न केवल चारुदत्त के पास चली आती है वरन् अन्त तक बिना पाणिग्रहण संस्कार के भी उसी के साथ सहधर्मिणी की तरह से रहती है। आज तो समाज में भले ही विवाह किए बिना एक-दूसरे के साथ रहने का प्रचलन कुछ हद तक स्वीकृत हो गया हो, लेकिन यदि हम उस युग के सन्दर्भ में इस तरह के सम्बन्ध और साथ रहने के निश्चय पर गहराई से विचार करें तो हम पाएँगे कि हमारे इन नाटकों में उपलब्ध स्त्री-पुरुष सम्बन्धों में कितनी आधुनिकता और प्रगतिशीलता स्वयं में ही विद्यमान है। उसे किसी नारे, स्लोगन, आन्दोलन अथवा विचारधारा से जोड़कर देखने की ज़रूरत नहीं है।

भवभूति का नाटक *'उत्तर रामचरित'* प्राचीन नाट्यलेखन की अन्तिम कड़ी भी है और शायद नारी विमर्श पर सबसे ज़्यादा केन्द्रित नाटक भी है। भले ही इसका शीर्षक राम के परवर्ती काल की कहानी से सम्बद्ध है, लेकिन यहाँ भी राम से ज़्यादा सीता अपनी अलग पहचान बनाने में सफल होती है। बेशक़ वह राम द्वारा उसके अपने परित्याग पर कोई प्रश्न नहीं उठाती और चुपचाप अपने निष्कासन को स्वीकार कर लेती है; लेकिन क्या यह स्वीकार इतना सरल और सहज है कि वह कुछ भी सोचने पर विवश न करे ? उसका सरल और सहज होना ही आन्तरिक जटिलता को और गहरा करता है अर्थात् राम के अपने मन में एक अपराध-बोध आरम्भ से अन्त तक बना रहता है और जब सीता उसके निर्णय को सहज ही स्वीकार कर लेती है तो वह अपराध-बोध और गहरा हो जाता है। इसकी परिणति नाटक के भीतर नाटकवाले दृश्य में होती है, जब राम अपनी ही ज़िन्दगी का नाटक नट मंडली द्वारा अपने सामने अभिनीत होते देखकर उसके प्रभाव से इतने भावविह्वल हो जाते हैं कि उन्हें अपनी कोई सुध-बुध नहीं रहती। इस धरातल पर भी ये चारों नाटक एक समान जान पड़ते हैं, जहाँ चारों पुरुष अपनी सहकर्मिणी अथवा सहधर्मिणी का तिरस्कार अथवा परित्याग करने के बावजूद पश्चात्ताप की आग में जलते हैं और जब उसमें से खरे सोने की तरह से पिघलकर बाहर आते हैं, तभी उस नारी के साथ पूरी सम्पूर्णता के साथ मानो उनका पहला अन्तरंग साक्षात्कार होता है।

लगभग एक हज़ार ईस्वी के आसपास हमारे देश की राजनीतिक और प्रशासनिक व्यवस्था में मूलभूत परिवर्तन हुए। पहली बार बाहर से आए हुए शासकों ने हमारे देश पर शासन करना शुरू किया जो अलग-अलग वंशों के भीतर से गुज़रते हुए 17-18वीं शताब्दी तक निर्बाध गति से चलता रहा। इसमें कोई सन्देह नहीं कि इतने लम्बे अरसे तक यहाँ रहने के बाद ये बाहरी लोग यहीं के वासी होकर रह गए, लेकिन शुरू-शुरू में इनके यहाँ आने से जो सामाजिक परिवर्तन यहाँ के मूल निवासियों की ज़िन्दगी में घटित हुए, उनमें सबसे बड़ा शायद यही था कि धीरे-धीरे वही औरत जो सदा सामाजिक सांस्कृतिक गतिविधियों में बढ़-चढ़कर भाग लेती रही थी, पृष्ठभूमि में चली गई। इसीलिए मध्यकाल के नाट्य साहित्य में एक तो लिखित नाट्य साहित्य ही लगभग शून्य के बराबर है, क्योंकि भाषा के स्तर पर भी तब नई-नई भाषाओं और उपभाषाओं का जन्म हो रहा था। दूसरे, जो कुछ मौखिक नाट्य आलेख के नाम पर प्रमाण मिलते भी हैं, उनमें भी इस नई सामाजिक व्यवस्था के कारण औरत को वह केन्द्रीय भूमिका नहीं मिल पाई जो संस्कृत नाट्य साहित्य में उपलब्ध थी। यहाँ तक कि मंच पर से भी औरतों की जीवन्त उपस्थिति का सर्वथा लोप हो गया। इस दौर में काव्य जैसी विधा में नारी विमर्श अवश्य ही खूब जमकर हुआ है, फिर चाहे वह मीरा जैसी कवयित्रियों के माध्यम से स्वयं हुआ हो अथवा जायसी के *'पद्मावत'* जैसी रचनाओं के माध्यम से, लेकिन नाटक की कहानी या आलेख में कहीं भी किसी बड़े स्तर पर नारी केन्द्र में दिखाई नहीं पड़ती। काफ़ी बाद में जाकर *रामलीला* में सीता, *जस्मा ओड़न में जस्मा* और *रासलीला में राधा* जैसे पात्रों की दस्तक सुनाई देने लगती है।

भारतीय इतिहास में अंग्रेज़ों के आने के बाद 18-19वीं शताब्दी में एक साथ इतने नए परिवर्तन होते हैं, जिसके असर व्यक्ति, परिवार, समाज और इनसे जुड़े सार्वजनिक जीवन पर भी दिखाई पड़ते हैं। बाल विवाह, सती प्रथा, विधवा विवाह और टूटती हुई वर्ण-व्यवस्था पुनः एक बार औरत को केन्द्र में लाने की प्रक्रिया शुरू करती है, भले ही यह प्रक्रिया बहुत ही धीरे-धीरे सम्पन्न हुई हो और आज भी शायद पूरी तरह से लागू न हो सकी हो, किन्तु फिर भी इस बात से इनकार नहीं किया जा सकता कि जहाँ तक नाट्य साहित्य का प्रश्न है, वहाँ नारी की उपस्थिति अवश्य दिखाई पड़ने लगती है। मसलन पारसी नाटकों में स्त्री पात्रों को महत्त्वपूर्ण भूमिकाओं में लाना जैसे कि *आग़ा हश्र कश्मीरी* के नाटक *'यहूदी की लड़की'* में राहिल और 'रुस्तम सोहराब' में तहमीना और गर्द आफ़रीद। इसी तरह से *'सीता वनवास'* में सीता और 'ख़ूबसूरत बला' में अनगिनत नारी पात्र। मज़े की बात यह है कि बेशक़ शुरू में काफ़ी दिनों तक पारसी रंगमंच में पुरुष अभिनेता ही स्त्री पात्रों की भूमिकाएँ करते थे, लेकिन बाद में इसका श्रेय भी आधुनिक भारतीय रंगमंच में पारसी नाट्य परम्परा और उनके नाट्य प्रदर्शनों को ही जाता है कि उनमें स्त्री पात्रों की भूमिकाओं के लिए अभिनेत्रियों ने ही मंच पर पदार्पण करने की पहल की। शुरू में ये अभिनेत्रियाँ समाज के निचले और लगभग तिरस्कृत तबके से ज़रूर आईं, लेकिन अपनी अभिनय प्रतिभा के बल पर

उन्होंने पारसी रंगमंच को बहुत ही ऊँचे स्थान पर प्रतिष्ठित किया। इसी का परिणाम यह हुआ कि स्वतन्त्रता संग्राम के दिनों में पढ़ी-लिखी और आधुनिक सम्भ्रान्त महिलाओं ने भी रंगमंच जैसी हेय समझी जानेवाली विधा में बढ़-चढ़कर हस्तक्षेप किया।

20वीं शताब्दी के सौ वर्ष उपर्युक्त नारी विमर्श के सन्दर्भ में बहुत ही महत्त्वपूर्ण वर्ष कहे जा सकते हैं, यद्यपि इसकी शुरुआत भारतेन्दु और रवीन्द्रनाथ टैगोर जैसे नाटककारों की रचनाओं में भी हो चुकी थी, लेकिन पहली बार एक ज़बर्दस्त उपस्थिति के रूप में वह जयशंकर प्रसाद के नाटकों में देखी जा सकती है। यूँ तो *'कामना,' 'चन्द्रगुप्त,' 'स्कन्दगुप्त'* उनके किसी भी नाटक को अपनी बात के उदाहरण के रूप में प्रस्तुत किया जा सकता है, लेकिन यहाँ यदि सिर्फ़ उनके एक नाटक पर इस दृष्टि से विचार-विमर्श करना हो तो *'ध्रुवस्वामिनी'* को लेना चाहूँगा।

आज से लगभग 75 वर्ष पूर्व लिखा हुआ नाटक अपने कथ्य और चिन्तन की दृष्टि से कितना आधुनिक दिखाई पड़ता है, यह *ध्रुवस्वामिनी* जैसे चरित्र की परिकल्पना से ही समझा जा सकता है। प्रसाद जैसे नाटककार ने सुदूर अतीत के इतिहास में से एक ऐसा प्रसंग प्रस्तुत किया है जहाँ एक नारी चरित्र एक पुरुष की विवाहिता होने के बावजूद इसलिए उसका बहिष्कार अथवा अस्वीकार करती है क्योंकि वह शारीरिक रूप से नपुंसक है। इससे पहले या इसके बाद आज तक भी इस पुरुष प्रधान समाज में क्या इस बात की कल्पना की जा सकती है कि स्त्री-पुरुष सम्बन्धों में यह अस्वीकार पुरुष की बज़ाय औरत की तरफ़ से प्रस्तुत किया जा सकता है। लगभग पैंतीस वर्ष के बाद सुरेन्द्र वर्मा अपने नाटक *'सूर्य की अन्तिम किरण से सूर्य की पहली किरण तक'* में ओक्काक और शीलवती के पारस्परिक रिश्तों के सन्दर्भ में भी इसी तरह के प्रश्न को दोबारा उठाते हैं। ओक्काक शीलवती का पति होते हुए भी शारीरिक रूप से अक्षम और नपुंसक है। राज्य को एक उत्तराधिकारी चाहिए। ओक्काक स्वयं अपनी तरफ़ से महामन्त्री, महाबलाधिकृत और राजपुरोहित के परामर्श से अपनी पत्नी शीलवती को एक रात के लिए प्रतोष नाम के पुरुष के पास भेजता है ताकि नियोग की प्रथा से उसे एक सन्तान की प्राप्ति हो सके। आरम्भ में शीलवती दुविधा और तनावग्रस्त है लेकिन ओक्काक के कहने पर अन्ततः वह तैयार हो जाती है। नाटक का सबसे प्रखर क्षण वह है, जब प्रतोष के साथ एक रात बिताने के बाद शीलवती को पहली बार स्त्री-पुरुष सम्बन्धों की पहचान मिलती है और वह ओक्काक को अस्वीकार कर देती है।

इन दो नाटकों के समानान्तर हम धर्मवीर भारती के *'अन्धा युग'* की चर्चा भी कर सकते हैं जहाँ गान्धारी जैसी स्त्री पहले से एक अन्धे पति का साथ देने के लिए आजन्म अपनी आँखों पर भी पट्टी बाँधने के लिए तैयार हो जाती है, लेकिन जब युद्ध की विभीषिका के फलस्वरूप अपने बेटे दुर्योधन के नर कंकाल से उसका सामना होता है तो वह कृष्ण जैसी महाशक्ति को श्राप देने से भी नहीं चूकती। एक तरह से यह श्राप भी गान्धारी जैसी तपस्विनी और कष्टों में तप-तप कर बनी हुई दृढ़ नारी का अस्वीकार है मानो। यदि हम चाहें तो *'ध्रुवस्वामिनी'* और *'अन्धा युग'* के बीच दो-तीन

नाटककारों का और उल्लेख कर सकते हैं जिन्होंने अपने नाटकों में हल्के रूप में ही सही लेकिन नारी विमर्श का संस्पर्श किया है ज़रूर। उदाहरण के लिए लक्ष्मीनारायण मिश्र का *'सिन्दूर की होली'* अथवा *'राक्षस का मन्दिर,'* उपेन्द्रनाथ अश्क का *'अंजो दीदी,' 'तौलिए,' 'कैद* और *उड़ान'* जैसे छोटे नाटक, विष्णु प्रभाकर का *'संस्कार और भावना'* और भुवनेश्वर के *'श्यामा : एक वैवाहिक विडम्बना'* इत्यादि। इन सबसे अलग एक छोटे नाटक के उल्लेख के बिना यह प्रसंग अधूरा रह जाएगा और वह है जगदीशचन्द्र माथुर का नाटक *'रीढ़ की हड्डी'* जिसमें पुनः एक लड़की विवाह के लिए स्वयं को देखने आए एक ऐसे लड़के का तिरस्कार करती है जो बिल्कुल भी उसके क़ाबिल नहीं है। बहुत बाद में अपने एक-दूसरे नाटक *'शारदीया'* में जगदीशचन्द्र माथुर पुनः नारी को केन्द्र में लाते हैं और इतिहास के पन्नों में से एक असफल प्रेम कहानी को नाटक की विधा में बाँधते हैं।

आज़ादी के बाद पचास वर्षों में बहुत तेज़ी से हमारा साक्षात्कार ऐसे नाटकों से बार-बार होता है जिनका कथ्य नए-नए सपनों, आदर्शों, समस्याओं और समाधानों के साथ-साथ स्त्री-पुरुष सम्बन्धों पर भी केन्द्रित है। लक्ष्मीनारायण लाल के *'मादा कैक्टस,' 'व्यक्तिगत,' 'दर्पण'* और *'कर्फ़्यू,'* सुरेन्द्र वर्मा का ही *'द्रौपदी'* और भीष्म साहनी का *'माधवी'* आदि के नाम लिए जा सकते हैं। विशेष चर्चा के रूप में यदि मात्र एक नाटक का नाम लेना हो तो वह है रमेश बक्षी का *'देवयानी का कहना है।'* 1972 में जब इस नाटक का दिल्ली रंगमंच पर आगमन हुआ तो एकदम से किसी घटना के होने जैसा चमत्कार हुआ था। एक पुरुष और एक स्त्री विवाह के बन्धन में बँधे बिना एक-दूसरे के साथ रहने का निर्णय लेते हैं। साथ रहना शुरू करते हैं लेकिन महज़ तीन दिन साथ रहने के बाद अलग-अलग हो जाते हैं और इसकी पहल स्त्री की तरफ़ से होती है। यद्यपि इससे मिलते-जुलते कथ्य की अनुगूँज हमें शोभना भूटानी के एक छोटे नाटक *'शायद हाँ'* में पहले से दिखाई दे जाती है, लेकिन रमेश बक्षी ने जिस तीखी भाषा और तीखे अन्दाज़ में स्त्री-पुरुष सम्बन्धों को उघाड़कर हमारे सामने प्रस्तुत किया था, वह उस वक़्त सचमुच में सनसनीखेज था, इसीलिए नाटक का और उससे भी ज़्यादा उसकी प्रस्तुति का उस वक़्त बहुत गहरा असर पड़ा। विशेष रूप से सुरेखा सीकरी जैसी अभिनेत्री द्वारा निर्मित अत्यन्त भावप्रवण, सूक्ष्म और जटिल चरित्र के कारण।

अभी तक की चर्चा में मैंने मुख्य रूप से हिन्दी नाट्य साहित्य में उपलब्ध नारी विमर्श पर एक विहंगम दृष्टिपात किया है। यदि इसमें हम कुछ और भारतीय भाषाओं में लिखे नाटकों को भी शामिल कर लें तो इस आलेख के आरम्भ में रखी गई स्थापना की ही पुष्टि होगी। बहरहाल यहाँ सारी भाषाओं में रचित नाटकों के नाम गिनाने का कोई अर्थ नहीं होगा सिर्फ़ उदाहरण के रूप में बंगला के गिरीश घोष के नाटक *'नटी विनोदिनी,'* बादल सरकार के नाटक *'पगला घोड़ा,'* गिरीश कार्नाड के नाटक *'हयवदन,'* और मराठी में विजय तेन्दुलकर के लगभग सभी नाटक। यह कहना भी अत्युक्ति नहीं होगी कि सम्पूर्ण भारतीय नाट्य साहित्य में विजय तेन्दुलकर ही अकेले ऐसे नाटककार

हैं जिनके सभी नाटकों में औरत ही केन्द्र में दिखाई पड़ती है, यदि हम *'जाति ही पूछो साधु की'* और *'घासीराम कोतवाल'* जैसे एक-दो नाटकों को छोड़ दें। इतना ही नहीं औरत सिर्फ़ केन्द्र में ही नहीं है, वह पुरुषों द्वारा पहले से स्थापित मूल्यों, मान्यताओं और नियमों, वर्जनाओं पर मुखर होकर प्रश्नचिह्न लगाती है और जहाँ जब सम्भव हो उनका विरोध भी करती है फिर चाहे वह *'ख़ामोश, अदालत जारी है'* की वेणारे हो, *'सखाराम बाइंडर'* की चम्पा हो, *'पंछी ऐसे आते हैं'* की सरू हो, *'अंजी'* की अंजी, *'कमला'* की कमला और *कन्यादान* की ज्योति हो और अन्ततः *'गिधाड़े'* की रमा हो, ये सभी ऐसे चरित्र हैं जो बेशक़ बाहर से देखने में कितने ही परम्पराशील क्यों न लगें लेकिन पूरे नाटक के दौरान विजय तेन्दुलकर जिस तरह से उनका विकास करते हैं, वह निश्चय ही इन सभी चरित्रों को अपनी एक निजी पहचान प्रदान करती है। कहा जाता है कि विजय तेन्दुलकर के नाटकों में पुरुष द्वारा औरत का शोषण और उसके साथ की जानेवाली शारीरिक हिंसा और मानसिक यन्त्रणा का चित्रण ही अधिक मिलता है। यहाँ तक कि उन्हें हिंसात्मक कथ्योंवाले नाटककार की संज्ञा भी दी गई है लेकिन इसके विरोध में खड़े किए गए सभी नारी चरित्र भी उतने ही जीवन्त दिखाई पड़ते हैं और कहीं-कहीं तो वे पुरुष से भी ज़्यादा हिंसक रूप में रेखांकित किए जा सकते हैं जैसे कि *'सखाराम बाइंडर'* की चम्पा और *'ख़ामोश, अदालत जारी है'* की मिसेज काशीकर और कुछ हद तक वेणारे भी।

इस प्रकार हम देखते हैं कि आजकल जिस ज़ोर-शोर से साहित्य की लगभग सभी विधाओं जैसे कि कहानी, उपन्यास, आत्मकथा, जीवनी आदि में नारी विमर्श का जो चित्र और विवरण प्रस्तुत किया जा रहा है, उसके समानान्तर यदि हम उपर्युक्त सम्पूर्ण आलेख के सन्दर्भ में एक नए संवाद की शुरुआत करें तो ज़्यादा सार्थक होगा। दरअसल अब तक होता यह आया है कि नाट्य विधा को पूरी तरह से रंगमंच से जोड़कर देखने के कारण उसके साहित्यिक पक्ष की प्रायः या तो अवहेलना कर दी गई है और यदि ऐसा नहीं है तो उसे पूरी तरह से पाठ्य अथवा साहित्यिक विधा मानते हुए अत्यन्त सीमित कर दिया गया है। ये दोनों दृष्टिकोण नाट्य विधा के लिए एकांगी साबित हुए। देखा जाए तो नाट्य विधा न तो मात्र साहित्य है और न ही महज़ रंगमंच, कहना यह चाहिए कि वह एक तरह से साहित्य और रंगमंच के बीच पुल का काम करती है जैसे कि कविता। इसीलिए यह मात्र संयोग या अकारण नहीं है कि कविता और नाटक एक-दूसरे के बहुत नज़दीक हैं। इतने नज़दीक कि बहुत सा महत्त्वपूर्ण नाट्य साहित्य तो लिखा ही कविता में गया है। इन उलझे हुए समीकरणों के कारण ही साहित्य की दूसरी विधाओं में तो लगातार इधर काफ़ी नारी विमर्श की चर्चा रही। दलित लेखन के साथ-साथ महिला लेखन का भी अलग से आकलन किया गया लेकिन ऐसा कोई विवेचन और विश्लेषण नाटक से जोड़कर नहीं हो पाया। इतना ही नहीं स्वयं महिला नाटककारों की उपस्थिति को भी लगभग अनदेखा ही कर दिया गया। यदि ऐसा न हुआ होता तो शोभना भूटानी, त्रिपुरारी शर्मा, शान्ति मेहरोत्रा, मन्नू भंडारी, मृदुला गर्ग, कृष्णा

सोबती, नीलम मानसिंह, शान्ता गांधी, शीला भाटिया, कुसुम कुमार, मृणाल पांडे, नादिरा ज़हीर बब्बर के लेखन पर भी इस विषय में अवश्य चर्चा की जाती। इस आलेख के माध्यम से मैंने नाटक के जन्म से लेकर आज तक कुछ चुनी हुई रचनाओं को साक्ष्य के रूप में प्रस्तुत करते हुए इस तथ्य और कथ्य को रेखांकित करने की कोशिश की है। नारी विमर्श की सबसे पहली शुरुआत भी नाटक से हुई और आज तक जितना विमर्श इस दिशा में हुआ भी है उस दृष्टि से नाट्य विधा का पलड़ा ही ज़्यादा झुका हुआ दिखाई देगा।

कुछ अचर्चित महत्त्वपूर्ण नाटक

हिन्दी रंगमंच में हम हमेशा अच्छे नाटकों के अभाव का रोना रोते रहते हैं। दूसरी तरफ़ यदि सचमुच में अच्छे नाटक मौज़ूद हैं भी तो उन्हें कोई निर्देशक उठाने को तैयार नहीं। मैंने बार-बार इस तरफ़ संकेत किया है कि हिन्दी रंगमंच में अच्छे नाटकों के अभाव के फ़तवे से मैं पूर्णतः असहमत हूँ। अपने पिछले तीस-पैंतीस वर्ष के रंगकर्म में जब-जब मुझे समकालीन नाटकों को मंचित करने का मौक़ा मिला, मैंने हर बार नए से नया आलेख प्रस्तुति के लिए उठाया। उदाहरण के लिए शिवमूरत सिंह का *'पूर्वार्ध,'* विभु कुमार का *'तालों में बन्द प्रजातन्त्र'* और राधेश्याम का *'आदरणीय डैडी'*। आज मैं पिछले कुछ वर्षों में लिखे, छपे और किसी हद तक मंचित भी हुए मात्र तीन प्रतिनिधि नाटकों की चर्चा करना चाहूँगा। जिन्हें मंच पर प्रस्तुत करने की मेरी बड़ी इच्छा है।

सबसे पहला नाटक है प्रभाकर श्रोत्रिय द्वारा लिखित *'इला'*। यद्यपि नाटक को लिखे और छपे एक लम्बा अरसा बीत गया लेकिन शायद एक-आध प्रस्तुतियों को छोड़कर इस नाटक के बारे में कोई ज़्यादा चर्चा नहीं हुई। इसका एक कारण तो यह समझ में आता है कि स्वयं प्रभाकर श्रोत्रिय एक नाटककार से ज़्यादा एक सम्पादक और आलोचक के रूप में जाने जाते हैं, इसलिए इस नाटक का जिस तरह से नोटिस लिया जाना चाहिए था, वैसा नहीं लिया गया। लेकिन अपने कथ्य और संरचना में यह नाटक सचमुच में बेहद ताज़गी से भरपूर है। नाटक की कहानी सृष्टि के आरम्भ में जन्मी पहली नारी (इड़ा) के जीवन में घटी घटनाओं से सम्बद्ध है कि किस तरह से एक औरत के जन्म को समाज में एक अभिशाप के रूप में देखा जाता रहा है। स्त्री के रूप में जन्म लेकर भी इला की पूरी परवरिश एक पुरुष वेश में की जाती है और व्यवस्था द्वारा इस बात के लगातार प्रयत्न होते रहते हैं कि उसे किसी भी तरह से अपने नारी होने का अहसास न होने पाए, लेकिन अन्ततः नाटक की कहानी में एक नाटकीय मोड़ तब आया जब इला एक पुरुष के संसर्ग में आती है और उसके बहाने से अपने स्त्रीत्व को सार्थक करती है। ज़ाहिर है कि कथ्य जितना नया है, उतना जटिल भी है और अनेक रंगमंचीय सम्भावनाओं को अपने में समेटे हुए है, जैसे कि स्त्री का लगातार एक पुरुष की भूमिका में रहना और वहाँ से पुनः औरत के व्यक्तित्व में स्थानान्तरित होना। जिस तरह के तनाव, संघर्ष और अन्तर्द्वन्द्व की खोज़ एक निर्देशक को अपने आलेख से रहती है, उस दृष्टि से भी इस नाटक का आलेख अत्यन्त सशक्त है।

आश्चर्य है कि जाने-पहचाने निर्देशक की नज़र में यह अछूता कैसे रह गया। बहरहाल, दूसरों को क्या दोष दें, मुझे स्वयं भी इस आलेख के बारे में बहुत बाद में जाकर पता चला और वह भी अपनी कथाकार मित्र राजी सेठ के माध्यम से। निश्चय ही कभी-न-कभी इस नाटक को मंचित ज़रूर करना है।

ऐसा ही एक और आलेख कुछ दिनों पहले सामने आया, हालाँकि उसे भी छपे हुए काफ़ी समय बीत चुका था, वह है बिहार के नाटककार श्याम मोहन अस्थाना का 'दूसरी सृष्टि'। नाटककार के विश्वामित्र द्वारा स्थापित दूसरी सृष्टि के मिथक को अपने कथ्य का आधार बनाया है और वह देखने की कोशिश की है कि किस प्रकार कोई भी व्यवस्था लीक से हटकर कुछ भी नया किए जाने को कभी बर्दाश्त नहीं करती और जो पुरुष या स्त्री इस तरह का क्रान्तिकारी कदम उठाता है, उन्हें अन्ततः उसकी सज़ा भुगतनी पड़ती है। फिर से किसी आलेख में दो अलग-अलग विचारधाराओं के आपसी संघर्ष का कथ्य, जो अपने आप में बेहद नाटकीय स्थितियों को जन्म देता है। स्वयं नाटककार ने सम्भवतः अपने क्षेत्र में इसे मंचित भी किया था, लेकिन दूर-दराज़ रहने और रंगकर्म में लगे रहने के कारण यह आलेख हिन्दी रंगमंच के केन्द्र में अपनी सही पहचान नहीं बना पाया।

इसी क्रम में तीसरा और अभी हाल ही में राष्ट्रीय नाट्य विद्यालय की पत्रिका रंग-प्रसंग में प्रकाशित नाटक है, नन्दकिशोर आचार्य का 'जिल्ले सुब्हानी', नाटककार ने खिलजी वंश के आसपास के एक ऐतिहासिक अन्तराल को अपने नाटक की पृष्ठभूमि के रूप में लिया है जब सिंहासन पर एक हिजड़ा बादशाह बैठा था। आज जिस तरह से भारतीय राजनीति में अयोग्य और अकुशल नेताओं की भरमार हो रही है और जनता समाज के इस उपेक्षित वर्ग को जनप्रतिनिधि चुनकर भेज रहा है, ऐसी स्थितियों में यह नाटक और भी सार्थक हो उठता है।

नाटक और भी बहुत से इस बीच मेरे सामने से गुज़रे हैं जो निश्चय ही इस विश्वास को बल देते रहते हैं कि हिन्दी में अच्छे नाटकों का अभाव कभी भी नहीं रहा। इन तीनों नाटकों को यहाँ विशेष रूप से रेखांकित करने का उद्देश्य यह भी था कि यह एक सुखद संयोग है कि जब-जब आज के रचनाकार को किसी गहन, गम्भीर और मार्मिक समकालीन कथ्य को भी सम्प्रेषित करना होता है तो उसके लिए सामग्री उसे मिथक, इतिहास और पुराण से ही प्राप्त होती है और वह उसकी एक समकालीन व्याख्या प्रस्तुत कर सकता है।

यदि हम भारतीय नाट्य-लेखन के पूरे इतिहास की जाँच-पड़ताल करें तो संस्कृत के नाटककारों—भास, कालिदास, शूद्रक, भवभूति से लेकर आज तक के नाटककार सदैव जाने-पहचाने कथा स्रोतों की तरफ़ गए हैं और वहाँ से उन्होंने सामग्री लेकर उसमें अपनी इच्छानुसार परिवर्तन-परिवर्द्धन किया है। यही कारण है कि भारतीय नाट्य-लेखन में आरम्भ से ही दो धाराएँ समानान्तर चलती हुई दिखाई देती हैं। एक धारा वही इतिहास और पुराणवाली, दूसरी समकालीन जीवन में से समकालीन घटनाओं के

चुनाववाली और यदि एक तीसरी भी बनाना चाहें तो इन दोनों के मेल से अपने आप में रचना के रूप में उभरता कथ्य। इसमें कोई सन्देह नहीं कि इस पूरे परिप्रेक्ष्य में अनेक अच्छे नाट्यालेख उपलब्ध होंगे, ज़रूरत उन्हें खोज़ निकालने की है।

भारतीय नाट्य-साहित्य में दलित-चेतना

भारतीय रंगमंच की शुरुआत और स्रोत के रूप में 'रामायण' और 'महाभारत' जैसे जिन दो महाकाव्यों का सबसे बड़ा योगदान है, उनके रचयिता क्रमशः वाल्मीकि और व्यास समाज के दलित वर्ग से ही सम्बद्ध थे। अतः इस तथ्य को अलग से रेखांकित करने की ज़रूरत नहीं कि बेशक़ उन्होंने अपने दोनों महाकाव्यों में समाज के उच्च एवं शासक वर्ग की जीवन-गाथा का ही चित्रण किया है, लेकिन तब भी ऐसे अनेक प्रसंग स्वयं इन दोनों रचनाओं में ही उपलब्ध हैं जिन्हें परवर्ती रचनाकारों ने अपनी आधार भूमि के रूप में ग्रहण किया। शबरी, केवट, जटायु और बाद में राम की सेना में दीक्षित विभिन्न वर्गों और समुदायों के लोग। दूसरी तरफ़ एकलव्य, घटोत्कच, हिडिम्बा और बर्बरीक और यहाँ तक कि कर्ण जैसा महत्त्वपूर्ण चरित्र भी। ये सारे पात्र आदि काल से लेकर आज तक साहित्य की अलग-अलग विधाओं जैसे कि उपन्यास, कहानी, कविता और निबन्ध का विषय बनते रहे हैं। इसी क्रम में हम भारतीय नाट्य-साहित्य में प्राप्त और विवेचित, विश्लेषित दलित समाज पर खुलकर चर्चा कर सकते हैं।

सबसे पहले यदि संस्कृत नाट्य साहित्य में से ही उल्लेख करना हो तो 'अभिज्ञान शाकुन्तल' का धीवर प्रसंग, भास का 'कर्ण भारम', विशाखदत्त के 'मुद्राराक्षस' का चन्द्रगुप्त—ये तीन चरित्र सहज ही सामने आ जाते हैं। यदि मात्र एक नाटक को उदाहरण बनाकर भी चर्चा की शुरुआत की जाए तो शूद्रक का 'मृच्छकटिक' इसका सबसे ज़्यादा सटीक उदाहरण है। नाटक के पहले अंक से लेकर दसवें अंक तक विट, चेट, संवाहक, वीरक, चन्दनक ही नहीं मदनिका, वसन्तसेना, शकार और राजा पालक भी समाज के उसी वर्ग से आते हैं जिन्हें हम दलित कहकर कभी भी चर्चा के केन्द्र में नहीं लाते। श्मशान भूमि के दोनों चांडालों की बात तो छोड़ ही दीजिए, समाज के सबसे निचले वर्ग से जुड़े होने के बावजूद वे लोग कितने गूढ़ ज्ञान और दर्शन पर वाद-विवाद करते हैं वह अपने आपमें अद्‌भुत है। संवाहक जैसे पात्र का बौद्ध धर्म को अपना लेना—क्या यह घटना बिल्कुल आज की समसामयिक स्थितियों की याद नहीं दिला देती; जहाँ ऐसे समाचार प्रतिदिन पढ़ने को मिलते रहते हैं। वसन्तसेना और चारुदत्त, मदनिका और शर्विलक की प्रेम कहानियाँ अपने समय से आगे एक ऐसे खुले समाज की अपेक्षा करती हैं जो शायद आज भी हमें उपलब्ध नहीं।

यहीं पर चार वेदों से अलग नाट्य-शास्त्र की एक ऐसे पाँचवें वेद के रूप में

परिकल्पना करना जिसे समाज के सभी वर्ग और विशेष रूप से समाज का दलित वर्ग भी पढ़ सके, इसका उल्लेख किया जाना भी बेहद ज़रूरी है अर्थात् एक तरफ़ यदि दोनों महान काव्यों की रचना स्वयं दलितों द्वारा ही की गई तो दूसरी तरफ़ नाटक के पहले शास्त्र की रचना विशेष रूप से शूद्र अथवा दलित वर्ग के लिए ही की गई। इसीलिए यह मात्र अकारण या संयोग नहीं है कि एक लम्बे अरसे तक मंच पर अभिनय करनेवाले लोग समाज के इन्हीं वर्गों से आते थे और ऐसा सिर्फ़ हमारे अपने देश में ही नहीं वरन् सम्पूर्ण पाश्चात्य रंगमंच पर भी होता रहा है। कई बार तो ऐसी अयाचित स्थितियाँ भी आईं जब चाणक्य जैसे विद्वान ने उपर्युक्त तथ्य के प्रकाश में कलाकारों के नगर की सीमा के भीतर आवास पर भी प्रतिबन्ध लगा दिया और ऐसा महज़ ईसा से चौथी शताब्दी पूर्व हुआ था।

मध्यकाल में जिस तरह के मौखिक, क्षेत्रीय और लोक-रंगमंच का जन्म और विकास हुआ, वह तो पूरी तरह से दलित वर्ग पर आश्रित था। ये लोग नाट्य-मंडलियों के साथ गाँव-दर-गाँव घूम-घूमकर समाज के ज़मींदार, सम्भ्रान्त और धनाढ्य वर्ग का मनोरंजन किया करते थे। भाँड, मिरासी, मदारी, अखाड़ेबाज और बाद में नौटंकी कलाकार—ये सब समाज के उन्हीं वर्गों का प्रतिनिधित्व करते थे जिन्हें आज हम दलित के नाम से जानते हैं। इतना ही नहीं इन नाटकों के कथानक भी उनके अपने जैसे पात्रों से ही जुड़े होते थे। उदाहरण के लिए, यदि एक लोक-नाट्य शैली के माध्यम से अपनी बात को आगे बढ़ाना हो तो हम गुजरात की भवई-शैली में प्रचलित और खेली जानेवाली 'जस्मा-ओड़न' की कहानी का नाम ले सकते हैं। जस्मा अपने पूर्वजन्म में इन्द्र के दरबार में एक अप्सरा थी। जिसे नाला ऋषि के शाप के कारण धरती पर ओड़ कुल में जन्म लेना पड़ता है। ये ओड़ समाज के उस वर्ग से ताल्लुक़ रखते हैं, जो भवन-निर्माण का काम करते हैं। जस्मा का विवाह भी स्वयं ओड़ कुल में उत्पन्न नाला ऋषि के साथ होता है, जो देखने में बेहद कुरूप है। इसके विपरीत जस्मा बहुत ही सुन्दर युवती है। उसकी सुन्दरता पर पाटन देश का राजा जयसिंह मोहित हो जाता है और जस्मा को अपने महल में लाना चाहता है। जब जस्मा किसी भी तरह तैयार नहीं होती तो वह पूरी ओड़ जाति के विनाश का आदेश जारी कर देता है। इस पर जस्मा पाटन के राजा को शाप देती है कि जैसे उसने ओड़ों के वंश का नाश किया है, उसी तरह से स्वयं उसके वंश का भी नाश हो जाएगा। इसी अन्त के साथ जस्मा के शाप की अवधि भी समाप्त हो जाती है और वह पुनः इन्द्र के दरबार में वापस चली जाती है।

यह तो थी मूल लोक-कथा। लेकिन जब इस कथा पर आज की रंग-निर्देशिका शान्ता गांधी ने सन् 1965-70 के आसपास अपने मंच प्रयोगों की शुरुआत की तो उन्होंने एक नया आलेख भी रच डाला। उनके नए आलेख में जस्मा वापस स्वर्ग नहीं जाती, वरन् इसी धरती पर ओड़ों के साथ रहने का निर्णय लेती है। इस तरह से एक उच्च कुल एवं वर्ण के सदस्य का समाज के निचले एवं उपेक्षित वर्ग के साथ रहने का निश्चय एक ऐसा क्रान्तिकारी कदम था। जिसकी शायद आज से चालीस-पचास साल

पहले कल्पना नहीं की जा सकती थी।

इसी से मिलती-जुलती ढेरों कहानियाँ देश की लगभग सभी लोक-नाटक शैलियों में मिल जाएँगी। जिनमें दलित-चेतना को केन्द्र में रखा गया है। इन लोक-शैलियों में दलित-वर्ग और चेतना को अलग से महत्त्व दिए जाने के ठोस ऐतिहासिक कारण भी मौज़ूद हैं। एक तो जैसा कि पहले भी कहा जा चुका है कि नाट्य विधा में आरम्भ से ही समाज के निचले वर्ग का ही प्राधान्य रहा। मध्यकाल में यह भागीदारी और भी ज़्यादा बढ़ गई, जब नई शासन व्यवस्था ने नाटक और रंगमंच जैसी दृश्य विधा को ही लगभग सम्पूर्ण रूप से प्रतिबन्धित कर दिया। अतः यह स्वाभाविक ही था कि लोक-शैलियों के आलेख और उसमें काम करनेवाले लोग समाज के निचले तबकों से आते। हमारे देश में भास जैसे संस्कृत भाषा के प्राचीन नाटककार और पश्चिम में लगभग उसी के समकालीन यूरिपीडीज जैसे यूनानी नाटककार के नाटकों को अपने युग में इसीलिए मान्यता नहीं दी गई। क्योंकि एक तो उन्होंने लीक से अलग हटकर लेखन किया और दूसरे वे समाज के दलित वर्ग से सम्बद्ध थे।

दलित चेतना के स्तर पर रचना और रचयिता का यही रिश्ता और भी फैलता दिखाई पड़ता है। भारतीय रंगमंच के पिछले डेढ़ सौ वर्षों के इतिहास में भारतेन्दु, प्रसाद, उपेन्द्रनाथ अश्क, जगदीशचन्द्र माथुर, गिरीश घोष-जैसे नाटककार हैं, भले ही समाज के उच्च वर्गों में जन्म लेते हैं। लेकिन उनके नाटकों में ऐसे अनेक प्रसंग उपलब्ध हैं, जो इस आलेख के प्रतिपाद्य के रूप में प्रस्तुत किए जा सकते हैं। भारतेन्दु के सदाबहार नाटक 'अन्धेर नगरी' को ही लें, जिसमें एक तरफ़ महन्त और उसके चेले राजा और मन्त्री जैसे पात्र हैं, तो इन्हीं के समकक्ष बाज़ारोंवाले दृश्य अथवा राज-दरबारवाले दृश्य की सारी घटनाएँ दलितों की व्यथा-कथा पर ही आश्रित हैं। यहाँ तक कि बकरीवाले की बकरी दीवार के ढहने से उसके नीचे दबकर मर गई। यदि यह महत्त्वपूर्ण घटना नाटक में से हटा दी जाए तो नाटक में बचेगा ही क्या ? ठीक यही बात कालिदास के 'अभिज्ञान शाकुन्तल' के विषय में भी कही जा सकती है। जब छठे अंक में धीवर मछली के पेट में से निकली राजा दुष्यन्त की अँगूठी को स्वयं राजा के सामने प्रस्तुत करता है, जिसे देखते ही दुष्यन्त को शकुन्तला की याद हो आती है। यदि उपर्युक्त दोनों नाटकों से ये दोनों अंश हटा दिए जाएँ तो इन दोनों नाटकों की नाटकीयता कितने गहरे में प्रभावित होगी, यह कहना बहुत मुश्किल है। दोहराने की ज़रूरत नहीं कि इन दोनों प्रसंगों के केन्द्रीय चरित्र समाज के उसी वर्ग से सम्बन्ध रखते हैं, जिसका उल्लेख हम बार-बार करते रहे हैं।

भारतेन्दु और प्रसाद के आसपास रचे और खेले गए पारसी नाटकों में भी ऐसे चरित्रों, प्रसंगों और घटनाओं का खूब बढ़-चढ़कर वर्णन और चित्रण मिलता है। जब उसी दौर में मंच पर अभिनेत्रियों के रूप में महिलाओं का आगमन हुआ, उनमें समाज के उसी हिस्से से आईं जिसे तवायफ़, मुज़रेवाली या कोठेवाली कहा जाता है। यदि आधुनिक साहित्य में 'वैशाली की नगरवधू' और 'ये कोठेवालियाँ', जैसे उपन्यास लिखे

गए तो भारतीय नाट्य-साहित्य भी ऐसे चरित्रों से अछूता नहीं रहा है। मराठी भाषा में 'हमीदा बहि की कोठी', बंगला में 'नटी-विनोदिनी', कन्नड़ में 'रक्त-कल्याण', 'संक्रान्ति' और 'महान चैत्र' जैसे तीन नाटक, जो मध्य-काल के वसवन्ना नामक दलित कवि के तत्कालीन राज्य-सत्ता के साथ हुए संघर्ष पर आधारित हैं।

मध्य-काल का हिन्दी कवि कबीर तो न जाने कितने आधुनिक नाटकों की केन्द्रीय भूमिका में आता है। 'कबिरा खड़ा बाज़ार में', 'कहे कबीर सुनो भई साधो', 'एकतारे की आँख' और 'कहन कबीर' जैसे तीन-चार नाटक ही उदाहरण के रूप में पर्याप्त हैं। भीष्म साहनी का ही पहला और सबसे महत्त्वपूर्ण नाटक है—'हानूश'। जो ताले बनानेवाले ग़रीब आदमी की ज़िन्दगी पर आधारित है। एक ताले बनानेवाला दुनिया की पहली मीनार घड़ी बनाने का निश्चय करता है और उसमें सफल भी होता है; लेकिन इतने बड़े काम के पुरस्कार स्वरूप उसे मिलता क्या है, उल्टे ऐसी सज़ा भुगतनी पड़ती है, जिसकी उसने अथवा किसी ने भी कल्पना नहीं की होगी। अर्थात् उसकी दोनों आँखें निकलवा दी जाती हैं ताकि वह ऐसी कोई दूसरी घड़ी न बना सके। क्या ऐसा ही दंड कोणार्क मन्दिर के शिल्पी विशु अथवा ताजमहल बनानेवाले शिल्पियों और कारीगरों को भी भुगतना नहीं पड़ता ? जिनके बारे में किंवदन्ती है कि उनके हाथ कटवा दिए गए थे, ताकि वे ताजमहल जैसी ख़ूबसूरत किसी और इमारत की रचना न कर सकें। इस प्रकार तत्कालीन राज्य-व्यवस्था द्वारा दलितों के शोषण और उत्पीड़न के ऐसे प्रसंग आधुनिक भारतीय नाट्य-साहित्य में बार-बार अपनी उपस्थिति दर्ज़ करते हैं।

यदि किसी एक भारतीय भाषा के आधुनिक नाट्य-साहित्य तक ही अपने आपको सीमित रखा जाए तो मराठी भाषा इसका सबसे बड़ा ज्वलन्त उदाहरण होगा। इसका सबसे मुख्य कारण तो यही दीख पड़ता है कि महाराष्ट्र जैसे प्रान्त की सामाजिक व्यवस्था में ही इस तरह की रचनाओं के जन्म की पृष्ठभूमि तैयार की। भारत का शायद ही दूसरा कोई ऐसा राज्य हो जहाँ अछूतों और दलितों के साथ अमानुषिक स्तर पर सामाजिक तिरस्कार, दुर्व्यवहार और बहिष्कार किया गया हो। इसीलिए डॉ. भीमराव अम्बेडकर जैसे व्यक्तित्व का उदय महाराष्ट्र में ही होता है। सबसे पहले दलित साहित्य लेखक की शुरुआत कहानियों, उपन्यासों और आत्मकथा के माध्यम से महाराष्ट्र में ही होती है। यही कारण है कि दलित-विमर्श भी महाराष्ट्र के रास्ते से ही पूरे भारतीय साहित्य में अपनी स्वतन्त्र पहचान बनाता है और इसमें मराठी के नाट्य-साहित्य का योगदान भी कम नहीं है। विजय तेन्दुलकर के नाटक 'सखाराम वाइंडर' 'कमला', प्रेमानन्द गजबी का नाटक 'महाब्राह्मण' और अभी हाल ही में महाराष्ट्र में प्रचलित एक सामाजिक प्रथा पर आधारित और ऊषा गांगुली द्वारा मंचित 'मय्यत' का उल्लेख किया जा सकता है। दरअसल विजय तेन्दुलकर अकेले ऐसे भारतीय नाटककार हैं, जिनके नाटकों के ज़्यादातर तथ्य उन्हीं चरित्रों के भीतर से उद्घाटित होते हैं, जिन्हें हम अछूता या दलित कह सकते हैं। लेकिन ध्यान देने की बात यह है कि ऐसे चरित्र तेन्दुलकर के यहाँ दीन-हीन व्यक्तियों के रूप में नहीं, वरन् जुझारू व्यक्तित्व के साथ प्रस्तुत होते

हैं। 'सखाराम बाइंडर' एक ऐसा ही चरित्र है, जो अपनी शर्तों पर जीवन जीने में विश्वास करता है। औरत, खानपान और सामाजिक मर्यादा—कहीं कोई पर्दा नहीं। एकदम बिन्दास और बेलॉस-खुलापन। यही बात 'कमला' के बारे में कही जा सकती है। बेशक् उसका पहला परिचय हमारे सामने एक बहुत ही सहमे हुए चरित्र के रूप में आता है, लेकिन जिस तरह से अन्त तक आते-आते वह नायक की पत्नी के जीवन में महत्त्वपूर्ण परिवर्तन का कारण बनती है वह अपने आपमें बहुत बड़ी बात है। प्रेमानन्द गजबी का नाटक 'महाब्राह्मण' एक अलग अन्दाज़ में दलित-चेतना को रेखांकित करता है। नाटक का मुख्य पात्र है तो ब्राह्मण लेकिन उनके वंश का मुख्य कर्म है मृतकों का दाह-संस्कार करवाना। इसलिए ब्राह्मण होते हुए भी समाज में उनकी स्थिति हेय और निचले वर्ग जैसी है। समाज के उच्चवर्गीय ब्राह्मण और दूसरे राज्य-कर्मचारी उनके पैतृक व्यवसाय के कारण उनका सामाजिक बहिष्कार कर देते हैं, लेकिन जब स्वयं उच्चवर्गीय परिवारों में मृत्यु होने के कारण दाह संस्कार करने की बात आती है, तो एक बहुत ही रोचक और उतनी ही जटिल नाटकीय स्थिति का जन्म होता है। जिसकी परिणति उच्चवर्गीय ब्राह्मणों द्वारा उनके सम्पूर्ण स्वीकार में होती है।

महाराष्ट्र की ही एक सामाजिक प्रथा पर आधारित और सुप्रसिद्ध रंग-निर्देशिका ऊषा गांगुली द्वारा पहले एकाश्व रचना के रूप में विकसित और फिर नाटक के रूप में मंचित 'मय्यत' दलितों की ज़िन्दगी से जुड़े बहुत से महत्त्वपूर्ण सवालों को एक अत्यन्त जटिल कथानक के भीतर से उघाड़कर लाता है। कथा ये है कि हर साल गाँव में किसी दलित को ब्राह्मण की पदवी पर प्रतिष्ठित किया जाता है और एक दिन के लिए उन सारे सुखों और सुविधाओं को भोगने की स्वतन्त्रता प्रदान की जाती है, जिनका अधिकारी ब्राह्मण स्वयं होता है। संयोग से उसी दिन उस दलित की मृत्यु हो जाती है। सबसे बड़ा सवाल अब यह पैदा होता है कि उसका दाह-संस्कार किस रीति और कर्मकांड के माध्यम से किया जाए। क्या एक दलित के रूप में या कि एक ब्राह्मण के रूप में। जिसका उस एक दिन के लिए वह अधिकारी है।

यहीं एक क्षण ठहरकर कुछ ऐसी ही दूसरी रचनाओं और कलाकृतियों की याद भी कर लेनी चाहिए। हिन्दी साहित्य में प्रेमचन्द की घीसू और माधव जैसे चरित्र, सद्गति का केन्द्रीय चरित्र और 'मन्त्र' कहानी के वृद्ध दम्पति जो साँप काटने का इलाज करते हैं। सन् 1930 और 1940 के बीच हिन्दी फ़िल्म 'अछूत कन्या' और 1950-60 के बीच बनी 'देवदास' और 'सुजाता' और कुछ हद तक 'प्यासा' और 'दो बीघा ज़मीन'। फिर साहित्य में ही निराला के 'बिल्लेसुर बकरीहा' और 'चतुरी चमार' जैसे छोटे-छोटे उपन्यास और रेणु की 'पंचलाइट', 'तीसरी कसम', 'रसप्रिया', 'लाल पान की बेगम' और 'मैला आँचल' के अनगिनत दलित चरित्र। इन सबसे अलग प्रेमचन्द के बड़े उपन्यास 'रंगभूमि' का मुख्य चरित्र 'सूरदास' और 'गोदान' में गोबर और सिलिया की प्रेम कहानी को कैसे भुलाया जा सकता है। इन सारी रचनाओं और चरित्रों की याद बार-बार इसलिए करना ज़रूरी होता है क्योंकि समाज, इतिहास और साहित्य में

दलित-चेतना जैसी प्रवृत्ति को अलग-अलग द्वीप की तरह से विवेचित और विश्लेषित नहीं किया जा सकता। सभी विधाओं और माध्यमों में लगभग एक साथ ऐसी चेतना का उद्‌भव और विकास हुआ करता है।

बीसवीं शती के भारतीय इतिहास में इस तरह की चेतना के उद्‌भूत होने के बहुत से कारण ढूँढ़े जा सकते हैं, जिनमें राजा राममोहन राय, ईश्वरचन्द विद्यासागर, रामकृष्ण परमहंस, विवेकानन्द, स्वामी रामतीर्थ, स्वामी दयानन्द सरस्वती जैसे समाज-सुधारक भारत का लम्बा स्वतन्त्रता संग्राम और महात्मा गांधी की देश के सामाजिक, सांस्कृतिक और राजनीतिक दृश्य पटल पर एक ज़बर्दस्त दस्तक और मृत्युपर्यन्त उपस्थिति, सांस्कृतिक संक्रमण के पिछले डेढ़-दो सौ साल क्या अपने भीतर कहीं न कहीं रचनात्मक लेखक के स्तर पर वह ऊर्जा, वह छटपटाहट और वह सामग्री समोए हुए नहीं थे ? जिसका विस्फोट अन्ततः होना ही था।

अन्त में यह कहना ज़्यादा सही होगा कि दलित-चेतना के सन्दर्भ में भारतीय नाट्‌य साहित्य को मात्र एक अपवाद के रूप में न लिया जाए। यदि साहित्य की दूसरी विधाओं में आज उस पर जमकर विचार-विमर्श हो रहा है। भारतीय नाट्‌य-साहित्य में उसके महत्त्व को नकारा नहीं जा सकता। मैं तो यहाँ तक ज़ोर देकर इस तथ्य को पुष्ट करना चाहूँगा कि जहाँ बाकी दूसरी सभी विधाओं में रचना और विमर्श के बाद किसी भी तरह का संवाद ख़त्म हो जाता हो, वहाँ नाटक जैसे माध्यम में यह संवाद कभी समाप्त नहीं हो सकता। सबसे पहले नाट्‌य-रचना के स्तर पर उस संवाद की शुरुआत, फिर नाट्‌य-रचना पर महज़ मुबाहिसों के साथ उस संवाद का आगे बढ़कर, फिर नाट्‌य-रचना के मंचित होने पर दर्शकों की उसमें हिस्सेदारी, फिर रचना से अलग उस प्रस्तुति पर विमर्श। और अन्ततः एक ही नाटक की अलग-अलग नाट्‌य-मंडलियों और निर्देशकों द्वारा की गई अलग-अलग प्रस्तुतियों पर विचार-विमर्श।

यदि हम किसी भी एक नाटक को उदाहरण के रूप में लेकर भारतीय नाट्‌य-साहित्य में दलित-चेतना की उपस्थिति के मध्य वरण और विश्लेषण की शुरुआत करें तो वह कितना गहरा और जटिल होता जाएगा यह उपर्युक्त रचना प्रक्रिया से स्वयं सिद्ध है।

संस्कृत नाटकों के समकालीन रूपान्तर

अपने पिछले लेख में मैंने हिन्दी के तीन मौलिक नाटकों की चर्चा की थी भले ही इनका उचित नोटिस नहीं लिया गया लेकिन कथ्य की दृष्टि से ये तीनों नाटक निश्चित रूप से बिल्कुल ताज़े, मार्मिक और उत्तेजक हैं। इसी के साथ जुड़ा हिन्दी रंगमंच का एक-दूसरा पहलू यह भी है कि जब-जब रूपान्तरों की बात होती है तो हम हमेशा विदेशी नाटकों की तरफ़ ही भागते हैं। यदि हम स्वयं अपने यहाँ उपलब्ध संस्कृत और लोक नाटकों के समकालीन रूपान्तरों पर नज़र डालें तो हमारे सामने अच्छे-अच्छे रंगमंचीय आलेखों का एक नया संसार खुलने लगता है। आज मैं ऐसे ही कुछ रूपान्तरों की तरफ़ अपने पाठकों का ध्यान दिलाना चाहता हूँ।

सबसे पहले शूद्रक के 'मृच्छकटिक' को लिया जाए। गुजराती के प्रसिद्ध उपन्यासकार-नाटककार रसिकलाल सुन्दरलाल पारिख ने 20वीं शताब्दी के पाँचवें-छठे दशक में उपर्युक्त नाटक के आधार पर एक बिल्कुल नए ही नाटक की रचना कर डाली थी जिसका नाम रखा था 'शर्विलक'। मूल नाटक में उपलब्ध चारुदत्त और वसन्तसेना की प्रेम कथा को उन्होंने पृष्ठभूमि में रखकर शर्विलक और आर्यक की कहानी के माध्यम से जनक्रान्ति के कथ्य को मुखर बना दिया। इसी नाटक पर आधारित इधर के कुछ वर्षों में हिन्दी के सुपरिचित कवि नीलाभ का एक नया आलेख सामने आया है—'नई मिट्टी की गाड़ी'। यह आलेख अपने तेवर में नितान्त आधुनिक और समकालीन घटनाओं से जुड़ा हुआ है। यहाँ भी रचनाकार ने प्रेम कहानी के बज़ाय सत्ता में व्याप्त भ्रष्टाचार, शराबख़ोरी, जुएबाज़ी की घटनाओं को ज़्यादा रेखांकित किया है। आज जिस तरह समाज में एक के बाद एक गड़बड़ घोटालों का पर्दाफ़ाश हो रहा है ऐसे समय में यह रूपान्तर और भी नया और ताज़ा लगने लगता है। इसी क्रम में विशाखदत्त के राजनीति प्रधान नाटक 'मुद्राराक्षस' की याद आती है। इसका एक बहुत ही बेहतरीन रूपान्तर अथवा यों कहें कि एक नया ही नाटक कन्नड़ के वयोवृद्ध रचनाकार, रंगकर्मी एवं अनुवादक सुबन्ना ने 'चाणक्य प्रपंच' नाम से प्रस्तुत किया है। कन्नड़ भाषा में तो एक रूपान्तर सफलतापूर्वक खेला ही गया, हिन्दी में भी मेरे द्वारा किए गए अनुवाद को आज से लगभग बारह बरस पहले श्रीराम सेंटर रंगमंडल ने मंचित किया था।

महाकवि कालिदास की कालजयी कृति 'अभिज्ञानशाकुन्तल' भी आज के रचनाकारों

की क़लम से अछूती नहीं रही है। कम-से-कम दो अलग-अलग आलेखों की जानकारी तो मुझे भी है। पहला आलेख पुनः सुबन्ना द्वारा 'लोकशाकुन्तल' के नाम से तैयार किया गया है जिसका मंचन उन्हीं के निर्देशन में राष्ट्रीय नाट्य विद्यालय के छात्रों के साथ 1982 में किया गया था। इस आलेख की सबसे बड़ी विशेषता यह है कि सुबन्ना के एक शास्त्रीय आलेख को कर्नाटक की लोकनाट्य शैली यक्षगान के तत्त्वों से जोड़कर उसे एक नया संस्कार दे दिया। इधर हाल ही में भागलपुर के एक नए नाटककार भगवान सिंह ने भी इसी नाटक को आधार बनाकर एक नए आलेख की रचना की है, जिसका नाम है 'शकुन्तला का विद्रोह' इसमें रचनाकार ने 'अभिज्ञानशाकुन्तल' में उपलब्ध एक अदृश्य कथ्य को अपने आलेख का मुख्य आधार बना लिया और वह है शकुन्तला का प्रकृति प्रेम। जब उसी प्रकृति पर राजसी सत्ता द्वारा आक्रमण होता है तो वह सत्ता के खिलाफ़ विद्रोह कर बैठती है। संस्कृत के ही आदि नाटककार भास के दो अच्छे नाटक हैं 'प्रतिज्ञा यौगन्धरायण' और 'स्वप्नवासवदत्ता'। इन दोनों से प्रेरणासूत्र ग्रहण करके राधावल्लभ त्रिपाठी के 'उदयन कथा' नाम के नए नाटक की रचना कर डाली। इस नाटक में उदयन एक नायक होते हुए भी अन्ततः वासवदत्ता और यौगन्धरायण द्वारा फैलाए गए जाल में एक असहाय प्राणी की तरह फँस जाता है। और इस तरह से आज के युग में सत्ता द्वारा प्रताड़ित एक आम आदमी की पीड़ा को व्यक्त करते हैं।

अभी तक जितने भी आलेखों की चर्चा की गई है वे सभी आज से कम-से-कम डेढ़-दो हज़ार बरस पूर्व लिखे और खेले गए संस्कृत नाटकों के आधुनिक रूपान्तर हैं। इसी कड़ी को और आगे बढ़ाना चाहें तो मध्यकाल में विकसित लोक नाट्य शैलियों के मौखिक आलेखों को आधार बनाकर भी आज के बहुत से नाटककारों ने कई नए नाटकों की रचना की है। मैं यहाँ ऐसे मात्र एक आलेख की चर्चा करना चाहूँगा। और वह है गुजरात की लोक शैली भवई में खेला जानेवाला 'जसमा ओड़न का वेश'। लोकशैली में जसमा एक अप्सरा है जो एक ऋषि के शाप के कारण धरती पर आती है और शाप की अवधि समाप्त हो जाने पर पुनः स्वर्ग को लौट जाती है। एक तरह से यह कालिदास के नाटक 'विक्रमोर्वशी' से मिलता-जुलता कथ्य है। लेकिन जब गुजराती की सुप्रसिद्ध अभिनेत्री, लेखिका और रंग निर्देशक शान्ता गांधी ने इस आलेख को आज के अभिनेता-अभिनेत्रियों के साथ पहले गुजराती और बाद में हिन्दी में भी मंचित किया तो उन्होंने नाटक के अन्त में एक महत्त्वपूर्ण परिवर्तन करके एक लोक कथ्य को नितान्त समकालीन बना दिया और वह परिवर्तन यह कि शाप की अवधि समाप्त होने पर जसमा स्वर्ग लोक को जाने से इनकार कर देती है और इसी धरती के लोगों के साथ रहने का निर्णय लेती है।

इस प्रकार हम देखते हैं कि हमारे यहाँ रूपान्तर सिर्फ़ विदेशी नाटकों के ही नहीं किए गए वरन् प्राचीन नाटकों को आधार बनाकर भी नए-नए आलेखों की रचना की जा सकती है, किसी सीमा तक इस आलेख के माध्यम से यह पुष्टि हो जाती है।

लोक नाटकों के समसामयिक सन्दर्भ

अभी पिछले दिनों केन्द्रिय संगीत नाटक अकादमी द्वारा आयोजित 'युवा रंगकर्मी नाट्य कार्यशाला' में शिरकत करने के बहाने पटना जाने का संयोग हुआ। उन्हीं दिनों वहाँ पटना की अपेक्षाकृत नई लेकिन चर्चित नाट्य संस्था 'थिएटर यूनिट' अपनी स्थापना का दशक नाट्य समारोह आयोजित कर रही थी। मुझे उस समारोह की अन्तिम प्रस्तुति 'बाथे में बिदेसिया' देखने का अवसर मिला जिसे 'थिएटर यूनिट' की डुमराँव (बक्सर) शाखा ने युवा निर्देशक राजीव रंजन श्रीवास्तव के निर्देशन में मंचित किया था।

'बिदेसिया' बिहार के बीसवीं शताब्दी के सुप्रसिद्ध नाटककार और अभिनेता स्व. भिखारी ठाकुर की लोक तत्त्वों से युक्त नाट्य रचना है जो आज भी वहाँ की लोक रंग मंडलियों में तो लोकप्रिय है ही इसके साथ-साथ बहुत से आधुनिक हिन्दी रंगमंच के निर्देशकों ने भी उसे अपने रंग प्रयोगों का आधार बनाया है। इस दृष्टि से पिछले वर्षों में बिहार के निर्देशकों में सतीश आनन्द और संजय उपाध्याय का उल्लेख किया जा सकता है। जहाँ सतीश आनन्द ने बिदेसिया नाटक और लोक तत्त्वों का इस्तेमाल करते हुए 'अमली' और 'मृच्छकटिक' जैसी प्रस्तुतियाँ दीं वहीं संजय उपाध्याय ने स्वयं 'बिदेसिया' नाटक के आलेख को ही बार-बार अपनी प्रस्तुतियों का आधार बनाया। इन निर्देशकों के उपर्युक्त प्रयोगों का इतना लाभ अवश्य हुआ कि जो 'बिदेसिया' मात्र भिखारी ठाकुर की एक नाट्य रचना के रूप में जाना जाता था उसे अपने प्रदेश में ही नहीं वरन् दूसरे प्रदेशों में भी एक लोक नाट्य शैली के रूप में प्रतिष्ठित होने का अवसर मिला।

लेकिन वर्तमान प्रस्तुति 'बाथे में बिदेसिया' उपर्युक्त सारे प्रयोगों से एकदम अलग थी। इस नाटक का कथानक कल्पिक गाँव बाथे से शुरू होता है। जहाँ के निवासी नट जाति के हैं जिनका पेशा है गाँव-गाँव में घूमकर नाटक करना। पूर्णिमा की रात वे अपने कुल देवता का पूजन करते हैं और कुल देवता को प्रसन्न करने के लिए किसी भी एक नाटक का प्रदर्शन गाँव के चौपाल पर करते हैं। उस पूरे क्षेत्र में आतंकवादियों का प्रभाव है। क्मोबेश बाथे गाँव पर भी उनकी नज़र है। नट मंडली के प्रधान का बेटा बिसराम भी उन सबसे जुड़ा है। पूर्णिमा की रात कुल देवता का पूजन छोड़कर बिसराम अपने आतंकवादी दोस्तों के पास चला जाता है। सभी नाटकों में बिसराम मुख्य भूमिकाएँ निभाता था उसके चले जाने से नटों को नाटक करने में दिक्क़त होती है।

अन्ततः एक नए अभिनेता को लेकर 'बिदेसिया' नाटक का प्रदर्शन शुरू होता है।

बिदेसी अपनी नई-नवेली दुल्हन प्यारी सुन्दरी को गौना करवाकर अपने घर लाता है। उस क्षेत्र में फैले अकाल और ग़रीबी से त्रस्त बिदेसी अपनी नवोढ़ा पत्नी को छोड़कर कलकत्ता कमाने चला जाता है और वहाँ जाकर सलोनी नामक सुन्दरी के साथ घर बसा लेता है। इधर वर्षों से विरह में डूबी बिदेसी की पत्नी को कलकत्ता जानेवाला एक बटोही मिलता है जिसके माध्यम से उसका पति घर वापस जाता है। दूसरी पत्नी भी कलकत्ता छोड़ गाँव आ जाती है और सबका सुखद मिलन होता है। इधर नाटक का सुखद अन्त होता है उधर गाँव के बाहर आतंकवादियों द्वारा मारे गए बिसराम की लाश मिलती है। पूरी नट-मंडली सन्नाटे में आ जाती है। तभी आतंकवादी बाथे गाँव पर भी हमला बोल देते हैं। समूचा गाँव नरसंहार का शिकार होता है। उस पूरे गाँव में सभी लाशों का बोझ लिए अकेली निःसहाय बची रह जाती है प्यारी सुन्दरी।

इस प्रकार हम देखते हैं कि किस तरह से एक युवा और कल्पनाशील निर्देशक ने एक जाने-पहचाने कथानक को अपने ही प्रदेश के समसामयिक सन्दर्भों से जोड़कर एक लोक नाट्य शैली को अधिक-से-अधिक सार्थक बना दिया और स्वयं वहाँ के लोक कलाकारों के साथ ही उस प्रस्तुति का मंचन किया। दरअसल, यही वह दिशा है जिसे लेकर लोक रंगमंच और आधुनिक रंगमंच के बीच एक समन्वय स्थापित किया जा सकता है। इस दृष्टि से भारतीय रंगमंच में सबसे ज़्यादा और लगातार काम हबीब तनवीर का दिखाई पड़ता है। वह पिछले चालीस वर्षों से अपने ही प्रदेश के लोक कलाकारों के साथ वहाँ की लोक नाट्य नृत्य शैलियों यथा—नाचा, राऊत, राई, बनैदी इत्यादि के माध्यम से नए से नया आलेख रचते रहे हैं। ये आलेख कभी उनके स्वयं लिखे हुए, कभी पश्चिमी नाटकों के भारतीय रूपान्तर के माध्यम से और कभी स्वयं लोक कलाकारों द्वारा किए गए 'इम्प्रोवाइजेशन' पर आधारित होते हैं। इस निरन्तरता का ही यह परिणाम है कि हबीब तनवीर ने भारतीय रंगमंच में भारतीयता की तलाश जैसे मुद्दे को बिना किसी शोर-शराबे और हंगामे के अपने व्यावहारिक काम से सिद्ध करके दिखाया है। दिक़्क़त तब होती है जब हम महज़ प्रयोग के लिए लोक तत्त्वों का अन्धाधुन्ध इस्तेमाल करने लगते हैं और वह भी ऐसे अभिनेताओं के साथ जिनका उनसे कोई लेना-देना नहीं होता। नतीज़ा यह होता है कि गीत, संगीत, नृत्य की बैसाखियों से हम भले ही दर्शकों को कुछ हद तक आकर्षित कर लें लेकिन उसके दूरगामी परिणाम नज़र नहीं आते। क्या कारण है कि केन्द्रीय संगीत नाटक अकादमी, फोर्ड फाउंडेशन और ऐसी ही दूसरी संस्थाओं द्वारा प्रायोजित लोक रंगमंच में नए प्रयोगों को लेकर की जानेवाली कोशिशों का हस्र बेहद निराशाजनक साबित हुआ।

बादल सरकार के नाटकों से एक संवाद

भारतीय रंगमंच में बंगाल के बादल सरकार के नाम का अलग महत्त्व है। वह एक साथ अभिनेता, निर्देशक और नाटककार भी हैं। इसमें कोई सन्देह नहीं कि ये तीनों रूप और बहुत से रंगकर्मियों में देखने को मिल जाएँगे। जैसे कि उत्पल दत्त, शम्भू मित्र, हबीब तनवीर, गिरीश कार्नाड इत्यादि। लेकिन इनके समानान्तर होते हुए भी बादल सरकार इनसे बिल्कुल अलग दिखाई पड़ते हैं। यह अलगाव कई स्तरों पर रेखांकित किया जा सकता है। सबसे पहले तो इस रूप में कि भारतेन्दु और प्रसाद के बाद यदि किसी रंगकर्मी ने भारतीय रंगमंच में किसी नए सिद्धान्त की अवधारणा को जन्म दिया तो वह बादल सरकार है। यह नई अवधारणा उनके तीसरे रंगमंच की परिकल्पना में निहित है अर्थात् पहला रंगमंच यथार्थवादी रंगमंच का पर्याय है तो दूसरा रंगमंच लोक-रंगमंच का पर्याय है, लेकिन तीसरा रंगमंच इन दोनों के बीच की एक कड़ी है और बादल सरकार ने उसे अपनी मौलिक अवधारणा के साथ आज से लगभग तीस-पैंतीस वर्ष पूर्व प्रस्तुत और प्रचारित किया। यह रंगमंच पूरी तरह से अभिनेता की आवाज़ और उसकी शारीरिक भाषा का संगम है, लेकिन यथार्थवादी और लोकनाट्य शैली से बिल्कुल अलग है। यद्यपि इस तथ्य से इनकार नहीं किया जा सकता कि इस अवधारणा के पीछे ग्रोतोव्स्की के पूअर थिएटर का भी योगदान है, लेकिन इससे बादल सरकार का महत्त्व कम नहीं हो जाता। प्रेरणा भले ही उन्हें ग्रोतोव्स्की, वार्वा और इनमें भी पहले के मेयरहोल्ड और आर्तो से मिली हो, लेकिन जिस तरह से बादल सरकार ने पहले अपने स्तर पर आत्मसात् किया और फिर उसे दूसरे लोगों के साथ शेयर किया उस प्रक्रिया में उस मूल पश्चिमी प्रेरणा का कोई हाथ नहीं है।

लेकिन यहाँ मैं तीसरे रंगमंच के बारे में कोई चर्चा नहीं करने जा रहा हूँ। अपने रंगकर्म के लिए लेखन, अभिनय और निर्देशन के स्तर पर बादल सरकार ने अपने पिछले सारे रचनाकर्म को अस्वीकृत कर दिया था और उसमें भी विशेष रूप से तीसरे रंगमंच से पहले लिखे हुए नाटकों को जिनमें उनके कुछ सुप्रसिद्ध नाटक 'बाकी इतिहास' 'एवम् इन्द्रजीत,' 'पगला घोड़ा,' 'हिरोशिमा,' 'अनन्तहीन,' 'सारी रात' जैसे गहरे जटिल और गम्भीर नाटक भी शामिल हैं और राम, श्याम, जदु, बड़ी बुआजी अथवा अबू हसन जैसे हास्य नाटक भी। उनका तर्क है कि ये सभी नाटक मात्र एक यथार्थवादी शिल्प के भीतर से अपने कथ्य को पाठकों और दर्शकों तक सम्प्रेषित करते

हैं, जब कि वह अपनी नई शैली में अभिनय और प्रस्तुति की नई रंगभाषा के साथ-साथ नाट्य लेखन में भी मात्र शब्दों, ध्वनियों और उनकी अर्थ-छायाओं के माध्यम से एक ऐसी भाषा तैयार करने की कोशिश कर रहे हैं, जो यथार्थवादी रंगमंच की उस विवरणात्मक भाषा से बिल्कुल अलग हो, जहाँ पहले अभिनेता ज़्यादा-से-ज़्यादा शब्दों के बहाने से एक स्थिति अथवा परिवेश तैयार करता है और फिर स्वयं भी उसे झेलने और उसमें जीने को विवश हो जाता है। नतीज़ा यह हुआ कि उन्होंने अपने पहले दौर के सभी नाटकों को न केवल अस्वीकृत और तिरस्कृत ही कर दिया बल्कि यहाँ तक कि उन पर किसी सभा, सेमिनार अथवा संगोष्ठी में अपने पाठकों या श्रोताओं के साथ किसी भी तरह का संवाद करने से मना कर दिया। ज़ाहिर है उनकी यह ज़िद और रवैया हम लोगों को भी शुरू-शुरू में बहुत अज़ीब और अस्वाभाविक लगता था। लेकिन धीरे-धीरे हम उसके आदी होते चले गए।

बादल सरकार अपनी तरफ़ से कुछ भी कहें, लेकिन मुझे व्यक्तिगत रूप से आज भी उनके वही नाटक ज़्यादा प्रभावित करते हैं, जो तीसरा रंगमंच से पहले लिखे गए थे। इसका अर्थ यह कदापि न लिया जाए कि जुलूस, स्पार्टाकस और भारत का संक्षिप्त इतिहास जैसी रचनाएँ कमज़ोर रचनाएँ हैं। लेकिन यदि कोई मुझे चयन का विकल्प प्रदान करे तो मैं 'बाकी इतिहास,' 'पगला घोड़ा,' 'एवम् इन्द्रजीत,' 'अन्तहीन,' 'हिरोशिमा' जैसे नाटकों को ही चुनूँगा। इस पहले दौर में भी बादल सरकार के नाट्य लेखन के दो पड़ाव अलग-अलग दीख पड़ते हैं—'पहला पड़ाव,' 'राम-श्याम,' 'जदु,' 'बड़ी बुआजी' और 'वल्लभपुर की रूप कथा' जैसे हल्के-फुल्के हास्य नाटकों से सम्बद्ध है। ये सभी नाटक किसी-न-किसी पश्चिमी नाटक अथवा फ़िल्म के भारतीय रूपान्तर जान पड़ते हैं। इसलिए कोई गहरा प्रभाव नहीं छोड़ पाते।

लेकिन जहाँ तक दूसरे दौर या पड़ाव के नाटकों की बात है जिसमें 'बाकी इतिहास' से लेकर 'हिरोशिमा' तक के सभी महत्त्वपूर्ण नाटक सम्मिलित हैं, वे जितनी मार्मिकता, जटिलता और गहराई में जीवन से जुड़े विभिन्न कथ्यों को प्रस्तुत करते हैं, वह तीसरे रंगमंच के नाटकों में कहीं दर्शन नहीं होते। यह सही है कि नाटकों का फॉर्म, शिल्प और तरह-तरह की प्रविधियाँ यहाँ भी दिखाई पड़ती हैं। लेकिन वे नाटक के कथ्य के साथ इस तरह से घुल-मिल जाती हैं कि अलग से सिर्फ़ तकनीकी स्तर पर अपनी पहचान स्थापित नहीं करती। मैं तो यहाँ तक उनके इन नाटकों के महत्त्व को श्रेय देना चाहूँगा कि यदि ये न लिखे जाते तो बादल सरकार स्वयं भी शायद तीसरा रंगमंच की अवधारणा को जन्म न दे पाते और हम एक नाटककार के इतने बड़े रचनात्मक लेखन से वंचित रह जाते।

बंगला रंगमंच की बात छोड़ ही दें। आख़िर क्या कारण है कि पिछले पैंतीस वर्षों में बादल सरकार के ये नाटक बहुत ज़्यादा और बार-बार मंचित किए गए, न कि स्वयं बादल सरकार द्वारा समर्थित, पोषित, प्रचारित और निर्देशित तीसरा रंगमंच के सभी नाटक। इस सवाल का जवाब शायद बादल सरकार को भी मालूम है, इसीलिए उन्होंने

धीरे-धीरे तीसरा रंगमंच से पहले के अपने नाटकों का विरोध करना छोड़ दिया है। हम किसी भी शैली में नाटक क्यों न लिखें और मंचित करें वास्तव में दर्शकों के साथ उन्हीं नाटकों का गहरा रिश्ता बनता है, जिनमें पहले अपने सही और शुद्ध रूप में एक कहानी भी मौज़ूद हो। फिर चाहे वह कितनी भी जटिलता अथवा शिल्प के अमूर्तन से भरपूर हो दर्शक को इस बात की कोई चिन्ता नहीं। और यह सच्चाई केवल नाटकों पर ही नहीं बल्कि कला की हर विधा पर लागू होती है। ज़्यादा दूर जाने की ज़रूरत नहीं। आजकल हिन्दी साहित्य में कहानियों के नाम पर जिस तरह की आँकड़ों से भरपूर कहानियों का लेखन और प्रकाशन सामने आ रहा है, उस पर आलोचकों में बेशक़ जमकर विचार-विमर्श होता है, लेकिन जहाँ तक कहानी के पाठक का सवाल है उसे ठोस कुछ हासिल नहीं हो रहा है। हर कृति में एक विचार भी होता है, इससे किसी को कोई असहमति नहीं हो सकती। लेकिन यदि वह विचार स्वयं कहानी के भीतर से उभरकर आए तब तो समझ में आता है, इसके विपरीत विचार यदि आख़िर तक विचार ही होकर रह जाता है तब फिर कहानी के बज़ाय एक निबन्ध क्यों न लिखा जाए। ठीक यही बात बादल सरकार के नाटकों के बारे में भी कही जा सकती है।

नाटककार

- *हिन्दी नाटककारों की व्यथा-कथा*
- *नाटककार रंगमंच के लिए क्यों लिखें*

हिन्दी नाटककारों की व्यथा-कथा

अभी हाल में भारतीय रंगमंच की त्रैमासिक पत्रिका 'नटरंग' का अंक-68 सामने आया है जो मुख्य रूप से नाटककारों पर केन्द्रित है। अंक के एक बड़े हिस्से के रूप में दस नाटककारों ने हिन्दी रंगमंच में नाटककार और निर्देशक के आपसी सम्बन्ध, नाटकों में नए आलेखों की अवहेलना और अन्ततः निर्देशक द्वारा स्वयं ही नाट्यालेख लिखने के आग्रह पर काफ़ी ज़ोर-शोर से चर्चा की गई है। लगभग सभी लेखों से जो सामान्य निष्कर्ष निकालते हैं वे यूँ हैं कि आमतौर पर रंगकर्मी नए आलेखों को पढ़ते ही नहीं, पढ़ लेते हैं तो उन्हें मंच पर लाने की दिशा में कोई पहल नहीं करते और वे ज़्यादातर पहले से चर्चित और स्थापित नाटकों को मंचित करना ही पसन्द करते हैं। ज़ाहिर है कि ये सारे आक्षेप इसलिए हैं कि या तो ये नाटककार हिन्दी रंगमंच के इतिहास से परिचित नहीं हैं अथवा जानबूझकर सच्चाई से मुँह मोड़ लेना चाहते हैं। अच्छा होगा कि मैं अपने नाटकों से जुड़े अथवा हिन्दी रंगमंच में नए नाटककारों के नाटकों के मंचन का एक तथ्यपरक विवेचन प्रस्तुत करूँ।

सबसे पहले हम धर्मवीर भारती और मोहन राकेश को ले लें। जब 'अन्धायुग' का मंचन 1963-64 में पहले सत्यदेव दुबे और बाद में इब्राहिम अल्काज़ी ने किया था तब धर्मवीर भारती को नाटककार के तौर पर कोई नहीं जानता था और यहाँ तक कि 'अन्धायुग' को भी नाटक के तौर पर कोई स्वीकृति प्राप्त नहीं हुई थी। इसी में यह तथ्य भी जोड़ा जा सकता है कि स्वयं सत्यदेव दुबे की भी एक निर्देशक के तौर पर हिन्दी रंगमंच में कोई पहचान नहीं थी। यही बात 'आषाढ़ का एक दिन' के बारे में भी कही जा सकती है। जब इस नाटक के अल्काज़ी और दुबे द्वारा दिल्ली और मुम्बई में पहले मंचन हुए तो एक पूर्णकालिक नाटक के रूप में यह मोहन राकेश का पहला आलेख था।

प्रायः एक आक्षेप इसी चर्चा में राष्ट्रीय नाट्य विद्यालय पर भी जड़ दिया जाता रहा है कि यहाँ केवल पश्चिमी नाटकों के अनुवाद या रूपान्तरण होते रहते हैं। यदि ये नहीं तो कहानियों और उपन्यासों के रूपान्तरण अथवा उन्हें ज्यों-का-त्यों प्रस्तुत किया जाता रहा है और इस तरह से हिन्दी के मौलिक नाट्य लेखकों को बिल्कुल अनदेखा कर दिया जाता है। मैं समझता हूँ कि इस फ्रंट पर भी खुलासा करना बहुत ज़रूरी लगता है। जगदीशचन्द्र माथुर का 'शारदीया', लक्ष्मीनारायण लाल का 'सूर्यमुखी' बलराज पंडित

का 'पाँचवाँ सवार', सर्वेश्वरदयाल सक्सेना का 'बकरी', मणि मधुकर का 'रस गन्धर्व', नरेन्द्र मोहन का 'कहे कबीर सुनो भाई साधु', रामेश्वर प्रेम के 'चारपाई', 'अन्तरंग' और 'कैम्प', सुरेन्द्र वर्मा के 'आठवाँ सर्ग', 'छोटे सैयद बड़े सैयद', 'क़ैद-ए-हयात', 'सूर्य की अन्तिम किरण से पहली किरण तक' अनुपम कुमार के 'बृहनल्ला' और 'मृगतृष्णा', कृष्ण बलदेव वैद का 'भूख आग है', महेन्द्र भल्ला का 'दिमाग़े हस्ती दिल की बस्ती' भीष्म साहनी का 'मुआवज़े' ये सब वे नाटक हैं जिनका पहला मंचन राष्ट्रीय नाट्य विद्यालय ने किया।

अब जरा इस तथ्य पर भी ग़ौर किया जाए कि राष्ट्रीय नाट्य विद्यालय के बाहर निकले स्नातकों ने हिन्दी के कितने नाटकों के पहले मंचन किए। दोहराने की ज़रूरत नहीं है कि यह संख्या भी बहुत बड़ी है। इसलिए मात्र कुछ उदाहरण देना ही पर्याप्त होगा। एम.के. रैना द्वारा प्रस्तुत सर्वेश्वर दयाल सक्सेना के 'हवालात' और 'कल भात आएगा' भीष्म साहनी का 'कबिरा खड़ा बाज़ार में' और 'माधवी' भानु भारती द्वारा सर्वेश्वर दयाल सक्सेना का 'अब ग़रीबी हटाओ', राम गोपाल बजाज द्वारा नन्दकिशोर आचार्य का 'हस्तिनापुर' और अजय शुक्ला का 'दूसरा अध्याय' रामेश्वर प्रेम का 'अजात घर' और 'कालपात्र' बंसी कौल द्वारा गिरिराज किशोर का 'प्रजा ही रहने दो' प्रभात कुमार भट्टाचार्य का 'यक्ष प्रश्न' लईक हुसैन द्वारा गिरिराज किशोर का 'काठ की तोप' स्वयं मेरे द्वारा शिवमूरत सिंह का 'पूर्वार्द्ध' राधेश्याम का 'आदरणीय डैडी' और विभुकुमार का 'तालों में बन्द प्रजातन्त्र' सत्यव्रत राऊत द्वारा रामेश्वर प्रेम का 'बाज़ी' और 'समुद्र में एक रोज़' ब.व. कारन्त द्वारा रामेश्वर प्रेम का ही 'शस्त्र सन्तान' हबीब तनवीर द्वारा असग़र वजाहत का 'जिस लाहौर...' और एम.के. रैना द्वारा 'वीरगति' आदि के साथ-साथ आदित्य अग्निहोत्री का 'मटका' सुशील कुमार सिंह के 'चार यारों की याद' और 'सिंहासन खाली है', भारतभूषण अग्रवाल के 'अग्निलिंक' जैसे नाटकों के पहले मंचन भी नए और स्थापित निर्देशकों द्वारा किए जाते रहे हैं।

बात दरअसल नाटक के पहले मंचन के होने या न होने से उतनी नहीं जुड़ी है जितनी नाटक के अच्छा और कमज़ोर होने से ताल्लुक़ रखती है। इस पूरे आलेख में जितने भी नाटकों का ज़िक्र किया गया है उनमें निश्चित रूप से कथ्य के स्तर पर ऐसा कुछ रहा होगा जिसने निर्देशकों को आकर्षित किया होगा। क्या सिर्फ़ संवादों में लिख देने मात्र से कोई रचना नाटक बन जाती है ? इस विषय में भी यदि हमारे नाटककार स्वयं अपने आकलन की शुरुआत करें तो उन्हें इस प्रश्न का उत्तर अपने आप मिल जाएगा कि उनके नाटक मंचित क्यों नहीं हुए।

नाटककार रंगमंच के लिए क्यों लिखे

हम इस बात पर तो कभी अपनी चिन्ता और कभी अपनी नाराज़गी ज़ाहिर करते रहते हैं कि हिन्दी में अच्छे नाटकों का अभाव है अथवा अच्छे नाटक लिखे नहीं जा रहे। लेकिन हम लोगों ने कभी भी गम्भीरतापूर्वक इस बात पर विचार-विमर्श नहीं किया कि आख़िर हिन्दी का नाटककार रंगमंच के लिए क्यों लिखे ? नाटककार को तो पहले से ही शिकायत है कि उसका लिखा नाटक रंगकर्मियों द्वारा पढ़ा नहीं जाता, पढ़ा जाता है तो मंचित नहीं किया जाता, मंचित किया जाता है तो इसकी सूचना उसे नहीं दी जाती। यदि सूचना दे दी गई है तो भी उसके मंचन की कोई रॉयल्टी उसे कभी नहीं दी जाती। राष्ट्रीय नाट्य विद्यालय रंगमंडल, श्रीराम सेंटर रंगमंडल, भोपाल रंगमंडल, साहित्य कला परिषद रंगमंडल और भारतेन्दु रंगमंडल, लखनऊ जैसी व्यावसायिक नाट्य मंडलियों को छोड़ दिया जाए तो हिन्दी में नाटककार को नाट्य मंडलियों द्वारा रॉयल्टी दिए जाने का चलन ही नहीं है। हाँ, 'रंग विदूषक' भोपाल जैसी संस्थाओं का नाम अपवाद के रूप में लिया जा सकता है। नाट्य मंडलियों द्वारा ऐसी कोताही अथवा लापरवाही बरतने का सबसे बड़ा कारण यही है कि भले ही वे नाट्य मंडलियाँ अपनी प्रस्तुतियों के स्तर में पूरी तरह से व्यावसायिक रंगमंच के प्रतिमानों को छूती दिखाई पड़ती हैं लेकिन अपनी सोच और दृष्टिकोण में ये आज भी दक़ियानूसी और शौकिया हैं। ये पूर्वाभ्यास-स्थल, अभिनेताओं के आने-जाने के किराए, पूर्वाभ्यास के दौरान चायपान, प्रस्तुति से जुड़े प्रचार-प्रसार, हॉल का किराया, मंच-सज्जा, प्रकाश-सज्जा, रूप-सज्जा, वेशभूषा, मंच-उपकरण अर्थात् प्रस्तुति से जुड़े हर तरह के ख़र्च को वहन करने के लिए तैयार रहती है और कई बार तो इन ख़र्चों में निर्देशक का पारिश्रमिक भी शामिल रहता है, लेकिन मज़ाल है कि इन तमाम ख़र्चों में नाटककार को दी जानेवाली रॉयल्टी को भी शामिल कर लिया जाए जो आज की तारीख में भी अपने आपमें कोई बहुत बड़ी राशि नहीं होती। रा.ना.वि. रंगमंडल आज प्रतिदिन प्रदर्शन 1,000 रुपए के हिसाब से नाटककार को रॉयल्टी देता है और विद्यालय के लिए कम-से-कम दस और रंगमंडल के लिए पच्चीस प्रदर्शनों की रॉयल्टी अग्रिम देने का अनुबन्ध करता है। इतना ही नहीं यदि नाटककार के आलेख का पहला मंचन विद्यालय द्वारा किया जाता है, तो नाटककार को लेखन राशि के रूप में एकमुश्त 30,000 रुपए अलग से दिए जाते हैं। सवाल उठाया जाएगा कि छोटी-छोटी शौकिया नाट्य मंडलियाँ इतनी राशि कहाँ से जुटा

पाएँगी। इसका उत्तर यही है कि आज तक किसी नाटककार ने इस तरह की नाट्य मंडलियों से इतनी बड़ी राशि की अपेक्षा भी कभी नहीं की। यदि आप प्रतीक के रूप में सौ रुपए से लेकर पाँच सौ रुपए प्रति प्रदर्शन भी नाटककार को रॉयल्टी के रूप में दे पाएँ तो इससे बड़ी बात और क्या हो सकती है। नाटककार की दृष्टि से रॉयल्टी का प्रश्न उतना बड़ा नहीं है जितना कि बिना सूचित किए उसके नाटक का मंचन कर लेना और फिर उसकी सूचना उसे समाचार-पत्र अथवा पत्र-पत्रिकाओं के माध्यम से मिलना है। स्वाभाविक है कि उसके स्वाभिमान को ठेस लगती है। आलेख से लेकर उसके मंचन तक की प्रक्रिया में वह व्यक्ति कहीं शामिल नहीं है, जिसकी रचना को मंचन के लिए चुना गया है। यदि आप नाटककार को इतना हेय समझते हैं तो अपनी प्रस्तुति के आलेख की रचना स्वयं क्यों नहीं कर डालते।

इतिहास साक्षी है कि दुनिया में जब भी कहीं भी अच्छा, समर्थ और सशक्त रंगमंच हुआ है, उसकी बुनियाद नाटककार के आलेख पर ही आधारित रही है। बेशक़ एक लम्बी परम्परा मौखिक आलेखों की भी रही और उसके बाद निर्देशकों में भी अपने आलेख स्वयं लिखे और आज भी लिखते रहते हैं। लेकिन उन्हें आलेख की दृष्टि से कभी बड़ी रचनाओं के रूप में नहीं लिया गया। संस्कृत रंगमंच, ग्रीक रंगमंच, शेक्सपीयर का रंगमंच, भारतेन्दु का रंगमंच, मौलियर का रंगमंच, प्रसाद का रंगमंच और पूर्व या पश्चिम का आधुनिक रंगमंच—हम अभिनेताओं, निर्देशकों और दूसरे नेपथ्य-कर्मियों के नाम भले ही भूल जाएँ या कि नहीं भी जानते, लेकिन नाटककारों के नाम और उनके नाटक आज भी उसी रूप में जाने जाते हैं कि जिस रूप में वे अपने समय में रहे होंगे। आज के हिन्दी रंगमंच में और विशेषतः शौकिया रंगमंच में अपनी ऐसी हेय स्थिति के लिए शायद नाटककार स्वयं भी ज़िम्मेदार हैं। आज हिन्दी के शौकिया रंगमंच में एक बार फिर से मोहन राकेश जैसे नाटककार की ज़रूरत है जो सन् साठ और सत्तर के बीच नाट्य संस्थाओं से रॉयल्टी के रूप में कम-से-कम एक हज़ार रुपए लिया करते थे, चाहे आप पहले प्रदर्शन के अवसर पर एक प्रदर्शन करें अथवा दस प्रदर्शन। रॉयल्टी के प्रश्न पर उन्होंने अपने दोस्त-लोगों की नाट्य मंडलियों से भी कभी कोई समझौता नहीं किया, फिर चाहे वह मुम्बई की 'थिएटर यूनिट' हो, दिल्ली की 'दिशान्तर' हो अथवा कोलकाता की 'अनामिका' हो। राकेश के बाद कुछ हद तक सुरेन्द्र वर्मा ने भी इसी रास्ते पर चलने की कोशिश की लेकिन वह पुनः साहित्य की दूसरी विधाओं अथवा संचार माध्यमों के लिए लिखने की ओर लौट गए। वहाँ भले ही उन्हें खूब आर्थिक लाभ हुआ हो लेकिन उतनी प्रसिद्धि नहीं मिली जितनी नाटक की दुनिया में मिली थी। आख़िर जब उनका उपन्यास 'मुझे चाँद चाहिए' छपकर आया, तब उन्हें साहित्य में भी खूब सारा पैसा और प्रसिद्धि मिली। संयोग है कि यह उपन्यास भी अन्ततः नाटक करनेवालों की ज़िन्दगी पर ही आधारित है। यदि हम पिछले 150 वर्षों के हिन्दी रंगमंच के इतिहास पर भी ग़ौर करें तो हम पाएँगे कि इस पूरे कालखंड के वही दौर सबसे ज़्यादा उर्वर और चर्चित रहे हैं, जब-जब हिन्दी रंगकर्मियों ने नाटककार और उसके आलेख को

अपनी रंग-प्रक्रिया में उचित स्थान दिया। आज भले ही बहुत से निर्देशक और अभिनेता अपने आलेख स्वयं रचने में लगे हों लेकिन उन्हें नाटककार के रूप में भी मान्यता मिल पाएगी, इसकी सम्भावना बहुत कम है। बहुत दूर जाने की ज़रूरत नहीं है ब्रेष्ट जैसे नाटककार-निर्देशक को छोड़कर हिन्दी का कौन सा ऐसा नाटककार-निर्देशक यह दावा कर सकता है कि उसके आलेख को उसके अलावा दूसरी नाट्य मंडलियों ने भी किया हो। दरअसल नाट्य-लेखन के लिए रंगमंच के निकट रहकर भी जिस तरह की निस्संग, निष्पक्ष और तटस्थ दृष्टि की दरकार रहती है, वह निर्देशक अथवा अभिनेता में हो ही नहीं सकती क्योंकि इनमें से जब भी कोई नाट्य-रचना की तरफ़ लौटता है तो उसकी सारी प्रक्रिया लिखित आलेख की नहीं एक प्रस्तुति आलेख के रूप में क्रियाशील रहती है। इसे दूसरे शब्दों में कहा जाए तो वह नाटक के आलेख की नहीं वरन् एक रंगमंचीय पटकथा की रचना कर रहा होता है। इसीलिए आज यह और भी ज़रूरी हो गया है कि ज़्यादा-से-ज़्यादा नाटककार मंच की तरफ़ लौटकर आएँ और इसके लिए नाट्य मंडलियों को अपनी तरफ़ से पहल करनी चाहिए। यह बात तयशुदा है कि यदि रंगमंच को बहुत दिनों तक ज़िन्दा रहना है तो वह नाटककार द्वारा रचित, लिखित, मंचित और प्रकाशनीय आलेख से ही सम्भव होगा।

नाटक समीक्षा

- *मृच्छकटिक का रंगविश्लेषण*
- *यहूदी की लड़की : एक रंगमंचीय अध्ययन*
- *आषाढ़ का एक दिन : रंगमंचीय सौन्दर्यबोध*
- *एवम् इन्द्रजीत के बहाने बादल सरकार*

मृच्छकटिक का रंगविश्लेषण

संस्कृत नाटकों की लगभग एक हज़ार वर्ष लम्बी नाट्य-परम्परा में महाकवि शूद्रक की रचना 'मृच्छकटिक' अपना अद्वितीय स्थान रखती है। 'मृच्छकटिक' अर्थात् 'मिट्टी की गाड़ी' जिसमें एक ओर चारुदत्त और वसन्तसेना की प्रेम कथा है तो दूसरी ओर उसकी पृष्ठभूमि में तत्कालीन राजनीतिक, सामाजिक एवं धार्मिक परिस्थितियों का ऐसा सशक्त और जीवन्त चित्रण है कि वह इस नाटक को अनायास ही प्रत्येक युग के लिए आश्चर्यजनक रूप से समसामयिक बना डालता है। चोर, जुआरी, राजा का साला, शरीर की मालिश करनेवाला और रिश्वतख़ोर कर्मचारी और इन सबके साथ-साथ राजसत्ता को पलटने में सफल लोकक्रान्ति—ये सभी तत्त्व मिलकर इस नाटक को एक ऐसा कलेवर प्रदान करते हैं, जो सम्भवतः पूरे भारतीय नाट्य-साहित्य में दुर्लभ है। 'मृच्छकटिक' के रचयिता शूद्रक वास्तव में कौन थे, कब पैदा हुए थे, इसके विषय में आज तक कोई ऐतिहासिक प्रमाण नहीं मिला है। रचना के आरम्भ में दिए गए नान्दीपाठ को आधार बनाया जाए, तो शूद्रक सम्भवतः एक राजा थे, लेकिन वो कहाँ के राजा थे, इसका कोई भी संकेत नहीं मिलता। कुछ विद्वान उन्हें भास और कालिदास के बीच के समय में रखते हैं तो दूसरे विद्वान उन्हें कालिदास और हर्ष के बीच में स्थित करते हैं। इसमें तो कोई सन्देह नहीं कि शूद्रक, भास के पश्चात् रहे होंगे क्योंकि दरिद्र चारुदत्त के नाम से जिस अपूर्ण नाटक के मात्र चार अंक मिलते हैं; उसके रचयिता भास माने जाते हैं। पहले चार अंकों तक दरिद्र चारुदत्त और 'मृच्छकटिक' की कहानी लगभग एक दूसरे से मिलती-जुलती है। अतः यह अनुमान लगाया जा सकता है कि शूद्रक ने 'मृच्छकटिक' की रचना के मूल स्रोत के रूप में दरिद्र चारुदत्त को ही आधार बनाया होगा। इस तर्क से हम इस निर्णय पर तो पहुँच ही सकते हैं कि शूद्रक निश्चित रूप से भास के परवर्ती नाटककार हैं। मेरे विचार में वह कालिदास के भी परवर्ती नाटककार माने जा सकते हैं। इस स्थापना के प्रमाण के रूप में 'अभिज्ञान शाकुन्तल' के छठे अंक को लिया जा सकता है, जिसमें धीवर के आने, दो राजकर्मचारियों द्वारा उससे किसी तरह की रिश्वत ऐंठने और राजकर्मचारियों का राजा के शालक से अपना सम्बन्ध जताने के प्रसंग से शूद्रक को निश्चय ही 'मृच्छकटिक' के अनेक पात्रों को रचने की प्रेरणा मिली होगी। ऐतिहासिक प्रमाण के रूप में भी शूद्रक कालिदास के बाद के उस समय से ज़्यादा सम्बद्ध प्रतीत होते हैं, जब समाज में बौद्ध धर्म की प्रतिष्ठा धीरे-धीरे कम होने लगी थी और

एक स्तर पर उसका उपहास भी किया जाने लगा था। क्या इसे महज़ संयोग ही माना जाए कि 'भगवद् 'अज्जुकम,' 'मत्तविलास' जैसे प्रहसनों में भी बौद्धधर्म के प्रति ऐसा ही व्यवहार मिलता है जैसा कि 'मृच्छकटिक' में दिखाया गया है। इसे एक और रूप में यूँ भी व्याख्यायित किया जा सकता है कि नाटककार ने ब्राह्मण धर्म और बौद्ध धर्म के आपसी संघर्ष को भी पृष्ठभूमि के रूप में प्रस्तुत किया है, जिसमें कहीं-न-कहीं पुनः ब्राह्मण धर्म का पलड़ा ही भारी दिखाई पड़ता है। यदि ऐतिहासिक दृष्टि से विचार करें तो यह समय छठी शताब्दी से लेकर एक हज़ार ई. तक के बीच का समय माना जा सकता है। इन सारे अन्तःसाक्ष्यों के सन्दर्भ में शूद्रक निश्चित रूप से कालिदास के भी परवर्ती ठहरते हैं।

शूद्रक कोई भी रहे हों, कहीं भी पैदा हुए हों और उनका रचनाकाल जो भी रहा हो, इसमें कोई सन्देह नहीं कि 'मृच्छकटिक' के रूप में उन्होंने जो रचना प्रस्तुत की है वह अपने कथ्य, शिल्प, संरचना और रंगमंचीय दृष्टि से बेजोड़ है। नाटक का कथ्य क्या है इस विषय में हम नाटक के आरम्भ में ही यह कर चुके हैं। इससे भी ज़्यादा आकर्षक है रचना का शीर्षक 'मृच्छकटिक' अर्थात्, 'मिट्टी की गाड़ी'। देखने में शीर्षक जितना सतही और सपाट लगता है, उतना ही भीतर से कहीं सूक्ष्म, गहरा और सांकेतिक भी है। संस्कृत नाट्य साहित्य में आरम्भ से ही स्वप्नवासवदत्ता, अभिज्ञान शाकुन्तल, मुद्राराक्षस जैसे शीर्षकों की लम्बी परम्परा मिलती है, जो अपनी अर्थछायाओं में दोहरे-तिहरे आयामों को समेटे हुए हैं। 'मृच्छकटिक' भी एक ऐसा ही शीर्षक है। 'मृच्छकटिक' अर्थात् 'मिट्टी की गाड़ी'—यह मिट्टी की गाड़ी क्या है और किसका प्रतीक है ? क्या चारुदत्त के दरिद्र होते जाने का प्रतीक है अथवा धनी-मानी वसन्तसेना द्वारा अपनी सारी धन-सम्पत्ति छोड़कर दरिद्र चारुदत्त के साथ चल देने से इसका सम्बन्ध जोड़ा जाए ? या चारुदत्त के पुत्र रोहसेन के पास पहले से उपलब्ध 'मिट्टी की गाड़ी' और उसके सोने की गाड़ी लेने की ज़िद से इसका सम्बन्ध जोड़ा जाए। क्या नाटक के उत्तरार्ध में गाड़ियों की अदला-बदली से तेज़ी से घटित हो जानेवाले घटनाक्रम के रूप में उसे देखा जाए ? या प्रजापालक द्वारा आर्य को बन्दी बनाने और फिर आर्यक द्वारा शर्विलक के सहयोग से पुनः राज्य-प्राप्ति के प्रतीक के रूप में मिट्टी के गाड़ी का अध्ययन किया जाए ? और अन्त में इन सबसे अलग 'मिट्टी की गाड़ी' को जीवन की एक ऐसी जटिल यात्रा के समान्तर के रूप में विश्लेषित किया जाए जिसमें अनगिनत रंग, रूप और रेखाएँ एक-दूसरे में गुँथी हुई दिखाई पड़ती हैं।

संरचना के स्तर पर 'मृच्छकटिक' नाट्यशास्त्र में विवेचित दशरूपक के अन्तर्गत प्रकरण का उदाहरण प्रस्तुत करता है। नाट्यशास्त्र के नियमों के अनुसार प्रकरण की कथा रचनाकार की अपनी कल्पना हुआ करती है। उसका मुख्य रस शृंगार, वृत्ति, कैशिकी और उसमें प्रायः एक ब्राह्मण नायक और एक गणिका की प्रेम-कहानी हुआ करती है। आज तक किसी सम्पूर्ण प्रकरण के रूप में किसी और रचना की प्रतिलिपि प्राप्त नहीं हुई है। अतः उसके अभाव में उपर्युक्त नियमों का एक मात्र उदाहरण

मृच्छकटिक को ही माना जा सकता है। लेकिन मृच्छकटिक की विशेषता यह है कि वह प्रकरण होते हुए भी दशरूपक के शेष नौ भेदों को भी अपने में समोए हुए है। वो एक साथ प्रहसन भी है, अंक भी है, व्यायोग भी है, वीथी भी है और नाटक भी है। इन सारे भेदों के लक्षण इतने स्पष्ट रूप में संस्कृत के और किसी नाटक में नहीं मिलते। मृच्छकटिक का नायक चारुदत्त एक धीर-ललित नायक है, जिसकी संगीत में रुचि ही नहीं सम्भवतः वह स्वयं भी कुशल गायक और संगीतकार है। यह तथ्य विदूषक मैत्रेय के साथ गायक रेभिल की संगीत सभा से लौटते समय उसके वार्तालाप और शर्विलक द्वारा उसके घर में रखे वाद्य-यन्त्रों के विवरण से भी प्रमाणित हो जाता है। वसन्तसेना द्वारा प्रस्तुत वृत्ति को देखकर ही चारुदत्त के हृदय में उसके प्रति प्रेम जागृत होता है। इससे भी कलाओं के प्रति उसके रुझान की पुष्टि हो जाती है। इस प्रकार मृच्छकटिक अपनी संरचना में दो समान्तर प्रस्तुत करता है—एक है चारुदत्त और वसन्तसेना की ललित और कोमल प्रेम कहानी और दूसरा है—चोरों, जुआरियों, भ्रष्टाचार, रिश्वतख़ोर कर्मचारियों के बीच से उभरता तत्कालीन सामाजिक यथार्थ—ये दोनों समान्तर एक-दूसरे से बार-बार टकराते हैं और इसी टकराहट में से वे घटनाएँ जन्म लेती हैं जो कहानी को अनगिनत धाराओं में बहा ले जाती हैं।

नाटक का आरम्भ नान्दीपाठ से होता है। यह नान्दीपाठ नाटककार द्वारा उस देवता की स्तुति में गाया जाता था, जिसका नाटककार स्वयं उपासक होता था। मृच्छकटिक का रचनाकार शूद्रक शिव का उपासक है, अतः स्वाभाविक है कि नान्दीपाठ उनको ही समर्पित किया गया है। नाट्यशास्त्र में वर्णित नाट्य-प्रस्तुति के दो भाग पूर्वरंग और प्रयोग में से नान्दीपाठ और प्रस्तावना जो कि उसके बाद सूत्रधार और नटी के बीच के संवाद के रूप में सम्पन्न होती है, नाटककारों द्वारा नाटक के आलेख के रूप में ही दे दिए जाते थे। यद्यपि भास जैसे पूर्ववर्ती नाटककारों ने नान्दीपाठ को नेपथ्य में ही रखा था और उसके बाद सूत्रधार मंच पर प्रवेश किया करता था, लेकिन उसके बाद के सभी नाटककारों—कालिदास, शूद्रक, विशाखदत्त और भवभूति आदि ने नान्दीपाठ को मंच पर ही दिखाया है और इसीलिए उसे लिखित रूप में प्रस्तुत करने की अनिवार्यता अनुभव की गई।

पूर्वरंग का अन्तिम भाग प्रस्तावना हुआ करता था, जिसमें सूत्रधार और नटी अथवा सूत्रधार और पारिपार्श्विक अथवा सूत्रधार और विदूषक के पारस्परिक संवाद से कम-से-कम निम्नलिखित सूचनाएँ दर्शकों तक अवश्य सम्प्रेषित की जाती थीं। नाटककार का नाम और संक्षिप्त परिचय, नाटक का नाम और उसकी कथा का संक्षिप्त परिचय, नाटक को प्रस्तुत किए जाने का समय, स्थान और अवसर, नाटक के प्रायोजक के विषय में सूचना—यह सब इसलिए आवश्यक था क्योंकि प्रेक्षागृह में बैठे तीन-चार सौ दर्शकों के लिए नाटक की स्मारिका की इतनी हस्तलिखित प्रतियाँ तैयार करना काफ़ी श्रमसाध्य कार्य था। अतः नाटककारों ने प्रस्तावना को भी नाटक के आलेख का ही हिस्सा बनाकर समस्या का समाधान कर दिया और साथ-ही-साथ उसे एक नाटकीयता

भी प्रदान कर दी। 'मृच्छकटिक' की प्रस्तावना भी इन सब बातों का अपवाद नहीं है। नाटक का पहला अंक ही उसकी रंगमंचीय प्रस्तुति अथवा अध्ययन की पहली चिरपरिचित रूढ़ि का परिचय दे देता है। उदाहरण के लिए विदूषक का प्रवेश और अपने एकालाप के बाद चारुदत्त से मिलने की सूचना और इसी सन्दर्भ में नाटककार द्वारा एक छोटा सा मंच निर्देश—'घूमकर देखता है और उसी के साथ चारुदत्त और रदनिका का प्रवेश।' एक साथ दो क्षेत्रों में कार्य-व्यापार को स्थापित किया जा सकता था और एक क्षेत्र से दूसरे क्षेत्र तक जाने के लिए पात्र को वर्तुलाकार गति में जाना होता था। आगे जाकर इसी अंक में वसन्तसेना के प्रवेश और उसके पीछे-पीछे विट, शकार, चेटि की भाग-दौड़ से मंच पर एक तीसरा कार्यक्षेत्र स्थापित हो जाता है और जब तक वसन्तसेना चारुदत्त के घर में प्रवेश नहीं करती तब तक इस कार्यक्षेत्र में स्वतन्त्र रूप से कार्य-व्यापार चलता रहता है। इस प्रकार पहले अंक में ही एक साथ तीन-चार कार्यक्षेत्र स्थापित हो जाते हैं। इस रूढ़ि को कक्षा-विभाग कहा जाता है। जब एक कक्ष में कार्य-व्यापार चल रहा होता है तो दूसरे कक्ष स्थिर हो सकते थे अथवा उस दौरान उनमें मूक अभिनय हो सकता था और कई बार एकाधिक कक्ष साथ-साथ भी क्रियाशील हो सकते थे। मंच पर कोई मुख्य यवनिका नहीं हुआ करती थी इसलिए हर अंक के अन्त में मंच पर उपस्थित सभी पात्र प्रस्थान कर लेते थे। इससे दर्शकों को अंक-समाप्ति की सूचना मिल जाया करती थी। नाटक का दूसरा अंक 'मृच्छकटिक' के रंगमंचीय अध्ययन की एक और बहुत ही रोचक युक्ति का परिचय प्रस्तुत करता है। उदाहरण के लिए इस दृश्य का अध्ययन किया जाए :

"चेटि (आती हुई) : माँ ने सन्देश देकर आर्या के पास भेजा है। तो अन्दर आर्या के पास चलूँ। (घूमकर और देखकर) आर्या ये बैठी हैं। मन लगाए जाने क्या लिख रही हैं। तो पास चलूँ। *(उत्कंठित भाव से आसन पर बैठी वसन्तसेना का प्रवेश। पास में मदनिका बैठी है।)"*

जिज्ञासा होती है कि उत्कंठित भाव से आसन पर बैठी वसन्तसेना और मदनिका का प्रवेश मंच पर कैसे हुआ होगा ? क्या वे दोनों सहज भाव से चलकर आई होंगी और अपने कार्यक्षेत्र में स्थित हो गई होंगी ? क्या सचमुच में उन्हें वर्णित स्थिति में उठाकर लाया गया होगा और मंच पर बिठाया गया होगा ? स्वाभाविक है कि ये दोनों विकल्प नाटकीय तो बिल्कुल ही नहीं हैं, बल्कि पूरी तरह से बनावटी जान पड़ते हैं। संस्कृत रंगमंच ने इस तरह की प्रवेश की स्थितियों के लिए एक बहुत ही नाटकीय प्रावधान किया था और वह यह कि वसन्तसेना और मदनिका एक चलायमान यवनिका जिसे रंगपटी कहा जाता है, के पीछे पहले से ही वर्णित स्थिति में बैठी होगी और ज्यों ही चेटि मंच पर घूमकर उन्हें देखने की सूचना देती है उस यवनिका को उनके सामने से हटा लिया जाता था। इस यवनिका अथवा रंगपटी को दो लोग पकड़े रहते थे।

इसी अंक में हमें संवाहक के एक संवाद से दो-तीन और नाट्य-युक्तियों का पता

चलता है जिनमें से एक है—स्वगत अर्थात् अपने आपसे बात करना और यह मान लेना कि मंच पर उपस्थित दूसरे पात्र उसे सुन नहीं रहे हैं। उदाहरण के लिए संवाहक का यह संवाद :

"संवाहक—(स्वगत) *आर्या ने किस चतुराई से मना किया है ! तो मैं इनके उपकार का प्रतिदान कैसे दूँ ?* (प्रकट) आर्ये, द्यूतकर ने मेरा जो अपमान किया है, उसके कारण अब मैं बौद्ध भिक्षु बन जाऊँगा। आप इस बात का स्मरण रखें कि जुआरी संवाहक बौद्ध भिक्षु बन गया था।"

इस प्रकार स्वगत और प्रकट के माध्यम से पात्र के आन्तरिक और बाहरी सोच की जानकारी बड़ी आसानी से मिल जाती है। यह ऐसी युक्ति है जो मात्र संस्कृत नाटकों में ही नहीं वरन् संसार की हर भाषा के नाटक में आरम्भ से ही प्रचलित है।

इसी से मिलती-जुलती एक और युक्ति है—आकाश भाषित—जिसके माध्यम से दर्शकों तक कोई ऐसी सूचना पहुँचाई जा सकती थी जो मंच पर घटित न होकर नेपथ्य में हुई हो। इस युक्ति में पात्र मानो दर्शकदीर्घा में बैठे किसी अनुपस्थित दर्शक से स्वयं ही प्रश्न पूछता था और स्वयं ही उसका उत्तर भी देता था। इस सन्दर्भ में संवाहक का ही एक और संवाद :

"संवाहक—(सुनकर) अरे ! यह क्या ? (आकाश की ओर देखकर) क्या कहा ? वसन्तसेना का खुँटमोडक नामक दुष्ट हाथी बिगड़ उठा है ?"

नाटक का तीसरा अंक आंगिक अभिनय का एक उत्कृष्ट उदाहरण प्रस्तुत करता है; जब शर्विलक चारुदत्त के घर में सेंध लगाने का नाट्याभिनय करता है। मंच पर कोई दीवार नहीं है, कोई उपकरण नहीं है और न ही सेंध लगाने का कोई यन्त्र-मात्र हस्त मुद्राओं, गतियों और संवादों के माध्यम से सेंध लगाने की दृश्य को साकार कर दिया गया है। यह पूरा दृश्य नाट्यशास्त्र में वर्णित शास्त्रीय मुद्राओं और गतियों का लेखा-जोखा तो प्रस्तुत करता ही है, इसके साथ ही चित्राभिनय का भी एक आदर्श उदाहरण है। नाटक के चौथे अंक में वसन्तसेना के आठ प्रकोष्ठवाले घर का जैसा दृश्यात्मक विवरण दिया गया है वह भी विदूषक की आंगिक चेष्टाओं द्वारा ही सम्भव किया जा सकता है। इसी से मिलता-जुलता समाधान इसी अंक में मंच पर गाड़ी लाने के प्रसंग में प्रस्तुत किया जा सकता है। क्या हम यह मान लें कि जब भी नाटक का मंचन हुआ होगा सचमुच की गाड़ी को मंच पर लाया गया होगा ? यदि इस तर्क को स्वीकार कर लिया जाए तब तो नाटक में वर्णित प्रत्येक उपकरण अथवा सामग्री को मंच पर लाना पड़ेगा। ऐसी स्थिति में संस्कृत नाटक की प्रस्तुति नाट्यधर्मी न रहकर पूरी तरह से यथार्थवादी होती चली जाएगी। जिसकी कि अपेक्षा ही नहीं है।

नाटक के सातवें अंक में पुष्पकरंडक उद्यान के विवरण में पुनः आंगिक अभिनय के माध्यम से ही उसका एक सम्पूर्ण वातावरण तैयार हो जाता है। नाटक के नवें अंक

में 'मृच्छकटिक' यथार्थवाद से जुड़े एक और भ्रम को अपनी स्वनिर्मित नाटकीय युक्ति के माध्यम को पुनः तोड़ देता है। उदाहरण के लिए इस संवाद-अंश को देखा जा सकता है :

''अधिकरणिक—हाँ ! शोधनक, जाकर वसन्तसेना की माता को बुला लाओ। देखो, वह उद्विग्न न हों।''

''शोधनक—मैं आदेश का पालन करूँगा।
(बाहर जाकर वसन्तसेना की माता के साथ आता है।)
आइए, आर्ये, इधर से आइए।''

आज जब हम इस संवाद-अंश को पढ़ते हैं, तो यह बात स्वीकार करने में थोड़ी दुविधा महसूस होती है कि कैसे शोधनक बाहर जाकर उसी क्षण वसन्तसेना की माता के साथ वापस आ सकता है। स्वाभाविक है कि इस तरह की दुविधा के पीछे हमारा आज का वह बौद्धिक तर्क काम कर रहा है, जिसके कारण हम शोधनक के जाने और आने के बीच कुछ-न-कुछ समय के अन्तराल का अवश्य ही प्रावधान रखना चाहेंगे। लेकिन संस्कृत नाटक के पाठक और उससे भी ज़्यादा दर्शक के लिए इस नाटकीय कार्य-व्यापार को इसी रूप में स्वीकार करने में कोई दुविधा नहीं थी। 'मृच्छकटिक' के दसवें अंक में हम संस्कृत नाटक के रंगमंचीय अध्ययन की फिर एक नई रूढ़ि से परिचित होते हैं। इस अंक में बार-बार नेपथ्य में कोलाहल होता है और कोई-न-कोई सूचना नेपथ्य से ही वाचिक के माध्मम से मंच पर पहुँचाई जाती है। नेपथ्य से दी जानेवाली इस प्रकार की सभी सूचनाएँ 'चूलिका' कहलाती हैं।

जिस तरह नाटक का आरम्भ नान्दीपाठ जैसे एक गीत से होता है, उसी तरह नाटक का अन्त भी एक गीत के साथ ही होता है जिसे भरतवाक्य कहा जाता है इस गीत से दर्शकों को नाटक के अन्त की सूचना मिल जाती थी। नाटककार ने मृच्छकटिक के दस अंकों में नाटक की पूरी कहानी का जिस तरह से संयोजन और विभाजन किया है, वह भी ध्यान देने योग्य है। सबसे पहले तो उसने हर अंक को कथानुसार एक शीर्षक दिया है। उदाहरण के लिए पहले अंक का शीर्षक है—अलंकार विन्यास और इसमें घटित होनेवाली कहानी संक्षेप में इस प्रकार है—सूत्रधार और नटी के परस्पर संवाद से तथा मैत्रेय और पुनः चारुदत्त द्वारा निर्धनता का वर्णन। विट, चेट, शकार का वसन्तसेना का पीछा करना और रात के अँधेरे में वसन्तसेना का चारुदत्त के घर में प्रवेश। धरोहर के रूप में चारुदत्त को अपने आभूषण रखने के लिए देना। द्यूतकर संवाहक नामक दूसरे अंक में वसन्तसेना और चेटि का (चारुदत्त को लेकर) परस्पर संवाद द्यूताध्यक्ष माथुर एवं संवाहक का वाद-विवाद। संवाहक का वसन्तसेना के घर में प्रवेश करना तथा वसन्तसेना का एक कंगन देकर संवाहक को द्यूताध्यक्ष के कर्ज से मुक्त कराना। सन्धिच्छेद नामक तीसरे अंक में संगीतप्रेमी चारुदत्त रेभिल के संगीत की

प्रशंसा करता है। तथाकथित ब्राह्मणत्व का प्रभाव इस अंक में है जब विदूषक पैर धोने से इनकार करता है। नींव खोदकर शर्विलक चारु के घर में प्रवेश करता है। शर्विलक चोरी तो अवश्य करता है किन्तु इस वक़्त उसे भी अपना ब्राह्मणत्व याद आ जाता है। धूता विदूषक को रत्नावली का दान करती है। मदनिका, शर्विलक नामक चौथे अंक में शर्विलक मदनिका को छुड़ाने के लिए जाता है। मदनिका खुश होने की बज़ाय शर्विलक के इस कार्य पर अफ़सोस ज़ाहिर करती है। दीवार के पीछे छुपकर वसन्तसेना उन दोनों की बातें सुन लेती है। वसन्तसेना मदनिका को दासत्व से मुक्त कर देती है। विदूषक वसन्तसेना के यहाँ जाता है और धरोहर के बदले में रत्नावली देता है। वसन्तसेना चारुदत्त से मिलने के लिए जाती है। दुर्दिन नामक पाँचवें अंक में कुम्भीपाक प्रवेश कर वसन्तसेना के आने की सूचना देता है। वसन्तसेना चारुदत्त को रत्नावली वापस करती है तथा स्वयं भी वही बहाना करती है जो चारुदत्त ने किया था अर्थात् जुए में धरोहर को हारने का बहाना। अंक के अन्त में वसन्तसेना रत्नावली को लेकर रोष प्रकट करती है। प्रवहण-विपर्यय नामक छठे अंक में वसन्तसेना रत्नावली धूता को देने के लिए कहती है। रदनिका चारुदत्त के बच्चे को लेकर प्रवेश करती है जब वह 'सोने की गाड़ी' के लिए मचलता है। वसन्तसेना पुनः चारुदत्त के निर्धन हो जाने पर अफ़सोस ज़ाहिर करती है। इसी अंक में गाड़ी का बदलना यानी वसन्तसेना की गाड़ी पर आर्यक आ जाता है और वसन्तसेना दूसरी गाड़ी पर बैठकर शालक के उद्यान तक पहुँच जाती है। आर्यकापहरण नामक सातवें अंक में आर्यक गाड़ी में बैठकर चारुदत्त के घर में प्रवेश कर जाता है और चारुदत्त उसे अभय देता है। वसन्तसेना-मोटन नामक आठवें अंक में शर्विलक जो कि बौद्ध भिक्षु बन चुका है शकार के उद्यान में प्रवेश कर जाता है। उसी समय ग़लती से वसन्तसेना की गाड़ी उद्यान में आ जाती है। यथासम्भव विट वसन्तसेना को बचाने का प्रयास करता है। शकार वसन्तसेना को गला दबाकर मारता है। यह समझने पर कि वह मर चुकी है, पत्तियों से ढँक देता है। भिक्षु वसन्तसेना को प्राणदान देता है। व्यवहार नामक नवें अंक में शकार अपना आरोप चारुदत्त के ऊपर लगा देता है। वसन्तसेना की मृत्यु का समाचार सुनकर उसकी वृद्धा माँ विलाप करती है। प्रतिकूल परिस्थितियाँ होने के कारण चारुदत्त दोषमुक्त नहीं हो पाता है। संहार नामक दसवें अंक में चंडाल चारुदत्त को मृत्युदंड देने के लिए ले जाते हैं। रोहसेन अपने पिता तथा विदूषक अपने मित्र चारुदत्त के लिए विलाप करता है। इसी विषम परिस्थिति में शर्विलक तथा वसन्तसेना प्रवेश करते हैं। वसन्तसेना को जीवित देखकर चारुदत्त को मुक्त कर दिया जाता है। आर्यक राज्य का तख़्ता पलट देता है। राजा पालक को परास्त कर राज्य पर अधिकार कर देता है नाटक के इस अन्तिम अंक में अन्ततः चारुदत्त शकार को माफ़ कर देता है।

यहीं पर हमारे सामने यह प्रश्न भी उठता है कि जब पहली बार तत्कालीन युग में 'मृच्छकटिक' की प्रस्तुति मंचित की गई होगी तो उसका मंच-विधान क्या रहा होगा ? यदि हम नाट्यशास्त्र को अपना आधार बनाएँ तो निश्चित ही भरत द्वारा दूसरे अध्याय

में निर्दिष्ट विकृष्ट मध्यम नाट्य मंडप में ही मृच्छकटिक जैसे प्रकरण की प्रस्तुति का मंचन हुआ होगा। यदि हम उसके स्वरूप का अध्ययन करें तो दर्शकों की ओर से देखने पर उसमें तीन धरातल दिखाई पड़ते हैं—पहला रंगपीठ, दूसरा रंगशीर्ष और तीसरा रंगशीर्ष के ऊपर कुतफ या वेदिका—जिस पर नाटक की प्रस्तुति के दौरान शुरू से लेकर आख़िर तक गायक-वादक और दूसरे संगीतकार बैठते थे। वेदिका के पीछे एक दीवार जिसमें नेपथ्य से मंच पर आने के लिए दाएँ-बाएँ एक-एक प्रवेश द्वार रहता था। उस पर पर्दा पड़ा होता था, जिसे पटी-अपटी कहा जाता था। ये पर्दे अभिनेता के मंच पर प्रवेश और प्रस्थान के क्षण में उसके अभिनय का ही हिस्सा बन जाते थे अर्थात् यदि कोई पात्र क्रोध में मंच पर प्रवेश करता है तो वह पर्दे को झटके से एक तरफ़ खींचकर आता था। इसी प्रकार कोई शान्त प्रकृति का पात्र बहुत धीरे-धीरे पर्दे को एक ओर सरकाकर मंच पर प्रवेश करता था। मंच किसी भी तरह के दृश्य सज्जा से रहित होता था। नाटक में वर्णित किसी भी परिसर, क्षेत्र, दृश्य अथवा परिवेश में पात्र अपने संवादों, गतियों और मुद्राओं के माध्यम से दर्शकों तक सम्प्रेषित करता था। इसीलिए हमें संस्कृत नाटक में बार-बार इस प्रकार के मंच निर्देश मिलते हैं, "वह रहा चारुदत्त का घर अथवा वह रहा वसन्तसेना का घर।"

पहले अभिनेता यह संवाद बोलता है और फिर घर की भौगोलिक स्थिति के अनुसार आंगिक अभिनय के द्वारा उसमें प्रवेश करता है अर्थात् पात्र को देहरी लाँघकर जाना पड़ता है या सीढ़ियाँ चढ़कर ? जैसा घर वैसा गतिविधान। वाचिक अभिनय से ही जुड़े हुए दो और विकल्प अभिनेता के पास मौज़ूद थे। वे हैं—अपवारित और जनात्तिक। अपवारित युक्ति में यदि किसी दृश्य में मंच पर बहुत पात्र एक साथ खड़े हों और किसी एक पात्र को अपने मन की बात दर्शकों को बतानी हो तो वह उस भीड़ से थोड़ा सा अलग हटकर सीधे दर्शकों से संवाद करता है और दूसरे सभी पात्र उसे न सुनने का अभिनय करते हैं। इसी प्रकार जनात्तिक युक्ति में भीड़ से अलग हटकर यदि कोई पात्र कोई संवाद करता है उसे भीड़ में खड़ा कोई दूसरे पात्र न सुनने का। 'मृच्छकटिक' के तीसरे और नवें अंक में इस प्रकार के अनेक प्रसंग मिल जाएँगे।

यह दोहराने की ज़रूरत नहीं कि दूसरे संस्कृत नाटकों की तरह 'मृच्छकटिक' में भी संवादों में गद्य और पद्य का प्रयोग किया गया है। ऐसा माना जाता है कि गद्य में लोकधर्मी अर्थात् एक सहज, सुगम और स्थानीय अभिनय शैली और पद्य में मुद्राओं और गतियों से परिपुष्ट शास्त्रीय अभिनय-शैली का प्रयोग किया जाता था। 'मृच्छकटिक' में शकार द्वारा वसन्तसेना का पीछा किए जाने, चारुदत्त और वसन्तसेना के वर्षा में भीगने के दृश्य, गाड़ियों की अदला-बदली के दृश्यों में निश्चय ही नाट्यधर्मी शैली का प्रयोग किया गया होगा।

मृच्छकटिक में चारुदत्त के बेटे रोहसेन से जुड़े हुए दो-तीन दृश्य इस दृष्टि से अवश्य ही रेखांकित किए जाने चाहिए कि प्रायः सभी सुप्रसिद्ध संस्कृत नाटकों में इस प्रकार के दृश्य बार-बार आते हैं। यदि उदाहरण प्रस्तुत करना ही है तो भास के नाटक

'ऊरुभंग' में दुर्योधन और उसके बेटे दुर्जय, 'अभिज्ञानशाकुन्तल' में दुष्यन्त और उसके बेटे भरत, 'मुद्राराक्षस' में जौहरी चन्दनदास और उसके बेटे के दृश्यों के नाम लिए जा सकते हैं। ये सारे दृश्य संस्कृत रंगमंच में बाल-कलाकारों की महत्त्वपूर्ण उपस्थिति को दर्ज़ करते हैं। साथ ही कहानी के घटना-क्रम में आनेवाले जटिल प्रसंगों को नाटकीयता प्रदान करते हैं। इस प्रकार हम देखते हैं कि संस्कृत नाट्य साहित्य में मृच्छकटिक एक ऐसी रचना के रूप में सामने आता है, जो शास्त्रीय पक्ष की दृष्टि से तो सम्पूर्ण है ही, रंगमंचीय अध्ययन की दृष्टि से भी निर्देशक के लिए नई-नई सम्भावनाओं को प्रस्तुत करता है। एक तो अपने कथ्य में ही इतना समकालीन जान पड़ता है कि हम जिस युग और काल में भी उसे प्रस्तुत करें वह उतना ही सार्थक रहेगा। दूसरे अपनी संरचना में भी एक तरफ़ यदि वह शास्त्रीय से पूरी तरह बँधा हुआ है तो दूसरी तरफ़ इतना लचीला भी है कि उसे किसी भी शैली में प्रस्तुत किया जा सकता है—यह तथ्य समय-समय पर मृच्छकटिक की विभिन्न प्रस्तुतियों से प्रमाणित हो चुका है।

यहूदी की लड़की : एक रंगमंचीय अध्ययन

'यहूदी की लड़की' आग़ा हश्र कश्मीरी ने पहले विश्वयुद्ध के आसपास लिखा था। यूँ तो आग़ा हश्र के लगभग सभी नाटक शेक्सपीयर के नाटकों के भारतीय रूपान्तर थे। लेकिन 'यहूदी की लड़की', 'रुस्तम-सोहराब' उन नाटकों में आते हैं, जो शेक्सपीयर के नाटकों से अलग कहे जा सकते हैं। 'यहूदी की लड़की' की कहानी के लिए आग़ा हश्र रोमन साम्राज्य के समय रोमनों और यहूदियों में होनेवाले साम्प्रदायिक तनाव में से सामग्री ढूँढ़कर लाते हैं। लेकिन इसका अर्थ यह नहीं है कि यह नाटक मात्र युद्ध विशेष से सम्बद्ध दो सम्प्रदायों के बीच की लड़ाई का नाटक होकर रह जाता है। गहराई से अध्ययन किया जाए तो नाटक का कथानक सुदूर अतीत में स्थित होते हुए भी बिल्कुल आज का नाटक लगता है। जब हमारे समाज में दिन-प्रतिदिन साम्प्रदायिक दंगे और तनाव बढ़ते जा रहे हैं। इस दृष्टि से यह नाटक सिर्फ़ आज का ही नहीं वरन् हमेशा उतना ही सार्थक और समकालीन रहेगा जब तक समाज और देश में इस तरह की परिस्थितियाँ उपस्थित रहेंगी। इसे संयोग ही कहा जा सकता है कि आग़ा हश्र कश्मीरी ने यह नाटक उस वक़्त लिखा था जब प्रथम विश्वयुद्ध छिड़ने को था अर्थात् विश्व के सभी देश अलग-अलग हिस्सों में बँटकर एक-दूसरे के विरुद्ध लड़ने के लिए तैयार थे। ऐसे हिंसक वातावरण में नाटककार ने 'यहूदी की लड़की' के माध्यम से जिस आपसी भाई-चारे और प्रेम का सन्देश दिया, वह शाश्वत और सार्वजनीन है।

आग़ा हश्र पारसी रंगमंच के अग्रणी नाटककार हैं। उनका जन्म 1879 में हुआ था। लगभग 1850 के आसपास हमारे यहाँ इस शैली के नाटकों का लेखन और मंचन शुरू हुआ। इस धारा को शुरू करनेवालों में पारसी व्यवसायियों का सबसे बड़ा योगदान है। 1757 में प्लासी और 1764 में बक्सर की लड़ाई के बाद जब धीरे-धीरे अंग्रेज़ों ने यहाँ पूरी तरह से अपने पैर जमाने शुरू कर दिए, तो उनके मनोरंजन के लिए इंग्लैंड से नाटक कम्पनियाँ हमारे देश में आया करती थीं, लेकिन उनके द्वारा प्रस्तुत प्रदर्शनों में हमारे देश के लोगों को भाग लेने की इज़ाज़त नहीं थी। इसके विरोध में यहाँ के बड़े-बड़े व्यवसायियों ने स्वयं की नाटक कम्पनियाँ बनाकर नाटकों का मंचन शुरू किया और चूँकि वे व्यावसायिक रूप से पारसी थे इसलिए ये कम्पनियाँ 'पारसी नाटक कम्पनियों' के नाम से प्रसिद्ध हुईं और उसी के साथ-साथ इनकी अभिनय एवं प्रस्तुति शैली को भी पारसी शैली के नाम से जाना जाने लगा।

नाटकों के मंचन के लिए उस वक़्त विधिवत बने प्रेक्षागृह उपलब्ध नहीं थे। इसलिए ये कम्पनियाँ समय-समय पर लगनेवाले मेलों-त्यौहारों में अस्थायी रूप से मंच बनाकर एक विशाल जन-समूह के सामने अपने प्रदर्शन किया करती थीं। उन दिनों क्योंकि किसी प्रकार के माईक अथवा दूसरे ध्वनि-यन्त्रों का प्रावधान नहीं था, इसलिए अभिनेताओं को मेले में होनेवाले शोर-शराबे और हंगामे के बीच आख़िरी पंक्ति में बैठे हुए दर्शक तक अपनी आवाज़ पहुँचाने के लिए ज़ोर-ज़ोर से संवाद-अदायगी करनी पड़ती थी। धीरे-धीरे संवादों से जुड़ी यह अतिरंजित शैली उनके हाव-भाव, हस्त-संचालन, पद-संचालन और मंच पर किए जानेवाले सारे कार्य-व्यापार का हिस्साा बनती चली गई। और इस प्रकार से शास्त्रीय और लोक-शैली से प्रेरित किन्तु अपनी स्वतन्त्र पहचान भी बनानेवाली पारसी नाट्य-शैली का जन्म और विकास हुआ।

अतः यह स्वाभाविक है कि आज जब हम किसी भी पारसी नाटक का रंगमंचीय अध्ययन करना चाहते हैं तो वह इसी शैली के सन्दर्भ में किया जा सकता है। जैसा कि अक्सर होता है कि किसी भी युग-विशेष में नाट्य-रचना प्रेक्षागृह के स्थापत्य और नाटकों की प्रस्तुति शैली में अभिन्न सम्बन्ध हुआ करता है। 'यहूदी की लड़की' भी इसका अपवाद नहीं है। पारसी नाटक प्रायः तीन अंकों के नाटक हुआ करते थे, जिन्हें 'बाब' कहा जाता था। प्रत्येक अंक में कई-कई दृश्य हो सकते थे। लेकिन हर अंक का आख़िरी दृश्य एक उत्कर्ष पर जाकर समाप्त होता था और उसके बाद एक लम्बा मध्यान्तर। यह मध्यान्तर दर्शक को तनावमुक्त करने के लिए तो होता ही था; साथ ही मध्यान्तर में खान-पान की बिक्री के पीछे के व्यावसायिक दृष्टिकोण का भी इसमें बहुत बड़ा हाथ था। जैसा कि पहले ही संकेत किया जा चुका है कि नाटक के मंचन के लिए एक अस्थायी मंच का निर्माण कर लिया जाता था। अतः मंच पर भी दृश्य-सज्जा के नाम पर किसी स्थायी परिवेश का निर्माण नहीं किया जाता था। दूसरे शब्दों में कहा जाए तो दृश्य-सज्जा तो होती ही नहीं थी, पूरे-का-पूरा नाटक एक सपाट धरातल पर खेला जाता था, जिसके ऊपर थोड़े-थोड़े अन्तर की दूरी पर पर्दे लगे रहते थे। ये पर्दे 'लिपटवा' थे और ऊपर से नीचे या नीचे से ऊपर जाते थे। हर पर्दे पर बाज़ार, बाग़, शहर के दृश्य चित्रित रहते थे और जिस दृश्य की जैसी अपेक्षा हो वैसा ही पर्दा पृष्ठभूमि के रूप में नीचे गिरा दिया जाता था और उसके आगे अभिनय होता था। नाटक के मुख्यतः दो हिस्से हुआ करते थे—एक नाटक की मूल-कथा और दूसरा उसके साथ-साथ कॉमिक दृश्य। ज़रूरी नहीं था कि इसका नाटक की मूल-कथा से कोई सम्बन्ध भी हो। नाटककार, नाटकों के मुख्य दृश्यों के बीच-बीच में इन्हें इसलिए इस्तेमाल करता था ताकि इनके बाद आनेवाले दृश्य में यदि किसी विशेष सज्जा परिवेश अथवा तकनीकी प्रभाव की व्यवस्था करनी हो तो उस अन्तराल में आसानी से की जा सके और दर्शक को उससे चमत्कृत किया जा सके। इन दोनों प्रकार के दृश्यों को 'बाध्य दृश्य' और 'अन्तर्दृश्य' के नाम से भी जाना जाता है। 'यहूदी की लड़की' की शुरुआत एक प्रार्थना गीत से होती है, जिसे 'हम्द' कहा जाता था। यह हर पारसी नाटक की

शुरुआत का ज़रूरी हिस्सा था। नाटक के सभी संगीतकार मंच के सामने दर्शकों की ओर पीठ करके अपने-अपने वाद्यों के साथ पूरे प्रदर्शन के दौरान नाटकों में संगत करते थे। शुरू का प्रार्थना-गीत जहाँ नाटक के आरम्भ की सूचना देता था, वहीं नाटक के कथ्य के लिए एक उचित वातावरण की भी तैयारी करता था। उदाहरण के लिए—'यहूदी की लड़की' का प्रार्थना गीत पूरी तरह से नाटक के नारी-चरित्रों द्वारा गाया जाता है। यह अपने आप में ही इस बात का संकेत है कि नाटक का कथानक कहीं-न-कहीं मुख्य चरित्र के रूप में नारी-केन्द्रित है। इस युक्ति की तुलना हम चाहें तो प्राचीन यूनानी नाटककार यूरिपिडीज़ के नाटक 'द ट्रोजन वूमन' से भी कर सकते हैं, जिसमें उसने कोरस के रूप में सिर्फ़ औरतों का प्रयोग किया था। दूसरा पर्दा अथवा दृश्य एक महल का है, जो पहले राजकुमारी डैसिया और उसकी सहेलियों के बीच और फिर शहज़ादे मारकस और शहज़ादी डैसिया के बीच तेज़ी से आगे बढ़ता है, जब मार्क्स उसका तिरस्कार करके चला जाता है। जैसा कि पहले दृश्य से ही स्पष्ट है—पारसी नाटक कभी भी लम्बे-चौड़े मंच-निर्देश नहीं देता और सीधे-सीधे नाटक के मुख्य कार्य-व्यापार की शुरुआत कर देता है। यह क्रम नाटक के आरम्भ से लेकर अन्त तक सहज रूप से चलता रहता है। उदाहरण के लिए यहूदी की लड़की में बहल, रास्ते, इबादतग़ाह से होते हुए पहला अंक बाग़ीचे में घटित होनेवाले उस दृश्य तक पहुँचता है, जब शहज़ादा मारकस अपनी प्रेमिका राहिल को भी छोड़कर चल देता है और राहिल का बाप अज़रा उसे बद्दुआ देता है, "मगर यह सुनकर जाओ कि जिस वाहिद बरतर ख़ुदा को गवाह करके तुमने इस भोली लड़की को धोखा दिया है, जिस क़हहार के पुरजलाल नाम की क़समें खा-खाकर तुमने इसे ठगा है, वह वहदत और ज़लालवाला ख़ुदा बग़ैर सज़ा दिए तुम्हें कभी भी इस दुनिया में न छोड़ेगा। जिस बेदर्दी से इस ग़रीब का दिल तोड़ा है, उसी तरह वह तुम्हारे गुरूर को तोड़ेगा। मैं वादा करता हूँ कि इसका क़हरे-आज़िल तुझ पर नाज़िल हो। जाओ ज़हन्नुम दाख़िल होओ :

"ख़ुदा ही इसका लेगा बदला, जो दुख दिया तूने दिल-जले को।
उसी के हाथों में सौंपता हूँ, मैं अपने तेरे मुआमले को ॥"

इस प्रकार यह स्पष्ट है कि नाटक का पहला अंक अथवा 'बाब' जहाँ समाप्त होता है वह कथानक की दृष्टि से नाटक की पहली चरम-सीमा है। इसीलिए उपर्युक्त दृश्य के बाद मंच-निर्देश के रूप में ड्रॉप-सीन दिया गया है, अर्थात् नाटक का वह पर्दा जो हर अंक के अन्त में आता है और मध्यान्तर की सूचना देता है। नाटक का दूसरा 'बाब' पुनः उसी बग़ीचे से शुरू होता है, लेकिन इस बार उसकी शुरुआत डैसिया और मारकस के बीच होती है। इस तरह से वह पिछले दृश्य के सन्दर्भ में एक समानान्तर प्रस्तुत करता है और एक ख़ास क़िस्म की नाटकीयता भी। दूसरा दृश्य दरबार में घटित होता है, जिसका अन्त बादशाह द्वारा अपने ही बेटे मारकस को हथकड़ी पहनाने और मज़हबी अदालत में पेश करने के हुक़्म से होता है। तीसरे दृश्य में राहिल का घर—जहाँ शाहज़ादी डैसिया उसे इस बात के लिए तैयार कर लेती है कि वह मज़हबी अदालत

में शहज़ादे मारकस के ख़िलाफ़ दिया गया बयान वापस ले ले। दूसरे अंक का अन्त चौथे दृश्य में पुनः एक चरम-बिन्दु पर जाकर होता है; जब ब्रूटस को पता चलता है कि सोलह बरस पहले रोम में भड़की आग में उसकी जिस ख़ूबसूरत बीवी और बच्ची को वह जलकर मरा हुआ समझ बैठा था, उनमें से वह बच्ची आज भी जीवित है। लेकिन वह कौन है इससे वह फिर भी अनजान रहता है। इसके बाद फिर वही ड्रॉप सीन अर्थात् एक और मध्यान्तर। कहने का तात्पर्य यही है कि पारसी नाटक का हर अंक अपने-आपमें एक स्वतन्त्र इकाई के रूप में विकसित होता है और एक निश्चित चरम-सीमा तक पहुँचता है। वास्तव में हर अंक का यह अन्तिम दृश्य ही अभिनेता के लिए भी भावनाओं के ज्वार से परिपूर्ण अभिव्यक्ति को अतिरंजना के माध्यम से प्रस्तुत होने का अवसर प्रदान करता है। इस अर्थ में हम पारसी नाटकों के इस प्रक्रिया और दर्शकों पर पड़नेवाले प्रभाव की तुलना प्राचीन यूनानी त्रासदी नाटकों में समाहित विवेचन की युक्ति से की जा सकती है, जहाँ बड़े-बड़े पात्रों के पतन को दर्शाकर दर्शकों के भीतर बैठी भय और दीनता की क्षुद्र भावनाओं का परिष्कार किया जाता था और यह तभी सम्भव था जब दर्शक भी भावनाओं के उस उद्दाम ज्वार में बह जाएँ।

नाटक के तीसरे अंक का पहला दृश्य ज़ेलख़ाने में जहाँ मारकस और राहिल एक-दूसरे से माफ़ी माँगते हैं। दूसरा दृश्य कड़ाही के उस दृश्य के रूप में सामने आता है जब ब्रूटस खौलते तेल की कड़ाही में अज़रा और राहिल को डुबोकर उनका ख़ात्मा करना चाहता है, लेकिन जब उसे पता चलता है कि वास्तव में राहिल एक यहूदी नहीं स्वयं उसी की बेटी है, तो नाटक एक सुखान्त पर पहुँचता है। डैसिया स्वयं आगे बढ़कर मारकस की शादी राहिल से करा देती है और सभी दूसरे पात्र मंच पर आते हैं और शादी का एहतमाम करते हैं। जिस तरह नाटक का आरम्भ एक प्रार्थना-गीत से हुआ था उसी तरह अन्त भी एक ख़ुशी के गाने पर होता है। यह भी पारसी नाटकों की एक चिरपरिचित नाटकीय युक्ति है जिसके माध्यम से वे लोग नाटक के आरम्भ और अन्त की उद्घोषणा करते थे। देखा जाए तो यह युक्ति भी पारसी नाटकों में प्राचीन शास्त्रीय अथवा संस्कृत-नाटकों और लोक-नाटकों से ही ली है। इस संस्कृत और लोकनाटक के न जाने कितने तत्त्व इस नाटक में सहज रूप से देखे जा सकते हैं—नाटक का एक प्रार्थना से आरम्भ, स्थान-स्थान पर गीत एवं नृत्यों का समावेश, स्वगत-सम्भाषण, नाटक के हर दृश्य में पर्दे का गिरना अथवा मंच पर उपस्थित सभी पात्रों का प्रस्थान, नाटक का एक सुखमय अन्त और भरत वाक्य जैसा एक गीत। संस्कृत और लोक-नाटकों में मात्र संवाद और सूचना से ही स्थान का बोध हो जाया करता है तो यही काम पारसी नाटकों में सम्पन्न होता है—पर्दे के जरिए—जिसे अंक की समाप्ति और आरम्भ में गिराया या उठाया जाता है। इस प्रकार जहाँ इस नाटक का शिल्प और संरचना अपने आपमें सूक्ष्म और जटिल है, वहीं मंचन के स्तर पर यह नाटक अत्यन्त सादगी और सहजता की माँग करता है। कथ्य और संरचना के स्तर पर भी इस दृष्टि से यह नाटक परस्पर दो विरोधी ध्रुवों का संगम है—प्रायः कथ्य जटिल हो तो नाटककार

वैसा ही फॉर्म भी प्रयोग में लाता है। अपने मंचन में यह नाटक प्रस्तुतकर्ता के लिए निश्चित रूप से कोई चुनौती खड़ी नहीं करता—यहाँ प्रश्न यह उठता है कि कहीं दर्शक समुदाय ने इसीलिए तो इसे अस्वीकृत नहीं कर दिया।

वैसे तो ऐसा कम ही होता है कि कोई रचना अपने समय में अस्वीकृत होकर बाद के आनेवाले समय में खुलेपन से स्वीकार कर ली जाए। वैसे यह कोई नई घटना बिल्कुल भी नहीं थी क्योंकि अतीत पर जब हम नज़र डालते हैं, इतिहास के पन्नों को पलटते हैं तो कई ऐसे उदाहरण मिल जाते हैं जहाँ रचनाकार और उसकी रचना को किन्हीं विशेष कारणों से अपने युग और काल में वह स्वीकृति या प्रतिष्ठा प्राप्त नहीं हुई, जिसका कि वह अधिकारी था, लेकिन परवर्ती काल में उसे हाथोंहाथ लिया गया। भारत में भास का 'उरुभंग' और विशाखदत्त का नाटक 'मुद्राराक्षस' इसके उदाहरण हैं तो पश्चिम में यूरीपिडीज का नाटक 'मीडिया' और मार्लो का नाटक 'फॉस्टस' साक्ष्य के रूप में प्रस्तुत किए जा सकते हैं। इस सन्दर्भ में जिस एक ख़ास पहलू पर ग़ौर किया जाना चाहिए तो यह कि ये रचनाएँ आज के अभिनेता के लिए किस प्रकार की रचनात्मक सम्भावनाएँ और चुनौतियाँ खड़ी करती हैं ? क्या भारतेन्दु का 'अन्धेर नगरी', धर्मवीर भारती का 'अन्धा-युग' और प्रसाद के तो लगभग सभी नाटकों के साथ ऐसा ही हुआ था। लेकिन आज यदि आधुनिक हिन्दी रंगमंच के नाटकों के मंचनों-प्रदर्शनों का कोई पूरा लेखा-जोखा तैयार किया जाए तो सम्भवतः उपर्युक्त नाटक और नाटककारों की संख्या ही सर्वोपरि हो। इसी क्रम में आग़ा हश्र का 'यहूदी की लड़की' भी अपवाद नहीं है।

'यहूदी की लड़की' की कुछ और विशिष्टताओं का उल्लेख किया जा सकता है। शेक्सपीयर ने अपने नाटक 'मर्चेंट ऑफ वेनिस' में यहूदी व्यापारी शाइलॉक को नीच और धन-पिशाच बताया गया है। इसी प्रकार एक और पाश्चात्य नाटककार शैरिडन ने अपने नाटक डीना में आइजक (इसहाक) यहूदी के स्वभाव का उपहास किया है। किन्तु हश्र ने 1913 ईस्वी में, जब यहूदी पूरी दुनिया में एक लाचार क़ौम थी, तब यहूदियों को जिजीविषा, उनकी मानवता और प्रामाणिकता आदि विशेषताओं को प्रकट कर लेखकीय साहस और विवेक का परिचय दिया है। अज़रा कहता है :

> *"आली मरतबत, दीनी सरदार ! जिस तरह रोमन क़ौम बादशाह की फ़रमाबरदार है उसी तरह यहूदी क़ौम भी उसकी दुआगुज़ार है। जिस तरह वो शाही एहक़ाम की हुरमत करते हैं, हम भी करते हैं। जिस तरह वो शाही दुश्मनों को अपना दुश्मन जानते हैं, उस तरह हम भी उनको हक़ीर जानते हैं। जब बादशाह का अपनी रैयत के हर छोटे-बड़े यकसाँ हाथ है तो महज़ मज़हबी तअस्सुब की बिना पर उसकी एक शरीफ़ रेआया को सरे दरबार ज़लील करना कितनी शर्म की बात है।"*

देखा जाए तो पहले विश्वयुद्ध के ठीक पहले लिखा गया यह नाटक मानो भविष्य में

उन पर किए जानेवाले अत्याचारों की भविष्यवाणी करता जान पड़ता है। यद्यपि आज तो 'यहूदी की लड़की' का आलेख उपलब्ध है, उसके साथ कोई कॉमिक उपलब्ध नहीं है, फिर भी अपने समय में मंचन के दौरान 'यहूदी की लड़की' के साथ एक कॉमिक अवश्य खेला जाता था। छम्मी और बरखुदार बटेर नामक कॉमिक में उस समय के धनवानों-नवाबों की पाखंडपूर्ण ज़िन्दगी पर व्यंग्य किया गया है। धनिकों-नवाबों में, महफ़िलों की बटेरबाज़ी के, नाच-गाने के, खुशामद और झूठी तारीफ़ सुनने आदि के जो शौक़ होते थे, इस कॉमिक में उनका उपहासात्मक चित्रण है। नवाब साहब की बहादुर बटेर को बिल्ली खा जाती है तो नवाब साहब मातम करते हैं। उनके साथ लगे खुशामदी भी शोक में गाते हैं :

लाऊँ कहाँ से ऐसे
बहादुर बटेर को।
हें हें निवाला कर दिया
बिल्ली ने शेर को ॥

सम्भव है कि 'यहूदी की लड़की' के अपने कथानक की गहराई और मार्मिकता का जो त्रासद प्रभाव दर्शकों पर पड़ता होगा उसके चलते बाद में इस कॉमिक को मुख्य नाटक के साथ खेलना बन्द कर दिया गया होगा। इसीलिए आज हमारे सामने 'यहूदी की लड़की' का जो संस्करण उपलब्ध है, उसमें इस कॉमिक का कोई संकेत नहीं मिलता अथवा यह भी नितान्त सम्भव है कि 'यहूदी की लड़की' के मूल आलेख में भी कोई कॉमिक न हो और उसके मंचन के समय एक आशु रचना के रूप में इस कॉमिक को जोड़ दिया गया हो अथवा उनके किसी और नाटक से उधार लिया गया हो। बाद में दर्शकों ने 'यहूदी की लड़की' जैसे नाटक में इतने हल्के-फुल्के कॉमिक को लेकर अपनी असन्तुष्टि, अस्वीकृति और विरोध जताया हो तब इस कॉमिक को प्रदर्शन से निकाल दिया गया हो।

शायद, रंगमंच के दर्शकों और पाठकों के लिए यह सूचना भी काफ़ी दिलचस्प हो सकती है कि आग़ा हश्र के यही दोनों नाटक यानी 'रुस्तम सोहराब' और 'यहूदी की लड़की' फ़िल्म जैसे माध्यम के प्रयोग में भी आए। इस बात का उल्लेख यहाँ इसलिए करना ज़रूरी लगता है कि फ़िल्मों में जिस तरह यथार्थवादी अभिनय का विकास हो रहा था, उसके कुछेक संकेत इस नाटक में मिलने शुरू हो जाते हैं। यहाँ दो पात्रों के बीच बहुत ही छोटे-छोटे संवादों के माध्यम से वार्तालाप आगे बढ़ता था। दूसरी तरफ़ यह नाटक इसलिए उन फ़िल्मों के लिए प्रेरणा बना होगा जो कि यथार्थवादी अभिनय-शैली और संवाद-अदायगी के साल-साल ठेठ पारसी रंगमंच से जुड़ी अतिरंजित अभिव्यक्ति भी यहाँ मौज़ूद है जो इस तरह की ऐतिहासिक दिखनेवाली फ़िल्मों के लिए बहुत ज़रूरी थीं :

अज़रा—मनशिया ! राहिल में कौन सी खूबी नज़र आई जो तुम इसके क़द्रदान हो ?
मारकस—सूरत और सूरत से ज़्यादा इसकी सीरत।

अज़रा—तो क्या तुम इसको चाहोगे ?

मारकस—अपनी जा़न की तरह।

अज़रा—इसको अज़ीज़ रक्खोगे ?

मारकस—अपनी इज़्ज़त और शान की तरह।

अज़रा—इसकी हिफ़ाज़त करोगे ?

मारकस—अपने दीन और ईमान की तरह।

अज़रा—अच्छा तो मैं अपने पिछले अलफ़ाज़ वापस लेता हूँ। बढ़ो और दो ज़ानू होओ।

मारकस—क्या आप मुझसे कोई मज़ीद इक़रार कराना चाहते हैं ?

'यहूदी की लड़की' नाटक में संवाद-अदायगी भी शायरा अन्दाज़ में होती है। शेरो-शायरी का खूब प्रयोग—ज़्यादातर चार लाइनों के शेर को ख़ास अन्दाज़ में बयाँ करना, तीसरी पंक्ति पर ज़ोर देना और स्वयं दर्शक वर्ग का चौथी पंक्ति को बोल देना। भाषा के स्तर पर दर्शक किस क़दर जुड़ा हुआ था इन नाटकों से स्पष्ट होता है। सीधी-सादी ज़बान में या फिर ये कहा जाए कि जनमानस तक पहुँचनेवाली भाषा का प्रयोग किया गया। यही कारण था कि पारसी रंगमंच की लोकप्रियता क़ायम रही :

जोना : पूछा न परेखा, वहाँ तो कुछ और ही लेखा
तुम्हें बुत मानकर करना था जो तौक़ीर पत्थर की।
अब उसके दिल में शायद आ गई तासीर पत्थर की॥

डैसिया : तू प्यार क्या समझेगी ऐ तस्वीर पत्थर की
अगर समझे तो हो जाए बुत बे-पीर पत्थर की॥

जोना : न रक्खो उस बुते अय्यार का खंज़र कलेज़े में।
बस अब रख लो तुम उस बुत की जगह पत्थर कलेज़े में॥

डैसिया : चुभोती है तू ऐ ज़ल्लाद क्यों खंज़र कलेज़े में !
ज़बाँ तेरी उतरती है छुरी बनकर कलेज़े में॥

'यहूदी की लड़की' के मंचन से सम्बद्ध एक तत्त्व की यों तो बहुत ज़्यादा चर्चा होती रही, लेकिन चर्चा के बावजूद उसके वास्तविक महत्त्व को समझने की कोशिश नहीं की गई है। यह है, प्रदर्शन के दौरान किसी दृश्य विशेष में अभिनेता के मार्मिक अभिनय और अभिव्यक्ति से प्रभावित होकर दर्शक वर्ग का 'वंस मोर' चिल्लाना और उस अभिनेता द्वारा उस गीत, दृश्य, संवाद इत्यादि को पुनः आरम्भ से अन्त तक उसी रूप में प्रस्तुत किया जाना। भले ही यह प्रक्रिया पारसी रंगमंच के अभिनेताओं और दर्शकों के बीच स्थापित अन्तरंग सम्बन्ध को रेखांकित करती है, लेकिन इस तथ्य को भी नज़रअन्दाज़ नहीं किया जाना चाहिए कि इस प्रक्रिया में अपने अनजाने अभिनय के उस अलगाव सिद्धान्त को ब्रेष्ट से बहुत पहले ही ढूँढ़ निकाला था और वह इस रूप

में कि किसी दृश्य को पहले तो उसमें पूरी तरह से डूबकर अभिनीत करना और फिर दूसरी-तीसरी बार उसे दर्शकों की माँग पर दोहराने की प्रक्रिया से गुज़रना। न केवल 'यहूदी की लड़की' वरन् अन्य कई नाटकों के मंचन के समय अभिनेता का स्टेज पर मर जाना और दर्शकों की विशेष माँग पर पुनः जीवित हो उठना और फिर से मरने का सीन करना। कल्पना करने पर एक-एक पल को ये हास्यास्पद ज़रूर लग सकता है, लेकिन अभिनेता और दर्शक के बीच का यह अन्तरंग रिश्ता ही पारसी नाटकों और रंगमंच का सबसे सशक्त और जीवन्त पक्ष है, जिसकी भारतीय रंगमंच को आज सबसे ज़्यादा ज़रूरत है।

जयशंकर प्रसाद ने निश्चय ही पारसी नाटकों का सूक्ष्म अवलोकन किया होगा। सम्भवतः इसीलिए उन्होंने पारसी नाटकों का समर्थन किया। इन नाटकों में गीत-संगीत की प्रधानता होती थी। नाटक के हर दृश्य की शुरुआत एक गीत से होती थी। प्रसाद के नाटकों में भी गीतों का बाहुल्य है। प्रसाद के नाटकों का रंगमंचीय अध्ययन के दौरान इन गीतों पर भी प्रश्नचिह्न लगाया जाता है। लेकिन उस वक़्त जब सवाल न केवल नाटकों का था बल्कि भाषा के प्रचार और प्रसार का भी था—आग़ा हश्र के नाटक जनमानस की भाषा का प्रतिनिधित्व करते हैं। उस दौरान अभिनेता से यह अपेक्षा की जाती थी कि वह नृत्य, गीत और संगीत में माहिर हो और इसके साथ-ही-साथ अभिनय की बारीकियों को भी समझता हो। 'यहूदी की लड़की' का जब हम अध्ययन करते हैं तो उसके गीत-संगीत, शेरो-शायरी की तरफ़ ध्यान खिंचता है। इसीलिए पारसी नाटकों की पहली शर्त ही यही होती थी कि अभिनेता को स्वयं गाना-नाचना आना चाहिए। और आज अधिकांश रंग अध्येता, आलोचक एवं विद्वान इस बात पर एकमत हैं कि भविष्य के भारतीय रंगमंच का यदि कोई फिर नया स्वरूप उभरकर सामने आएगा तो उसमें गीत-संगीत की अहम भूमिका होगी—ऐसे में हम पारसी रंगमंच से प्राप्त इस विशेषता से कैसे अलग रह सकते हैं।

आज भारतीय रंगमंच को जिस प्रकार की अभिनय शैली की ज़रूरत अथवा तलाश है—'यहूदी की लड़की उसका भी एक बेजोड़ उदाहरण और विकल्प प्रस्तुत करता है। वह न तो पाश्चात्य रंगमंच की उस बनावटी यथार्थवादी अभिनय शैली का अनुकरण है, जो यथार्थ का भ्रम उत्पन्न करती है, और न ही हमारे यहाँ की उस दुरूह शास्त्रीय मुद्रा विधानवाली शैली से प्रेरित है, जिसका आज के दर्शक से कोई पारस्परिक सम्बन्ध नहीं बनता और न ही वह लोक-रंगमंच की उस उछल-कूदवाली शैली पर आधारित है, जहाँ सिर्फ़ गीत-संगीत होता है और अभिनय तो शायद होता ही नहीं। 'यहूदी की लड़की' में शुरू से आख़िर तक अनेकानेक भावप्रवण दृश्य भरे हुए हैं :

राहिल—नहीं, नहीं ! औरतों का नाम नहीं हँसाऊँगी। मर्दों को यह कहने का मौक़ा नहीं दूँगी कि एक रोमन शहज़ादी ने सर झुकाया और एक मग़रूर यहूदन ने रहम न खाया। उठो—शहज़ादी, उठो। जो मैं इसको अपनी वाज़िबी दाद न पाऊँगी मगर तुम्हारी इस गिरिय : ओ-जारी से जफ़ा पर भी वफ़ा दिखाऊँगी। सरकार ! जाओ, ख़ौफ़ न

खाओ। जब मेरा ज़िस्म पाके ख़ाक में मिल जाय और बेवफ़ा दुनिया हमारी क़ौम को ख़ुदग़रज़ बताए, उस वक़्त तुम पुकारकर कह देना कि शिकस्ता-दिल राहिल अगरचे यहूदी थी, मगर सच्ची वफ़ादार और प्यार का सदाबहार गुलशन थी।

डैसिया—आफ़रीन ! ओ सच्चे प्यार की पुतली आफ़रीन ! अगरचे मौत का दरवाज़ा इस वक़्त तुम्हारे सामने खुला है मगर ज़न्नत का दारोग़ा तुम्हारी पेशवाई को खड़ा है।

दरअसल आज के हिन्दी रंगमंच में जिस तरह से पारसी नाटकों की पुनर्प्रस्तुति और पुनराविष्कार हो रहा है, उस परिप्रेक्ष्य में 'यहूदी की लड़की' को एक मानक नाटक के रूप में परिभाषित किया जा सकता है। अपने मंचन के लिए यह नाटक किसी अतिरिक्त तामझाम की माँग नहीं करता और सीधे-सीधे अभिनेता को अभिनय एवं चरित्र-चित्रण के स्तर पर उस मार्मिकता और गहराई को उभारकर लाने के लिए उकसाता है जो एक ओर पारसी नाटकों में समाहित गहरी भावप्रवणता से जुड़ी है, दूसरी ओर यथार्थवादी रंगमंच में आन्तरिक अभिनय के सत्य की खोज़ से भी सम्बद्ध है। यही वह विशेष कारण है जो 'यहूदी की लड़की' को अपने कलेवर में छोटा होते हुए भी एक विशिष्ट नाटक बनाता है और पश्चिम के यथार्थ अभिनय के बीच एक सन्तुलन बनाने के लिए प्रेरित करता है। क्या आज के अभिनेता के सामने भी यही प्रश्न नहीं है कि अलग-अलग तरह की शैलियों एवं परम्पराओं के भीतर से अपनी एक अलग, निजी और स्वतन्त्र पहचान कैसे बनाए ? इसमें 'यहूदी की लड़की' का रचना विधान निश्चय ही उसकी सहायता कर सकता है।

आषाढ़ का एक दिन : रंगमचीय सौन्दर्यबोध

प्रायः नाटक और रंगमंच के छात्रों की जिज्ञासा रहती है कि किसी आधुनिक भारतीय नाटक का रंगमंचीय अध्ययन कैसे किया जाए। जहाँ तक शास्त्रीय नाटक, लोक नाटक की बात है उनके रंगमंचीय अध्ययन के प्रतिमान नाट्यशास्त्र के सन्दर्भ में काफ़ी हद तक निश्चित हैं। यहाँ तक कि पारसी नाटक का भी एक निश्चित रंग विधान रहता था जिसके सहारे आज भी उसका रंगमंचीय अध्ययन किया जा सकता है लेकिन आधुनिक नाटकों के विषय में ऐसा कोई सिद्धान्त या शास्त्र उपस्थित नहीं है। इसलिए हर बार अलग-अलग नाटकों का स्वतन्त्र रूप से रंगमंचीय अध्ययन करना पड़ता है। इसलिए सबसे अच्छा विकल्प यही है कि किसी एक आधुनिक भारतीय नाटक को अपने अध्ययन का आधार बनाकर इस दिशा में आगे बढ़ा जा सकता है। इस दृष्टि से हम हिन्दी के सुप्रसिद्ध नाटककार मोहन राकेश के पहले नाटक *'आषाढ़ का एक दिन'* को ले सकते हैं। इस नाटक को रंगमंचीय अध्ययन का आधार बनाने के कई कारण हैं। पहला तो यही कि आधुनिक हिन्दी रंगमंच में यथार्थवादी शैली का यह सबसे ज़्यादा सही, सशक्त और जीवन्त नाटक है। दूसरे—देश के लगभग सभी विद्यालयों, विश्वविद्यालयों के पाठ्यक्रम में इसे नियमित रूप से पढ़ाया जाता रहा है। तीसरा और शायद सबसे अहम् कारण यह भी दिया जा सकता है कि सिर्फ़ पाठ्यपुस्तक के रूप में ही नहीं वरन् रंगमंच पर एक प्रस्तुति के रूप में भी बार-बार खेले जानेवाले कुछ चुने हुए नाटकों में से यह भी एक है।

इस आलेख में मैं जानबूझकर इस नाटक के कथ्य पर कोई बात नहीं कर रहा हूँ। वह इसलिए कि इस दृष्टि से इस पर इतना कुछ लिखा और कहा जा चुका है कि अब अलग से कुछ नया कहने की ज़रूरत नहीं है। लेकिन इसके विपरीत नाटक की संरचना पर कोई गहरा अध्ययन आज तक नहीं किया गया। यदि ऐसा हुआ होता तो एक आधुनिक नाटक की समीक्षा के प्रतिमान निर्धारित करने में काफ़ी सहायता मिल सकती थी। इसीलिए आज यहाँ और भी ज़रूरी हो गया है कि इस नाटक का आरम्भ से अन्त तक एक पुर्नपाठ प्रस्तुत किया जाए और बिन्दुओं, युक्तियों और विशेषताओं की खोज की जाए।

इस नाटक में तीन अंक हैं। यह तीन अंकोंवाला शिल्प यथार्थवादी शैली के साथ रूढ़-सा हो गया। यद्यपि पश्चिम में चेख़व जैसे नाटककार इसके अपवाद ही हैं। स्वयं

मोहन राकेश ने भी अपने तीसरे नाटक *'आधे अधूरे'* में इससे मुक्ति पा ली थी। देखा जाए तो यह तीन अंकोंवाला विभाजन वास्तव में एक अंकवाले यूनानी नाटकों में प्राप्त कथा के विकास से जुड़े तीन बिन्दुओं पर आधारित है—आरम्भ, मध्य और अन्त। दूसरे शब्दों में कहा जाए तो नाटक का पहला अंक कथा के परिचय और उद्घाटन, दूसरा उसके विकास और चर्मोत्कर्ष और तीसरा धीरे-धीरे कथा को अन्त के उपसंहार की ओर ले जाता है।

'आषाढ़ का एक दिन' पहले अंक में कुछ इस तरह आरम्भ होता है—किसी भी प्रकार के संवाद अथवा मानवीय उपस्थिति से पहले अँधेरे में मात्र मेघ गर्जन और वर्षा का ध्वनि प्रभाव धीरे-धीरे विलीन हो जाता है। मंच पर जो दृश्य सज्जा है वह तीन दीवारों से घिरी एक साधारण प्रकोष्ठ की है जिस पर दो द्वार और एक बड़ी-सी खिड़की रखी गई है। मंच पर अम्बिका की मौन उपस्थिति से नाटक की शुरुआत होती है। यह शुरुआत, यह दृश्य सज्जा, यह ध्वनि प्रभाव और यह अन्धकार और प्रकाश के संकेत और किसी एक पात्र के पहले कार्य-व्यापार से दृश्य का धीरे-धीरे खुलना पहली दृष्टि में ही नाटक की यथार्थवादी शैली को सुनिश्चित कर देता है।

जैसे ही उपर्युक्त वातावरण अपने मौन में स्थापित होता है नाटककार राकेश मल्लिका के उल्लास भरे प्रवेश से उसे तुरन्त तोड़ देते हैं और इस तरह से मौन के बाद पहले संवाद दृश्य की शुरुआत होती है और ये पहला ही दृश्य दो अलग-अलग पात्रों के बीच की परस्पर दो विरोधी विचारधाराओं का स्पष्ट परिचय दे देता है। दरअसल नाटक की मूल प्रकृति ही ऐसी है कि उसमें संवाद के लिए सदैव दो विरोधी बिन्दुओं का होना अपरिहार्य है। इसी से नाटक में दर्शक के लिए तनाव, उत्सुकता, रहस्य और रोचकता के उन तत्त्वों का जन्म होता है जिनसे नाटक में नाटकीयता का समावेश होता है।

पहले अंक को बारह छोटे-छोटे दृश्य खंडों में बाँटा जा सकता है और हर दृश्य खंड में कम से कम दो पात्र और अधिक से अधिक चार पात्र उपस्थित हैं। भावों, विचारों और भावनाओं का संघर्ष कभी दो पात्रों के बीच, कभी तीन पात्रों के बीच और कभी चार पात्रों के बीच सम्पन्न होता है। पहले अंक की एक विशेषता यह भी है कि उस परिवेश, वातावरण और ग्राम प्रान्तर में रहनेवाले सभी पात्रों का प्रवेश और परिचय तो मिल ही जाता है साथ ही दन्तुल के माध्यम से बाहर से आए हुए चरित्रों और आगे आनेवाले घटनाक्रम की पृष्ठभूमि भी तैयार हो जाती है। घर के भीतर और घर के बाहर कल्पना और यथार्थ, भावना और व्यावहारिकता, कोमलता और कठोरता जीवन के सभी पक्ष पहले अंक में उपस्थित अम्बिका, मल्लिका, कालिदास, दन्तुल, मातुल, निक्षेप और विलोम जैसे पात्रों के माध्यम से हमारे सामने उद्घाटित हो जाते हैं।

पहला अंक अपनी समय सीमा में सुबह से सायं तक घटित होता है। एक दूसरे अर्थ में सुख से दुख की तरफ़, उमंग से अवसाद की तरफ़ जाने का आभास दिलाता है। इस अंक में जितनी मन्थर गति से अंक की शुरुआत होती है उतनी ही मन्थर गति

में अंक का अन्त होता है और बीच के सभी दृश्य अपने-अपने कथ्य की तीव्रता के कारण ऊपर-नीचे उठते-गिरते रहते हैं। देखा जाए तो पूरे अंक में सभी पात्र एक-दूसरे के सामने प्रस्तुत हैं लेकिन उनमें होनेवाला संवाद सीधा, सपाट और प्रत्यक्ष न होकर ज़्यादा से ज़्यादा अन्तर्मुखी और एकालाप जैसा जान पड़ता है। यही कारण है कि जो कुछ बोला जा रहा है उससे भी ज़्यादा जो कुछ उन संवादों के पीछे छिपा हुआ है वह और ज़्यादा मुखर हो उठता है। संवादों की यह विशेषता उन्हें तो बहुअर्थी बनाती ही है, चरित्रों के बाहर और भीतर न जाने कितनी पर्तें खोलती हैं और उन्हें बहुआयामिता प्रदान करती हैं।

यथार्थवादी शैली में मंच निर्देश अलग से अपना स्वतन्त्र अस्तित्व रखते हैं क्योंकि वे उस परिवेश के दृश्यत्व की सूचना देते हैं। लेकिन *'आषाढ़ का एक दिन'* के पहले अंक में वे मानो पूरी प्रस्तुति के छोटे से छोटे विवरण को भी हमारे सामने साकार कर देते हैं। फिर चाहे वह विवरण पात्र की संवेदना से जुड़ा हो, भंगिमा से जुड़ा हो अथवा मंचीय गति से जुड़ा हो।

पहले अंक का पूरा ग्राफ जिस तनाव की सृष्टि करता है वह कुछ इस प्रकार घटित होता है—पहले दृश्य में मल्लिका और अम्बिका के अलग-अलग द्वीप, दूसरे दृश्य में बाहर का कोलाहल और घोड़ों की टापों की पृष्ठभूमि में अम्बिका व मल्लिका का बढ़ता तनाव, तीसरे दृश्य में कालिदास और मल्लिका के बीच हरिण शावक के माध्यम से एक निहायत ही सहज, सरल और कोमल संवाद। चौथे दृश्य में राजपुरुष दन्तुल के साथ पुनः बढ़ता विरोध और इसी में अचानक पाँचवें दृश्य के रूप में अम्बिका का प्रवेश। कालिदास के प्रस्थान के बाद अगले दृश्य में पुनः पहले दृश्य से मिलता-जुलता मल्लिका और अम्बिका के बीच का एक और दृश्य और कुछ देर बाद मातुल और निक्षेप के आने से वातावरण में थोड़ा-सा हल्कापन और मल्लिका के प्रस्थान के साथ मानो इस अंक का पहला चरमोत्कर्ष। विलोम के पहले प्रवेश से मानो फिर से नई शुरुआत और धीरे-धीरे कालिदास, मल्लिका, अम्बिका के बीच संवाद, विलोम का प्रस्थान और फिर कालिदास का प्रस्थान और अन्ततः मल्लिका और अम्बिका का पुनः एक साथ मंच पर अकेले रह जाना। लगभग ठीक वैसे ही संवाद अन्तर सिर्फ़ इतना कि पहले वे संवाद मल्लिका के थे जो अब अम्बिका के पास आ गए हैं और इसी तरह से अम्बिका के संवाद को मानो मल्लिका ने अपने भीतर समाविष्ट कर लिया हो।

इस प्रकार यह अंक अपनी पूरी संरचना में कई तरह की रंगमंचीय संभावनाओं का आभास देता है—क्या अम्बिका, मल्लिका के वर्तमान का भविष्य है ? क्या विलोम कालिदास का भविष्य है ? क्या दन्तुल कालिदास के भावी ऐश्वर्य का प्रतीक है ? क्या मातुल का वर्तमान भी एक नए भविष्य की ओर संकेत कर रहा है ? पूरे अंक की पृष्ठभूमि में लगातार होती वर्षा, छाते हुए मेघ और अन्धकार क्या सूचित करते हैं ? ज़ाहिर है कि इन सारे प्रश्नों के उत्तर नाटक के दूसरे और तीसरे अंक तक पहुँचकर ही प्राप्त होते हैं लेकिन इस अंक की सबसे बड़ी विशेषता यही है कि ऊपर से बेहद

सतही और सपाट दिखने के बावजूद इसमें उपस्थित अर्थ छायाएँ और नाटकीय संकेत बेहद गहरे हैं। इस दृष्टि से यह अंक मुझे कालिदास के ही लिखे नाटक *‘अभिज्ञानशाकुन्तल’* के पहले अंक की याद दिलाता है। दोनों में हरिण शावक मात्र एक युक्ति नहीं वरन् एक सजीव एवं सशक्त पात्र की सी भूमिका निभाता है।

यदि वहाँ आश्रम का नैसर्गिक परिवेश है तो यहाँ पूरा ग्राम प्रान्तर ही उस वातावरण का प्रतीक है। यदि वहाँ दुष्यन्त स्वयं एक राजपुरुष के रूप में है तो यहाँ दन्तुल को उस श्रेणी में रखा जा सकता है। पहले अंक से आगे के अंकों की विकास यात्रा दोनों नाटकों में लगभग एक जैसी है अर्थात् गाँव से नगर, प्रकृति से राजभवन तक और अन्ततः पुनः वापसी प्रकृति की ओर हो जाती है।

नाटक का दूसरा अंक कुछ वर्षों के अन्तराल के बाद आरम्भ होता है। प्रकोष्ठ की व्यवस्था पहले से काफी जीर्ण-शीर्ण हो गई है जो इसमें रहनेवाले लोगों की शीर्ण होती जाती आर्थिक एवं सामाजिक स्थिति को भी रेखांकित करती है। पिछले अंक की तरह ही इस अंक में भी छोटे-छोटे बारह दृश्य खंड हैं जिनमें कालिदास को छोड़कर पहले अंक के सभी मुख्य पात्र यहाँ उपस्थित हैं। इसके अतिरिक्त पाँच नए पात्र भी पहली और अन्तिम बार इसी अंक में प्रवेश करते हैं। वे हैं—रंगिणी, संगिणी, अनुस्वार, अनुनासिक, और रानी प्रियगुमंजरी। ये पात्र एक प्रकार से उस बाहरी नागरी और राजकीय व्यवस्था के प्रतिनिधि हैं जिसका कालिदास भी अब एक अंग है। पिछले अंक में प्रकृति और राजकीय व्यवस्था के बीच जिस भावी विरोध अथवा संघर्ष के झीने-झीने से संकेत कालिदास और दन्तुल के बीच हुए विवाद में दिखाई पड़े थे यहाँ वे कभी मल्लिका और रंगिणी, संगिणी, कभी मल्लिका और अनुस्वार, अनुनासिक और अन्ततः मल्लिका और प्रियगुमंजरी के माध्यम से अत्यन्त मुखर होकर सामने आते हैं।

नाटक का यह अंक कुछ और बातों के दोहराव से भी कथ्य की विडम्बना को और गहरा बनाता है। उदाहरण के लिए, जिस प्राकृतिक वातावरण और विशेषतः हरिण शावक को छोड़कर कालिदास पहले अंक में नागरिक सभ्यता और राज्य सम्मान को स्वीकारने के लिए तैयार नहीं है उसी प्राकृतिक सम्पदा और हरिण शावक को उसकी पत्नी प्रियगुमंजरी अपने साथ ले जाना चाहती है। पहले अंक में खिड़की के बाहर से गुज़र जानेवाली नई आकृतियाँ यदि किसी भावी अनिष्ट की आशंका पैदा करती हैं तो दूसरे अंक में पुनः वैसी ही आकृतियाँ किसी भावी अप्रत्याशित घटना-दुर्घटना का संकेत देती हैं। एक और दृष्टि से भी नाटक का यह अंक पहले अंक के विरोध में एक बहुत ही रोचक सामानान्तर चित्र प्रस्तुत करता है। पहले अंक की शुरुआत एक मौन में अम्बिका के छाज में धान फटकने से होती है तो इस बार मल्लिका पत्थर पर औषध पीसती हुई दिखाई पड़ती है—मानो ज़िम्मेदारी अम्बिका से उतरकर मल्लिका के हाथों में चली आई है। जैसे पहले अंक में अम्बिका की पहली उपस्थिति के बाद मल्लिका की दूसरी उपस्थिति होती थी। इस अंक में अम्बिका का प्रवेश मौन उपस्थिति के रूप में तो आरम्भ हो जाता है लेकिन वार्तालाप का अंग वह बहुत बाद में जाकर बनती है।

दोनों अंकों का अन्त पुनः एक समान है अर्थात् मल्लिका टूटकर सिसकने लगती है और अम्बिका उसे सहारा देती है। पिछली बार मल्लिका के आँसुओं में कालिदास से अलग होने की पीड़ा से अधिक कहीं इस खुशी, सुख और सन्तोष का आभास भी था कि उसने अन्ततः कालिदास को उज्जयिनी जाने के लिए तैयार कर लिया। लेकिन इस बार का सिसकना सचमुच में उसके अन्तःमन की गहरी पीड़ा का परिचायक है कि कहीं वह हार गई है, पीछे छूट गई है और सम्भवतः कहीं भीतर से टूट भी गई है।

मात्र दो दृष्टियों, विचारों और पात्रों के आपसी संघर्ष से ही नाटक की कथावस्तु का विकास नहीं होता वरन् यह प्रक्रिया पात्रों की वेशभूषा और शारीरिक अवस्था में भी रेखांकित की गई है। प्रकोष्ठ जीर्ण-शीर्ण है तो अम्बिका और मल्लिका की वेशभूषा में भी जगह-जगह पैबन्द लगे हुए हैं अथवा फटी हुई हैं। अम्बिका बीमार है तो मल्लिका स्वस्थ होते हुए भी उससे कहीं अलग दिखाई नहीं देती। विलोम इस अंक में भी आता है और अब भी उसका आगमन उतना ही अनचाहा और अयाचित है, इसीलिए फिर एक बार उसे वापस जाना पड़ता है।

पहले अंक का आरम्भ और अन्त अम्बिका और मल्लिका के माध्यम से हुआ है। दूसरा अंक भी इसका अपवाद नहीं है। बाहर से आनेवाले सभी पात्र एक के बाद एक पुनः बाहर लौट जाते हैं और दोनों बार मंच पर केवल दो स्त्री पात्र शेष रह जाती हैं। यही बिम्ब नाटक के तीसरे अंक के अन्त में भी पुनः उपस्थित है जब मंच पर केवल मल्लिका और भीतर से बच्ची के रोने का स्वर सुनाई देता है। एक तरह से मल्लिका, मल्लिका न होकर मानो अम्बिका हो गई है और भीतर लेटी हुई बच्ची मल्लिका बन गई है। यहाँ अथवा इससे मिलते-जुलते बिम्ब राकेश के लगभग सभी नाटकों में दिखाई पड़ते हैं। *लहरों के राजहंस* के तीनों अंकों के नन्द और सुन्दरी के बीच और *आधे अधूरे* के दोनों भागों में सावित्री और बड़ी बेटी बिन्नी के बीच। दूसरे अंक में यद्यपि कहीं भी वर्षा या मेघ गर्जन का उल्लेख नहीं है लेकिन फिर भी यह आशंका लगातार बनी रहती है कि न जाने कब वर्षा आ जाए। दूसरी ओर यह अंक एक दूसरे रूप में भी पहले अंक का ठीक उल्टा दिखाई पड़ता है और वह यूँ कि उसमें वर्षा आनन्द की सूचक है तो यहाँ धूप की चमक होने के बावजूद पूरे परिवेश और वातावरण पर एक उदासी का आवरण छाया हुआ है।

कालिदास की उपस्थिति की सूचना लगातार अलग-अलग पात्रों के मुख से मिलती रहती है लेकिन वह मंच पर प्रवेश नहीं करता। पहली बार इस अंक के आरम्भ में निक्षेप खिड़की से बाहर कालिदास को घोड़े पर सवार दूर जाते हुए देखता है और दूसरी बार विलोम कालिदास को खिड़की से ही लौटते हुए देखता है। नाटकीयता इस तथ्य में है कि दोनों बार वह मल्लिका से मिले बिना लौट जाता है और मल्लिका के हृदय में यह आशा और विश्वास बना रहता है कि वह अवश्य ही उससे आकर मिलेगा। पूरा अंक इसी संभावना पर टिका हुआ है और जब वह साकार नहीं होती तो मल्लिका पूरी तरह से टूट जाती है। यही है नाटक की कथावस्तु का चरम बिन्दु जो तीन अंकोंवाले

यथार्थवादी नाटकों में मिलता है, प्रायः दूसरे अंक के अन्त में आता है। राकेश ने भी इस रूढ़ि का अक्षरशः पालन किया है।

जैसा कि पहले ही उल्लेख किया गया है यद्यपि इस अंक में वर्षा अथवा समय का कहीं भी उल्लेख नहीं किया गया है फिर भी अंक की बुनावट और उसमें घटती घटनाओं से यह साफ-साफ पता चल जाता है कि पहले अंक की तरह इसकी शुरुआत भी सुबह से होती है और दोपहर से होते हुए सन्ध्या में समाप्त होती है। दरअसल एक श्रेष्ठ नाटक अथवा नाटककार की पहचान यही है कि वह किसी तरह से पात्रों की भावनाओं को बाहरी परिवेश और प्रकृति से जोड़कर प्रस्तुत करता है।

नाटक का तीसरा अंक फिर कुछ वर्षों के बाद आरम्भ होता है और उसी वर्षा और मेघ गर्जन के शब्द के साथ। प्रकोष्ठ भी वही है लेकिन जैसे सबकुछ बदल गया है। इस तरह से तीनों अंकों में कुल मिलाकर शायद पाँच से दस वर्ष की अवधि को समेटने की कोशिश की गई है। लेकिन ये पाँच या दस वर्ष एक तरफ़ यदि इस घर के लगातार ज़र्जर और जीर्ण-शीर्ण होते जाने के वर्ष हैं तो दूसरी तरफ़ उसमें रहनेवाले अथवा उसमें बाहर से आनेवाले पात्रों के साथ भी लगभग ऐसा ही कुछ पहले दो अंकों की भाँति यह अंक भी बारह छोटे-छोटे दृश्य खंडों में बँटा हुआ है। लेकिन जहाँ उन अंकों में हर बार आठ-दस पात्र आते-जाते रहते हैं इस अंक में मात्र चार पात्र उपस्थित हैं—उनमें भी तीन मातुल, कालिदास और विलोम बाहर से आते हैं और मल्लिका पहले से मंच पर मौज़ूद है। इस बीच एक और बहुत ही महत्त्वपूर्ण मोड़ आया है कथानक में और वह यह कि अम्बिका का देहान्त हो चुका है और मल्लिका एक बच्ची की माँ बन चुकी है। देखा जाए तो अम्बिका का स्थान मल्लिका ने ले लिया और उसकी जगह पर एक बच्ची है—एक संवाद में मल्लिका अपनी बच्ची के बारे में ऐसा कहती भी है।

एक दूसरे रूप में नाटक का यह अंक कालिदास के *'अभिज्ञानशाकुन्तल'* की फिर से एक बार याद दिलाता है। उस नाटक में जहाँ अन्तिम अंक में दुष्यन्त और शकुन्तला एक-दूसरे से बहुत वर्षों तक अलग रहकर पुनः एक-दूसरे को एक नए रूप में पहचानते हैं और साथ रहने की एक नई शुरुआत करते हैं लेकिन इस नाटक के तीसरे अंक में कालिदास और मल्लिका बहुत सालों तक एक-दूसरे से अलग रहने के बाद मिलते ज़रूर हैं लेकिन यह मिलना फिर से एक बार बिछुड़ने के लिए होता है। *'अभिज्ञानशाकुन्तल'* में अँगूठी एक प्रतीक है तो यहाँ हरिण शावक एक युक्ति के रूप में इस्तेमाल किया गया है। पहले अंक में आहत हरिण शावक कालिदास और राजनीतिक व्यवस्था के मिलन का माध्यम बनता है और अन्तिम अंक में हरिण शावक की सी आँखें लिए मल्लिका की बच्ची कालिदास और मल्लिका के अलग होने का कारण बनती है।

यह अंक पूरी तरह से मल्लिका, कालिदास और विलोम के बीच बनते और टूटते त्रिकोण पर आगे बढ़ता है जिसके केन्द्र में मल्लिका की बच्ची है। यों अंक के आरम्भ में भी मल्लिका, मातुल और उन दोनों के बीच में बच्ची अपना एक अलग से त्रिकोण बनाती है लेकिन मातुल के प्रस्थान के बाद वह त्रिकोण ज़्यादा देर तक स्थिर नहीं रह

पाता। अतः मुख्य रूप से नाटक के अन्तिम भाग में तीन पात्रों की उपस्थिति ही सबसे ज़्यादा महत्त्वपूर्ण बिन्दु है जो नाटक के पहले अंक से लगातार मिलते रहते हैं, अलग होते हैं और पुनः मिल जाते हैं लेकिन तीनों की नियति यही है कि वे साथ-साथ होकर भी साथ-साथ नहीं हो पाते।

नाटक का यह अंक पहले दो अंकों से एक और अर्थ में अलग दिखाई पड़ता है। स्वगत, एकालाप या मोनोलॉग पहले दो अंकों में भी हैं। लेकिन वे बहुत ही छोटे-छोटे हैं और बहुत देर तक आत्मकेन्द्रित नहीं रहते लेकिन इस अंक में इस तरह के जितने भी सम्भाषण हैं वे सचमुच में अपने एकान्त में स्व से सम्बोधित हैं। प्रायः उस समय मंच पर कोई दूसरा पात्र होता भी नहीं। इसीलिए जहाँ पहले दोनों अंकों के एकालाप वास्तव में संवाद के ही अंग के रूप में देखे जाने चाहिए वहाँ इस अंक के सारे एकालाप सचमुच में एकालाप ही हैं। वे पात्रों के भीतरी और बाहरी अन्तर्द्वन्द्व को एक साथ प्रस्तुत करते हैं, इसीलिए उनमें कई-कई अर्थ छायाएँ समाहित हैं।

यदि ये एकालाप नाटक की शक्ति हैं तो यही उसकी सबसे बड़ी सीमा बन जाती हैं और वह इस तरह कि नाटककार को हर दृष्टि से मानो अपने पात्रों को 'जस्टीफाई' करना पड़ रहा है, अच्छा तो यह होता कि पहले दो अंकों में ही इतनी ठोस और स्पष्ट जमीन तैयार हो गई होती है कि नाटककार को अपने चरित्रों के माध्यम से इतने बड़े-बड़े स्पष्टीकरण देने की ज़रूरत ही न पड़ती। लेकिन शायद नाटक जैसी विधा के व्याकरण में यह अन्तर्निहित है कि पहले लगातार घटनाएँ और स्थितियाँ घटती जाती हैं और फिर अन्त में जाकर उन्हें बाँधना और समेटना पड़ता है, तभी नाटक अपनी अन्तिम परिणति उपसंहार अथवा निर्वहण तक पहुँचता है। यह नाटकीय युक्ति मुख्य रूप से पश्चिमी नाटकों से हमारे यहाँ आयातित की गई है और वह भी विशेषतः यथार्थवादी नाटकों के परिप्रेक्ष्य में। मोहन राकेश भी इसके अपवाद नहीं हैं बल्कि कहना तो यह चाहिए कि वह इस युक्ति का अक्षरशः पालन करनेवाले नाटककार हैं। उनके नाटकों में पात्रों के बीच तनाव है, संघर्ष है। बहुत-सी घटनाओं के भीतर से गुज़रकर उनका चारित्रिक विकास भी होता है लेकिन इस सबके बावजूद उनका हर नाटक फिर वहीं लौट आता है जहाँ से उसकी शुरुआत हुई थी। दूसरे शब्दों में कहा जाए तो उनके नाटक यथास्थिति के नाटक होकर रह जाते हैं। *'आषाढ़ का एक दिन,' 'लहरों के राजहंस'* और *'आधे अधूरे'*—हर नाटक इस निष्कर्ष को प्रस्तुत करता है। नाटक के आरम्भ में लगता है कि नाटककार जैसे किसी नई, अनछुई दुनिया में प्रवेश करनेवाला है और पहले दोनों अंकों में यह आशा लगातार बनी ही रहती है लेकिन तीसरे अंक के अन्त तक आते-आते वह प्रायः बिखर जाती है। मुझे लगता है कि इसके पीछे कहीं न कहीं राकेश का कहानीकार वाला रूप ज़्यादा ज़िम्मेदार है। कहानी या उपन्यास में प्रायः पहले कथा को काफ़ी दूर तक फैला दिया जाता है और फिर आख़िर में आकर सभी कथा-तन्तुओं और बिन्दुओं को समेटना पड़ता है। बेशक कहानी और उपन्यास में जल्दी-जल्दी समेटने की कोई ज़रूरत नहीं होती लेकिन नाटक में रचनाकार न जाने क्यों जल्दी-जल्दी समेटने के

लिए बेचैन हो उठता है। यदि ऐसा न हो तो फिर लम्बे-लम्बे स्पष्टीकरण देने की ज़रूरत ही क्यों पड़े। नाटककार को लगता है कि शायद अभी भी कुछ छूट गया है और यदि उसमें उस छूटे हुए के बारे में कोई सूचना नहीं दी तो कहीं कुछ आधा-अधूरा न रह जाए। ऐसी प्रक्रिया में नाटककार कम से कम शब्दों की अपेक्षा यदि बहुत ज़्यादा शब्दों को प्रयोग में लाने लगे तो कोई आश्चर्य नहीं। इसी के साथ यह सवाल भी बना रहता है कि आख़िर यह नाटक मुख्य रूप से किस पर केन्द्रित है—कालिदास पर ? मल्लिका पर ? विलोम पर ? देखा जाए तो यह सवाल राकेश के तीनों नाटकों के बारे में उठाया जा सकता है—*'लहरों के राजहंस,'* नंद का नाटक है अथवा सुन्दरी का या इन दोनों के बीच स्थित गौतम बुद्ध का ? *'आधे अधूरे'* महेन्द्रनाथ का नाटक है या उसके बहाने से सभी पुरुष पात्रों का नाटक है अथवा सावित्री का ? प्रायः किसी श्रेष्ठ नाटक में किसी एक पात्र की प्रधानता स्वतः दिखाई दे जाती है जिसे नाटकीय मुहावरे में प्रोतेगनिस्त कहा जाता है लेकिन राकेश के उपर्युक्त तीनों नाटकों में ऐसा कोई स्पष्ट विभाजन करना बहुत मुश्किल है। इसे नाटक की कमज़ोरी माना जाए या गुण ? आख़िर नाटककार की सहानुभूति, उसका पक्ष और विचारधारा किसके साथ है ? यदि हम नाटककार की इस दुविधा को नाटक के आलेख की कमज़ोरी मानकर चलें और उसके आधार पर उसकी प्रस्तुतियों की समीक्षाओं पर दृष्टिपात करें तो हम पाते हैं कि प्रायः सभी नाट्य समीक्षकों ने भी इस तरफ़ ध्यान दिलाया है। दूसरी तरफ़ नाटक इस संभावना को भी खुला रखता है कि जब-जब अलग-अलग निर्देशकों ने उसे मंचित किया तो किसी ने मल्लिका, किसी ने कालिदास और किसी ने विलोम को अपनी प्रस्तुतियों में रेखांकित करने की कोशिश की। वैसे यह कोई नई कोशिश भी नहीं। ऐसी संभावना नाटक में यूँ भी मौजूद रहती है।

इसमें कोई सन्देह नहीं कि अपनी सारी सीमाओं और संभावनाओं के बावजूद *'आषाढ़ का एक दिन'* सिर्फ़ हिन्दी रंगमंच का ही नहीं वरन् सम्पूर्ण भारतीय रंगमंच का एक महत्त्वपूर्ण नाटक है जिसने पहले अपने प्रकाशन और बाद में अपने मंचन से आज़ादी के बाद के आधुनिक हिन्दी रंगमंच का सूत्रपात किया। यह आधुनिक रंगमंच इतिहास अथवा अतीत को समकालीनता से जोड़नेवाला रंगमंच है। यह आधुनिक रंगमंच व्यक्ति की नई सोच, नई संवेदना का रंगमंच है और यह यथार्थवादी रंगमंच के सन्दर्भ में कथ्य और शिल्प के स्तर पर किस तरह से भारतीय और पश्चिमी दृष्टिकोण और संरचना का मिश्रण करके एक नई शैली का निर्माण करता है जो अपनी भाषा, अपने मुहावरे और तेवर में अन्ततः नितान्त हमारा अपना हो जाता है इसका प्रतिनिधि है *'आषाढ़ का एक दिन।'*

एवम् इन्द्रजीत के बहाने बादल सरकार

साठ से सत्तर तक के दशक के बीच भारतीय रंगमंच में एक साथ बहुत से नाटककारों ने अलग-अलग कारणों से अपनी विशिष्ट पहचान बनाई। यों इस नए क़िस्म के नाट्य लेखन की बुनियाद पचास से साठ के बीच ही पड़ गई थी, जब आज़ादी मिलने के बाद भारतीय समाज, संस्कृति और राजनीति में अंग्रेज़ी दासता से मुक्त होने के बाद अपनी अस्मिता को खोज़ने और स्थापित करने का दौर शुरू हुआ। ज़ाहिर है कि जहाँ दूसरी कला विधाओं और माध्यमों में यह काम हो रहा था वहीं साहित्य और विशेषतः नाटक और रंगमंच के क्षेत्र में भी इसकी स्पष्ट आहट सुनाई देने लगी। इस दृष्टि से बांग्ला में शम्भु मित्र, मराठी में पु.ल. देशपांडे, कन्नड़ में आद्य रंगाचार्य के साथ-साथ हिन्दी में जगदीश चन्द्र माथुर, धर्मवीर भारती और मोहन राकेश के नाम लिए जा सकते हैं, जिन्होंने अपने-अपने ढंग से नाट्य लेखन के लिए मात्र नए कथ्यों का चुनाव ही नहीं किया वरन् उनके लिए हर बार एक नए शिल्प, नई प्रविधि और एक नई संरचना की भी खोज़ की।

इस संरचना के कई रूप एक साथ दिखाई पड़ते हैं—कहीं वह तीनअंकीय यथार्थवादी शैली में, कहीं पाँचअंकीय काव्य नाटक, कहीं नाटक के भीतर नाटक, कहीं सूत्रधार, गीत, संगीत के बीच से उभरता नाटक और कहीं इन सबसे मुक्त स्वयं अपनी ही एक स्वतन्त्र शैली की खोज़ में छटपटाता नाटक। कहने का अर्थ यही है कि जिस तरह आज़ादी के आसपास की युवा पीढ़ी अपनी दिन-प्रतिदिन की ज़िन्दगी में एक अज़ीब सी क़शमक़श में से गुज़र रही थी, उसी तरह की बहुविध अभिव्यक्ति नाट्य रचनाओं में भी दिखाई पड़ती है। पचास से साठ के दशक के बाद इसी विविधता को बादल सरकार, विजय तेन्दुलकर, गिरीश कार्नाड, मधुराय, सुरेन्द्र वर्मा, ज्ञानदेव अग्निहोत्री, शंकर शेष, बलराज पंडित, विपिन कुमार अग्रवाल आदि नाटककारों ने आगे बढ़ाया।

यदि पचास से सत्तर तक के बीस वर्षों के बीच लिखे गए नाटकों की रचना-संरचना का गहराई से अध्ययन किया जाए तो मुख्य रूप से तीन धाराएँ दिखाई पड़ती हैं—पूरे का पूरा नाटक यथार्थवादी और गद्य रूप में, गद्य और पद्य से मिश्रित और साथ-ही-साथ गीत और संगीत से ओतप्रोत लोकरंगमंचीय शैली में और तीसरा विकल्प वह जहाँ नाटक न तो पूरी तरह से यथार्थवादी है, न पूरी तरह से गीत संगीतवाला लोक नाटक है लेकिन फिर भी वह नाटक के हर तरह से प्रचलित ढाँचे

को तोड़ते हुए अपना ही एक शिल्प गढ़ता है अर्थात् यथार्थ और कल्पना का एक साथ जुड़ना। नाट्य रचना के लिए इस तरह की शैली की खोज़ के लिए तत्कालीन ऐतिहासिक और राजनीतिक परिस्थितियाँ भी काफ़ी हद तक ज़िम्मेदार थीं जहाँ एक तरफ़ आदर्श और सपनों की दुनिया थी और एक तरफ़ धीरे-धीरे सामने आते यथार्थ से सामना होते जाने की सच्चाई भी शामिल थी। यह रचना और समाज का सम्बन्ध लगभग वैसा ही था, जैसे पश्चिम में दूसरे महायुद्ध के बाद विसंगत नाटकों का जन्म। यों तो इसी तीसरे विकल्प को आधार बनाकर पिछले पचास वर्षों में लगभग हर नाटककार ने नाटक लिखे हैं। लेकिन जिन दो नाटककारों के यहाँ इस मुहावरे का सबसे ज़्यादा प्रयोग हुआ, वे हैं बांग्ला में बादल सरकार और मराठी में विजय तेन्दुलकर। इनमें भी बादल सरकार के यहाँ ज़्यादा ताज़गी और विविधता मिलती है।

यदि हम बादल सरकार के सन्दर्भ को लें तो उनके कई नाटकों की याद अनायास ही हो जाती है—*बाकी इतिहास, पगला घोड़ा, अन्त नहीं, तीसवीं शताब्दी* और *एवम् इन्द्रजीत।* इनमें से भी यदि एक नाटक का चयन करना हो तो मैं *एवम् इन्द्रजीत* को लेना चाहूँगा। इसका अर्थ यह नहीं है कि बाकी सारे नाटक कम महत्त्वपूर्ण हैं, लेकिन जिस दृष्टि से मैं *एवम् इन्द्रजीत* का अध्ययन और विश्लेषण करना चाहता हूँ वह इसी नाटक पर ज़्यादा-से-ज़्यादा लागू की जा सकती है।

सबसे पहले तो नाटक का शीर्षक ही हर तरह के शीर्षकों से अलग-थलग दीख पड़ता है—*एवम् इन्द्रजीत* यानी एवं से पहले भी बहुत कुछ है और उस सबके बाद इन्द्रजीत। जो बहुत कुछ इन्द्रजीत से पहले है या तो वह उसी जैसा है या उससे बिल्कुल अलग। फिर इन्द्रजीत जैसा नाम भी अपने आपमें एक नई क़िस्म की उत्सुकता जगाता है क्योंकि यह लीक से हटकर है। इससे सहज ही अनुमान लगाया जा सकता है कि इससे पहले जो भी संज्ञा या सर्वनाम रहे होंगे, वे निश्चित रूप से एक प्रचलित परिपाटी और परम्परा का अंग होंगे, इसीलिए नाटककार को एवम् के माध्यम से इन्द्रजीत को अलगाने की ज़रूरत महसूस हुई। जब हम नाटक के भीतर से गुज़रते हैं तो यह बात स्पष्ट भी हो जाती है। एक और कारण से भी इन्द्रजीत की संज्ञा विशिष्ट है—इन्द्रजीत का अर्थ है इन्द्र को जीतनेवाला अर्थात् मेघनाद। रामायण में मेघनाद भी एक ऐसे चरित्र के रूप में उभरकर आता है, जो सबके साथ होते हुए भी सबसे अलग है जैसे महाभारत में कर्ण अथवा युयुत्सु।

शीर्षक के अनुरूप नाटक के कथ्य ने भी ध्यान आकर्षित किया था और आज भी करता है। एक पूरी-की-पूरी युवा पीढ़ी ज़िन्दगी की चूहा दौड़ में शामिल है—पैदा होना, युवा होना, बँधी-बँधाई शिक्षा पद्धति, जीवन पद्धति से गुज़रना और अपने आपसे बेहद सन्तुष्ट। एवम् इन्द्रजीत इस पद्धति को स्वीकार नहीं करता, करना नहीं चाहता और अपनी एक अलग राह बनाना चाहता है। वह प्रतिभाशाली है, नए-नए सपनों और आदर्शों से भरपूर है और उन तक पहुँचना चाहता है। लेकिन समाज की, देश की सामाजिक, आर्थिक या राजनीतिक व्यवस्था ऐसी है कि वह चाहते हुए भी कुछ नहीं

कर पाता, हर मोड़ पर असफल होने के बावजूद कोई शिकायत नहीं। यहाँ तक कि प्रेम में भी असफल, क्योंकि अपनी ही मौसी या बुआ की लड़की से प्रेम समाज को स्वीकार्य नहीं है। नतीज़ा यह है कि अन्त में एक तरह का मोहभंग, निराशा, हताशा और अनास्था का स्वर लेकिन इन्द्रजीत के स्वर में फिर भी ऐसा कुछ नहीं है। उसके लिए तो तीर्थ नहीं है, केवल यात्रा, इष्ट यही, गन्तव्य यही है। ठीक गीता में कृष्ण के अर्जुन को दिए गए सन्देश की तरह कि काम किए जाओ, फल की चिन्ता मत करो।

ज़ाहिर है कि जब आज़ादी के पन्द्रह-बीस वर्षों बाद ही एक पूरी-की-पूरी युवा पीढ़ी का अपने से, परिवार से, समाज से और यहाँ तक कि देश से भी मोहभंग हो रहा था, उस समय *एवम् इन्द्रजीत* ने यकायक ही अपने अनूठे कथ्य और शिल्प में सभी रंगप्रेमियों को जकड़ लिया और इसकी न जाने कितनी प्रस्तुतियाँ हुईं। लेकिन यह कथ्य आज भी उतना ही नया है और ताज़ा एवं सार्थक है क्योंकि एक बनी-बनाई परम्परा से अलग अपनी राह बनाने का कथ्य तात्कालिक नहीं है, शाश्वत है और हमें अपने इतिहास, पुराण और मिथक के अनेक ऐसे युवा चरित्रों की याद दिलाता है। इस सन्दर्भ में पहले भी मेघनाद और कर्ण का उल्लेख किया जा चुका है। इन्हीं के साथ यदि ययाति, प्रहलाद, अष्टावक्र, पूरन भगत, कुणाल जैसे नाम भी याद आते हैं तो यह सहज स्वाभाविक है। संयोग है कि ये सब भी उसी युवा पीढ़ी के प्रतिनिधि हैं, जिससे इन्द्रजीत सम्बद्ध है।

इन्द्रजीत का प्रेम सम्बन्ध समाज या परिवार को भले ही स्वीकृत न हो लेकिन स्वयं इन्द्रजीत के मन में उसे लेकर कोई दुविधा नहीं, कोई ग्रन्थि नहीं और यहाँ तक कि कोई वर्जना भी नहीं। यहाँ अज्ञेय के उपन्यास 'शेखर : एक जीवनी' के शेखर को याद किया जा सकता है। जैनेन्द्र कुमार के 'त्यागपत्र' की भी अनायास याद आ जाती है। 'ऋग्वेद' में यम-यमी के बीच के संवाद भी कुछ इसी से मिलते-जुलते सम्बन्ध की तरफ़ संकेत करते हैं। इन सभी सम्बन्धों में समानता यही है कि सभी अन्त में असफल रहते हैं लेकिन इन्द्रजीत को इसे लेकर कोई ग्लानि नहीं है, दुःख नहीं है, उदासी नहीं है। नाटक के ही एक-दूसरे केन्द्रीय चरित्र लेखक की तो पीड़ा ही यही है कि इतना कुछ हो जाने के बाद भी इन्द्रजीत में कहीं कोई आक्रोश, विद्रोह अथवा अस्वीकार क्यों नहीं है ? लेकिन नाटक के अन्त तक आते-आते स्वयं लेखक भी इन्द्रजीत के साथ एकाकार हो जाता है और दोनों का स्वर एक हो जाता है यों भी लेखक का ही एक प्रतिरूप इन्द्रजीत है या इन्द्रजीत का ही एक रूप लेखक है। इसे एक ही सिक्के के दो पहलू अथवा एक ही चरित्र के बाहरी और भीतरी—दो पक्षों के धरातल पर रेखांकित किया जा सकता है।

लेकिन मेरे विचार में कथ्य से भी ज़्यादा महत्त्वपूर्ण वह शिल्प और संरचना है जिसमें नाटक के कथ्य को पिरोया गया है। जिस दौर में हम भारतीय नाटक के लिए एक भारतीय कथ्य और उससे भी ज़्यादा एक शिल्प की खोज़ पर ज़ोर दे रहे थे, उस समय एवम् इन्द्रजीत का इस दृष्टि से कोई बहुत ज़्यादा नोटिस नहीं लिया गया। उस समय लोक नाट्य तत्त्वों, रंगों, रूपों और शैलियों को अपनाने और आज़माने पर इतना आग्रह था कि इस तरफ़ किसी का ध्यान ही नहीं गया कि एक आधुनिक, शहरी मुहावरे

में से भी एक भारतीय शैली की खोज़ की जा सकती है। यदि थोड़ा-बहुत इस दिशा में विचार-विमर्श हुआ भी तो उसे नाटक के भीतर नाटकवाले फार्म से सीधे-सीधे जोड़कर लुई पिरान्दलो के नाटक 'नाटककार की खोज़ में छह चरित्र' के शिल्प से जोड़ दिया गया और इस तरह के कथ्य के साथ-साथ शिल्प को भी पश्चिम से ही आयातित मानकर इतिश्री मान ली गई।

इसमें कोई सन्देह नहीं कि इटली के नाटककार लुई पिरान्दलो अपने नाटकों में इस शिल्प और संरचना को *एवम् इन्द्रजीत* से लगभग तीस साल पहले ला चुके थे, ब्रेष्ट अपने अलगाव के सिद्धान्त के माध्यम से बीस साल पहले ला चुके थे लेकिन इस तथ्य से *एवम् इन्द्रजीत* में प्रयुक्त युक्तियों एवं रीतियों का महत्त्व कम नहीं हो जाता। यदि तनिक भी गहराई से अध्ययन किया जाए तो *एवम् इन्द्रजीत* की फार्म एवं शैली लोक नाटक के समान्तर एक सुदृढ़ विकल्प प्रस्तुत करती है जो अपनी मूल प्रकृति में पूरी तरह से भारतीय है, भले ही उसकी तात्कालिक प्रेरणा बादल सरकार को भी लुई पिरान्दलो या ऐसे ही व्याकरण में बँधे दूसरे नाटकों से मिली हो।

नाटक कुछ इस प्रकार से आरम्भ होता है—एक लेखक अपने नाटक के लिए एक नए कथानक की तलाश में है। इसी खोज़ में वह दर्शकों से सीधा सम्बोधित है और कुछ लोग दर्शकदीर्घा से ही उसके पास पहुँचते हैं। और उनके साथ संवाद की प्रक्रिया में नाटक आगे बढ़ता है। नाटककार स्वयं ही कभी नाटक का एक चरित्र हो जाता है, कभी नाटककार की भूमिका में लौट आता है। इसी आवागमन में उसकी अनेक बार इन्द्रजीत से भेंट होती है। सीधे-सीधे अर्थों में कहें तो नाटक के भीतर घटित होता नाटक। एक साथ दो स्तरों पर घटित होता नाटक। वास्तविक नाटक किसे माना जाए—बाहर घटित होनेवाले को अथवा भीतर घटित होनेवाले को ? वास्तविकता कौन सी है ? भ्रम कौन सा है ? कब दोनों अलग-अलग दीख पड़ते हैं। और कब एक साथ हो जाते हैं ?

पूछा जा सकता है कि इस प्रक्रिया और अनुभव में क्या पश्चिमी है और क्या भारतीय ? पश्चिम में कुछ हद तक शेक्सपीयर के नाटक *'हैमलेट'* के नाटकवाले दृश्य अथवा एक-दूसरे नाटक *'ए मिड समर नाइट्स ड्रीम'* से इसका सम्बन्ध जोड़ा जा सकता है। इसी के साथ शेक्सपीयर के नाटकों में आए स्वगत सम्भाषण, रिनेसाँ काल में इटली में ही प्रचलित हास्य नाटक शैली *'कामेदिया दे लार्ते'* और मोलियर के नाटकों में भी इसके बीज ढूँढ़े जा सकते हैं। लेकिन जहाँ तक भारतीय नाट्य परम्परा का प्रश्न है, उसमें यह शैली अपने जन्मकाल से ही अपनी उपस्थिति दर्ज़ करती रही है। भरत का नाट्यशास्त्र ही इसका सबसे बड़ा उदाहरण है। उसका पहला अध्याय ठीक एक नाटक के दृश्य की भाँति आरम्भ होता है—ब्रह्मा समाधि में लीन हैं। कुछ ऋषि-मुनि उनके पास पहुँचते हैं। ज्यों ही ब्रह्मा अपनी समाधि से उबरते हैं, वे मुनि उनसे पाँचवें वेद की रचना का आग्रह करते हैं। इस प्रकार परस्पर संवाद के माध्यम से ही नाटक के शास्त्र की रचना-प्रक्रिया अन्त तक चलती रहती है। देखा जाए तो नाट्यशास्त्र से भी बहुत पहले

रामायण और महाभारत जैसे महाकाव्यों में इस युक्ति और प्रविधि के दर्शन हो जाते हैं—राम के पुत्रों लव और कुश द्वारा रामकथा को स्वयं राम के सामने ही सुनाना, जिसका आठवीं शताब्दी में भवभूति ने अपने नाटक *'उत्तररामचरित'* में बहुत ही कलात्मक ढंग से उपयोग किया। भास के नाटक *'स्वप्नवासवदत्ता'* का स्वप्नवाला दृश्य, *'अभिज्ञानशाकुन्तल'* का दरबारवाला दृश्य जहाँ शकुन्तला दुष्यन्त के सामने साक्षात् खड़ी है लेकिन फिर भी वह उसे पहचान नहीं पाता, प्रसाद के नाटक *'ध्रुवस्वामिनी'* का वह दृश्य जहाँ चन्द्रगुप्त और ध्रुवस्वामिनी एक ही तरह के वेश में खिंगल के सामने पहुँचते हैं—ये सभी नाटक या दूसरे स्त्रोत लुई पिरान्दलो से भी पहले के हैं। फिर नाटक से ही क्यों, हमारे कथा साहित्य में यह टेकनीक पंचतन्त्र की कथाओं, बेताल पच्चीसी, सिंहासन बत्तीसी में न जाने कब से उपलब्ध है। जहाँ कहानी के भीतर कहानी आरम्भ हो जाती है और यह निर्णय करना कठिन हो जाता है कि मुख्य कथा कौन सी है ?

अतः यह विवाद निरर्थक जान पड़ता है कि *एवम् इन्द्रजीत* का यह शिल्प, मुहावरा, व्याकरण और संरचना देशी है या विदेशी ? रोचक अध्ययन का विषय यह होना चाहिए कि थोड़े-थोड़े अन्तर पर एक साथ कितने नाटक लिखे गए। यदि हम अपने अध्ययन को मात्र हिन्दी रंगमंच तक भी सीमित रखें तो बहुत से नाटकों के नाम गिनाए जा सकते हैं। एक तरह से यह भी कहा जा सकता है कि उस दशक में इसी तरह के नाटकों का बोलबाला रहा। यद्यपि इसकी दस्तक हबीब तनवीर *'आगरा बाज़ार,'* जगदीश चन्द्र माथुर *'कोणार्क'* और लक्ष्मीनारायण लाल *'मादा कैक्टस'* में दे चुके थे लेकिन फिर भी *एवम् इन्द्रजीत* के आसपास ही हिन्दी में भी कई नाटक लिखे और मंचित किए गए। ललित सहगल का *'हत्या एक आकार की,'* बलराज पंडित का *'पाँचवाँ सवार,'* सुरेन्द्र वर्मा का *'द्रौपदी'* अथवा *'नायक खलनायक'* और *'विदूषक,'* ज्ञानदेव अग्निहोत्री का *'शुतुरमुर्ग,'* शंकरशेष का *'एक और द्रोणाचार्य,'* बृजमोहन शाह का *'त्रिशंकु'* और बाद में डॉ. लाल का *'व्यक्तिगत'* और भीष्म साहनी का *'माधवी।'*

इस प्रकार मात्र हिन्दी रंगमंच में ही यह सूची काफ़ी लम्बी है। मैंने जानबूझकर उन सभी नाटकों को छोड़ दिया है जो गीत-संगीत से जुड़ी किसी प्रदेश विशेष की लोक नाट्य शैली के साथ इस मुहावरे की तलाश कर रहे थे क्योंकि जैसा कि पहले भी संकेत दिया जा चुका है कि हमारी शास्त्रीय और लोक नाट्य परम्परा में यह शिल्प आरम्भ से ही विद्यमान है। यहाँ *एवम् इन्द्रजीत* के बहाने से उस शैली की तरफ़ ध्यान दिलाना है जो भारतीय रंगमंच में यथार्थवादी रंगमंच के समानान्तर एक ऐसे विकल्प के रूप में सामने आई थी, जिसे अपनाकर हम शहरों में रहने और काम करनेवाले रंगकर्मी अपनी एक निजी परम्परा का विकास कर सकते हैं जो आधुनिक भी है और लोक से भी जुड़ी है। जो हमसे हमारे ही दिन-प्रतिदिन के व्यावहारिक उपकरण के रूप में संवाद करती है और जिसके लिए हमें किसी प्रकार की शास्त्रीय मुद्राओं अथवा रीतिबद्धता में जाने की ज़रूरत नहीं है।

यहाँ आद्य रंगाचार्य के *'सुनो जनमेजय'* का उल्लेख करना भी अप्रासंगिक नहीं

होगा। कहा तो यहाँ तक जाना चाहिए कि *एवम् इन्द्रजीत* से भी पहले यही वह नाटक है जिसने भारतीय, विशेषतः हिन्दी रंगमंच में उस विकल्प को पहली बार अपनी सम्पूर्णता में अभिव्यक्त किया, जिसकी चर्चा हम लगातार करते आ रहे हैं। लेकिन विडम्बना यही है कि जिन नाटकों को रंगमंच की मुख्य धारा में रखा जाना चाहिए था, वे ही धीरे-धीरे उसके हाशिए पर चले गए।

सहज ही मन में यह जिज्ञासा उठती है कि आख़िर इस तरह के नाटकीय ढाँचे में ऐसा क्या है कि हर नाटककार उसे अपनी रचनाओं में ज़्यादा-से-ज़्यादा इस्तेमाल करना चाहता है। मैं समझता हूँ कि इसके बहुतेरे कारण ढूँढ़े जा सकते हैं, एक तो यही कि यह ढाँचा नाटक की प्रस्तुति शैली को एक लचीलापन प्रदान करता है जो शास्त्रीय शैली अथवा यथार्थवादी शैली के बँधे-बँधाएँ मुहावरे से बिल्कुल अलग पड़ता है। लचीलापन इस अर्थ में कि हम चाहें तो नाटक को अंकों में विभाजित कर लें, दृश्यों में विभाजित कर लें, पूर्वार्ध और उत्तरार्ध शीर्षक से नाटक की कथा को दो भागों में विभाजित कर लें—कहने का अर्थ यह कि इस ढाँचे में ये सारे विकल्प नाटककार के सामने अपने आप उपलब्ध रहते हैं। सिर्फ़ नाटककार के ही सामने नहीं, इसी से मिलते-जुलते विकल्प निर्देशक के लिए भी खुले रहते हैं। वह चाहे तो यथार्थवादी शैली का इस्तेमाल कर सकता है, लोक नाट्य शैली का, एब्सर्ट नाट्य शैली का अथवा इन सबके मिले-जुले रूप से अपनी एक नई प्रस्तुति शैली तैयार कर सकता है। और अन्त में स्वयं अभिनेताओं के लिए भी इस तरह के नाटक में काम करना जितना रोमांचकारी होता है, उतना ही चुनौती भरा भी। उन्हें एक साथ कई भूमिकाएँ निभानी पड़ती हैं, कभी वे सब मिलकर एक बहुत बड़े समूह का हिस्सा बन जाते हैं, कभी अलग-अलग भूमिकाओं में बँटकर व्यक्तिगत चरित्रों में बढ़ते जाते हैं, कभी मात्र दर्शक के रूप में नाटक के कार्य व्यापार को देखते रहते हैं, कभी नाटक की घटनाओं के व्याख्याकार अथवा टिप्पणीकार हो जाते हैं, कभी सूत्रधार की तरह से कथा को आगे बढ़ाते हैं और दर्शकों से सीधे-सीधे संवाद करने लगते हैं। इस तरह कभी चरित्र और कभी चरित्र से बाहर—अभिनय के जितने भी रूप सम्भव हो सकते हैं, वे सब अभिनेताओं को एक ही नाटक में करने के अवसर प्राप्त हो जाते हैं। यही कारण है कि हमारी अपनी परम्परा में लोक नाट्य शैली, पारसी रंग शैली और कहानियों को सुनने, सुनाने और दिखाने का प्रचलन आरम्भ से ही चलता आया है।

अतः यह स्वाभाविक ही था कि सातवें और आठवें दशक में *एवम् इन्द्रजीत* अलग-अलग भाषाओं में अलग-अलग निर्देशकों द्वारा न जाने कितनी बार खेला गया। ऐसा भी नहीं है कि यह सिर्फ़ *एवम् इन्द्रजीत* के साथ ही हुआ। इस बीस वर्षों में मोहन राकेश, विजय तेन्दुलकर और गिरीश कार्नाड के नाटक बार-बार मंचित हुए। वास्तव में इन चारों नाटककारों ने एक साथ मिलकर रंगमंच के उस ठोस और प्रयोगशील धरातल की नींव रखी थी जिसने अपने बाद आनेवाले नाटककारों को लगातार इस दिशा में प्रेरित किया। हिन्दी रंगमंच में ही *एवम् इन्द्रजीत* की आज तक अनगिनत प्रस्तुतियाँ हो

चुकी हैं, लेकिन यहाँ मैं मात्र पाँच प्रस्तुतियों की चर्चा करना चाहूँगा जो अपने-अपने विशिष्ट कारणों से उन दिनों हिन्दी रंगमंच में बेहद चर्चित रहीं।

सबसे पहली बार मुझे *एवम् इन्द्रजीत* को एक पूर्वाभ्यास के रूप में मोहन महर्षि के निर्देशन में 1968 में देखने का मौक़ा मिला। जनवरी 1968 में *दिशान्तर* को अपने चार नाटकों के साथ भारतीय ज्ञानपीठ द्वारा कलकत्ता में आमन्त्रित किया गया था। *एवम् इन्द्रजीत* की प्रस्तुति उस आमन्त्रण का हिस्सा नहीं थी लेकिन उस प्रवास के दौरान एक रात बादल सरकार की उपस्थिति में *एवम् इन्द्रजीत* का एक पूर्वाभ्यास प्रदर्शन आयोजित किया गया। इससे पहले *एवम् इन्द्रजीत* दिशान्तर द्वारा दिल्ली में प्रस्तुत किया जा चुका था और उस पर दर्शकों की मिली-जुली प्रतिक्रियाएँ प्राप्त हुई थीं। सबसे ज़्यादा विरोध नाटक के अन्त को लेकर हुआ, जहाँ निर्देशक ने लेखक के हाथों इन्द्रजीत की हत्या करवा दी थी। बहरहाल, बादल सरकार ने उस पूर्वाभ्यास प्रदर्शन को शुरू से लेकर आख़िर तक बड़े धैर्य के साथ देखा और मानसी की भूमिका में सुधा शिवपुरी की खुलकर तारीफ़ की, यद्यपि नाटक के अन्त से वह भी सहमत नहीं थे लेकिन उन्होंने निर्देशक को इस बात की पूरी छूट दी कि वह जैसा चाहे नाटक के आलेख में परिवर्तन कर सकता है। इस विषय में बादल सरकार हमेशा से बहुत लिबरल रहे हैं। जब 1969-70 के बीच इब्राहिम अल्काज़ी ने उनके एक और नाटक *'तीसवीं शताब्दी'* को पूरी तरह से परिवर्तित करके *'हिरोशिमा'* के नाम से प्रस्तुत करने की अनुमति चाही थी, तब भी बादल सरकार ने उसके लिए सहर्ष अपनी स्वीकृति प्रदान कर दी थी।

मोहन महर्षि द्वारा निर्देशित *एवम् इन्द्रजीत* की यह प्रस्तुति सम्भवतः हिन्दी रंगमंच में इस नाटक की पहली प्रस्तुति थी। मुझे नहीं मालूम कि इससे पहले यह नाटक बांग्ला में खेला जा चुका था या नहीं, लेकिन यह तय है कि अपने प्रकाशित रूप में बादल सरकार का यही नाटक हिन्दी रंगमंच में सबसे पहला नाटक था। मोहन महर्षि की यह प्रस्तुति पूरी तरह से एक प्रयोगशील प्रस्तुति थी और एक बेहद ही सादे लगभग खाली मंच पर प्रस्तुत की गई थी। दरअसल, नाटक का अपना ढाँचा ही इतनी तेज़ी से बदलता रहता है कि उसके लिए हम किसी भी तरह के ठोस और स्थिर दृश्यबन्ध की कल्पना कर ही नहीं सकते। नाटक के अन्त को लेकर जो भी तीखी प्रतिक्रिया रही हो लेकिन इससे इनकार नहीं किया जा सकता कि अमल, विमल, कमल और लेखक के बीच बनती-बिगड़ती सामूहिक छवियाँ बहुत ही आकर्षक थीं। इसी तरह से कभी इन्द्रजीत और मानसी, कभी लेखक और इन्द्रजीत और कभी नाटक के सभी पात्र मिलकर जिस प्रकार एक बहुत बड़े समूह का आभास देते थे, उसमें नाटक के आलेख में निहित लय, छन्द और संगीत ने भी अतिरिक्त सहयोग दिया।

दूसरी प्रस्तुति के रूप में श्यामानन्द जालान के मंच की याद आती है और आज भी नाटक का एक दृश्य आँखों के आगे वैसा ही साकार है जैसा कि उस वक़्त रहा होगा जब यह नाटक पहली बार देखा था। यह दृश्य शायद नाटक का अन्तिम दृश्य था जहाँ लेखक और इन्द्रजीत एक ढालू धरातल पर बैठे हुए हैं और उनके बीच एक

आपसी संवाद—बिना किसी भावावेश के, बिना किसी मुद्रा, लगभग एक स्थिर चित्र जैसा प्रभाव। इसी क्रम में सत्यदेव दुबे की प्रस्तुति कुछ दूसरे कारणों से बेहद चर्चित हुई जैसे कि वह स्वयं इन्द्रजीत की भूमिका में अभिनय कर रहे थे और जब कभी इन्द्रजीत मंच पर अकेला भटक रहा होता तो नेपथ्य संगीत के रूप में एक लोकप्रिय फ़िल्मी गीत का प्रयोग किया गया था—*तुम बिन जाऊँ कहाँ, दुनिया में आ के...।* एम.के. रैना ने इसी नाटक को रायपुर के एक रंगशिविर में मंचित किया था जिसे देखने का मौक़ा तो नहीं मिला लेकिन उसकी परिकल्पना को लेकर स्वयं निर्देशक के साथ जो संवाद हुआ उससे अनुमान लगाया जा सकता है कि प्रस्तुति निश्चय ही बहुत आकर्षक रही होगी। शिविर में भाग ले रहे प्रतिभागियों की संख्या 25-30 के लगभग थी इसलिए रैना ने सभी को प्रस्तुति के साथ अभिनेता के रूप में जोड़ने की दृष्टि से नाटक की छह भूमिकाओं को सभी लोगों में बराबर-बराबर बाँट दिया था। इस तरह से प्रस्तुति में दृश्यों के स्तर पर एक अलग ही तरह की भव्यता समाहित हो गई जिसमें पात्रों द्वारा उच्चारित ध्वनि संगीत ने भी अपना विशिष्ट प्रभाव पैदा किया।

एवम् इन्द्रजीत की पाँचवीं और एक बार बिल्कुल ही नए रूप में मंचित प्रस्तुति के आकलन के बिना यह लेख अधूरा रह जाएगा। इस प्रस्तुति का निर्देशन ब.व. कारन्त ने राष्ट्रीय नाट्य विद्यालय के छात्रों के साथ 1979 में किया था। उस कक्षा में भी 33 छात्रों का एक बड़ा समूह उनके पास था जिसका उन्होंने बहुत ही कलात्मक ढंग से उपयोग किया। सबसे पहले तो उन्होंने नाटक का शीर्षक ही बदल डाला, एवम् इन्द्रजीत के स्थान पर अमल, विमल, कमल और इस तरह से निर्देशक ने किसी एक पात्र को अलग से रेखांकित करने की बजाय पूरे-के-पूरे उस युवा वर्ग की हताशा, कुंठा, आशा, निराशा और आक्रोश को अभिव्यक्ति देने की कोशिश की जो उस समय के आसपास हमारे चारों तरफ़ मौज़ूद थी। इतना ही नहीं नाटक के लिए अलग से गीत लिखवाए गए, कई नए दृश्यों को जोड़ा गया और हुआ यह कि अपने अन्तिम मंचन के समय प्रस्तुति मूल आलेख से काफ़ी दूर हो गई, लेकिन अपने गीत, संगीत और एक बहुत बड़े अभिनेता समूह की गतियों, मुद्राओं के कारण वह इतनी प्रभावशाली बन गई कि इस तरफ़ किसी का ध्यान ही नहीं गया कि नाटक के मूल आलेख के साथ इतनी छूट क्यों ली गई। सही मायनों में एक लिखित आलेख से एक प्रस्तुति आलेख कैसे बनता है, *एवम् इन्द्रजीत* की यह प्रस्तुति उसका जीता-जागता उदाहरण है। उन दिनों इस प्रस्तुति का एक गीत बेहद लोकप्रिय हुआ जिसे बलराज पंडित ने विशेष रूप से नाटक के लिए लिखा था—*बूढ़ी सदी बरगद के पेड़ के नीचे, बैठी है चुपचाप*। तब लगता था कि यह नाटक उस वक़्त की युवा पीढ़ी द्वारा अपने से पहली पीढ़ी को जिस रूप में देख रहा था, उस भावना की अभिव्यक्ति था यह गीत। आज लगता है कि ज़िन्दगी की आधी शताब्दी पार करने के बाद कहीं हम भी उसी बूढ़ी सदी के प्रतिनिधि तो नहीं हो गए हैं जब आज की युवा पीढ़ी पुनः हमसे लगभग वैसा ही सवाल कर रही है जो अमल, विमल और कमल ने लेखक से किया था ?

प्रस्तुति

- *ब.व. कारन्त की अन्धेर नगरी*

ब.व. कारन्त की अन्धेर नगरी

यूँ तो कारन्तजी से कुल मिलाकर चालीस वर्षों का परिचय था, जिनमें से पहले पन्द्रह उनके काम को देखने के थे और शेष पच्चीस वर्ष उनके साथ काम करने के थे। इस एक साथ काम करने को कई रूपों में देखा जा सकता है, जब वह 1977-81 के बीच 'राष्ट्रीय नाट्य विद्यालय' के निदेशक थे, तो उन्होंने मुझे पहली बार विद्यालय में 'भारतीय शास्त्रीय नाटक और सौन्दर्यशास्त्र' पढ़ाने के लिए बुलाया और उसके निदेशक रहते हुए मैंने लगातार दो वर्षों तक वहाँ पढ़ाने का काम किया। हम दोनों ने एक साथ मिलकर संस्कृत के दो प्रहसनों 'भगवद्अज्जुगम' और 'मत्तविलास' की प्रस्तुति की। जिसे 1979 के कालिदास समारोह में सम्मिलित किया गया था। उसी दौर में पहले मैंने अपने छात्रों को विशाखदत्त का 'मुद्राराक्षस' पढ़ाया और बाद में कारन्तजी को उसी कक्षा के साथ उसकी एक नाट्य-प्रस्तुति करने के लिए प्रेरित किया। जिसकी रचना-प्रक्रिया में मैं बराबर का हिस्सेदार रहा। विद्यालय छोड़ने के बाद उनके साथ के सम्बन्ध और भी गहरे होते चले गए। पिछले बीस वर्षों में उन्होंने कम-से-कम मेरी दस कहानियों की प्रस्तुतियों में संगीत-निर्देशन किया था। इतना ही नहीं विद्यालय के विस्तार कार्यक्रम के तहत जब भी कहीं बड़ा या छोटा शिविर संचालित करने का मौक़ा मिला मैंने विशेष रूप से कारन्तजी को हमेशा रंगभाषण, रंग-संगीत और नाट्यशास्त्र की कक्षाएँ लेने के लिए विशेष रूप से आमन्त्रित किया।

उनके साथ इतने वर्ष रहने के दौरान मैंने उनकी न जाने कितनी मंच प्रस्तुतियाँ देखी होंगी। लेकिन यहाँ मैं मात्र उनकी एक प्रस्तुति पर विस्तार से चर्चा करना चाहूँगा और वो है 'भारतेन्दु हरिश्चन्द्र' लिखित 'अन्धेर नगरी' की मंच प्रस्तुति। जिसे कारन्तजी ने 1978 में 'राष्ट्रीय नाट्य विद्यालय' के छात्रों के साथ मंचित किया था। विद्यालय का निदेशक बनने के बाद छात्रों के साथ यह उनकी पहली प्रस्तुति थी। यों तो इससे पहले भी इलाहाबाद के रंग निर्देशक 'अन्धेर नगरी' की एक बहुत ही मनोरंजक प्रस्तुति कर चुके थे, लेकिन जिस तरह से कारन्तजी ने उसकी परिकल्पना की वह अपने आपमें निश्चय ही अभूतपूर्व है। चालीस अभिनेता-अभिनेत्रियों का एक बड़ा समूह, जिसमें देश के हर प्रान्त के भाषा-भाषी लोग शामिल थे। नतीज़ा यह हुआ कि 'अन्धेर नगरी' का दूसरा दृश्य अर्थात् बाज़ारवाला दृश्य पूरे देश की बोलियों-भाषाओं, हाव-भाव, पहनावा और व्यवहार का प्रतिनिधि दृश्य बन गया। प्रस्तुति का कार्य व्यापार एक बहुत बड़े

खुले मैदान में स्थापित किया गया था। अभिनेताओं की मंडली मंजीरे बजाती और राम भजो की धुन गाती बहुत दूर से रंगभूमि में प्रवेश करती थी और एक बार आने के बाद आरम्भ से लेकर अन्त तक एक गोलाकार मंच पर बैठी रहती थी। मंच के तीन तरफ़ ऊपर जाती सीढ़ियों के क्रम में दर्शक और एक तरफ़ मंच के पीछे की दीवार पर बनारस शहर की अलग-अलग छवियों को दर्शाता एक बहुत बड़ा पेंटिंग। कुल मिलाकर एक उत्सव का सा वातावरण। तत्कालीन राजनीतिक स्थितियों में भी इस उत्सवधर्मी परिकल्पना के सूत्र जोड़े जा सकते हैं। पहली बार तीस साल के कांग्रेस शासन के बाद एक नए विकल्प के रूप में जनता पार्टी जीतकर आई थी और सभी को यह आशा थी कि अब भारतीय राजनीति के इतिहास में एक नई शुरुआत होगी। शुरुआत हुई भी शायद, लेकिन बहुत जल्दी ही यह साबित हो गया कि पार्टी कोई भी आए सत्ता का चरित्र कभी नहीं बदलता। कारन्त की यह प्रस्तुति भी जैसे अपने समय के इसी सत्य को उजागर करनेवाली थी। नाटक के अन्त में राजा के फ़ाँसी चढ़ने के बाद कारन्त ने एक नए दृश्य की परिकल्पना की—जिसमें महन्त और उसके दोनों चेले क्रमशः राजा, मन्त्री और दरबारी के रूप में सिंहासन ग्रहण करते हैं और फिर से दरबार के उसी दृश्य की शुरुआत होती है, जिसमें नशे में धुत्त राजा है और उसकी चापलूसी करते मन्त्री और दरबारी हैं। आलेख के अन्त में जोड़ा गया यह दृश्य इतना मौलिक और उत्तेजक था कि उसने दर्शकों को आनन्द और उत्सव के वातावरण से बाहर निकालकर एकदम से स्तब्ध कर दिया।

आलेख में उपर्युक्त परिवर्तन ही एकमात्र ऐसा मौलिक तत्त्व नहीं था, जिसके कारण यह प्रस्तुति भारतीय रंगमंच में हमेशा याद की जाएगी। 'अन्धेर नगरी' में रहते और खा-खाकर मोटे होते हुए गोवर्द्धन दास का मोटापा दिखाने के लिए एक नाटकीय युक्ति का प्रयोग किया गया था। और वह यह कि एक बड़े से चोंगे के अन्दर दो अभिनेताओं को एक साथ घुसा दिया गया अर्थात् गोवर्द्धन दास का सिर्फ़ पेट ही दोगुना नहीं हो गया बल्कि पूरा शरीर यानी कि दो सिर, चार हाथ, चार पैर हर तरह से उसके शरीर को मोटा दिखाने की भरसक कोशिश की गई थी। भारतेन्दु के नाटक में बकरीवाला मात्र एक ही दृश्य में आता है लेकिन कारन्त की प्रस्तुति में बकरीवाले को पहले तो बकरीवाली में बदल दिया गया और फिर वह बकरीवाली लगभग हर दृश्य में 'मेरी बकरी', 'मेरी बकरी' का संगीत कोरस दोहराती रहती है। इस तरह से 'अन्धेर नगरी' के बहुत ही छोटे से चरित्र को नाटक का एक महत्त्वपूर्ण चरित्र बना दिया गया है। पूरी प्रस्तुति में गद्य-संवादों को भी एक ख़ास लय में बाँधा गया था। जिसके साथ मंजीरे का संगीत, संगति कर रहा था। पूरा स्पेस मंच सज्जा की दृष्टि से एकदम खाली ताकि हर तरह के गति-विधान के लिए ज़्यादा-से-ज़्यादा जगह का इस्तेमाल किया जा सके।

बाहर से देखने पर लगता था कि प्रस्तुति किसी प्रदेश विशेष की लोक-शैली पर आधारित है, लेकिन ऐसा था नहीं। दरअसल, यह प्रस्तुति अपने स्वरूप और आकार में भारतीय रंगमंच की उस खोज़ की दिशा का ठोस संकेत करती है, जिस तरफ़ आज

हमें आगे बढ़ने की ज़रूरत है। वह दिशा है कि हमारी नाट्य प्रस्तुति किसी विशेष शैली, फॉर्म और प्रदेश में से अपना रास्ता खोज़ने की बज़ाय स्वयं आलेख के भीतर से अपनी प्रस्तुति की पहचान तैयार करे। हम प्रायः इसके ठीक उल्टा करते हैं अर्थात् हम पहले से यह तय कर लेते हैं कि हमें कौन सी शैली अथवा फॉर्म में किसी नाट्य-प्रस्तुति को करना है और फिर उसके अनुसार हम नाटक का चुनाव नाटक के आलेख में अपेक्षित परिवर्तन और दूसरे तत्त्व जोड़ते चले जाते हैं; लेकिन 'अन्धेर नगरी' की प्रस्तुति के साथ ऐसा नहीं था। मैं तो यहाँ तक कहना चाहूँगा कि कारन्तजी ने ऐसा प्रयोग सिर्फ़ 'अन्धेर नगरी' के साथ ही नहीं किया वरन् लगभग सभी नाट्य प्रस्तुति के साथ किया। यही कारण है कि भारतीय रंगमंच में एक नई निजी और मौलिक पहचान के प्रतीक पुरुष के रूप में याद किए जाएँगे और वो पहचान उन्होंने अपनी प्रस्तुतियों में चरित्र-चित्रण, वेश-भूषा, मंच-सज्जा, प्रकाश-सज्जा से परे सबसे पहले रंग संगीत के माध्यम से स्थापित और प्रतिष्ठित की। इस दृष्टि से भी 'अन्धेर नगरी' की यह प्रस्तुति एक प्रतिमान कही जा सकती है। पूरी-की-पूरी प्रस्तुति के पृष्ठभूमि संगीत के रूप में 'अन्धेर नगरी चौपट राजा' की धीमी-धीमी लय एक वातावरण तो तैयार करती ही थी, साथ-ही-साथ एक व्याख्यात्मक टिप्पणी के रूप में भी रेखांकित की जा सकती है। अर्थात् यहाँ जो कुछ भी हो रहा है वह 'अन्धेर नगरी' के अँधेरे से अलग-अलग रूपों की अभिव्यक्ति है। चाहे वे बाज़ारवाले हों, राजदरबारवाले हों, राज-कर्मचारी हों और सामान्य जनता हो, यहाँ तक कि बाहर से आनेवाले महन्त और उसके दो चेले भी— एक ही रात में लिखे गए एक छोटे से आलेख में एक साथ इतना कुछ देख पाना कारन्तजी जैसे रंग-निर्देशक के लिए ही सम्भव था।

निर्देशक

- *अस्सी में हबीब तनवीर*
- *कारन्त का रचनाकर्म : पुनर्आकलन*
- *निर्देशन की रेखाएँ : एम.के. रैना*
- *रतन थियम का रंगकर्म*

अस्सी में हबीब तनवीर

ख़ुशी की बात है कि एक सितम्बर, 2002 में हबीब तनवीर अपनी उम्र के 80वें साल में प्रवेश कर रहे हैं। इन अस्सी सालों में भी लगभग 54-55 साल उनके सक्रिय रंगकर्म के साल कहे जा सकते हैं जिनमें उन्होंने सन् 1948 में प्रेमचन्द की सुप्रसिद्ध कहानी 'शतरंज के खिलाड़ी' पर आधारित 'शतरंज के मोहरे' की पहली प्रस्तुति से लेकर सन् 2002 तक भट्ट नारायण के 'वेणी संहार' की प्रस्तुति तक लम्बी यात्रा में कुल मिलाकर पचास नाटकों के बार-बार मंचन किए हैं। इस तरह से उम्र का यह पड़ाव जहाँ उनकी सक्रियता के पचास वर्षों का इतिहास प्रस्तुत करता है वहीं उनकी पचास प्रस्तुतियों का भी एक दिलचस्प इतिहास प्रस्तुत करता है। इन प्रस्तुतियों में अलग-अलग कहानियों के नाट्य रूपान्तर हैं। उनके अपने लिखे मौलिक नाटक हैं—संस्कृत, अंग्रेज़ी, इतालवी, रूसी, स्पेनिश, जर्मन भाषाओं के नाटकों के भारतीय नाट्य रूपान्तरण हैं। विजयदान देथा की बहुत सी लोक कहानियाँ, छत्तीसगढ़ की बहुत सी गाथाएँ और शेक्सपीयर, शूद्रक, विशाखदत्त, भवभूति, मौलियर, दोस्तोव्स्की, ऑस्कर वाइल्ड, लोर्का, ब्रेष्ट, असग़र वजाहत, गोगोल, मनोज मित्र जैसे नाटककार मौज़ूद हैं। वहीं दूसरी ओर हिन्दी, उर्दू, मालवी, बुन्देली, अवधी, छत्तीसगढ़ी, अंग्रेज़ी और संस्कृत जैसी भाषाएँ और बोलियाँ भी शामिल हैं। और इन दोनों छोरों के बीच हबीब तनवीर के अपने लिखे हुए नाटक अलग से अपनी पहचान बनाते हैं। इस पहचान में सहज ही कुछ और चीज़ें भी शामिल होती चली जाती हैं। जैसे कि छत्तीसगढ़ का बचपन और शिक्षा-दीक्षा, बम्बई का बहुत सारा भटकाव और नौकरियाँ, देश-विदेश के अनगिनत दौरे, अलग-अलग नाट्य संस्थाएँ और इन सारे अनुभवों और प्रभावों के बीच से अपनी एक रंग शैली, अपना एक व्याकरण और उनमें एक ऐसे संसार की सृष्टि करना जिसमें दूर-दूर तक हबीब तनवीर अकेले दिखाई पड़ते हैं। मुझे याद नहीं पड़ता कि हिन्दुस्तान ही क्यों पूरी दुनिया में किसी दूसरे ऐसे रंग निर्देशक का नाम लिया जा सके जो पचास वर्षों के लम्बे अरसे तक एक ही नाट्य मंडली, एक ही अभिनेताओं के समूह और एक ही प्रस्तुति शैली को रचने, सँवारने, बनाने और बदलने में शुरू से आज तक सक्रिय रहा हो।

यह था हबीब तनवीर के आज तक के जीवन का एक खुला ख़ाक़ा। जिसकी तुलना उनके अपने ही समकालीन चित्रकार मक़बूल फ़िदा हुसैन से की जा सकती है। ज़िन्दगी ज़ीने का वही फक्कड़ अन्दाज़, फ़िल्मों में अभिनेता बनने की वही पहली शुरुआत,

आज़ादी की लड़ाई के आख़िरी सालों में वही इप्टा से जुड़ाव और अन्ततः एक का अपने आपको रंगकर्म में और दूसरे का अपने आपको चित्रकला की दुनिया में राष्ट्रीय और अन्तर्राष्ट्रीय स्तर पर प्रतिष्ठित करना। इसी बात को उनके काम में एक-दूसरी तरह से भी लक्षित किया जा सकता है। देश-विदेश के ये बहुविध अनुभव यदि हबीब तनवीर के काम में देखे जा सकते हैं तो मक़बूल फ़िदा हुसैन भी इसके अपवाद नहीं हैं। यह कहना ज़्यादा सही होगा कि इन दोनों पर प्रभाव चाहे देश के रहे हों और उससे भी ज़्यादा बेशक़ विदेश के, लेकिन महत्त्वपूर्ण तथ्य यह है कि इन दो कलाकर्मियों ने उन सबके भीतर से गुज़रकर जिस भारतीय शैली को जन्म दिया उसका जायज़ा लिया जाना चाहिए।

आइए, हबीब तनवीर के प्रसंग में उनके सम्पूर्ण रंगकर्म में से उभरती रंगशैली, रंगभाषा और रंगपद्धति का आकलन किया जाए। यदि शुरू से लेकर आज तक उनकी सभी प्रस्तुतियों को देखा-परखा जाए तो कुछ चीज़ें एक जैसी दिखाई पड़ेंगी। उदाहरण के लिए गीत, संगीत, नृत्य, अनगढ़ और औपचारिक शिक्षा-दीक्षा से रहित कलाकार एक लगभग खाली मंच अथवा अगर मंच पर कुछ है भी तो वह मंच अभिकल्पन के रूप में अभी उतना नहीं है जितना कि मात्र कार्य-व्यापार की व्यावहारिकता के लिए ज़रूरी है। इन सारे तथ्यों से मिलकर जो नाटक रचा जाता है उसे क्या नाम दिया जा सकता है—लोकनाटक ? शास्त्रीय नाटक ? पारसी नाटक ? यथार्थवादी नाटक ? प्रयोगशील नाटक ? मुझे नहीं लगता कि हम हबीब तनवीर की प्रस्तुति शैली को किसी एक निश्चित शैली के चौखटे में बाँधकर उसका विवेचन और विश्लेषण कर सकते हैं। इसमें कोई सन्देह नहीं कि उन्होंने 'मृच्छकटिक,' 'मुद्राराक्षस,' 'उत्तर-रामचरित,' 'प्रतिमा' नाटक और 'वेणी संहार' जैसे शास्त्रीय नाटक बार-बार किए हैं, लेकिन उनमें शास्त्रीय शैली की कोई छाप नज़र नहीं आती। 'दुश्मन,' 'जिस लाहौर नहिं देख्या...' और 'द इम्पार्टेंस ऑव बीइंग अर्नेस्ट' जैसे यथार्थवादी नाटक किए हैं लेकिन यहाँ भी यथार्थवादी शैली सिरे से नदारद है। उन्होंने 'आगरा बाज़ार,' 'चरनदास चोर,' 'बहादुर कलारिन,' 'हिरमा की अमर कहानी' जैसे लोक-नाटक किए हैं तो उनमें भी किस लोकशैली के दर्शन होते हैं ? इन प्रश्नों के बहुत से समाधान दिए जा सकते हैं। पहला तो यही कि हबीब तनवीर जिन कलाकारों के साथ काम करते हैं, स्वयं उन्हें ही अभिनेताओं की बँधी-बँधाई परिभाषा में रख पाना मुश्किल है। कमोबेश यही बात स्वयं हबीब तनवीर द्वारा लिखे गए नाटकों के बारे में भी कही जा सकती है कि वे किसी भी प्रकार के बँधे-बँधाए ढाँचे से मुक्त आलेख हैं। तीसरा निष्कर्ष यह भी दिया जा सकता है कि अन्ततः जिस प्रस्तुति शैली को लेकर उनके नाटक हमारे सामने आते हैं, वह अपने आपमें कोई पहले से निश्चित प्रस्तुति शैली नहीं है। वरन् नाटक-दर-नाटक बदलती रहती है। बेशक़ नाटकों की भाषा एक-सी, उनके कलाकार भी वही और नाटकों का ढाँचा भी लगभग एक-सा ही रहता है।

अपनी बात को आगे बढ़ाने के लिए हम हबीब तनवीर के अनगिनत नाटकों में

से मात्र तीन नाटकों को अपने अध्ययन का आधार बना सकते हैं। इनमें पहला है प्रेमचन्द की कहानी 'शतरंज के खिलाड़ी' का नाट्य रूपान्तर। जैसा कि पहले कहा जा चुका है कि सबसे पहले 1948 में और पुनः 1969 में मंचित यह नाटक 'शतरंज के खिलाड़ी' पर आधारित होते हुए भी लगभग ढाई घंटे का सम्पूर्ण नाटक था। हबीब तनवीर स्वयं भी एक मुख्य भूमिका में थे। प्रस्तुति की पूरी याद तो बाकी नहीं, हाँ, इतना ज़रूर है कि दो-तीन दृश्य बन्ध परिवर्तनों के माध्यम से हबीब तनवीर ने एक विदेशी शासन-व्यवस्था की पृष्ठभूमि में दो नवाबों की खिलाड़ियों से मोहरे होते जाने की परिणति पकड़ने की कोशिश की थी। एक नया चरित्र मस्जि़द में रहनेवाला फ़कीर भी था, जो एक तरह का सूत्रधार या व्याख्याता भी कहा जा सकता है। यह भूमिका स्वयं हबीब तनवीर ने अभिनीत की थी। नाटक सीधे-सपाट संवादों के भीतर से उभरता था, उसमें किसी प्रकार के गीत-संगीत को प्रश्रय नहीं दिया गया था। पार्श्व संगीत था तो मात्र रिकार्डेड, जिसका प्रयोग संगीत की अपेक्षा ध्वनि-प्रभाव के रूप में ज़्यादा किया गया था। प्रस्तुति से अधिक तनवीर का एक स्वतन्त्र नाटककार-अभिनेता और निर्देशक का रूप एक जगह पर देखना निश्चय ही मेरे लिए एक बड़ी उपलब्धि थी।

अगले ही वर्ष यानी 1970 में मुझे हबीब तनवीर के साथ काम करने का मौक़ा मिला। 'आगरा बाज़ार' की पुनर्प्रस्तुति के पूर्वाभ्यास से लेकर उसके सत्रह प्रदर्शनों तक बतौर एक अभिनेता उनकी निर्देशकीय रचना-प्रक्रिया को भी निकट से जानने का अवसर मिला। 'आगरा बाज़ार' पहली बार 1954-55 में किया था हबीब तनवीर ने। तब से न जाने कितनी बार कर चुके हैं वे इस नाटक को। यह नाटक अपने कथ्य एवं फॉर्म में उतना ही ताज़ा है। दरअसल यह शुद्ध अर्थों में यह नाटक है ही नहीं। आगरा के मशहूर शायर नज़ीर अकबराबादी 16 नज़्मों के माध्यम से तत्कालीन समसामयिक, सामाजिक, आर्थिक एवं राजनीतिक वातावरण का डॉक्यूमेंटेशन किया गया है। 'हयवदन', 'घासीराम कोतवाल' या 'जो कुमारस्वामी' जैसे नाटकों से लगभग पन्द्रह-बीस बरस पहले ही 'आगरा बाज़ार' में लोक तत्त्वों से भरपूर एक शैली को खोज़ लिया गया है। इस दृष्टि से 'आगरा बाज़ार' को हिन्दी रंगमंच की पहली लोक-प्रस्तुति होने का श्रेय दिया जाना चाहिए। हबीब तनवीर ने यहाँ किसी प्रदेश विशेष की लोकशैली का इस्तेमाल नहीं किया था, बल्कि कथ्य की सामाजिकता में से वह शैली अपने आप ही उभरकर सामने आ गई। ककड़ी, पतंग, चूहा, बन्दर, वेश्या, छैला—इन विविध विषयों पर लिखी गई नज़्मों ने स्वयं ही नाटक को लोक-भूमि से जोड़ दिया। 'आगरा बाज़ार' अभिनेताओं के समूहन की दृष्टि से भी अद्भुत एनसाम्बल था—भटिंडा के दो फ़कीर मुख्य गायकों की भूमिका में, छत्तीसगढ़ के बहुत से लोक अभिनेता विविध भूमिकाओं में, विधिवत प्रशिक्षित और अन्ततः शौकिया कलाकारों को भी मिलाकर की गई थी यह प्रस्तुति।

पश्चिमी और भारतीय रंग तत्त्वों के मेल से किस तरह का एक नया शिल्प और एक नया नाटक जन्म ले सकता है, उसका सर्वश्रेष्ठ उदाहरण है—'आगरा बाज़ार' आगरा

के मशहूर शायर नज़ीर अकबरावादी की नज़्मों और ग़ज़लों पर आधारित यह नाटक न तो यथार्थवादी नाटक के त्रि-अंकीय शिल्प से कोई मेल खाता है और न ही लोकनाटकों के मनमोहक रंगों, गीतों, नृत्य एवं संगीत से भरपूर है। नाटक जिसकी शायरी पर आधारित है, वह तो कभी नाटक में आता ही नहीं, इसके साथ ही नाटक में कोई कहानी मौज़ूद नहीं है। इसके बावजूद यह नाटक नज़ीर अकबरावादी के समकालीन समाज, लोगों और रीति-रिवाज़ों की ऐसी दिलचस्प तस्वीर पेश करता है जो शायद 'मृच्छकटिक' और 'अन्धेर नगरी' के बाद पहली बार देखने को मिलती है। इसीलिए इस तथ्य को कोरा संयोग कहकर नहीं छोड़ा जा सकता कि हबीब तनवीर 'मृच्छकटिक' अथवा 'मिट्टी की गाड़ी' की गाड़ी की तरफ़ बार-बार लौटते रहते हैं। लेकिन आश्चर्य है कि जब पचास के दशक में हबीब तनवीर ने 'आगरा बाज़ार' की पहली बार प्रस्तुति की तो किसी ने उसका इस बात के लिए नोटिस नहीं लिया कि जिस भारतीय रंगशैली की अपने देश को ज़रूरत थी, हबीब तनवीर ने इस नाटक के लेखन एवं प्रस्तुतीकरण के माध्यम से उस वक़्त तलाश कर ली थी, जब भारतीय रंगमंच में भारतीयता अथवा उसकी अपनी निजी पहचान, शैली और स्वरूप का डंका पीटनेवाले नारों और मुहावरों का जन्म भी नहीं हुआ था—क्या यह एक ऐतिहासिक तथ्य नहीं है कि जिस दौर में भारतीय रंगमंच पश्चिम के तथाकथित यथार्थवादी प्रभाव में लेखन एवं प्रस्तुति के स्तर पर सक्रिय था, उसी क्षण हबीब तनवीर अपने नाट्यदल के साथ एक ऐसी रंगशैली की तस्वीर पेश कर रहे थे, जो बाद में भारतीय रंगमंच में मील का पत्थर साबित हुई।

उनकी तीसरी बहुचर्चित प्रस्तुति 'मिट्टी की गाड़ी' है—जिसमें उनके अपने प्रदेश की लोक शैलियों का सम्भवतः एक भी तत्त्व नहीं है, लेकिन शहरी और लोक अभिनेताओं का संगम ज़रूर दिखाई देता है। दरअसल उनका रंगकर्म इसीलिए देखनेवालों पर अपना असर छोड़ता है क्योंकि वह अपनी बुनावट में बेहद सादगी भरा है, उन्होंने कभी भी उसे किसी व्याकरण में बाँधने का प्रयत्न नहीं किया और न ही उसे भारी-भरकम और भड़कीला बनने दिया। यही कारण है कि 'मिट्टी की गाड़ी' जैसा जटिल संस्कृत नाटक उनके माध्यम से बहुत ही सादे किन्तु उतने ही कल्पनाशील प्रस्तुतीकरण के माध्यम से सम्प्रेषित हो जाता है। 'मिट्टी की गाड़ी' ने संस्कृत नाटकों के मंचन का वह सहज और सरल रास्ता सुझाया जो ठेठ हिन्दुस्तानी, लोकधर्मी, यथार्थवादी होते हुए भी निहायत ही सांकेतिक एवं अमूर्त जान पड़ता है और संस्कृत नाटकों में उपलब्ध समय, स्थान एवं कार्य-व्यापार की उन्मुक्तता की समस्याओं को सुलझा देता है।

बहरहाल, हबीब तनवीर ने अपने नाटकों के कथास्रोत मुख्य रूप से रंगमंच की मौखिक या ज़्यादा-से-ज़्यादा श्रव्य परम्परा से ग्रहण किए हैं। हालाँकि प्रेमचन्द की 'शतरंज के खिलाड़ी', 'नज़ीर की नज़्में' और 'फितरती चोर' पहले से ही प्रकाशित रूप में उपलब्ध रही हैं : लेकिन उनका बाकी नाट्यलेखन अपनी कहानी और गीतों के लिए

लोकरंगमंच की मौखिक परम्परा पर निर्भर करता है। छत्तीसगढ़ में प्रचलित लोक-कथाओं, मिथक या रोज़मर्रा के दैनिक जीवन से जुड़े हुए विषयों को उन्होंने 'राजा चम्बा और चार भाई', 'बहादुर कलारिन' या 'रानी हिरमा की अमर कहानी' में जीवन्त कर दिया। इस स्रोत का कोई लिखित रूप न होने के कारण ये किसी भाषा-विशेष से उतना सम्बद्ध नहीं है जितना कि बोली से—इसीलिए वे मौखिक परम्परा का हिस्सा है और यही कारण है कि हबीब तनवीर के अभिनेता भी लोक रंगमंच की इसी परम्परा का हिस्सा है। भाषा के लिखित रूप की जानकारी तो नहीं लेकिन छत्तीसगढ़ी बोली के लहज़े और मिज़ाज़ से वे अभिन्न रूप से जुड़े हैं। इस छत्तीसगढ़ी लोक पृष्ठभूमि को ध्यान में हबीब तनवीर ने अपने अभिनेताओं के साथ तीन प्रकार से नाट्य-रचना और प्रस्तुति करने की कोशिश की है। छत्तीसगढ़ी में मंचन का पहला प्रयास था 'मिट्टी की गाड़ी' या 'शाजापुर की शान्तिबाई'। दूसरी कोशिश स्वयं अभिनेताओं की परम्परा से उपलब्ध आशु नाटकों को थोड़ा व्यवस्थित रूप देकर प्रस्तुत करने की है, जैसे कि पूनाराम का 'महाभारत', 'कुश्तिया का चपरासी' या 'मेरा नाम दामाद और गाँव का नाम ससुराल' जैसे प्रदर्शन और तीसरी कोशिश में वे नाटक आते हैं जो अपने कथास्रोत में भले ही लोक-कथाओं पर आधारित हों, लेकिन अपने कथ्य एवं मूल संवेदना में आश्चर्यजनक रूप से मौलिक एवं आधुनिक है, चाहे वह 'चरनदास चोर' हो या 'बहादुर कलारिन'।

दरअसल नाटकों के केन्द्रीय पात्र की सृष्टि के लिए वे कथास्रोत ही ज़्यादा ज़िम्मेदार हैं, जिनके आधार पर नाटक की रचना हुई है। जनमानस में फैली हुई लोक-कथाएँ किसी एक नायक या नायिका के इर्द-गिर्द ही बुनी जाती है। एक लोक-कथाओं में सामाजिक जीवन के और भी कई पहलू होते हैं, लेकिन वे स्वतन्त्र रूप में न होकर उस पृष्ठभूमि का काम करते हैं, जहाँ से इन लोक-कथाओं का जन्म होता है। लेकिन प्रस्तुति में ज़्यादातर इन दो तत्त्वों में सामंजस्य क़ायम नहीं रह पाता। अन्तर्विरोधों के बीच से अपना रास्ता तय करते हुए चलते हैं—हबीब तनवीर। उन्हें एक समसामयिक नाटक को लोक-अभिनेताओं के साथ शहरी दर्शक के सामने प्रस्तुत करना होता है। इन अन्तर्विरोधों को ध्यान में रखते हुए इस सम्भावना पर विचार करना काफ़ी दिलचस्प साबित हो सकता है कि रंग व्यक्तित्व की दृष्टि से हबीब तनवीर का कौन सा पक्ष ज़्यादा दिनों तक याद रखा जाएगा। निस्सन्देह उनका अभिनेता और निर्देशकवाला पक्ष अधिक मुखर होकर सामने आता है, लेकिन सच्चाई यही है कि उनका नाटककार ही सबसे ज़्यादा ठोस एवं सार्थक है। जाने-पहचाने नाटक की बज़ाय हर बार बिल्कुल नए नाटक की रचना हबीब तनवीर की ऊर्जा का परिचायक है। और नया नाटक ही क्यूँ, हर बार उस नए नाटक के लिए एक नई बुनावट तैयार करना हबीब तनवीर की ताजगी को रचना के स्तर पर सूचित करता है। अपनी प्रस्तुतियों में हबीब तनवीर भले ही दोहराव के शिकार हों, लेकिन उनके नाटक कथ्य एवं फॉर्म में एक-दूसरे से बिल्कुल अलग है। अपने ढाँचे में लोक-शैली का अनुसरण करनेवाले ये नाटक कथ्य की दृष्टि से बिल्कुल आधुनिक, समसामयिक और यहाँ तक कि आश्चर्यजनक रूप से

मौलिक भी जान पड़ते हैं। पहली नज़र में 'बहादुर कलारिन' एक साथ 'राजा इडीपस', 'रुस्तम सोहराब' या 'अभिज्ञान शाकुन्तल' जैसे नाटकों से भी प्रेरित जान पड़ सकता है, लेकिन स्वयं छत्तीसगढ़ में ही प्राप्त लोककथा का अध्ययन करने पर नाटक अपनी मौलिकता की विशिष्ट पहचान स्थापित करता है। ब्रेष्ट के 'मदर करेज' की तर्ज़ पर ही रखा गया शीर्षक 'बहादुर कलारिन' सचमुच ही एक श्रेष्ठ नाट्य कृति है।

इस प्रकार हबीब की रंग-यात्रा के तीन पड़ाव अलग-अलग दिखाई पड़ते हैं। पहले पड़ाव में 'रुस्तम सोहराब' और 'मुद्राराक्षस' जैसी प्रस्तुतियाँ हैं, जो पूरी तरह से शहरी और शौकिया अभिनेताओं के साथ की गईं। दूसरे पड़ाव में 'आगरा बाज़ार', 'मिट्टी की गाड़ी' जैसी प्रस्तुतियाँ हैं, जिनमें शहरी और लोक अभिनेताओं का अद्भुत समन्वय दिखाई पड़ता है और तीसरे और अन्तिम पड़ाव में किया गया वह सब काम शामिल है, जो पूरी तरह से छत्तीसगढ़ के अभिनेताओं के साथ किया गया है। इसी दौर में 'चरनदास चोर', 'बहादुर कलारिन', 'शाजापुर की शान्तिबाई' और 'लाला शोहरत राय' जैसी प्रस्तुतियों के नाम लिए जा सकते हैं। भाषा के प्रयोग की दृष्टि से भी रंगयात्रा की इस कड़ी का अपना विशेष महत्त्व है। मूल अंग्रेज़ी, उर्दू या हिन्दुस्तानी के साथ छत्तीसगढ़ी का इस्तेमाल और अन्ततः सिर्फ़ छत्तीसगढ़ी में ही लेखन एवं प्रस्तुतीकरण उन्हीं तीन पड़ावों से भी सम्बद्ध है। इप्टा, हिन्दुस्तानी थिएटर से नया थिएटर तक लगभग पाँच दशकों की जो रंगयात्रा है, उसमें हबीब तनवीर की जितनी भारतीय दृष्टि समाहित है, उतनी ही वह पाश्चात्य दृष्टि भी, जो उन्हें पाश्चात्य रंगमंच के व्यावहारिक साक्षात्कार से प्राप्त हुई है। निश्चय ही ब्रेष्ट के रंगमंच के व्यावहारिक अनुभव से पहले ही हबीब तनवीर 'आगरा बाज़ार' की रचना एवं प्रस्तुति कर चुके थे लेकिन इसमें कोई सन्देह नहीं कि अगले नाटकों के लेखन में उन्हें ब्रेष्ट से बहुत मदद मिली। यहाँ तक कि उन्होंने ब्रेष्ट के नाटक 'द गुड वुमेन ऑफ सेत्ज़ुआन' को छत्तीसगढ़ी में प्रस्तुत किया, जो भाषा से अलग किसी बोली में ब्रेष्ट की पहली रचना थी। बाद में फ्रिट्ज बेनेविट्ज द्वारा म.प्र. रंगमंडल के साथ बुन्देली में प्रस्तुत 'खड़िया का घेरा' (इंसाफ़ का घेरा शीर्षक से) इसी क्रम को आगे बढ़ाता है। एक निर्देशक के रूप में हबीब तनवीर ने संस्कृत नाटक, पारसी नाटक, ब्रेष्ट और मौलियर जैसे नाटककारों के नाटकों के अलावा या तो स्वयं ही नाट्य रूपान्तर किए हैं अथवा मौलिक नाट्य लेखन किया है। अपने नाटकों के कथास्रोत उन्होंने विभिन्न प्रदेशों में उपलब्ध साहित्य एवं लोक-साहित्य में से ग्रहण किए हैं। उ.प्र., मध्य प्रदेश और राजस्थान—इन तीनों प्रदेशों का जनजीवन इन नाटकों में बार-बार आता है। यह भी एक संयोग है कि प्रेमचन्द के अलावा उन्होंने किसी अन्य समसामयिक नाटककार का नाटक मंचित नहीं किया है। इसका कारण शायद यही है कि 'आगरा बाज़ार' को छोड़कर उनका कोई नाटक हिन्दी में प्रकाशित नहीं हुआ है। दूसरे हबीब मूलतः उर्दू में ही लिखते हैं और कई बार तो नाटक की मूल प्रति के अलावा उसकी कोई दूसरी प्रति होती ही नहीं। फिर उर्दू में लिखित नाटक का देवनागरी में रूपान्तर स्वयं में एक श्रमसाध्य कार्य है। यही कुछ वज़हें हैं, जिनके

कारण उनके नाटक प्रस्तुति के माध्यम से ही पाठक-दर्शक तक पहुँचे हैं। अतः यह स्वाभाविक ही है कि उनके नाटककार को निर्देशक या प्रस्तुतकर्ता से अलग करके नहीं देखा जा सकता। पर मुझे लगता है कि हबीब तनवीर पहले अभिनेता और निर्देशक हैं, बाद में नाटककार। शायद यही कारण है कि उनकी प्रस्तुतियाँ उनके निर्देशक के सन्दर्भ में तो चर्चित होती रही हैं, नाटक के आलेख की दृष्टि से उन पर गम्भीर चिन्तन नहीं किया गया है। इसीलिए आधा दर्ज़न नाटक लिखने के बावजूद उन्हें एक नाटककार के रूप में स्वतन्त्र प्रतिष्ठा नहीं मिली है।

संक्षेप में यही कहा जा सकता है कि हबीब तनवीर ने अपने पचास वर्षों की अनवरत रंग-यात्रा में भारतीय रंगमंच को जो कुछ दिया है, उसका ऐतिहासिक महत्त्व कभी कम नहीं होगा। और उनका सम्पूर्ण रंगकर्म लगातार खोज़ी एवं व्यवहार में लाई जानेवाली भारतीय रंगशैली के साक्ष्य के रूप में सदा याद किया जाता रहेगा और भावी रंगकर्मियों के लिए पथ-प्रदर्शन का काम करेगा।

कारन्त का रचनाकर्म : पुनर्आकलन

कारन्त अपने जीवन काल में ही एक लीजैंड बन गए थे। कहना तो यह चाहिए कि उन्हें लीजैंड बना दिया गया था। इसलिए उनके रहते अथवा उनके बाद उनके काम को लेकर कभी भी यदि कोई चर्चा हुई तो वह हमेशा उसी मिथ, लोककथा और कुछ-कुछ उस रहस्यमय दायरे में ही सिमटी रही, जिसमें प्रायः इस प्रकार अपने जीवन में ही लीजैंड बन जाने अथवा बना दिए जानेवाले व्यक्ति के साथ हुआ करता है। यदि ऐसा नहीं है तो क्या कारण है कि आज तक उनके रचनाकर्म पर हिन्दी में कोई किताब, लेख देखने में नहीं आया। कभी-कभार उनकी किसी एक प्रस्तुति को लेकर विस्तृत समीक्षाएँ ज़रूर लिखी गईं लेकिन वह विशेष प्रस्तुति अपनी पृष्ठभूमि के रूप में कहाँ से अपनी ऊर्जा, अपने औज़ार और अपना आकार गढ़ती होगी—इस विषय में कहीं कोई गम्भीर चिन्तन भी मेरे देखने-पढ़ने में नहीं आया। जो आया भी वह मात्र संस्मरणों, स्मृतियों और अनुभवों के जाल में ही घिरा रहा है। दूसरे शब्दों में यह भी कहा जा सकता है कि आज तक हम कारन्त के व्यक्तित्व मात्र का ही आकलन करते रहे हैं। उनके कृतित्व का एक गम्भीर, गहरा, उत्तेजक, खुला और विवेचनपरक अध्ययन अभी भी अपेक्षित है। प्रस्तुत आलेख उसी दिशा में एक छोटी सी कोशिश है।

यों तो रचनाकर्म के स्तर पर कारन्त के अनगिनत रूप और रंग दिखाई पड़ते हैं—गीत-संगीत, गायन-वादन, अनुवाद, लेखन, प्राध्यापन, प्रशासन, अभिनय, निर्देशन, फ़िल्म निर्माण-निर्देशन, फ़िल्म संगीत। यदि इस सूची में हम उनके व्यक्तित्व के कुछ दूसरे पहलू भी जोड़ लें तो यह सूची काफ़ी लम्बी हो जाएगी। मसलन ज़िन्दगी-भर यायावरी, पुस्तकें-पत्रिकाएँ खरीदने का व्यसन, संगीत-वाद्य, पोस्टर, स्मृतिचिह्नों को एकत्रित करने की लगातार लालसा। एक के बाद एक बड़े-से-बड़े पुरस्कारों की प्राप्ति। इतना सब कुछ पा लेने या हो जाने के बावजूद वह अन्त तक एक कसक, एक अभाव अथवा एक हीन और अधूरे भाव से ग्रस्त रहे। क्या ऐसा हर रचनाधर्मी कलाकार के साथ होता है ? रवीन्द्रनाथ ठाकुर, शम्भू मित्र, इब्राहिम अल्काज़ी जैसे लोगों के उदाहरण हमारे सामने मौज़ूद हैं जिन्होंने एक लम्बे दौर तक रचनाकर्म करने के बाद इसी से मिलते-जुलते खालीपन अथवा एकाकीपन को महसूस किया और वे अपनी बनाई दुनिया में सिमटते चले गए। लेकिन कारन्त के साथ तो ऐसा कुछ भी नहीं था, बेशक़ वह उस अधूरेपन

से हमेशा घिरे रहे फिर भी उन्होंने बाहरी दुनिया से अपना नाता कभी नहीं तोड़ा। लगातार यात्राएँ, लोगों से मिलना-जुलना, घंटों-घंटों साथ बैठकर लम्बी-लम्बी चर्चाएँ और बहसें तथा एक गर्माहट भरा अन्दाज़-ए-बयाँ।

वैयक्तिक स्तर पर उपर्युक्त कसक अथवा छटपटाहट का कारण समझ में आता है। वैवाहिक ज़िन्दगी, फिर भी दौड़-भाग की वज़ह से बहुत लम्बे अरसे तक साथ न रह पाना, शायद सन्तान का न होना और गाहे-बगाहे विवाहेतर प्रसंगों में उलझते रहना। लेकिन ये सारी बातें उस रचनात्मक बेचैनी के सामने कुछ भी नहीं हैं जिसके भीतर से गुज़रते हुए उन्होंने 'हयवदन,' 'अन्धेर नगरी,' 'स्कन्दगुप्त,' 'एवम् इन्द्रजीत,' 'गोकुलनिर्गमन,' 'मृच्छकटिक' जैसी प्रस्तुतियों के माध्यम से पहले तो एक नई रंगभाषा तैयार की और फिर उसके ऊँचे-से-ऊँचे प्रतिमान स्थापित किए। सवाल उठाया जा सकता है कि वह कौन सी नई रंगभाषा है जिसके लिए कारन्त को याद किया जाएगा ? आख़िर किसी भी प्रस्तुति में आलेख से लेकर प्रयोग तक की यात्रा में जो दृश्यभाषा अथवा रंगभाषा तैयार होती है उसमें अभिनेता, मंचसज्जा, वेशभूषा, रूपसज्जा, प्रकाश-अन्धकार, मौन, ध्वनियाँ, गीत-संगीत, गतियाँ और मुद्राएँ—क्या यही सारे तत्त्व नहीं होते ? ज़रूर होते हैं लेकिन इसके बावजूद कारन्त की रंगभाषा यदि अलग से दिखाई पड़ती थी तो उसके बहुत साफ़ और ठोस कारण दिखाई पड़ते हैं। वहाँ आलेख है लेकिन अपने परम्परागत अर्थों और मुहावरों में तो बिल्कुल भी नहीं। किसी भी पहले से लिखे हुए अथवा बने-बनाए आलेख को जस-का-तस प्रस्तुत कर देना उनके स्वभाव में ही नहीं था। वह कहीं से भी शुरू हो सकता था। बीच में कहीं पर भी टूट सकता था, बदल सकता था और अन्त तो कभी भी निश्चित नहीं होता था। यही बात अभिनेता पर लागू होती है। प्रस्तुतियों में ढेर सारे अभिनेता हैं लेकिन कोई भी अभिनेता अलग से किसी चरित्र विशेष के रूप में अपनी पहचान कभी नहीं बना पाया। ऐसा नहीं कि वे अभिनेता अपने चरित्र चित्रण और निरूपण में अक्षम थे, दरअसल उनकी प्रस्तुतियों का व्याकरण ही कुछ ऐसा त्वरित, गतिशील, लगभग फ़िल्म का सा असर पैदा करता हुआ होता था जहाँ कोई भी दृश्य बहुत देर तक स्थिर रूप में आँखों के सामने नहीं टिकता। क्या यह अपने आप में विरोधाभास नहीं कि जिस कारन्त ने दूसरे निर्देशकों की प्रस्तुतियों में मि. काशीकर और भाऊराव जैसे चरित्रों की भूमिका में अपने अभिनय की अमिट छाप छोड़ी, उनकी स्वयं निर्देशित प्रस्तुतियों में हम शायद ही किसी अभिनेता को अपने अविस्मरणीय अभिनय के कारण जानते हों। यहाँ तक कि जब-जब उन्होंने ऐसे नाटक किए भी जिनमें अभिनेता के लिए अपनी छाप छोड़ने की पूरी सम्भावनाएँ थीं, वहाँ भी यह पक्ष अनदेखा रह गया। 'बाबूजी', 'महाभोज', छोटे सैयद बड़े सैयद—ऐसी ही प्रस्तुतियों में गिनी जाएँगी। तब फिर कारन्त की रंगभाषा का वास्तविक मर्म और रहस्य क्या है ? मेरे विचार में सबसे पहले तो वह इस रूप में दिखाई पड़ता है कि उन्होंने कभी भी अपने आपको हबीब तनवीर, कावलम नारायण पणिक्कर और बादल सरकार की तरह किसी शैली विशेष में नहीं बाँधा और न ही वह इब्राहिम

अल्काज़ी, उत्पल दत्त और शम्भु मित्र के यहाँ उपलब्ध यथार्थवादी अथवा उसी के काव्यात्मक और कहीं-कहीं मेलोड्रमैटिक लहजे से बँधे रहे। सही तो यह है कि उन्होंने कभी एक रास्ता तो अपनाया ही नहीं और हर बार स्वयं आलेख के भीतर से ही उस रास्ते को खोज़ने की कोशिश की।

क्या ज़िन्दगी-भर यायावरी इसका एक कारण हो सकता है ? हर रोज़ अलग-अलग भाषा, अलग-अलग प्रदेश, अलग-अलग भोजन, अलग-अलग लोग—अपनी निजी ज़िन्दगी का यह रवैया कहीं भीतर-ही-भीतर उनकी उस रंगभाषा की आधारभूमि बनता जा रहा था, जहाँ अन्त में आकर यह कहना मुश्किल हो जाता है कि कौन सा तत्त्व कहाँ से आया ? ठीक भरत द्वारा निरूपित रस-सिद्धान्त के उस उदाहरण से मिलता- जुलता, जहाँ वह कहते हैं कि रसास्वादन उस आनन्द की तरह है जिसमें आप तरह-तरह के परोसे गए व्यंजनों का आस्वाद लेने के बाद किसी भी व्यंजन विशेष को अलग से याद नहीं रख पाते और उन सबके समेकित प्रभाव से ही सन्तुष्टि का अहसास करते हैं।

यही वह सामूहिकता और उत्सवधर्मिता है जिसके आधार पर कारन्त अपनी रंगभाषा की नींव रखते हैं। अपनी दिन-प्रतिदिन की ज़िन्दगी में लगातार लोगों से घिरे रहनेवाले कारन्त की प्रस्तुतियों में भी ऐसी ही भीड़, समूह और मेले का सा वातावरण दिखाई पड़ता था। याद नहीं पड़ता कि कभी उन्होंने कोई ऐसा नाटक भी किया हो, जिसमें महज़ दो ही पात्र हों। यदि होंगे भी, तो भी इस बात की कोई गारंटी नहीं थी कि कब वे दो पात्र न जाने कितने अनुपस्थित पात्रों की उपस्थिति से घिर जाएँगे। हर क्षण मंच पर एक हलचल चाहे वह लोगों की हो, चाहे वह ध्वनियों की हो, चाहे वह दृश्यों के लगातार बनने, टूटने और बदलने की हो—ऐसा लगता था कारन्त के अपने जीवन की कसमसाहट और छटपटाहट मानों मंच पर ही साकार रूप लेती थी और उसके लिए नाटक का आलेख और उसकी प्रस्तुति महज़ एक माध्यम भर थे।

तब फिर उस एक और अकेले तत्त्व को किस रूप में परिभाषित किया जाए जिसके लिए अन्ततः कारन्त को हमेशा याद किया जाएगा ? बहुत ही स्थूल और सपाट शब्दों में उत्तर दिया जा सकता है कि वह तत्त्व है उनका रंग-संगीत। लेकिन यह रंग-संगीत सचमुच में क्या है ? किसी प्रस्तुति में यदि हमें गीत, संगीत, नृत्य आदि मिल जाएँ तो हम उसे रंग-संगीत का पर्याय मान लें ? तब तो हर हिन्दी फ़िल्म, हर लोक-नाटक अथवा किसी भी संगीत रचना को उस श्रेणी में रखा जा सकता है। लेकिन उनके यहाँ ऐसा किया जाना बेहद मुश्किल है। यह बात ब्रेष्ट के नाटकों के संगीत के बारे में भी कही जाती रही है कि वह गेय संगीत न होकर बहुत ही कठोर और लगभग चाबुक की तरह से प्रहार करनेवाला हुआ करता था, अर्थात् वह गीत न होकर एक गद्ययुक्त टिप्पणी बन जाया करता था। कारन्त के यहाँ भी ठीक उन अर्थों में तो नहीं लेकिन फिर भी रंग-संगीत कुछ ऐसी ही भूमिका अदा करता है। लगता है कि वहाँ संगीत एक अभिनेता की देह धारण करके उपस्थित होता है और धीरे-धीरे मानों अभिनेता की अपनी व्यक्तिगत उपस्थिति को गौण कर देता है इसीलिए यह संयोग मात्र नहीं है कि

उनकी प्रस्तुतियों में कोई भी अभिनेता अलग से नज़र नहीं आता और ये सब मिलकर रंग-संगीत का एक सामूहिक कोलाज़ बनाते हैं, जिसमें गीतों की, ध्वनियों की, गतियों की अपनी भूमिका रहती है। यही कारण है कि कारन्त के रंगकर्म की कोई निश्चित शैली नहीं है। वह ज़िन्दगी-भर यात्राएँ ज़रूर करते रहे लेकिन वे यात्राएँ अन्ततः यात्राएँ ही रहीं किसी गन्तव्य तक नहीं पहुँचीं। शायद गन्तव्य तक पहुँचना उनका मक़सद भी नहीं था। यहाँ कारन्त ठीक बादल सरकार के नाटक 'एवम् इन्द्रजीत' के इन्द्रजीत के समानान्तर ही दिखाई पड़ते हैं जब वह कहता है—तीर्थ नहीं है केवल यात्रा, इष्ट यहीं गन्तव्य यहीं है अर्थात् कहीं पर भी पहुँचना नहीं है अथवा रुकना नहीं, बस चलते रहना है। ज़ाहिर है कि इस तरह की यात्रा और यायावरपन का अपना मज़ा अवश्य है लेकिन शायद उससे आपकी कोई दीर्घकालीन पहचान नहीं बनती। कहीं अपने भीतर कारन्त भी इस सत्य को जानते थे यदि ऐसा नहीं है तो वे कभी भी एक जगह पर बहुत दिनों तक टिककर क्यों नहीं रहे ?

कारन्त ने राष्ट्रीय नाट्य विद्यालय के निर्देशक का पद सँभाला और पिछले पन्द्रह सालों से चली आ रही प्रशिक्षण पद्धति को तोड़-फोड़कर रख दिया। उसकी जगह पर वह अपनी जिस नई पद्धति को लेकर आए। उसके जमने, फलने, फूलने और एक निश्चित स्वरूप ग्रहण करने से पहले ही महज़ चार साल बाद वह विद्यालय छोड़कर चले गए। इसके बाद भोपाल रंगमंडल के रूप में एक नई शुरुआत और वहाँ एक ही साल में इतना कुछ कर दिखाने की तमन्ना कि रंगमंडल एक बकासुर की भाँति अपने क़द से भी बड़ा होता चला गया और उससे लड़ न पाने की असमर्थता के चलते उन्हें फिर वहाँ से भागना पड़ा। और अन्त में रंगायन के रूप में एक नाटक के तीसरे अंक की तरह फिर से एक नई शुरुआत और उसका भी जो हश्र हुआ वह हम सबके सामने है। लगता ही नहीं वह कुछ गढ़ना और रचना चाहते थे। इसके विपरीत जो सामने आया, वह यही कि उन्होंने अपनी बनाई हुई इमारतों को खुद ही तोड़ दिया। इसके पीछे क्या किसी से कोई बदला लेने का भाव था या अपने भीतर निहित आक्रोश की अभिव्यक्ति का रास्ता—इसे समझना सचमुच में बहुत मुश्किल है।

कारन्त की रचनात्मक यात्रा गिरीश कार्नाड के नाटक 'तुग़लक' से मिलती-जुलती है—बेहद संवेदनशील पढ़ा-लिखा, दूरदर्शी, सपनों और आदर्शों की दुनिया में जीनेवाला एक दार्शनिक लेकिन व्यावहारिकता में बिल्कुल कोरा और शून्य। इसीलिए ज़िन्दगी-भर कभी दिल्ली, कभी दौलताबाद और फिर दिल्ली और नतीज़ा यह कि एक-एक करके सब लोग उसे छोड़कर चले जाते हैं। यह सही है कि कारन्त के साथ बिल्कुल उसी रूप में वैसा कुछ भी घटित नहीं हुआ लेकिन एक-दूसरे रूप में कारन्त एक विरोधी समान्तर अवश्य उपस्थित करते हैं। जीवन में जब-जब एक बहुत बड़ा जन समूह उनके साथ था वह उसे मझधार में छोड़कर चल दिए। इसीलिए भीड़ में रहकर भी वह बहुत अकेले थे। क्या इसे एक संयोग मात्र मानकर छोड़ दिया जाए कि जो कारन्त ज़िन्दगी की भीड़ में रहकर भी हमेशा अलग से दीखता था, उसी की किसी भी प्रस्तुति में कोई

अभिनेता अलग से कभी दिखाई नहीं दिया। यह भी एक रोचक अध्ययन का विषय हो सकता है कि कारन्त ने कन्नड़ के चाहे कितने भी नाटकों और दूसरी पुस्तकों का हिन्दी में अनुवाद किया हो उनका सबसे ज़्यादा लोकप्रिय अनुवाद 'तुग़लक' का ही साबित हुआ। आज यह लगता ही नहीं कि तुग़लक कभी मूल रूप से कन्नड़ का नाटक रहा होगा।

मेरे विचार में यदि कारन्त का सचमुच में कोई सही आकलन हो सकता है तो वह यही होगा कि वह एक चिन्तक और सिद्धान्तकार से अधिक एक शुद्ध व्यावहारिक रंगकर्मी थे। इसे यूँ भी कहा जा सकता है कि उन्हें लिखने से ज़्यादा बोलने में मज़ा आता था और यही कारण है कि उनकी नाट्य प्रस्तुतियों में वाचिक के अलग-अलग रूप और रंग दिखाई पड़ते हैं। जयशंकर प्रसाद ने भी आज से लगभग सत्तर-अस्सी वर्ष पूर्व इसी तथ्य को रेखांकित किया था कि यदि किसी भाषा को जीवित रखना है तो उसे नाटकों के माध्यम से लिखित रूप की बज़ाय वाचिक रूप में इस्तेमाल में लाया जाना चाहिए। क्या संस्कृत भाषा का इतिहास हमारे सामने नहीं है ? एक ऐसी भाषा जो कभी बोलने की भाषा हुआ करती थी, कालान्तर में मात्र एक लिखित भाषा होकर रह गई और अपनी अकाल मृत्यु को प्राप्त हो गई।

कारन्त ने भाषा या बोली की इस जीवन्त शक्ति को बहुत पहले ही पहचान लिया था और जब-जब उन्हें मौक़ा मिला, उन्होंने इस दिशा में अद्भुत प्रयोग किए। बच्चों के नाटकों में नर्सरी राइम, पहाड़ों की गिनती से जुड़ी चिर-परिचित धुनों का इस्तेमाल, संस्कृत नाटकों को कभी अवधी, कभी मालवी, कभी बुन्देली बोलियों में प्रस्तुत करना और कभी किसी एक नाटक में देश की सभी भाषाओं को एक साथ परोस देना। यह भी उनकी उसी सोच से जुड़ा है जो कहीं-न-कहीं जाकर रंग-संगीत के व्यापक दायरे से जुड़ती है अर्थात् संगीत संगीत न रहकर बोली बन जाए, भाषा बन जाए, खानपान बन जाए, वेशभूषा बन जाए अर्थात् जीने की एक पद्धति बन जाए। शायद यही कारण है कि संस्कृत नाटकों के बाद यदि उन्होंने दूसरे नाटककारों को मंचन के लिए चुना तो वे भारतेन्दु और जयशंकर प्रसाद थे जिनमें पुरानी हिन्दी और नई हिन्दी, पद्य और गद्य और नई-नई बनती खड़ी बोली की विविध छटाएँ दिखाई पड़ती हैं। जैसा कि पहले भी बार-बार संकेत किया जा चुका है, यह विविधता पहले उनकी अपनी ज़िन्दगी में हर क्षण मौज़ूद रहती थी और फिर उनके बहाने से उनके काम में भी दिखलाई पड़ती थी और वह भी कई रूपों में—गायन, अभिनय, अनुवाद, प्राध्यापन, प्रशासन का उल्लेख पहले ही किया जा चुका है। माध्यमों के रूप में लें तो कविता, कहानी, नाटक, आत्मकथा, यात्रा वृत्तान्त, फ़िल्म इन सबमें भी वह बहुवर्णी संचरण उपस्थित है। लगता है कि कारन्त के सम्पूर्ण रंगकर्म में दो विरोधी समान्तर हमेशा उपस्थित रहे हैं। उदाहरण के लिए एक तरफ़ उन्होंने अपनी प्रस्तुतियों में बोलियों और भाषाओं को लेकर महत्त्वपूर्ण प्रयोग किए, वहीं दूसरी तरफ़ वह अभिनेताओं द्वारा बोली जानेवाली भाषा के शुद्ध उच्चारण को लेकर कभी भी सजग नहीं रहे। यहाँ तक कि उनका तो मानना

था कि अभिनेता अपने साथ भाषा का जो भी और जैसा भी संस्कार लेकर आता है, उसे निखारने और सँवारने की कोई ज़रूरत नहीं है। रंगमंच में वह अपने उसी सहज रूप में विद्यमान रह सकता है। नतीज़ा यह होता था कि उनकी प्रस्तुतियाँ अपनी व्याख्या, परिकल्पना और रंग-संगीत में अद्‌भुत होती थीं लेकिन भाषा के प्रयोग के मामले में वे बिल्कुल मुक्त और कभी-कभी उच्छृंखल भी जान पड़ती थीं।

विरोधी ध्रुवों की उपर्युक्त उपस्थिति को दो अलग-अलग प्रस्तुतियों के माध्यम से ज़्यादा गहराई से रेखांकित किया जा सकता है। ये दोनों प्रस्तुतियाँ कारन्त ने 1979-80 के सत्र में विद्यालय के रंगमंडल के साथ मंचित की थीं। पहली प्रस्तुति है शेक्सपीयर का सुप्रसिद्ध नाटक 'मैकबेथ' जिसे रघुवीर सहाय ने 'बरनमवन' के नाम से रूपान्तरित किया था। उस समय इस प्रस्तुति की इस दृष्टि से काफ़ी ज़बर्दस्त सराहना की गई थी कि पहली बार किसी विदेशी नाटक को एक भारतीय लोक नाट्य शैली यक्षगान में प्रस्तुत किया गया है। इसमें कोई सन्देह नहीं कि प्रस्तुति में पात्रों के प्रवेश-प्रस्थान के समय यक्षगान शैली की पद संचालन गतियों का इस्तेमाल किया गया था, संगीत वाद्यों में दक्षिण भारत की इस शैली में प्रयुक्त किए जानेवाले चंडा वाद्य का प्रयोग था, वेशभूषा भले ही यक्षगान शैली की नहीं थी फिर भी उसमें अपनी एक निजी शैलीबद्धता ज़रूर थी लेकिन सारा नाटक मुक्त छन्द अथवा काव्य में होने के बावजूद यक्षगान से जुड़े गायन पक्ष का पूरी प्रस्तुति में कहीं कोई चिह्न नहीं था। स्वयं कारन्त ने यह स्वीकार किया था कि उन्होंने कभी भी इस प्रस्तुति को यक्षगान शैली में नहीं करना चाहा था। उन्होंने तो इस शैली के एक-दो तत्त्वों से उस प्रस्तुति को छू-भर दिया था। इस प्रस्तुति से जुड़ा एक और मनोरंजक पहलू यह भी है कि जहाँ आलोचक और बौद्धिक वर्ग प्रायः उसकी भूरि-भूरि प्रशंसा कर रहा था, वहाँ उस प्रस्तुति में काम करनेवाले बड़े-से-बड़े सभी अभिनेता मन-ही-मन प्रार्थना किया करते थे कि आज क्या ही अच्छा हो कि प्रदर्शन के पूर्व अथवा बीच में बारिश होने लगे और वे मंच पर आने से छुटकारा पा लें। क्या यह अपने आप में अन्तर्विरोध नहीं है कि जिन लोकनाट्य शैलियों के माध्यम से साठ और सत्तर के दशक में भारतीय रंगमंच की खोज़ और प्रतिस्थापना का काम ज़ोरों से हो रहा था, उनसे जुड़ी प्रस्तुतियों में सारी पहल आलोचकों और निर्देशकों की तरफ़ से हुई और अभिनेता उसमें मात्र एक साधन की तरह से इस्तेमाल किए गए। क्या इस बात की गहरी छानबीन नहीं की जानी चाहिए कि हर तरह के शैलीबद्ध प्रयासों और प्रयोगों के बाद भी हमारे अभिनेता यथार्थवादी अभिनय को ही प्रमुखता क्यों देते हैं ? क्या कारन्त की प्रस्तुतियों में अलग से अभिनेता के दिखाई न देने का यही कारण तो नहीं कि उन्होंने कभी उस यथार्थवादी शैली में काम किया ही नहीं जिसमें अभिनेता को पूरी तरह से किसी चरित्र को निरूपित करने का अवसर मिलता है।

उपर्युक्त स्थापना को कारन्त की एक और प्रस्तुति बहुत सही, साफ़ और स्पष्ट शब्दों में प्रमाणित करती है। वह प्रस्तुति थी सुरेन्द्र वर्मा का नाटक 'छोटे सैयद बड़े सैयद,' जिसे उन्होंने रंगमंडल के कलाकारों के साथ ही प्रस्तुत किया था। एक

यथार्थवादी मुहावरे में रचित ऐतिहासिक नाटक। कहीं कोई गीत नहीं, कहीं कोई कविता नहीं, कहीं कोई नृत्य नहीं, नाटक का हर दृश्य राजनीतिक षड्यन्त्रों, मन्त्रणाओं और हलचलों से सराबोर जहाँ सभी अभिनेताओं को अपने पात्रों और भूमिकाओं को पूरी तरह से स्थापित करने के अनगिनत अवसर थे। लेकिन प्रस्तुति के बाद याद रह जाता था रघुवीर यादव का एक मार्मिक गीत—दिल्ली, मेरी दिल्ली...और मंच के ऊपरी हिस्से में पूरे प्रदर्शन के दौरान बीच-बीच में बजनेवाले सितार की लगातार धुन। अब इसे दो विरोधी तत्त्वों की आपसी टकराहट कहा जाए या कुछ और कि जिसे प्रस्तुति में अभिनेताओं से शैलीबद्धता की अपेक्षा थी वहाँ उनका यथार्थवाद ज़्यादा उभरकर आता था और जिस प्रस्तुति में पूरी तरह से यथार्थवादी अथवा गद्य आश्रित अभिनय की दरकार थी, वह प्रस्तुति अपने संगीत के हस्तक्षेप के कारण ज़्यादा याद की गई।

भविष्य में भले ही हम कारन्त की प्रस्तुतियों को मात्र उनके रंग-संगीत के लिए याद रखेंगे लेकिन इसी के साथ एक और तथ्य की याद दिलाना भी ज़रूरी है कि जिस तरह कारन्त एक बने-बनाए आलेख से बँधे हुए नहीं रहे, उसी तरह उन्होंने नाटकों की प्रस्तुति परिकल्पना में जितने अधिक प्रयोग किए, उतने शायद ही भारतीय रंगमंच मेंं किसी दूसरे निर्देशक ने किए होंगे। कुछ नाटकीय युक्तियाँ ऐसी मौलिक और अद्भुत थीं कि देखते ही बनती थीं। उदाहरण के लिए 'अन्धेर नगरी' में गोबरधनदास के मोटापे को स्थापित करने के लिए एक ही चोगेनुमा वेशभूषा में दो अभिनेताओं को फिट कर देना। अब जहाँ भी एक अभिनेता जाएगा, वहाँ दूसरे को भी उसके साथ आना पड़ेगा। चार हाथ, दो सर, दो धड़ के माध्यम से खाने के लालच में मोटाए हुए पात्र का इससे बढ़िया जीवन्त बिम्ब और क्या हो सकता है। इसी नाटक का एक नया अन्त—राजा को फ़ाँसी दी जा चुकी थी। सत्ता महन्त और उसके दो चेलों के हाथ आ जाती है, और एक बार फिर से अन्धेर नगरी के राजा का नाटक ठीक वहीं से शुरू हो जाता है जहाँ से पिछले राजा की कहानी शुरू होती थी। किसी भी एक पात्र को एक बहुत बड़े कोरस में बदल डालना क़ारन्त को बहुत प्रिय था और जब भी मौक़ा मिलता वह इस नाटकीय युक्ति का इस्तेमाल अवश्य कर लेते थे। मुद्राराक्षस में दोहों और कविताओं के लिए कोरस, एवम् इन्द्रजीत में अमल, विमल, कमल के लिए बहुत बड़ा कोरस और अन्धेर नगरी तो पूरा नाटक ही चालीस लोगों के कोरस के माध्यम से मंचित किया गया था। याद नहीं पड़ता कि उनकी अपनी किसी नाट्य प्रस्तुति में किसी अकेले पात्र को केन्द्र में रखकर संगीत रचना तैयार की गई हो। कारन्त के रंग-संगीत की अपनी अलग पहचान ही यही है कि वहाँ संगीत कभी भी एकान्त उपस्थिति में न आकर एक बहुत बड़े जन समूह के रूप में आता है।

इन सबसे अलग एक और तत्त्व भी है जिसका कारन्त के रचनाकर्म में विवेचन और विश्लेषण के दौरान कभी उल्लेख नहीं किया गया। वह तत्त्व है अनायास ही अथवा चुपके से चला आता हास्य जो कि प्रस्तुतियों को और भी ज़्यादा मनोरंजक और चित्ताकर्षक बना देता था। उदाहरण के लिए 'भगवदृज्जुकम' की एक प्रस्तुति में शांडिल्य

की भूमिका करनेवाला अभिनेता कन्नड़ भाषी था। प्रस्तुति मूल संस्कृत भाषा में ही तैयार की गई थी। लेकिन एक प्रसंग में शिष्य शांडिल्य अपने गुरु परिव्राजक को गालियाँ देते-देते संस्कृत छोड़ कन्नड़ पर उतर आता था। उसी प्रस्तुति का एक और प्रसंग याद आता है जब वसन्तसेना के प्राण लेने के लिए आया हुआ यमदूत क्षण-भर के लिए स्वयं उस पर मोहित हो जाता है। 'अन्धेर नगरी चौपट राजा' में तो अनेकानेक नाट्य युक्तियों के बहाने से हास्य पैदा करने की कोशिश की गई थी। नाटकीय स्थितियाँ स्वयं में ही इतनी नाटकीय हो जाएँ कि अलग से हास्य की ज़रूरत ही न पड़े, ऐसा कौशल निश्चित रूप से कारन्त के पास था। इसका सबसे अच्छा उदाहरण है जब उन्होंने राष्ट्रीय नाट्य विद्यालय के छात्रों के साथ संस्कृत के दो प्रहसनों को एक ही प्रस्तुति में पिरो दिया। प्रहसन थे 'भगवद्ज्जुकम' और 'मत्तविलास'। 'भगवद्ज्जुकम' के उद्यानवाले दृश्य में अचानक मत्तविलास के पात्रों का चला आना अथवा मत्तविलास के बाज़ारवाले दृश्य में भगवद्ज्जुकम के गुरु और शिष्य का चला आना और सबके आपसी वार्तालाप अद्भुत हास्य की सृष्टि करते थे। ये कारन्त के ऐसे मास्टर स्ट्रोक हैं जो अप्रत्याशित रूप से प्रस्तुति में कहीं भी घटित हो सकते थे। कई बार हास्य का ऐसा ही समावेश उनके रंग-संगीत में भी देखा जा सकता है। 'दो कश्तियों का सवार' का मुख्य गीत एक चाबी से खोल रहा हूँ दो मालिक का ताला...और फिर ताला शब्द को बार-बार दोहराया जाना और खींचा जाना। 'मृच्छकटिक' में जुआरी के गीत में भी ऐसी ही जोड़-तोड़ दिखाई देती है।

ये हास्य भी उनकी प्रस्तुतियों में बिना किसी कारण के नहीं चला आया। ज़िन्दगी में बेशक़ वह बेहद अकेले बहुत सी त्रासदियाँ झेलते रहे लेकिन जब-जब किसी समूह अथवा गोष्ठी में उपस्थित होते थे तो पूरे वातावरण को अपने नए-नए किस्से-कहानियों से गुलज़ार बना देते थे। अंग्रेज़ी के टंग टुइस्टर के लिए हिन्दी में जीभ मरोड़ी शब्द की रचना, साष्टांग प्रणाम करने का तद्भव रूप सास की टाँग तोड़कर प्रणाम करना। ऐसी शाब्दिक खुराफ़ात कारन्त के दिमाग़ की उपज ही हो सकती थी। दिल्ली के मंडी हाउस क्षेत्र में यदि कहीं विवाह का मंडप सज़ा हो और कारन्त वहाँ से गुजर रहे हों तो वह बेधड़क वहाँ घुसकर पाँच-सात आइसक्रीमों पर हाथ साफ़ कर देते थे। उतनी ही निर्भीकता से वापस आकर अपने दोस्तों को उस दावत की कहानी चटखारे ले-लेकर सुना सकते थे। इसी सेंस ऑफ ह्यूमर के चलते उन्होंने चिरपरिचित लोक कथाओं में भी नए-नए आविष्कार कर डाले थे। यहाँ एक उदाहरण देना ही पर्याप्त होगा—एक कौआ अपने मुँह में मिठाई का एक टुकड़ा लिये मुँडेर पर बैठा है। एक लोमड़ी नीचे से गुजरती है तो कौए के मुँह में मिठाई का टुकड़ा देखकर उसके मुँह में पानी आ जाता है। वह तुरन्त एक तरक़ीब लड़ाती है, जिससे मिठाई का टुकड़ा उसे मिल जाए। कौए को एक गाना गाकर सुनाने के लिए कहती है। कौआ उसकी बातों में आकर जैसे ही गाने के लिए मुँह खोलता है कि मिठाई का टुकड़ा नीचे गिर जाता है और लोमड़ी उसे लेकर भाग जाती है। ये तो थी मूल लोककथा। लेकिन सरदार पटेल विद्यालय के बच्चों

के साथ काम करते-करते उन्होंने इस लोककथा को एक नया मोड़ दे दिया। और वह यूँ कि जब लोमड़ी कौए की प्रशंसा करने के बाद उसे गाने के लिए आग्रह करती है तो कौआ पहले मिठाई का टुकड़ा अपने मुख से निकालकर अपने पैर के नीचे दबा लेता है और उसके बाद अपनी काँव-काँव शैली में गाने लगता है। ज़ाहिर है कि लोमड़ी को उस गाने में कोई दिलचस्पी नहीं थी और वह मन मसोसकर चल देती है। अब अनुमान लगा सकते हैं कि जब यह प्रस्तुति बच्चों के सामने मंच पर आई होगी तो इसका कितना खुला स्वागत हुआ होगा।

ज़ाहिर है कि ये सारी चीज़ें कारन्त ने ज़िन्दगी-भर यात्राएँ करते हुए बटोरी थीं और जब चाहा उनका अपनी प्रस्तुतियों में इस्तेमाल कर लिया। यही कारण भी है जिसने उनकी प्रस्तुतियों को हमेशा एक अनगढ़ता से बाँधे रखा। देखा जाए तो उनका पूरा रंगकर्म एक लोककथा, एक फैंटेसी, एक मिथक और इतिहास के अलग-अलग रंगों से छाया हुआ है। जो देखने में तो मनोहारी लगता है लेकिन साथ-ही-साथ यह अहसास भी दिलाता है कि रचना अभी भी अधूरी है और उसमें बहुत कुछ किया जा सकता है। दूसरे अर्थों में उनकी प्रस्तुतियाँ सम्पूर्ण होने के बावजूद अपूर्ण होने का भाव लिए रहती थीं।

यह सही है कि कारन्त ने रंगमंच के क्षेत्र में किसी नई खोज़ अथवा नए सिद्धान्त का आविष्कार नहीं किया। लेकिन फिर भी देश-विदेश की सबसे ज़्यादा नाट्य मंडलियों, संस्थानों, भाषाओं और बोलियों में लगातार काम करनेवाले निर्देशक के रूप में अकेले कारन्त ही मिलेंगे। यदि शम्भु मित्र को टैगोर के नाटकों की मंच प्रस्तुतियों और मौलिक परिकल्पना का श्रेय दिया गया है तो इस दृष्टि से कारन्त भी कहीं पीछे नहीं ठहरते। जयशंकर प्रसाद जैसे अनभिनेय और अमंचित कहे जानेवाले नाटककार के नाटकों को मंच पर कारन्त ने ही सम्भव कर दिखाया और इस मिथ और भ्रान्ति को हमेशा के लिए तोड़ दिया कि वे नाटक खेले नहीं जा सकते।

अपने सतत रंगकर्म के लगभग अन्तिम दिनों में कारन्त ने कन्नड़ में संगीतमय ऑपेरा के रूप में एक प्रस्तुति की थी 'गोकुलनिर्गमन'। अपने मूल रूप में यह रचना एक नाटक न होकर एक लम्बी कविता है। मध्यकाल के हिन्दी साहित्य में उपलब्ध भ्रमर गीत परम्परा से मिलती-जुलती जिसे आधुनिक कन्नड़ कवि पू.ती.ना. चार ने लिखा है। यह प्रस्तुति मानो कारन्त के समस्त रंगकर्म का निचोड़ है। नाटक नहीं है फिर भी कविता और काव्य के रूप में एक सम्पूर्ण रंगमंचीय अनुभव हमारे सामने उपस्थित हैं। यों कारन्त ने इस प्रस्तुति को अपने सबसे पहले संगीत ऑपेरा का नाम दिया था लेकिन थोड़ा सा पीछे लौटकर देखें तो उनके यहाँ इससे पहले भी कम-से-कम तीन प्रस्तुतियाँ मौज़ूद हैं, जो इसी ऑपेरा शैली से मिलती-जुलती कही जा सकती हैं। पहली है गिलहरी रामायण जिसे कारन्त बार-बार बच्चों के साथ कभी कन्नड़ में और कभी हिन्दी में प्रस्तुत करते रहे थे। दूसरी प्रस्तुति है अन्धेर नगरी जिसे उन्होंने विद्यालय के छात्रों के साथ 1978 में किया था और तीसरी प्रस्तुति अमल, विमल, कमल जिसे पुनः उन्होंने विद्यालय

के छात्रों के साथ ही 1979 में मंचित किया था। नाटकों के आलेख जो भी और जैसे भी रहे हों, अपनी प्रस्तुतियों में वे पूरी तरह से गीत और संगीतमय हो गए थे। इसे भी याद रखा जाना चाहिए कि चारों प्रस्तुतियों में मंचसज्जा के नाम पर लगभग कुछ नहीं था और एक खाली स्पेस को सभी अभिनेता अपने गीतों, गतियों, मुद्राओं और चर्या से भर देते थे। एक अर्थ में ये सभी प्रस्तुतियाँ ऐसी जान पड़ती थीं कि मानो किसी बड़े गायक ने अपनी कोई नृत्य रचना मंच पर प्रस्तुत की हो या कोई बड़ा नर्तक अपने माध्यम को छोड़कर गायन में उतर गया हो अर्थात् साफ़-साफ़ शब्दों में कहा जाए तो गायन और नर्तन की संगम हैं ये प्रस्तुतियाँ और संगम की तीसरी धारा के रूप में कहीं अदृश्य रूप में उपस्थित है आलेख का गद्य।

यदि उपर्युक्त सम्पूर्ण विश्लेषण को संक्षेप में प्रस्तुत किया जाए तो कारन्त के रचनाकर्म को हर तरह से दो या तीन रास्तों के मिलन बिन्दु के रूप में ही पुनर्आकलित किया जा सकता है। कहीं वह गद्य और पद्य का संगम है, कहीं वह लोक और यथार्थ रंग का संगम है, कहीं वह भाषा और बोली का संगम है, कहीं वह ध्वनि और संगीत का संगम है, और कहीं वह इन सबको मिलाकर उनके अपने व्यक्तित्व और कृतित्व या कि रंग दृष्टि और रंग सृष्टि का संगम है।

निर्देशन की रेखाएँ : एम.के. रैना

एम.के. रैना उस दूसरी पीढ़ी के प्रतिनिधि निर्देशक हैं जिसने आठवें दशक की शुरुआत से अपने रंगकर्म का विधिवत श्रीगणेश किया। इससे पहले वह श्रीनगर में स्कूल के स्तर पर और फिर वहाँ से बाहर आने के बाद स्थानीय संस्थाओं के साथ थोड़ी बहुत साहित्यिक, सांस्कृतिक और रंगमंचीय शुरुआत कर चुके थे लेकिन सही मायनों में वह तब शुरू हुआ जब उन्होंने 1967 में राष्ट्रीय नाट्य विद्यालय में एक प्रशिक्षार्थी के तौर पर प्रवेश लिया। 1967 से 1970 तक के तीन वर्ष रैना के बाहरी और भीतरी विकास की दृष्टि से अत्यन्त महत्त्वपूर्ण हैं। महत्त्वपूर्ण इसलिए कि श्रीनगर जैसी दूरदराज़ जगह से पहली बार दिल्ली जैसे महानगर के साथ एक प्रत्यक्ष संवाद बना, यहाँ की सांस्कृतिक, राजनीतिक और दूसरी गतिविधियों में जीवन्त हिस्सेदारी बनी-बढ़ी और इब्राहिम अल्काज़ी जैसे निदेशक का सान्निध्य और उनसे शिक्षा-दीक्षा का अवसर मिला।

इसमें कोई सन्देह नहीं कि उस पीढ़ी के सभी रंगकर्मियों पर उस वक़्त के राष्ट्रीय नाट्य विद्यालय के माहौल, प्रशिक्षण पद्धति और तत्कालीन प्राध्यापकों का अलग-अलग ढंग से गहरा असर पड़ा। यह सारा प्रभाव इसलिए भी सम्भव हुआ कि हमसे पहलेवाली पीढ़ी के लगभग सभी प्राध्यापक किसी तरह के विधिवत प्रशिक्षण (स्वयं अल्काज़ी और एक-दो दूसरे अपवादों को छोड़कर) से निकलकर बाहर आए हुए लोग नहीं थे, वरन् उन्होंने काम करते-करते जो अनुभव प्राप्त किए थे उन्हीं को प्रशिक्षण के रूप में हमें प्रदान कर रहे थे। इस तरह से वह समय छात्रों के लिए इब्राहिम अल्काज़ी जैसे विधिवत् प्रशिक्षित, देव महापात्र, शान्ता गांधी जैसे अंशतः प्रशिक्षित और नेमिचन्द्र जैन, गोवर्धन पांचाल, इन्दु घोष और जी.एन. दास गुप्ता जैसे अपने व्यावहारिक अनुभव से प्रशिक्षित प्राध्यापकों का एक अद्भुत संगम था। अतः यह स्वाभाविक ही था कि उस दौर में रंगकर्मियों की जो भी पीढ़ियाँ तैयार होकर सामने आईं वे बहुत ही ठोस ज़मीन पर खड़ी रह सकीं।

सन् सत्तर और अस्सी के दो दशक भारतीय रंगमंच में कुछ और कारणों से भी बहुत दिनों तक याद रखे जाएँगे। एक तो इसलिए कि जितना समर्पित रंगकर्म इन दो दशकों में हुआ उसके बाद वह कम ही दिखाई पड़ा। दूसरे, जितने भी नए ताज़े और महत्त्वपूर्ण नाटककार कई भारतीय भाषाओं में एक साथ मंचित होकर सामने आए तो मानो एक हलचल सी मच गई। तीसरे, इसी दौर में पहली बार बहुत ज़ोर-शोर से

भारतीय रंगमंच की अपनी पहचान क्या होनी चाहिए इस पर विचार-विमर्श, सेमिनार, संगोष्ठियाँ और प्रस्तुतियों की एक लम्बी श्रृंखला सामने आई। चौथे, रंगकर्म को नियमित, सक्रिय और गहरे स्तर पर करने के लिए रंगशिविरों की परिकल्पना ने जन्म लिया। पाँचवीं और अन्तिम उपलब्धि के रूप में पहली पीढ़ी के बाद रंग निर्देशकों की एक लम्बी जमात ने अपनी नई पहचान स्थापित की।

इसे एक संयोग ही कहा जाएगा कि रंग निर्देशकों की इस नई पीढ़ी के पहले निर्देशक रैना हैं। शायद बहुत कम लोगों को यह जानकारी होगी कि उन्होंने निर्देशन में नहीं वरन् अभिनय में विशेषज्ञता हासिल की है और सर्वश्रेष्ठ अभिनेता छात्र का पुरस्कार भी प्राप्त किया था। दरअसल, वह शुरू से ही होना तो निर्देशक ही चाहते थे लेकिन उस वक़्त विद्यालय में छात्रों की संख्या इतनी कम होती थी कि उन्हें जान-बूझकर निर्देशन की बज़ाय विकल्प के रूप में अभिनय में भेजा गया। इसके बाद भी यह सम्भव था कि रैना शायद अभिनय की राह पर ही चल पड़ते, और वह भी फ़िल्मी अभिनय की तरफ़ यदि, अवतार कौल द्वारा निर्देशित फ़िल्म *27 डाउन* बाज़ार में सफल हो गई होती।

यद्यपि इस फ़िल्म में उनकी नायिका राखी थी लेकिन एक कला फ़िल्म के रूप में बनी फ़िल्मों का जो हश्र हुआ करता है, वह इस फ़िल्म का भी हुआ। बहरहाल, अभिनय की बज़ाय निर्देशन में आने का एक और कारण भी दिया जा सकता है। और वह यह कि उस समय रंगकर्म चाहे कितना भी ज़ोरों से क्यों न हुआ हो वह निर्देशक के लिए तो एक व्यवसाय ज़रूर बना, लेकिन अभिनेता के लिए नहीं। क़मोबेश यही स्थिति आज भी बरकरार है। यदि हम पिछले तीस वर्षों में हिन्दी रंगमंच के अधिकांश निर्देशकों के नामों पर नज़र डालें तो उनमें से ज़्यादातर निर्देशक ऐसे निकलेंगे जिन्होंने निर्देशन में प्रशिक्षण प्राप्त नहीं किया है। इब्राहिम अल्काज़ी, ओम शिवपुरी, रामगोपाल बजाज, एम.के. रैना, बंसी कौल, रतन थियम, बी. जयश्री, नीलम मानसिंह आदि निर्देशक इसी श्रेणी में आते हैं। यही कारण है कि बाद में स्वयं राष्ट्रीय नाट्य विद्यालय की प्रशिक्षण पद्धति में इस मुद्दे पर बहुत बहस-मुबाहिसे हुए कि निर्देशन की विशेषज्ञता को ख़त्म कर दिया जाए, क्योंकि निर्देशन प्रशिक्षण से नहीं वरन् आपकी अपनी समझ-बूझ, परिपक्व जीवन दृष्टि, गहरी संवेदना और रंगमंच के अपने किसी भी अनुभव विशेष से आता है।

बहरहाल, रैना ने उस वक़्त अल्काज़ी के ज़ोर देने पर अभिनय में विशेषज्ञता हासिल ज़रूर की लेकिन उनकी सोच और दृष्टि हमेशा निर्देशकवाली ही बनी रही। यहाँ तक कि विद्यालय में रहते हुए और विद्यालय से बाहर आने के बाद भी यदि उन्होंने यदाकदा रंगमंच और फ़िल्मों में अभिनय किया भी तो उसकी अलग से अपनी कोई पहचान नहीं बन सकी, लेकिन इसके विपरीत एक निर्देशक के रूप में उन्होंने जिस लम्बी पारी की शुरुआत की उसे निश्चय ही रेखांकित किया जाना चाहिए। उसके लक्षण तभी दिखाई देने लगे थे जब विद्यालय का प्रशिक्षण पूरा करने के बाद वह एक वर्ष के लिए

विद्यालय में रंगमंडल से जुड़े और अपनी पहली प्रस्तुति के रूप में कश्मीरी भाषा के नाटककार मोतीलाल क्यमू के लघु नाटक *'सन्ध्या बीती'* का राष्ट्रीय नाट्य विद्यालय के स्टूडियो थिएटर में मंचन किया। लगभग बैकेट के *गोदो का इन्तज़ार* नाटकवाले अन्दाज़ में दो लोग एक पार्क में एक लम्बा समय साथ बिताने को अभिशप्त हैं और वहीं उनकी मुलाक़ात एक छोटे बच्चे से होती है जो उन्हें वर्तमान की दुनिया में लौटा लाता है। निहायत ही सादगी भरा मंच, मात्र एक बेंच और कुल जमा तीन पात्र लेकिन मंच पर उनके आपसी संवाद-विवाद और संयोजन को जिस परिकल्पना के साथ रैना ने रूपायित किया उससे उनके अन्दर छिपी रचनात्मक छटपटाहट का सहज ही अन्दाज़ा हो गया था। एक वर्ष बाद ही रैना रंगमंडल छोड़कर बाल भवन चले गए जहाँ वह पुनः एक वर्ष तक बच्चों के साथ रंगकर्म में कार्यरत रहे। यह एक वर्ष का समय उनकी रचनात्मक उर्जा की दृष्टि से बहुत मायने रखता है क्योंकि बच्चों के साथ काम करते हुए जिस तरह के धैर्य, संयम और नई-नई चीज़ों को खोज़ निकालने की ज़रूरत पड़ती है उसे बच्चों के साथ रहकर ही जाना जा सकता है।

यूँ राष्ट्रीय नाट्य विद्यालय के प्रशिक्षण के दौरान ही अवकाश के दिनों में उन्होंने शान्ता गांधी के साथ *मुखड़ा देखो दर्पण में* जैसी प्रस्तुति के माध्यम से नुक्कड़ रंगमंच से भी अपना गाढ़ा रिश्ता बनाया था जिसने बाद में रैना के रंगकर्म काफ़ी दूर तक प्रभावित किया और सम्भवतः इसी तरह से अलग-अलग पड़े प्रभावों में से उनकी पहली महत्त्वपूर्ण प्रस्तुति बादल सरकार के *जुलूस* ने जन्म लिया।

मैं समझता हूँ कि इस छोटी सी पृष्ठभूमि के बाद अब हम रैना के रंगकर्म, उनके मूल्यों, मान्यताओं और रंगमंचीय अवधारणाओं पर खुलकर बातचीत कर सकते हैं। आज से तीस बरस पहले रैना को देखते ही जिस तरह की छवि बनती थी उसमें एक तेज-तर्रार व्यक्तित्व और चीखने-चिल्लानेवाला कृतित्व दिखाई पड़ता था। यही कारण है कि उनकी शुरुआती प्रस्तुतियों में बहुत शोर, हलचल, भागदौड़ और तीखापन मिलता था। चाहे वह *जुलूस* हो, *स्पार्टाकस* हो और यहाँ तक कि *कबिरा खड़ा बाज़ार में* हो। प्रस्तुतियों में नुक्कड़ नाटक और रंगमंच जैसी इस मुखरता और प्रखरता का एक कारण तो शायद यह भी हो सकता है कि अपने विचारों में कुछ हद तक वामपन्थी रुझान होने की वज़ह से रैना अपनी आम ज़िन्दगी में सोशल एक्टीविस्ट भी रहे हैं। किसी भी प्रकार की राजनीतिक, सांस्कृतिक मीटिंग, सभा, सेमिनार और जुलूस में बढ़-चढ़कर हिस्सा लेने के लिए वह हमेशा तैयार रहते हैं। ज़ाहिर है कि इस हिस्सेदारी को नकारात्मक नज़रिए से ख़ारिज नहीं किया जा सकता क्योंकि हममें से बहुत से लोग अपनी तमाम उदारता, खुलेपन और प्रगतिशीलता के होते हुए इतना भी नहीं कर पाते लेकिन फिर भी यह तो मानना पड़ता है कि कभी-कभी यह हिस्सेदारी दिखावे की हद तक बनावटी सी भी लगने लगती है। यह अलग बात है कि रैना ने अपने राजनीतिक विचारों और प्रतिबद्धताओं को अपने रंगकर्म पर हावी नहीं होने दिया। सिवाय इसके कि कभी-कभी वह मुखरता अथवा सपाटता उनकी प्रस्तुतियों में झाँकने लगती है लेकिन

ख़ुशी की बात है कि समय के साथ-साथ रैना अपने अनुभवों, विचारों और जीवन के प्रति समग्र दृष्टिकोण को लेकर इतने परिपक्व होते चले गए हैं कि अब उनकी प्रस्तुतियों में एक ठहराव भी दिखाई पड़ता है। इधर, हाल ही में राष्ट्रीय नाट्य विद्यालय द्वारा इम्फाल में आयोजित रंग शिविर में रैना द्वारा निर्देशित ब्रेष्ट के नाटक *खड़िया का घेरा* की मणिपुरी भाषा में मंचित प्रस्तुति देखकर सुखद आश्चर्य हुआ। एक खाली स्पेस, मंच के एक कोने पर बैठा वाद्य वृन्द और कोरस और जब ज़रूरत पड़ी मंच पर परिवेश और कार्य-व्यापार से जुड़े छोटे-बड़े उपकरण आते-जाते रहे, अन्यथा पूरी प्रस्तुति मात्र अभिनेताओं के अभिनय, संवाद अदायगी, गीत और संगीत पर आधारित थी। एक अर्थ में *सन्ध्या बीती और जुलूस* के बाद पुनः लगभग खाली मंच पर रैना के किसी नए और सार्थक काम को देखने का मौक़ा मिला।

यहाँ थोड़ा रुककर इस बात का खुलासा करना बहुत ज़रूरी लगता है कि रैना कभी भी अपनी प्रस्तुतियों को लोक रंगमंचीय लटकों-झटकों और तत्त्वों से सज़ाने-सँवारने की दौड़ में शामिल नहीं हुए यद्यपि उनमें गीत-संगीत शुरू से मौज़ूद रहा है। लेकिन यह गीत-संगीत, लोक-संगीत और लोक नाटकोंवाला न होकर नाटक के अपने आलेख के एक ज़रूरी हिस्से के रूप में आता है और उसकी स्थिति गीत से ज़्यादा एक व्याख्यात्मक टिप्पणी की तरह से हुआ करती है जैसा कि हम ब्रेष्ट के नाटकों में पाते हैं। इसीलिए यह संयोग मात्र नहीं है कि जबसे रैना ने ब्रेष्ट के *खड़िया का घेरा* और *थ्री पैनी ऑपेरा* में अभिनय किया तबसे लगातार उन्होंने ब्रेष्ट के ये दोनों नाटक तो बार-बार किए ही इसके अलावा *मदर, द गुड वूमैन ऑफ शेत्जुवान* जैसे नाटक भी मंचित किए। यहाँ तक कि जब 1998 में ब्रेष्ट की सौवीं जयन्ती पर उनके किसी नाटक को दूरदर्शन के लिए फ़िल्माने का ऑफर मिला तो उनके *खड़िया का घेरा* को ही चुना गया। इस नाटक से उसका लगाव समझ में आता है क्योंकि उन्होंने इसे कभी हिन्दी, कभी पंजाबी और कभी मणिपुरी में मंचित किया है। एक-दूसरा पक्ष यह भी है कि कहीं-न-कहीं यह नाटक उनके अपने व्यक्तित्व के दोहरे पक्ष को भी उद्‌घाटित करता है अर्थात् बाहर से वह जितने अक्खड़, गुस्सैल और झगड़ालू दीख पड़ते हैं वहीं भीतर से उतने ही कोमल और संवेदनशील भी हैं। एक अर्थ में *खड़िया का घेरा* के अजदक की तरह ही। पूरे नाटक में वह एक जानवर की तरह चीखता-चिल्लाता और व्यवहार करता है। लेकिन उसके पास ग्रूशा की वेदना और पीड़ा को पहचानने की भरपूर क्षमता है। और अन्त में वह उसी के पक्ष में फ़ैसला देता है। पिछले तैंतीस सालों में रैना के साथ घुल-मिलकर रहते हुए मुझे उनके हर रंग, हर मुद्रा और हर रुख को जीने का अनुभव मिला है और उसके आधार पर मैं विश्वासपूर्वक कह सकता हूँ कि रैना कभी पीछे से वार नहीं करते। जो कहना या करना है वह साफ़-साफ़ शब्दों में दूसरे के सामने ज़ाहिर कर देते हैं। फिर शायद बहुत जल्दी उसे भूल भी जाते हैं और बदले की कोई भावना अपने अन्दर नहीं रखते।

पिछले बरस जब हम दोनों को एक साथ पहले इम्फाल और बाद में लखनऊ जाने

और वहाँ कुछ समय बिताने का मौक़ा मिला तो रैना के साथ काफ़ी खुलकर संवाद हुआ। लगभग वैसा ही जब हम एक बार 1979 में भारतेन्दु नाट्य अकादमी के गेस्ट हाउस में एक महीना एक साथ ठहरे थे। मैं उन दिनों एक वर्ष के लिए भारतेन्दु नाट्य अकादमी में पढ़ाने के लिए आया हुआ था और रैना बीच में अकादमी द्वारा आयोजित एक महीने की अभिनय कार्यशाला का संचालन करने आए थे। उन्हीं दिनों मैंने रैना को काशीनाथ सिंह का उपन्यास *अपना मोर्चा* पढ़ने के लिए दिया और वहीं यह योजना बनी कि दिल्ली लौटकर मैं उनकी संस्था *प्रयोग* के साथ इस उपन्यास की मंच प्रस्तुति करूँगा। *अपना मोर्चा* मेरे लिए तो मंच पर प्रस्तुत करने की दृष्टि से पहला उपन्यास था ही, स्वयं *प्रयोग* के लिए भी रैना के अलावा बाहर से आकर काम करनेवाला पहला निर्देशक मैं था। *अपना मोर्चा* की प्रस्तुति काफ़ी लोकप्रिय रही और बाद में मैंने *पीले पत्तों के तीन दिन* नाम से भीष्म साहनी की तीन कहानियों का मंचन भी *प्रयोग* के लिए किया जो बूढ़े लोगों की ज़िन्दगी से सम्बन्धित थीं। इस प्रस्तुति को देखकर पहली बार आलोचकों ने स्वीकार किया कि कहानी का रंगमंच जैसी विधा ने अपनी अलग निजी और विशिष्ट पहचान स्थापित कर ली है जिसकी शुरुआत मैंने 1975 में रा.ना.वि. रंगमंडल के साथ निर्मल वर्मा की तीन कहानियों—*धूप का एक टुकड़ा, डेढ़ इंच ऊपर* और *वीकएंड*—की सम्मिलित प्रस्तुति *तीन एकान्त* से की थी। बहुत कम, अथवा शायद किसी की भी जानकारी में न हो, कि निर्मल वर्मा की इन तीन कहानियों पर पहली बार मैंने 1973 में काम करना शुरू किया था, और उस वक़्त *डेढ़ इंच ऊपर* में मेरे साथ रैना एक अभिनेता के रूप में काम कर रहे थे। मुझे आज भी कनॉट प्लेस में *यात्रिक* के स्टूडियो थिएटर में रैना के साथ इस कहानी में काम करते हुए दिनों की अच्छी-ख़ासी याद है। हम दोनों ने काफ़ी दूर तक इस प्रस्तुति को तैयार कर लिया था लेकिन बाद में किन्हीं कारणों से यह प्रस्तुति उस साल मंचित नहीं की जा सकी। हाँ, उन्हीं दिनों *यात्रिक* के लिए गोर्की के चिरपरिचित नाटक *लोअर डैप्थस्* का मंचन रैना ने *यात्रिक* के उसी स्टूडियो थिएटर में किया था जिसमें आज के बहुत से चर्चित अभिनेताओं जैसे कि रवि वासवानी, राजेन्द्र गुप्ता आदि ने अभिनय किया था।

सत्तर से अस्सी तक के दस वर्ष सचमुच में दिल्ली रंगमंच के बेहद सक्रिय और प्रयोगशील वर्ष थे। कुछ वर्ष पहले राजिन्दर नाथ की नाट्य मंडली *अभियान* और ओम शिवपुरी, सुधा शिवपुरी, राम गोपाल बजाज इत्यादि रंगकर्मियों द्वारा *दिशान्तर* का गठन हो चुका था। यूँ हम लोगों की पीढ़ी भी इन संस्थाओं में काम करती रहती थी लेकिन रैना ने पहली बार 1975-76 में *प्रयोग* नामक अपनी अलग मंडली की शुरुआत की और बादल सरकार के बहुचर्चित बांगला नाटक *जुलूस* की हिन्दी रंगमंच में नुक्कड़ नाट्य शैली में एक अत्यन्त महत्त्वपूर्ण और कल्पनाशील मंच प्रस्तुति तैयार की, जिसके ढेरों प्रदर्शन दिल्ली की अलग-अलग कॉलोनियों में जाकर किए। इसके बाद लगभग इसी शैली से उन्होंने बादल सरकार से ही *स्पार्टाकस* का मंचन भी किया। उस वक़्त दिल्ली रंगमंच में उभर रहे बहुत ही उत्साही और ताज़े अभिनेताओं की एक लम्बी कतार रैना

के साथ थी, जो देश के अलग-अलग हिस्सों से दिल्ली में आए हुए थे। वीरेन्द्र सक्सेना, सुधांशु मिश्रा, सुस्मिता मुखर्जी, सुरेन्द्र शर्मा, अनीस आज़मी, सुधीर मिश्रा और वेद ढींगरा—इन सब लोगों ने दिल्ली रंगमंच में रैना के साथ काम करते हुए अपनी पहचान बनाई। लेकिन फिर जैसा कि हर नई नाट्य मंडली के साथ होता है, सन् अस्सी के आसपास रैना की कार्य-पद्धति और नाट्य मंडली पर एक तरह से अपना वर्चस्व बनाए रखने की प्रवृत्ति से संस्था में आपसी वाद-विवाद और अन्तर्विरोध शुरू हो गए। धीरे-धीरे संस्था टूटती चली गई। यद्यपि बाद में भी रैना ने अपनी संस्था में भीष्म साहनी के नाटक *कबिरा खड़ा बाज़ार में* और मंटो की कहानियों पर आधारित एक नाट्य प्रस्तुति *सआदत हसन मंटो तुम अब भी ज़िन्दा हो,* किए, लेकिन इन्हें अपवाद ही कहा जा सकता है।

इसमें कोई सन्देह नहीं कि *प्रयोग* में यदि रैना अपने रंगकर्म के लिए जाने जाएँगे तो वह *जुलूस, स्पार्टाकस,* टैगोर के *मुक्तधारा* और ब्रेष्ट के *मदर* के लिए जाने जाएँगे। इसी दौर में उन्होंने दूसरी संस्थाओं के लिए भी कई प्रस्तुतियाँ निर्देशित कीं, जिनमें रा.ना.वि. के छात्रों के साथ लक्ष्मीनारायण लाल के नाटक *एक सत्य हरिश्चन्द्र,* रा.ना.वि. रंगमंडल के साथ धर्मवीर भारती का *अन्धायुग,* जगदीशचन्द्र के उपन्यास *कभी न छोड़ें खेत,* और कश्मीरी लाल ज़ाकिर के उपन्यास *करमावाली* का नाम लिया जा सकता है। इसी तरह से मैक्समूलर भवन के साथ मिलकर हाइनर म्यूलर के नाटक *ज़िम्मा, मैं ही हूँ काल पुरुष, ओपन हाइमर* जैसी प्रस्तुतियाँ भी हैं। बीच में रैना काफ़ी दिनों तक दूरदर्शन पर भी व्यस्त रहे, और 'ज़मीन', 'होश' जैसे सीरियल और लघु फ़िल्में बनाईं और आज भी यदाकदा कुछ काम उस माध्यम में करते ही रहते हैं। लेकिन उनकी सही पहचान दूरदर्शन, फ़िल्म और वीडियो जैसे माध्यमों के कारण नहीं, वरन् रंगमंच में किए गए काम से ही आकलित की जा सकती है।

अपने रंगकर्म में रैना ने स्वयं को किसी शैली विशेष में कभी नहीं बाँधा। जब उन्हें उज्जैन की एक नाट्य संस्था द्वारा भास के नाटकों की लम्बी शृंखला मंचित करने का अवसर मिला तो उन्होंने भास के सात नाटकों को एक साथ मंचित कर डाला। बिना किसी शास्त्रीय दुरूह शैली के, एक बहुत ही सहज और ग्राह्य शैली के भीतर से भास के प्राचीन संस्कृत नाटकों की ऐसी मंच प्रस्तुति का उद्घाटन किया, जो संस्कृत रंगमंच के सभी तत्त्वों का इस्तेमाल करते हुए भी आज के दर्शक की समझ और संवेदना से सीधे-सीधे जुड़ गई। इसी तरह से जब नाटक से अलग दूसरी साहित्यिक विधाओं जैसे कि उपन्यास और कहानियों के मंचन की बात आई तो उन्होंने नाट्य रूपान्तर के माध्यम से *कभी न छोड़ें खेत, करमावाली* और मंटो की कहानियों पर आधारित प्रस्तुतियाँ तैयार कर डालीं। यह अलग बात है कि उन्होंने इन प्रस्तुतियों को मंचित करते समय उन्हें पहले नाटक के मुहावरे में तब्दील किया, और फिर उन्हें मंच पर लेकर आए। कहने का अर्थ यह है कि रैना अपनी मंच सामग्री बेशक़ कहीं से भी और हमेशा नई-से-नई ढूँढ़कर लाए, लेकिन ऐसा बहुत कम होता है कि वह उनकी मंचीय परिकल्पना

में लीक से अलग हटकर कोई नया मुहावरा प्रस्तुत करें। भारतीय नाटकों और दूसरी साहित्यिक विधाओं की रचनाओं में बेशक़ कुछ ताजगी और नयापन दिखाई दे जाता हो लेकिन जहाँ तक विदेशी नाट्य साहित्य से जुड़ी प्रस्तुतियों का सवाल है, उनमें उस अतिरिक्त प्रयोगशीलता के कोई चिह्न नज़र नहीं आते जिनके कारण उन प्रस्तुतियों को विशेष रूप से रेखांकित किया जा सके। उदाहरण के लिए, इब्सन का *जनशत्रु* और *प्रेत,* सोफोक्लीज़ का *एंटीगनी,* ब्रेष्ट के *द गुड वूमैन ऑफ शेत्जुवान और* ज्यॉं अनुई के *एंटीगनी* का नाम लिया जा सकता है। इसीलिए कई बार तो ऐसा लगने लगता है कि नाट्य प्रस्तुतियाँ सभी तरह के रंगमंचीय तत्त्वों से भरपूर होने के बावजूद मंच पर अनुभव की उस गहराई और आन्तरिकता को पकड़ नहीं पातीं जिसे एक ज़िन्दा सिहरन अथवा धड़कन के रूप में महसूस किया जा सके। मंच पर सब कुछ मौज़ूद होने के बावजूद जब हम वापस लौटते हैं तो भीतर से कहीं और ज़्यादा खाली हो चुके होते हैं। इसका एक कारण यह भी हो सकता है कि अपनी वैचारिक प्रतिबद्धता के चलते रैना अपनी प्रस्तुतियों की परिकल्पना में कुछ ज़्यादा ही सजग होने लगे हैं। यह मानो दर्शक के लिए हर बात का, हर संवाद का और मंच पर उपस्थित हरेक दृश्य तत्त्व का अर्थ स्पष्ट और निश्चित कर देना चाहते हैं। इसीलिए इधर की बहुत सारी प्रस्तुतियाँ मेरी दृष्टि में एकांगी और एकायामी होती चली गई हैं जिनमें ऊपरी सज़ावट और तामझाम तो बहुत मिलता है लेकिन वे भीतर से कोई उत्सुकता नहीं जगा पातीं।

आख़िर ऐसा क्यों होता है कि कोई कल्पनाशील रचनाकार बहुत ही सहज, सीधे और सादगी भरे रास्ते से अपनी रंगयात्रा शुरू करता है, लेकिन कुछ ही सालों बाद बाहरी चमक-दमक, चकाचौंध और बनावटी चीज़ों में फँस जाता है ? क्या अपनी सीमाओं को कहीं अपने भीतर जान लेने के कारण ? क्या बहुत सी सुख-सुविधाओं को पा लेने के कारण ? क्या ज़िन्दगी के एक बने-बनाए ढर्रे पर चल देने के कारण ? क्या इन सारी स्थितियों के एक साथ आ जुड़ने के कारण ? बहरहाल, कारण जो भी हों लेकिन इस सच से इनकार नहीं किया जा सकता कि धीरे-धीरे रैना के रंगमंच में या रचनाकर्म में वह ताज़गी और गर्मजोशी कम होती गई है जिसके लिए वह हमेशा जाने जाते रहे हैं।

लेकिन, इसका यह अर्थ कदापि न लिया जाए कि जब रैना अपनी किसी प्रस्तुति पर आज भी काम करते हैं, वह अपनी तरफ़ से कोई लापरवाही बरतते हैं। सच्चाई तो यह है कि रैना जैसे रंगनिर्देशक कम-से-कमतर होते जा रहे हैं जो आज भी एक अनुशासन के तहत काम करने के आदी हैं। जब पूर्वाभ्यास के लिए आते हैं तो अपने होमवर्क के साथ आते हैं और अपने साथ काम करनेवालों में भी उसी स्फूर्ति, लगन और ऊर्जा का संचार कर देते हैं, जो उनमें खुद मौज़ूद रहती है। वह समय से काम करने के अनुशासन से बँधे होते हैं अर्थात् यदि कुल जमा तीन घंटे काम करना है तो उस दिन का काम तीन घंटों में ही समाप्त होगा। न एक मिनट इधर, न एक मिनट उधर। यह छोटी-से-छोटी समय की पाबन्दी, काम करने की दृष्टि और प्रस्तुति के प्रत्येक तत्त्व को लेकर स्पष्टता—यदि यह प्रस्तुति के सकारात्मक गुण कहे जा सकते हैं तो कहीं

इनमें शायद वह ख़तरा भी मौज़ूद रहता है जो प्रस्तुति को 'वैल मेड' की श्रेणी में ला खड़ा करता है। अर्थात्, देखने में तो सब कुछ अच्छा है लेकिन हमें उस नफ़ासत, सफाई और अच्छाई के पार देखने की सुविधा और स्पेस प्रदान नहीं करता। रैना के सन्दर्भ में इसे एक विडम्बना की तरह ही परिभाषित किया जा सकता है कि वह स्वयं तो हमेशा रंगमंच में अपने लिए एक अलग स्पेस क्रिएट करने की बात पर ज़ोर देते रहते हैं, लेकिन यही स्पेस वह अपनी प्रस्तुतियों के रूपायन में दर्शकों की कल्पना के विस्तार को देने के लिए तैयार नहीं हैं।

एक निर्देशक से भी ज़्यादा वह भारतीय रंगमंच में अभिनय के प्राध्यापक के रूप में अवश्य जाने जाएँगे। उन्होंने स्वयं तो अभिनय में विशेषज्ञता हासिल की थी और भले ही बाद में उनका ज़्यादातर रंगकर्म निर्देशन से सम्बद्ध रहा लेकिन आज भी जब-जब उन्हें कभी मौक़ा मिलता है तो उन्हें निर्देशन से ज़्यादा अभिनय के अध्ययन, अध्यापन में ही मज़ा आता है। *प्रयोग* के शुरुआती दिनों में हम दोनों ने मिलकर दिल्ली के रंगकर्मियों के लिए अपने बलबूते पर एक अभिनय कार्यशाला का 1979 में आयोजन किया जिसमें लगभग तीस युवा रंगकर्मियों ने भाग लिया था। सुबह से शाम तक चलनेवाली इस कार्यशाला में हम मात्र दो प्रशिक्षक अपना-अपना समय बाँटकर प्रतिभागियों के साथ जुटे रहते थे। एक महीने की अवधि में उनके साथ कई छोटी-छोटी प्रस्तुतियाँ तैयार की थीं। उन्हीं दिनों मुझे रैना की प्रशिक्षण प्रक्रिया को नज़दीक से देखने और समझने का अवसर मिला था। वह ऐसे प्राध्यापक हैं जो सिद्धान्तों से पहल न करके व्यावहारिक रंगकर्म के माध्यम से सिद्धान्तों को समझने और समझाने की प्रक्रिया तक पहुँचाते हैं। इसीलिए उनके प्रशिक्षण में कभी भी भारतीय अथवा पाश्चात्य सिद्धान्तकारों के बड़े-बड़े नामों और सिद्धान्तों के नाम गिनाने पर आग्रह नहीं रहता, वरन् वह छात्र को स्वयं उसके भीतर से यह विश्वास दिलाने में सफल साबित होते हैं कि उसे जो कुछ भी नियम, सिद्धान्त, व्याकरण अथवा इतिहास के नाम पर मिल रहा है, उस तक वह स्वयं अपने द्वारा किए गए व्यावहारिक परीक्षणों के तहत ही पहुँच रहा है। यही कारण है कि सम्पूर्ण प्रस्तुतियों से अलग 'सीनवर्क' जैसी रंग गतिविधियों के लिए भी रैना की माँग हमेशा बनी रहती है अर्थात्, प्रस्तुति के लिए एक पूरे-का-पूरा नाटक उठाने के बज़ाय उसका एक दृश्यमात्र लेकर अभिनय के छात्रों के साथ उसका 'डिमांस्ट्रेशन', यानी पूर्वाभ्यास प्रस्तुति तैयार की जाए, जिसमें नाटक के उस दृश्य का हर दृष्टि से पोस्टमार्टम किया जाए—दृश्य की कहानी का ग्राफ कैसे आगे बढ़ता है, कभी ऊपर उठता है, कभी नीचे गिरता है, एक दृश्य आगे कितने छोटे-छोटे दृश्य खंडों में बाँटा जा सकता है, दृश्य का अपना कथ्य क्या है, और छोटे-छोटे दृश्य खंडों के अपने अलग-अलग विचार बिन्दु क्या हैं, उस दृश्य में कितने पात्र आते हैं तो क्यों आते हैं, कहाँ से आते हैं, कब आते हैं, वे कौन हैं और शुरू से लेकर आख़िर तक क्या करते हैं—अर्थात् उनका इतिहास, उनका भूगोल और उनका भविष्य, शायद ही कोई ऐसा तत्त्व हो जो किसी दृश्य का पोस्टमार्टम करते समय उनकी पकड़ से छूट जाए। फिर सिर्फ़

इतना ही नहीं यह सारी ख़ोजबीन अभिनेता अपने भीतर भी करे तभी वह चरित्र की भीतरी परतों तक पैठ सकेगा। कई बार यह सारी प्रक्रिया अभिनेता को निहायत ही यान्त्रिक सी भी जान पड़ती है और वह इतनी मेहनत करने से कतराने लगता है। कहीं ऐसा तो नहीं कि रैना की प्रस्तुतियों में से उस स्फुरण, सिहरन, कम्पन और थ्रिल के कम होते जाने का कारण अभिनेता का उस दौड़ में लगातार पिछड़ते जाना है, जिसे जीतने की महत्त्वाकांक्षा निर्देशक अपने अभिनेताओं के माध्यम से सँजोए रहता है। क्या इसीलिए आज का रंगमंच और विशेषतः रैना जैसे निर्देशक का रंगमंच एक अभिनेता के रंगमंच की बज़ाय स्वयं उनके अपने नाम से जाना जाता है ? इस दृष्टि से काफ़ी हद तक मुझे उनका रंगकर्म इब्राहिम अल्काज़ी, अमाल अल्लाना, भानु भारती और बंसी कौल, रतन थियम और प्रसन्ना जैसे निर्देशकों की याद दिलाता है। एक स्तर पर यदि रैना उनके समानान्तर खड़े दिखाई पड़ते हैं, तो दूसरी तरफ़ यह भी इतना ही सच है कि रैना ने अपने रंगकर्म में वक़्त की आवाज़ का बिगुल कभी नहीं बजाया। उन्होंने वही किया जिसे उन्होंने भीतर से महसूस किया। इसीलिए कभी भी वह लोक नाट्य शैलियों और रंगमंच जैसी घोड़ा रेस में शामिल नहीं हुए जिसके बारे में शुरू में ही संकेत किया जा चुका है। हर बार उन्होंने नाटक के आलेख के भीतर से ही उभरती हुई प्रस्तुति शैली पर ज़ोर दिया। इसीलिए *कबिरा खड़ा बाज़ार में, खड़िया का घेरा* अथवा *सआदत हसन मंटो तुम अब भी ज़िन्दा हो* जैसी तमाम प्रस्तुतियाँ गीत, संगीत, नृत्य और गति विधान के भरपूर इस्तेमाल के बावजूद अपनी मूल प्रकृति में यथार्थवादी अभिनय और प्रस्तुति शैली को कभी नहीं छोड़तीं। यथार्थवादी शैली में भीतर तक घुसपैठ करना रैना के रंगकर्म का यही सबसे सशक्त पक्ष है। इसका सबसे ज़्यादा मौलिक और प्रयोगशील उदाहरण रैना ने आज से लगभग 28-30 वर्ष पहले बादल सरकार के एक नाटक *एवम् इन्द्रजीत* की प्रस्तुति में दिया था जिसे उन्होंने मध्य प्रदेश कला परिषद द्वारा रायपुर में लगाए गए एक रंग शिविर में आयोजित किया था। शिविर के सभी प्रतिभागियों को बराबर-बराबर अवसर देने की सम्भावनाओं को खोज़ने के दौरान उन्होंने एक ऐसी प्रस्तुति शैली की खोज़ की, जिसमें अनगिनत अमल-विमल-कमल थे, अनगिनत इन्द्रजीत थे और अनगिनत मानसियाँ भी, और वे रंग-बिरंगी झंडियों से आपस में बँधे हुए भी थे। उनके बीच चलनेवाले संवाद बिना किसी अतिरिक्त उतार-चढ़ाव के, लगभग रोज़मर्रा की ज़िन्दगीवाले यान्त्रिक अन्दाज़ में, एक तरफ़ अपनी रंगमंचीय परिकल्पना में बेहद ताज़गी से भरपूर, दूसरी तरफ़ संवादों की अदायगी में एक निश्चित रूढ़िबद्धता—इन दोनों के मेल ने प्रस्तुति को निश्चय ही अविस्मरणीय बना दिया।

अन्त में, रैना के व्यक्तित्व और कृतित्व से जुड़े एक और पक्ष की ओर ध्यान दिलाए बिना यह आलेख अधूरा रह जाएगा। वह है रंगमंच से अलग इतिहास, राजनीति, मनोविज्ञान, समाज विज्ञान, भूगोल, संस्कृत सभी विषयों की गहरी जानकारी और अध्ययन। उनका अध्ययन इतना गहरा है कि चाहे-अनचाहे वह उनकी प्रस्तुतियों के रचनात्मक पक्ष पर भी हावी होने लगता है। शायद इसीलिए उनकी प्रस्तुतियाँ सृजनात्मक

अनुभव के बजाय वैचारिक अनुभव के ज़्यादा नज़दीक पड़ने लगती हैं। लेकिन जब-जब उन्होंने अपने को विचार के इस अतिरिक्त आग्रह से मुक्त रखा है, तब-तब उनकी प्रस्तुतियाँ सचमुच में एक जीवन्त अनुभव के रू-ब-रू ला खड़ा करती हैं। फिर चाहे वह *जुलूस* हो, *एवम् इन्द्रजीत* हो, *स्पार्टाकस* हो, या इसे भी संयोग मात्र कहा जाए कि ये तीनों नाटक उस दौर के सबसे ज़्यादा चर्चित नाटककार बादल सरकार के हैं। जिस तरह से इन नाटकों में बादल सरकार ने आज़ादी के बाद पैदा हुई और पली-बढ़ी युवा पीढ़ी के आक्रोश उत्साह और हताशा को अभिव्यक्ति दी थी, उसी तरह से रैना ने भी अपनी युवावस्था के दिनों में अपने भीतर की रचनात्मक छटपटाहट को अभिव्यक्ति देने का प्रयास किया हो। संक्षेप में, रैना के पूरे रंगकर्म का आकलन करने के बाद मेरे मन में जो बिम्ब उभरता है वह एक ऐसे रंगकर्मी का बिम्ब है जो हर स्तर पर रचनात्मक द्वन्द्वात्मकता के भीतर जीता नज़र आता है। यह द्वन्द्वात्मकता वामपन्थी द्वन्द्वात्मक भौतिकवाद से कितनी जुड़ी है मुझे नहीं मालूम, लेकिन मुझे इसके कुछ दूसरे पक्ष अवश्य दिखाई देते रहते हैं—अभिनेता और निर्देशक के बीच की द्वन्द्वात्मकता, अनगढ़ता और शालीनता के बीच की द्वन्द्वात्मकता, चीख़-चिल्लाहट और मौन के बीच की द्वन्द्वात्मकता।

रतन थियम का रंगकर्म

रतन थियम भारतीय रंगमंच में उस पीढ़ी के प्रतिनिधि निर्देशक हैं, जिसने पिछली सदी के लगभग आठवें दशक के अन्त में अपनी पहचान बनाई और उसी के साथ अपने आपको पूरी तरह से स्थापित किया। पिछले तीस वर्ष की उनकी रंग यात्रा शायद सबसे अलग और अकेले उन्हीं की यात्रा के रूप में दिखाई पड़ती है। सन् 1971 में मणिपुर जैसे दूर-दराज़ इलाके से रंगकर्म में प्रशिक्षण के लिए राष्ट्रीय नाट्य विद्यालय में प्रवेश, तीन वर्ष की अवधि में अभिनय में विशेषता, दिल्ली जैसे महानगर से खुलकर हर स्तर पर अन्तरंग साक्षात्कार, कई नाटकों में छोटी-बड़ी भूमिकाओं में अभिनय, 1974 में प्रशिक्षित होने के बाद एक साल विद्यालय के ही रंगमंडल के साथ एक व्यावसायिक अभिनेता के रूप में जुड़ाव और उसके बाद फ़िल्मों में अभिनय करने के इरादे से मुम्बई जाने की तैयारी। लेकिन अचानक 1976 में सारे इरादों और महत्त्वाकांक्षाओं को छोड़कर अपने प्रदेश मणिपुर को लौटना। वहाँ कोरस रेपर्टरी थिएटर की स्थापना और 1978 में श्रीराम सेंटर नाट्य समारोह में अपनी एक प्रस्तुति *शणारेम्बी चायशरा* के साथ दिल्ली यात्रा और एक अभिनेता की बज़ाय एक निर्देशक के रूप में अखिल भारतीय स्तर पर प्रतिष्ठित। उसके बाद रतन थियम ने पीछे मुड़कर नहीं देखा और *इम्फाल-इम्फाल, चक्रव्यूह, उरुभंगम्, कर्णभारम् एंटीगनी, अन्धा युग* और *उत्तरप्रियदर्शी* जैसी प्रस्तुतियों के कारण लगातार भारतीय और विश्व रंगमंच के केन्द्र में रहकर चर्चा का विषय बने रहे हैं।

लेकिन मुम्बइया अभिनेता बनने का इरादा छोड़कर पूरी तरह से एक निर्देशक के तौर पर शुरुआत करने का निर्णय उतना अचानक भी नहीं था जितना वह बाहरी रूप से दिखाई देता है। इसके लिए कहीं अवचेतन में एक पूरी पृष्ठभूमि तैयार थी। रंगमंच में आने से भी पहले मणिपुर में एक युवा कवि-लेखक के रूप में पहचान, दिल्ली के आरम्भिक तीन वर्षों में हिन्दी भाषा लगातार अभिनय करते रहने के बावजूद कहीं भीतर से अपनी भाषायी असमर्थता को लेकर गहरी असन्तुष्टि, अभिनय को एक व्यवसाय के रूप में लेने की असुरक्षा और आर्थिक संकट, जो आज भी कम-से-कम रंगमंच की दृष्टि से ज्यों-के-त्यों विद्यमान हैं और अन्ततः सबसे बड़ा कारण यह कि अपनी जड़ों से कटकर एक महानगर में रहने और समझौता न कर पाने की कोशिशों से ऊब और मोहभंग।

देखा जाए तो 1975 से 1980 तक के पाँच वर्ष भारतीय रंगमंच में एक ऐसे दौर के रूप में दिखाई देते हैं जब एक साथ बहुत से निर्देशकों ने अपनी पहली महत्त्वपूर्ण रंग प्रस्तुतियों के साथ अपनी शुरुआती उपस्थिति को दर्ज़ किया। एम.के. रैना की *'जुलूस,'* प्रसन्ना की *'मदर,'* भानु भारती की *'रस गन्धर्व,'* बंसी कौल की *'आला अफ़सर,'* रंजीत कपूर की *'मुख्यमन्त्री'* और स्वयं मेरी *'तीन एकान्त'*—ये कुछ ऐसी प्रस्तुतियाँ थीं, जिन्होंने भारतीय, विशेषतः हिन्दी रंगमंच में दूसरी पीढ़ी के आगमन की ज़बर्दस्त आहट थी। यदि छठा और सातवाँ दशक रंगमंच की पहली पीढ़ी अर्थात् शम्भु मित्र, उत्पल दत्त, हबीब तनवीर, इब्राहिम अल्काज़ी के साथ-साथ श्यामानन्द जालान, सत्यदेव दुबे, श्रीराम लागू, ब.व. कारन्त और कावलम् नारायण पणिक्कर इत्यादि निर्देशकों के नाम और काम से जाने जाते हैं तो इसमें कोई सन्देह नहीं कि आठवें और नवें दशक रंगमंच की दूसरी पीढ़ी के नाम दर्ज़ हैं। यह मात्र अकारण या संयोग नहीं था कि 20वीं सदी के आख़िरी दशक में पुनः भारतीय रंगमंच में तीसरी पीढ़ी का आविर्भाव हुआ।

रतन थियम रंगमंच की उसी दूसरी पीढ़ी से सम्बद्ध हैं, जिसमें हम सब आते हैं लेकिन फिर भी वह हम सबसे एकदम अलग हैं। एक बार हिन्दी रंगमंच से लौटने के बाद पिछले पच्चीस वर्षों में उन्होंने हिन्दी रंगमंच को हिन्दी में अपनी कोई प्रस्तुति नहीं दी, एकमात्र अपवाद के रूप में लखनऊ में मेघदूत के साथ 1981 में *नाटक गणेशमार्का उर्फ चार शिखाएँ* जैसी प्रस्तुति के एक प्रदर्शन को छोड़ दें तो, जो बेहद असफल रही थी। यहाँ तक कि 1987-88 में जब वह राष्ट्रीय नाट्य विद्यालय में निदेशक के तौर पर कार्यरत थे, तब भी उन्होंने छात्रों के साथ अथवा रंगमंडल के कलाकारों के साथ कोई प्रस्तुति करने का बीड़ा नहीं उठाया। फिर भी इस बीच एक-दूसरे अर्थ में विद्यालय के छात्रों के साथ दो प्रस्तुतियाँ उन्होंने हिन्दी में ज़रूर कीं—पहले 1983-84 में *अन्धा युग* और फिर 1993-94 में *थम्बालनु,* यह अलग बात है कि इन दोनों ही नाटकों को वह पहले मणिपुरी में भी कर चुके थे। यहाँ तक कि *अन्धा युग* को तो बांग्ला भाषा में प्रस्तुत करने का अनुभव भी उनके पास था। लेकिन ये तीनों प्रस्तुतियाँ स्वतन्त्र रूप से किसी मंडली के साथ नहीं वरन् छात्रों के अल्पकालिक प्रशिक्षण के लिए लगाए गए रंगशिविरों में तैयार की गई थीं।

लेकिन फिर भी हिन्दी नाटकों की भागीदारी को उनके रंगकर्म से एकदम अलग नहीं किया जा सकता। जब 1976 में या उससे पहले भी छुट्टियों में जब-जब वह मणिपुर लौटे तो शुरुआत के तौर पर *'आषाढ़ का एक दिन,' 'लहरों के राजहंस,' 'सूर्य की अन्तिम किरण से'*—और *'तुग़लक'* जैसे नाटकों को ही अनूदित रूप में मणिपुरी भाषा और रंगमंच पर प्रस्तुत किया। कहा जा सकता है कि बाद में थियम बेशक़ पूरी तरह से अपनी भाषा के रंगकर्म को समर्पित हो गए हों लेकिन यहाँ तक पहुँचने का रास्ता भी उन्हें इन्हीं हिन्दी और दूसरी भारतीय भाषाओं के माध्यम से ही मिला। पिछले तीन-चार वर्षों से मंचित और चर्चित प्रस्तुति *'उत्तर प्रियदर्शी'* के लिए थियम पुनः अज्ञेय

के एकमात्र नाटक की ओर लौटकर आए। यह थिएम की अद्‌भुत परिकल्पना और कल्पनाशीलता का ही प्रमाण है कि अज्ञेय के जिस आलेख की हिन्दी रंगमंच में एक-आध छिटपुट प्रस्तुतियों के अलावा कभी कोई चर्चा नहीं हुई, उसे जब उन्होंने एक प्रस्तुति के रूप में मंचित किया तो वह रातोंरात एक ऐसे नाट्‌यालेख के रूप में पहचान लिया गया जिसमें एक नई रंगभाषा की अपार और अनन्त सम्भावनाएँ मौज़ूद हैं।

रतन थियम के सन्दर्भ में यह नई रंगभाषा किस तरह से परिभाषित की जा सकती है ? देखा जाए तो थियम की प्रस्तुतियों की भाषा न तो हिन्दी है और न ही मणिपुरी–यह भी कहा जा सकता है कि वह अपने शुद्ध अर्थों में वह भाषा तो नहीं है जिसे हम शब्दों की भाषा के रूप में जानते हैं। इसीलिए प्रस्तुति हिन्दी में है अथवा मणिपुरी में–इससे कोई विशेष अन्तर नहीं पड़ता। इसके विपरीत यह भाषा है संगीत की, गतियों की, समूहनों की, ध्वनियों की, मुद्राओं की, हुँकारों की, चीत्कारों की, मौन की, रंगों की, प्रकाश की, अँधेरे की, अपनी ज़मीन से जुड़े संस्कारों, रीति-रिवाज़ों, कर्मकांडों और अनुष्ठानों की और ये सब कुछ उनके अभिनेताओं के तन-मन में इस तरह से घुला-मिला हुआ है कि हम उसे अलग करके देख ही नहीं सकते। यों तो यह बात हर प्रदेश विशेष के अभिनेताओं के विषय में कही जा सकती है लेकिन थियम के अभिनेताओं को लेकर इस बात का अलग से भी महत्त्व है। पिछले पच्चीस सालों से ये लोग एक ही निर्देशक और एक ही रंगमंडली से जुड़े हुए हैं। सभी के सभी एक ही परिसर में एक साथ रहते हैं। सिर्फ़ रंगकर्म ही नहीं, जीवन-यापन के लिए भी सब मिल-जुलकर काम करते हैं–खेती-बाड़ी, मछली-पालन, भवन-निर्माण–कोई भी ऐसा काम नहीं है जो सब लोग एक साथ न करते हों। एक ऐसी दिनचर्या एक ऐसा अनुशासन और एक ऐसी जीवन पद्धति जो नितान्त उनकी अपनी है और उसका उदाहरण अन्यत्र मिलना मुश्किल है।

कहने को हबीब तनवीर भी लगभग उन्हीं लोगों के साथ पिछले चालीस-पचास सालों से काम करते आ रहे हैं, इसके बावजूद वे साल में चार-छह महीने अपने घरेलू कामकाज और व्यवसाय के लिए अपने घरों को लौट जाते हैं। बंसी कौल के पास भी अपनी रंगमंडली है लेकिन उसमें अलग-अलग प्रदेशों से आए हुए रंगकर्मी हैं और वे भी दो-तीन साल से ज़्यादा नहीं टिक पाते। पणिक्कर भी अपने क्षेत्र विशेष के अभिनेताओं के साथ ही काम करते हैं लेकिन उनकी आवाज़ाही लगातार बनी रहती है। मेरी जानकारी में और कोई ऐसा निर्देशक अथवा रंगमंडली ऐसी नहीं है जो इतने सालों से एक साथ हों।

इस एक साथ रहने, जीने और रंगकर्म करने की पद्धति ने ही थियम के रचना कर्म में इस नई रंगभाषा को विकसित होने में मदद की। सही मायनों में कहा जाए तो यह भाषा नाट्‌यालेख की भाषा नहीं है बल्कि प्रस्तुति आलेख की भाषा है। हरेक निर्देशक नाट्‌यालेख से प्रस्तुति आलेख की तरफ़ बढ़ता है, थियम ठीक इसके उलट करते हैं। पहले उनके भीतर कुछ प्रतीक, बिम्ब, ध्वनियाँ, संगीत और गति-मुद्राएँ उभरती हैं और

फिर वह उनके इर्द-गिर्द एक कथा और नाट्यालेख की रचना करते हैं। इसीलिए उनकी प्रस्तुतियों में शब्दों का भाषायी प्रयोग कम-से-कम होता है। यह सही है कि उन्होंने भी दूसरे रंग निर्देशकों की तरह अपने काम की शुरुआत वैसे ही नाटकों से की थी जो पूरी तरह से शब्द पर आश्रित हैं लेकिन बहुत जल्दी ही उन्होंने शब्दों से मुक्ति पा ली। यह यात्रा केवल थियम की ही रही हो, ऐसा भी नहीं है। बादल सरकार ने तीसरा रंगमंच तक पहुँचने की यात्रा में अपने पहले के लिखे हुए नाटकों को पूरी तरह से नकार दिया लेकिन फिर भी वह शब्दों से मुक्ति नहीं पा सके। मैं तो यहाँ तक कहना चाहूँगा कि एक नई रंगभाषा गढ़ने के प्रयास में उनके यहाँ शब्दों की भरमार हो गई है, भले ही अपने आकार-प्रकार में वे कितने ही बदल क्यों न गए हों ?

रतन-थियम के रंगकर्म में इस तरह की रंगभाषा की मिलावट और बनावट के और भी गहरे एवं ठोस भौगोलिक, ऐतिहासिक और राजनीतिक कारण हैं, जिनकी ओर हमारे रंग आलोचकों का ध्यान कभी नहीं गया। वे हैं—भारत का सारे का सारा उत्तरी-पूर्वी क्षेत्र जो छोटे-छोटे राज्यों में बँटा हुआ है, उनकी आपसी लड़ाइयाँ और अपनी पहचान के लिए संघर्ष—दूसरे अर्थों में बचपन से ही युद्ध कला का अभ्यास और उसके लिए हर पल, हर क्षण सन्नद्ध रहने का अनुभव। दरअसल ये हुँकारों, चीत्कारों की ध्वनियों, गीतों, गतियों, अनुगूँजों की भाषा उसी युद्ध क्षेत्र की देन है जिसकी छत्र-छाया में ये प्रदेश पलते रहे हैं। इसीलिए यदि इन सभी प्रदेशों में रंगमंच की भाषा यही है तो कोई आश्चर्य नहीं दूसरे प्रदेशों की बात छोड़ भी दें, मणिपुर के हर निर्देशक के काम में युद्ध कला के ये तत्त्व लगभग समान रूप से दीख जाएँगे—चाहे वह रतन थियम हों, कन्हाई लाल हों, ऐबोतोम्बी हों अथवा लोकेन्द्र हों और उनके बाद के सभी युवा निर्देशक। मणिपुर की कथागायन शैली लाई हरोबा में भी ये वीरगाथा मूलक तत्त्व पकड़े जा सकते हैं। अपने देश के उत्तरी भाग पंजाब में उपलब्ध भाँगड़ा और गिद्धा जैसी नृत्य शैलियों में भी युद्ध जैसी ऊर्जा एवं उत्साह अनायास ही देखने को मिल जाता है। इसके विपरीत यदि हम दक्षिण भारत की रंगभाषा पर ग़ौर करें तो युद्ध कला के वास्तविक अनुभव से परे जीवन के कोमल एवं मार्मिक पक्षों से जुड़ी भाषा के दर्शन होते हैं। यों यक्षगान जैसी लोकनाट्य शैली में काफ़ी उछल-कूद का संचार होता है लेकिन वह युद्ध से जुड़ी न होकर राक्षस और ऐसे ही दूसरे पात्रों के साथ जुड़ी होने के कारण वीर रस की बज़ाय अद्भुत को जन्म देती है।

यही कारण है कि थियम ने जितनी भी प्रस्तुतियाँ की हैं, उनमें युद्ध है, हिंसा है, हाहाकार है, रुदन गीत हैं और इन्हीं के साथ समान्तर रूप में उपस्थित कोमल गीत, गतियाँ और समूहन, एक हद तक सुन्दरता की उच्चतम शिखरता को छूते हुए। यहाँ तक कि उनके यहाँ युद्ध और हिंसा भी इतने भव्य रूप में दिखाई जाती है कि उसमें विभीषिका और वीभत्सता का लेशमात्र भी नहीं होता। सच्चाई तो यह भी है कि वास्तव में युद्ध की भयानकता में ही हम जीवन के कठोर और कोमल—इन दोनों पक्षों को बहुत ही साफ़-साफ़ और अलग-अलग रूपों में देख सकते हैं। उदाहरण के लिए, तालस्ताय

के उपन्यास 'युद्ध और शान्ति' को देखें—युद्ध के बाद एक योद्धा घायल होकर मैदान में पड़ा है लेकिन ज्यों ही उसकी दृष्टि तारों भरे आकाश पर जाती है तो उस प्राकृतिक सौन्दर्य को भी वह उतनी ही मुग्धता और तल्लीनता से निहारता है। पंजाब की भूमि यदि लगातार युद्ध से रौंदी जाती रही है तो उसकी पृष्ठभूमि में हीर-राँझा, सोहनी-महिवाल जैसी कोमल से कोमल प्रेम गाथाएँ भी मिल जाएँगी।

लेकिन इससे यह अर्थ कदापि न ले लिया जाए कि यदि थियम के नाटकों में गीत, संगीत और समूहन है तो वहाँ नृत्य के तत्त्वों से कोई मेल-जोल नज़र आता है। सच्चाई तो यह है कि वहाँ नृत्य अथवा नृत्यवत् गतिविधान तो है ही नहीं। गतिचर्या की दृष्टि से जो भी वहाँ दिखाई पड़ता है, वह उनके अपने दिन-प्रतिदिन के व्यवहार में उपलब्ध जीवन पद्धति का हिस्सा ही जान पड़ता है अर्थात् एक तरफ़ यदि उनके नाटकों की दृश्यात्मकता में थाँग-ता जैसी युद्धकला की तलवारबाज़ी उछल-कूद, स्फूर्ति और ऊर्जा का प्रवाह दिखाई पड़ता है तो दूसरी तरफ़ कृष्ण और उसकी रासलीला से जुड़े कोमल तत्त्वों का प्राधान्य भी अपना समानान्तर बनाए रखता है। संक्षेप में इसे यूँ भी कहा जा सकता है कि जिस प्रकार की द्विपक्षीय जीवन-शैली की उपस्थिति स्वयं मणिपुर के लोगों की ज़िन्दगी का अनिवार्य हिस्सा है, उसी प्रकार नाटकीय कल्पना और परिकल्पना में भी लास्य और तांडव का आभास और उपस्थिति बराबर बनी रहती है।

इसीलिए सही रूप में यदि थियम की प्रस्तुतियों का आकलन किया जाए तो वे पारम्परिक रंगमंच से उतना ताल्लुक़ नहीं रखतीं, जितना कि आधुनिक रंग-मंच से—कम-से-कम उस रूप में तो बिल्कुल भी नहीं जिस रूप में हम लोक अथवा परम्पराशील नाट्य-शैली को जानते रहे हैं। सीधे-सीधे शब्दों में हम कह सकते हैं कि थियम की नाट्य-प्रस्तुतियाँ यथार्थवादी रंगमंच को ही एक नए विशिष्ट और कलात्मक रूप में प्रस्तुत करती हैं—अपने शुद्ध अर्थों में वे पूर्वी और पश्चिमी रंग शैलियों और परम्पराओं का संगम हैं। उन्हें देखकर बराबर यह अहसास बना रहता है कि इन प्रस्तुतियों के पीछे यदि सोच-विचारवाली तर्क और बुद्धि से संचालित पश्चिमी दृष्टि काम कर रही है तो उसी अनुपात में भावना और संवेदना से आलोड़ित भारतीय हृदय भी सक्रिय है। ये दोनों पक्ष थियम के अपने व्यक्तित्व में और भी साफ़-साफ़ दीख पड़ते हैं—एक तरफ़ शिक्षा-दीक्षा से पाया गया और काफ़ी हद तक आरोपित व ओढ़ा गया सुसंस्कृत अभिजात्य तो दूसरी तरफ़ उसके पीछे से झाँकता एक बहुत ही सहज, ग्रामीण, अनगढ़, खाँटी और कभी-कभी क्रूर-सा भी एक चेहरा। लेकिन क्या यह दोहरी आयामिता सिर्फ़ थियम में ही दिखाई पड़ती है ? मेरे विचार में यह हम सबकी नियति है। कम-से-कम उनकी तो है जिनकी जड़ें अभी भी कहीं गाँव से जुड़ी हैं, बेशक़ उनकी वर्तमान जीवन पद्धति नितान्त आधुनिक हो चुकी हो।

यदि हम पिछले लगभग पच्चीस वर्षों में थियम द्वारा लिखित और निर्देशित प्रस्तुतियों पर एक नज़र डालें तो उपर्युक्त धारणा पूरी तरह से पुष्ट हो जाती है। यदि आलेख पहले से लिखित है तो उन पर अलग से टिप्पणी करने की कोई ज़रूरत नहीं

क्योंकि चाहे वो *आषाढ़ का एक दिन हो, लहरों के राजहंस* हो अथवा *तुग़लक* हो यह सब नाटक अपने कथ्य और पृष्ठभूमि में भारतीय होते हुए भी अपने शिल्प और संरचना में पश्चिमी मुहावरे अर्थात्, यथार्थवादी शैली का प्रयोग करते हैं। इसके विपरीत जब-जब थियम ने सीधे प्रस्तुति के लिए भी आलेख को विकसित किया जैसे कि *इम्फाल–इम्फाल* और *चक्रव्यूह* तो अपनी प्रस्तुति में वह आलेख पाँच अवस्थाओंवाले पश्चिमी यथार्थवादी विकासक्रम से ही प्रभावित दीख पड़ता है। यों कहने को हमारे अपने शास्त्रीय नाट्य विधान में भी कथा के विकास की पाँच अर्थ प्रकृतियाँ ही विवेचित की गई हैं लेकिन फिर भी वे अपनी व्यावहारिक अभिव्यक्ति में रैखिक (लीनियर) न होकर वर्तुलकार हैं। अर्थात्, कथा के विकास के विभिन्न चरणों में कभी भी कोई ऐसा बिन्दु नहीं आता, जिसे पश्चिम के चरमोत्कर्ष के समानान्तर रखा जा सके। लेकिन थियम अपनी प्रस्तुतियों में चरमोत्कर्ष के इस बिन्दु को प्रयत्नपूर्वक स्थापित करने की कोशिश करते हैं। वह अच्छी तरह से जानते हैं कि किस तरह से दर्शकों को बखूबी काबू में किया जा सकता है। इसलिए यह अकारण अथवा संयोगमात्र नहीं है कि उनकी प्रस्तुतियों में ऐसे ही दृश्य सबसे ज़्यादा आकर्षित करते हैं, चाहे वह *चक्रव्यूह* में ब्रह्मास्त्र चलाए जानेवाले दृश्य हों, *कर्णभारम* में पुनः इसी से मिलता-जुलता अस्त्र फेंकने का दृश्य और *उत्तर प्रियदर्शी* में सम्राट अशोक का हाथी पर आने का प्रसंग अथवा युद्ध के बाद लगातार रंग में रँगी डोरियों में उलझने का दृश्य हो यदि इतने पर भी निर्देशक को सन्तोष नहीं हुआ तो उसने मूल नाटक से अलग पीड़ा दिए जानेवाले स्वप्नदृश्य की भी परिकल्पना कर डाली, जिसमें आधुनिक से आधुनिकतम विद्युत और यान्त्रिक उपकरणों का प्रयोग किया गया। ऐसा लगता है थियम पराकाष्ठावाले ऐसे दृश्यों को दर्शकों के सामने प्रस्तुत करके प्राचीन ग्रीक नाटकों की तरह उनका कैसार्सिस करना चाहते हैं। इस प्रकार वह पूर्व और पश्चिम की नाट्य शैलियों के मिश्रण से एक ऐसी नई शैली का निर्माण करते हैं जो अपने कथ्य में तो भारतीय हैं, लेकिन प्रस्तुतीकरण में पाश्चात्य।

लेकिन इसे क्या कहा जाए कि अपनी प्रस्तुतियों के साथ दुनिया के लगभग हर देश की यात्रा कर लेने के बाद भी थियम की प्रस्तुतियों का अपनी ज़मीन, अपने प्रदेश और अपने देश से रिश्ता कुछ अपरिभाषित ही रह जाता है। अभी पिछले दिनों कोरस रेपर्टरी थिएटर की पच्चीसवीं सालगिरह के मौके पर जब इम्फाल जाने का अवसर मिला तो यह जानकर बेहद आश्चर्य हुआ कि जिस *उत्तर प्रियदर्शी* प्रस्तुति के प्रदर्शन देश-विदेश में इतने चर्चित हुए हैं, सालगिरह के मौके पर आयोजित उसका प्रदर्शन स्वयं मणिपुर में पहली बार हो रहा था, कहा जा सकता है कि अन्ततः थियम का रंगकर्म मात्र विदेशी दर्शकों अथवा पर्यटकों के लिए है न कि किसी गहरे नाटकीय अनुभव के आस्वाद के लिए। यदि सचमुच में ऐसा होता तो थियम इस तरह के रंगकर्म को देश की अन्य रंगमंडलियों के साथ भी कभी प्रस्तुत करने की कोशिश ज़रूर करते।

दरअसल, थियम का रंगमंच एक निर्देशक का रंगमंच है। उनकी हर प्रस्तुति के हर अंग पर उनकी अपनी छाप को परिलक्षित किया जा सकता है। और यह छाप इस

हद तक अपना असर छोड़ती है कि यह बात ध्यान में ही नहीं रहती कि उनकी प्रस्तुतियों में काम कर रहे अभिनेता-अभिनेत्रियाँ कौन हैं। वे अपने प्रदेश के गीत-संगीत, समूहन और गीतचर्या से इतने आच्छादित रहते हैं कि वहाँ किसी तरह के चरित्र-चित्रण को उभरने का अवसर ही नहीं मिलता। इसे जहाँ एक निर्देशक विशेष की अपनी पहचान के रूप में रेखांकित किया जा सकता है वहीं इस आशंका से भी मुक्त नहीं हुआ जा सकता कि कहीं उनके अभिनेता हाड़-मांस के जीवन्त प्राणी न होकर उनके हाथों से संचालित कठपुतलियाँ भर तो नहीं हो गए हैं।

मुझे विश्वास है कि अपने रंगकर्म के इस पक्ष के प्रति थियम स्वयं भी सजग और सचेत हैं। अभी हाल ही में उन्होंने अपने एक साक्षात्कार में स्वीकार किया था कि जिस तरह का रंगकर्म वह लगातार पिछले पच्चीस सालों से करते आ रहे हैं उससे वह स्वयं उकता चुके हैं। और इस एकरसता और जड़ता को अपनी अगली किसी नई प्रस्तुति और उसके आलेख से निश्चय ही तोड़ना चाहेंगे। मेरे विचार में किसी भी सर्जक कलाकार को अपने काम को लेकर इस तरह का अहसास होना बहुत ही सकारात्मक संकेत है। और निश्चय ही थियम की अगली नई प्रस्तुति में उनकी पहली प्रस्तुति *शणारेम्बी चायशरा* जैसी ताजग़ी, उत्तेजना और अभिनेता-अभिनेत्रियों के लिए व्यापक 'स्पेस' को स्थान मिलेगा।

अभिनेता

- *अभिनेता का रियाज़*
- *दो भूमिकाएँ : एक अभिनेता*
  एक भूमिका : दो अभिनेता
- *दूरदर्शन व फ़िल्मों में रंगमंच के अभिनेता*

अभिनेता का रियाज़

हमारे यहाँ नृत्य और संगीत में नर्तक और गायक के प्रतिदिन के रियाज़ की बात तो बराबर की जाती है लेकिन रंगमंच जैसी प्रदर्शनकारी कला में अभिनेता का इसी से मिलता-जुलता अभ्यास क्या हो सकता है, उस पर बहुत कम सोच-विचार किया गया है। प्रशिक्षण विद्यालयों में सुबह की कक्षाओं में उपलब्ध आवाज़ रंग-भाषण, योग और दूसरे शारीरिक गतिविधानों के पाठ्यक्रम में रखे होने से इस समस्या का काफ़ी हद तक निदान हो जाता है। लेकिन जो अभिनेता ऐसे प्रशिक्षण संस्थानों से बाहर रहकर अलग-अलग नाट्य-दलों के साथ जुड़े हुए हैं, वे अपने रोज़ाना के अभ्यास में किन चीज़ों को लेकर काम करें, इसके बारे में प्रायः वे अनभिज्ञ हैं। वे सिर्फ़ शाम को ही नाटकों के पूर्वाभ्यास के लिए जुटते हैं और यदि वे दिन-भर खाली हैं तो उन्हें समझ नहीं आता कि वे इस समय को कैसे बिताएँ। जो नौकरीपेशेवाले अभिनेता हैं उनकी समस्या इतनी गम्भीर नहीं है, लेकिन जिन्होंने अपना पूरा समय रंगकर्म को ही समर्पित किया हुआ है उनके सन्दर्भ में रियाज़ के बारे में निश्चय ही गम्भीरता से विचार किया जाना चाहिए। इसमें कोई दो राय नहीं कि अभिनेता के पास मूलतः दो यन्त्र हैं और वे हैं उसकी आवाज़ और उसका शरीर जिसमें दिल और दिमाग़ भी शामिल हैं। ज़ाहिर है कि उसके लिए ऐसे रियाज़ की परिकल्पना की जानी चाहिए जिससे आवाज़ और शरीर दोनों को एक साथ साधा जा सके। दूसरे शब्दों में कहा जाए तो भारतीय अभिनेता को सबसे पहले अपने वाचिक और आंगिक पक्ष पर सबसे ज़्यादा ध्यान देना ज़रूरी है क्योंकि यही दोनों पक्ष उसके सबके कमज़ोर पक्ष हैं। आज के रंगमंच में जहाँ बाहरी तामझाम से अलग हटकर पूरी तरह से अभिनेता को पुनः केन्द्र में लाने की कोशिशें हो रही हैं, वहाँ अभिनेता की भी उतनी ही ज़िम्मेदारी हो गई है कि वह अपनी तरफ़ से अतिरिक्त मेहनत, लगन और लगातार अभ्यास से अपनी आवाज़ और शरीर को साधने का दिशा में प्रवृत्त हो।

ज़ाहिर है कि अभिनेता का सवाल यही होगा कि वह रियाज़ क्या है और कैसे किया जाए। मैं यहाँ भारतीय नाट्य साहित्य में उपलब्ध कुछ ऐसे अंशों को उसकी स्रोत सामग्री के रूप में प्रस्तुत कर रहा हूँ जिसे आधार बनाकर वह एकल अभिनय के माध्यम से अपने रियाज़ को नियमित बना सकता है। ये अंश अपने आप में नाटकीय और दृश्य बिम्बों से परिपूर्ण तो हैं ही, इसके साथ ही उनमें अभिनेता को अपने अभिनय

की अपार सम्भावनाओं को खोज़ निकालने के बेशुमार अवसर प्राप्त होंगे। सबसे पहले मैं प्राचीन संस्कृत नाट्य साहित्य से भाण जैसे रूपक की तरफ़ अपने अभिनेताओं का ध्यान दिलाना चाहता हूँ। यह ऐसी विधा थी जिसे मंच पर एक ही अभिनेता प्रस्तुत किया करता था। डॉ. मोतीचन्द्र द्वारा सम्पादित 'चतुरभाणी' नामक पुस्तक में उस युग के चार भाग सम्मिलित हैं। यों तो अपने कलेवर में ये काफ़ी लम्बे भी हैं, लेकिन इनमें से कम-से-कम एक भाण मात्र आठ-दस पृष्ठों का है, उसे अभिनेता अपनी तैयारी के लिए इस्तेमाल में ला सकता है और वह है महाकवि शूद्रकृत 'पद्मप्राभृतकम'। इसी क्रम में शूद्रक के सुप्रसिद्ध नाटक 'मृच्छकटिक' के चौथे अंक में विदूषक का लम्बा संवाद है, जहाँ वह वसन्तसेना के सात मंजिलवाले घर का वर्णन करता है। कालिदास के नाटक 'विक्रमोर्वशीय' का चौथा अंक जिसमें पुरूरवा का एक लम्बा संवाद है जब वह घने जंगल में उर्वशी को ढूँढ़ रहा है। यदि हम आधुनिक रंगमंच में से ऐसी सामग्री की तलाश करें तो सबसे पहले भारतेन्दु के 'सत्य हरिश्चन्द्र' नाटक में श्मशानभूमि में राजा हरिश्चन्द्र के लम्बे संवाद की याद आती है। थोड़ा और आगे बढ़ें तो आग़ा हश्र कश्मीरी के 'रुस्तम सोहराब' में रुस्तम और गर्द आफ़रीद के लम्बे सम्भाषण अभिनेता को अपने अभिनय के विभिन्न आयामों को उद्घाटित करने के अवसर प्रदान करेंगे। ठीक ऐसे ही लम्बे-लम्बे गद्यांश तत्कालीन दूसरे पारसी रंगमंच के लिए लिखनेवाले नाटककार यथा राधेश्याम कथावाचक और नारायण प्रसाद बेताब के नाटकों में भी मिलेंगे। मैंने यहाँ जानबूझकर लोक नाटकों का कोई ज़िक्र नहीं किया है क्योंकि वे अपनी मूल प्रकृति में मौखिक हुआ करते थे।

पिछले पचास-साठ वर्षों में तो इतने नाटक एक साथ हमारे सामने आते हैं कि शायद उन सबके नाम गिनाना भी मुश्किल हो जाए, फिर भी सुविधा के लिए मैं कुछ एकल संवादों का अवश्य उल्लेख करूँगा। 'अन्धायुग' में अश्वत्थामा, 'आषाढ़ का एक दिन' में कालिदास, 'ख़ामोश अदालत जारी है' में वेणारे, 'आधे-अधूरे' में सावित्री, 'सूर्य की अन्तिम किरण से सूर्य की पहली किरण' में ओक्काक, 'क़ैद-ए-हयात' में ग़ालिब 'तुग़लक' में तुग़लक के बहुत से आत्मालाप—ये सारे अंश अभिनेता अथवा अभिनेत्री को अपने रियाज़ के लिए अवश्य लेने चाहिए। यदि हम विदेशी नाट्य साहित्य में से भी ऐसे अंशों का चुनाव करें तो 'इडिपस' में ख़ादिम, 'मीडिया' में मीडिया, 'हैमलेट' में हैमलेट और मौलियर आदि नाटककारों के नाटकों में प्राप्त ऐसे अंशों को सहज ही उठाया जा सकता है। निश्चय ही इनसे मिलते-जुलते अंश दूसरी भारतीय भाषाओं में भी अवश्य ही मिलेंगे, जिन्हें हमारे अभिनेता खोज़ निकाल सकते हैं। पूछा जा सकता है कि रियाज़ की दृष्टि से इन्हीं अंशों का चुनाव क्यों किया जाए सबसे पहली बात तो यही है कि ये सारे अंश एकल अभिनेता पर आश्रित हैं अर्थात् अभिनेता अपने अभ्यास के लिए पूरी तरह से स्वतन्त्र है, दूसरे उच्चारण, विराम एवं बलाघात, अलग-अलग तरह के भाव की दृष्टि से भी उनका अपना महत्त्व है, और सबसे बड़ी बात ये सारे अंश अभिनय की अलग-अलग शैलियों को भी उद्घाटित करते हैं अर्थात्

वाचिक के साथ-साथ आंगिक के लिए भी अनन्त विकल्प और सम्भावनाएँ प्रस्तुत करते हैं। मैं समझता हूँ कि यदि एक बार उपर्युक्त सारी सामग्री का गहराई से पाठ कर लिया जाए तो अभिनेता के नियमित रियाज़ की दिशा में एक ठोस पहल की जा सकती है। यह कहना मात्र दोहराना होगा कि इसी के साथ-साथ यदि अभिनेता साहित्य की दूसरी विधाओं जैसे कि कहानी, उपन्यास, संस्मरण, रिपोर्ताज़ और लम्बी कविताओं को भी अपने ही पाठ्यक्रम में शामिल कर ले तो उसके अनुभव क्षेत्र का और विस्तार हो।

दो भूमिकाएँ : एक अभिनेता एक भूमिका : दो अभिनेता

रंगमंच में प्रायः ऐसा होता है कि किसी भी नाटक की तैयारी के दौरान निर्देशक कुछ भूमिकाओं के लिए दो-दो और कई बार तो तीन अभिनेताओं का भी चयन कर लेते हैं। इसी प्रक्रिया का एक-दूसरा पहलू यह भी होता है कि एक ही अभिनेता एक ही नाटक में अलग-अलग भूमिकाएँ निभाए। इसमें कोई सन्देह नहीं कि इस तरह की व्यवस्था निर्देशक द्वारा प्रस्तुति के व्यावहारिक पक्ष को देखकर की जाती है अर्थात् एक भूमिका के लिए दो-तीन अभिनेताओं के उपलब्ध होने से उसके प्रदर्शन के समय उनमें से जो भी अभिनेता उपलब्ध हो उससे काम लिया जा सकता है और दूसरे उदाहरण के रूप में कम अभिनेताओं के माध्यम से अधिक ज़्यादा पात्रोंवाले नाटक की प्रस्तुति भी की जा सकती है। ज़ाहिर है कि ये दोनों विकल्प या सुविधाएँ इस बात को ध्यान में रखकर प्रयोग में लाई जाती हैं कि प्रस्तुति के अधिक-से-अधिक प्रदर्शन किए जा सकें और उसे बहुत दिनों तक ज़िन्दा भी रखा जा सके।

लेकिन उपर्युक्त विकल्पों को लेकर इस दृष्टि से बहुत कम विचार-विमर्श किया गया है कि जब एक अभिनेता किसी नाटक में, अलग-अलग प्रदर्शन में, दो अलग-अलग भूमिकाओं में अभिनय करता है तो उसके पूरे व्यक्तित्व, उसके चरित्र-चित्रण और चरित्र निरूपण में क्या अन्तर आ जाता है। इसी तरह से जब एक ही भूमिका को दो अभिनेता करते हैं तो नाटक का आलेख भी वही होता है, व्याख्या भी वही होती है, मंचीय गतिचर्या भी वही रहती है लेकिन फिर भी वे दोनों अभिनेता अपनी निजता को कैसे स्थापित कर ले जाते हैं उदाहरण के लिए विजय तेन्दुलकर के नाटक 'घासीराम कोतवाल' की पहली हिन्दी प्रस्तुति को लिया जा सकता है। जब यह नाटक 1973-74 में पहली बार राजिन्दर नाथ के निर्देशन में दिल्ली रंगमंच पर खेला गया था तो इसमें घासीराम की भूमिका रामगोपाल बजाज ने निभाई थी। जब 1993-94 में उसी निर्देशक द्वारा यह नाटक पुनः राष्ट्रीय नाट्य विद्यालय रंगमंडल के साथ प्रस्तुत किया गया तो इसमें रामगोपाल बजाज ने नाना फड़नवीस की भूमिका निभाई थी। यह अध्ययन काफ़ी दिलचस्प हो सकता है कि बीस वर्ष के अन्तराल में एक अभिनेता ने एक ही नाटक की दो प्रस्तुतियों में दो अलग-अलग भूमिकाएँ निभाते समय स्वयं उसमें क्या अन्तर

महसूस किया और उन दर्शकों का अनुभव क्या रहा जिन्होंने सम्भवतः दोनों प्रदर्शन देखे हों। एक अन्तर तो बहुत साफ़-साफ़ महसूस किया जा सकता था और वह यह था कि 1973-74 में अभिनेता की उम्र बत्तीस वर्ष के आसपास थी और जब दोबारा उसने अभिनय किया या अब भी कर रहे हैं तो उम्र 52 से 62 के आसपास है। अतः यह स्वाभाविक ही था कि उम्र के अनुरूप ही जितनी स्फूर्ति, शक्ति और ऊर्जा चाहिए थी वह घासीराम के चरित्र-निरूपण में भरपूर मौज़ूद थी, दूसरी तरफ़ नाना की भूमिका के लिए जिस तरह प्रौढ़ और ठहराववाले व्यक्तित्व की अपेक्षा थी, वह उम्र के उस पड़ाव तक आते-आते स्वयं ही उपलब्ध हो गया था।

ऐसे ही एक दूसरा उदाहरण नसीरुद्दीन शाह और ओमपुरी के सन्दर्भ में याद आता है जिन्होंने मेरे निर्देशन में 'कॉफी हाउस में इन्तजार' की दो अलग-अलग प्रस्तुतियों में हर बार एक नए चरित्र की भूमिका अभिनीत की थी। यह दो पीढ़ियों के संघर्ष की कहानी है जिसमें एक वृद्ध है और दूसरा युवा। दोनों कॉफी हाउस में किसी महापुरुष से मिलने आए हैं और उसका इन्तज़ार कर रहे हैं। ज़ाहिर है कि वह महापुरुष अन्त तक मंच पर नहीं आता और न ही इन्हें मिलने के लिए भीतर बुलवाता है। नाटक का कथ्य और ताना-बाना कुछ-कुछ बैकेट के 'गोदो के इन्तज़ार में' जैसा है—यहाँ तक कि शीर्षक में भी काफ़ी हद तक साम्य है। महापुरुष के इन्तज़ार में सारा नाटक इन दोनों चरित्रों की आपसी बहसों, विवादों और टकराहटों के बीच ही आगे बढ़ता रहता है। जब पहली बार इस नाटक को मंचित किया तो नसीर वृद्ध की और ओमपुरी युवा की भूमिका में अवतरित हुए। दो साल बाद जब फिर एक बार इस नाटक का मंचन करने की बात आई तो संयोग से ओमपुरी और नसीर ने इसमें काम किया था लेकिन इस बार उनकी भूमिकाएँ उलट गई थीं। अर्थात् ओमपुरी वृद्ध की भूमिका में और नसीर ने युवा का चरित्र प्रस्तुत किया था। इस बात को अलग से दोहराने की ज़रूरत नहीं कि हर बार की तरह दोनों भूमिकाओं ने, दोनों अभिनेताओं को अपनी निजी और अलग पहचान दी।

इसी सन्दर्भ में 'तुग़लक' नाटक में सौतेली माँ के चरित्र में उत्तरा बावकर और सुरेखा सीकरी—दोनों ने ही अपने-अपने ढंग से जिस तरह उस भूमिका को जीवन्त बनाया था, उसे याद करना अप्रासंगिक न होगा। उत्तरा बावकर द्वारा अभिनीत सौतेली माँ जहाँ माँ-बेटे के भावुक पक्ष को ज़्यादा उभारकर सामने लाती हैं, वहाँ सुरेखा सीकरी ने सौतेली माँ के चरित्र में भावुकता से ज़्यादा चतुराई और कौशल जैसी प्रवृत्तियों को उजागर किया। यह चारित्रिक भेद अपने अन्तिम दृश्य में बहुत साफ़ होकर सामने आता है, जब तुग़लक सौतेली माँ को मारने का आदेश देता है। उत्तरा बावकर द्वारा एक लम्बी, कर्कश चीख़ के साथ करुणा की गुहार, दूसरी ओर सुरेखा द्वारा भी करुणा की पुकार लेकिन इस रूप में कि मानो उसे पता था कि एक दिन उसकी नियति यही होनेवाली है। दरअसल भूमिकाओं में यह भेद और विभिन्नता अपने वास्तविक जीवन में अभिव्यक्त आचार-व्यवहार से भी सम्बन्धित है। उत्तरा बावकर अपनी तमाम आधुनिकता के

बावजूद अन्ततः एक सहज और सरल भारतीय नारी की परिकल्पना को साकार करती हैं, जबकि सुरेखा सीकरी अपनी पाश्चात्य शिक्षा-दीक्षा के कारण अपने व्यवहार में एक आधुनिक नारी का आभास देती हैं जो बहुत व्यावहारिक है।

दूरदर्शन व फ़िल्मों में रंगमंच के अभिनेता

इधर बहुत दिनों से हिन्दी रंगमंच के अभिनेता को यह आक्षेप बार-बार सहना पड़ रहा है कि वह अपना माध्यम छोड़कर दूरदर्शन और फ़िल्मों की तरफ़ क्यों भागा जा रहा है। आक्षेप करनेवालों में हिन्दी रंगमंच के समीक्षक, आलोचक और विद्वान लोग भी शामिल हैं। लेकिन लगता है कि उन्होंने रंगमंच और फ़िल्मों के आपसी रिश्ते का इतिहास बिल्कुल नहीं पढ़ा है। रंगमंच तो पिछले पाँच हज़ार वर्षों से चली आ रही विधा के रूप में स्थापित है ही, जब से फ़िल्में भी अस्तित्व में आईं उनमें काम करने के लिए अभिनेता हमेशा से रंगमंच के ही रहे। अपने देश में देखें तो सोहराब मोदी, पृथ्वीराज कपूर, बलराज साहनी, राजकपूर, शम्मी कपूर, शशि कपूर और यहाँ तक कि हिन्दी फ़िल्मों के दो बड़े सुपर स्टार राजेश खन्ना और अमिताभ बच्चन भी फ़िल्मों में जाने से पहले बहुत दिनों तक रंगमंच पर सक्रिय रहे। सिर्फ़ भारत ही क्यों यदि पश्चिम में भी नज़र डालें तो मार्लिन बार्डो, रेक्स हैरिसन, लोरिस ओलिवर, रिचर्ड, बर्डन, डस्टिन आफमैन जैसे अभिनेता और इलिया काजान, इंग्मार बर्गमैन, आर्थर मिलर जैसे लेखक-निर्देशक फ़िल्मों में जाने से पहले रंगकर्मी के रूप में जाने जाते थे।

उपर्युक्त पृष्ठभूमि के सन्दर्भ में फिर इस आक्षेप की क्या सार्थकता रह जाती है कि रंगमंच का अभिनेता फ़िल्मों में क्यों भागा जा रहा है। रंगमंच और फ़िल्म तो फिर भी अभिनय की दृष्टि से लगभग समानधर्मा माध्यम हैं लेकिन यही आक्षेप ये लोग सचिन तेन्दुलकर, सौरभ गांगुली और अजय जडेजा पर नहीं लगाते कि वे खिलाड़ी अपना माध्यम छोड़कर मॉडलिंग की तरफ़ क्यों भाग रहे हैं ? ये लोग डॉ. सुधीर कक्कड़ से यह सवाल कभी नहीं करते कि ज़िन्दगी-भर चिकित्साशास्त्र में सम्बद्ध रहने के बाद अब उन्हें साहित्य से जुड़ने की इच्छा क्यों हुई ? कभी इस तरह का सवाल अल्बर्ट आइंस्टाइन जैसे वैज्ञानिक को लेकर नहीं उठाया गया है कि वह विज्ञान के साथ-साथ संगीत में क्यों उतनी ही रुचि रखते थे। इसीलिए जो लोग हिन्दी रंगमंच के अभिनेता पर इस तरह के आक्षेप लगाते रहते हैं मुझे उनकी अपनी सोच और जहनियत पर सन्देह होने लगता है। पूछने की इच्छा होती है कि ऐसे आक्षेप उन्होंने शम्भु मित्र, हबीब तनवीर, उत्पल दत्त, गिरीश कार्नाड, सौमित्र चटर्जी, श्रीराम लागू, नाना पाटेकर जैसे रंगमंचीय अभिनेताओं पर क्यों नहीं लगाए ? उत्तर बहुत साफ़ है। ये सभी अभिनेता अपनी-अपनी भाषा के रंगमंच और फ़िल्मों में एक साथ अपने क्षेत्र में रहते हुए ही

काम कर लेते हैं। उनका दर्शक-वर्ग भी उसी क्षेत्र तक सीमित है, फ़िल्मों के निर्माण क्षेत्र भी उसी क्षेत्र तक सीमित हैं और रंगमंच की गतिविधियाँ भी उसी क्षेत्र तक सीमित हैं। ज़ाहिर है कि उन्हें दोनों माध्यमों में एक साथ काम करने के लिए अपना घर छोड़कर जाने की ज़रूरत नहीं पड़ती, लेकिन हिन्दी रंगमंच के अभिनेताओं के लिए ऐसी सुविधा उपलब्ध नहीं है। हिन्दीभाषी क्षेत्रों में फ़िल्म निर्माण को लेकर आज तक कोई ऐसी व्यवस्था नहीं हो पाई है कि इस भाषा के अभिनेता अपने क्षेत्र में ही रहकर दोनों माध्यमों में एक साथ संचरण करते रह सकें।

बहरहाल आक्षेप की अपनी जगह यदि बरकरार भी रहने दिया जाए तो भी इस संचरण से हिन्दी रंगमंच को जो लाभ पहुँच रहा है वह कम महत्त्वपूर्ण नहीं है। सबसे पहले तो रंगमंच को एक व्यवसाय के रूप में लेनेवाले अभिनेताओं की रोज़ी-रोटी का सवाल काफ़ी हद तक हल हो गया है। दूसरे प्रेक्षागृह में दर्शकों की संख्या में अनायास ही बढ़ोतरी होने लगी है। क्योंकि जो कलाकार उन्हें दूरदर्शन के छोटे परदे अथवा फ़िल्म के बड़े परदे पर एक छाया के रूप में दिखाई पड़ता है, वे उसे अपने सामने जीवित रूप में देखते हैं तो उनके अनुभव में एक अज़ीब सी सिहरन शामिल हो जाती है। यह अकारण नहीं है कि आज हिन्दी फ़िल्मों के ज़्यादातर अभिनेता स्वयं इसी वज़ह से रंगमंच की ओर आकृष्ट हो रहे हैं चाहे वह जया बच्चन, शत्रुघ्न सिन्हा हों या अनुपम खेर हों। नसीरुद्दीन शाह जैसे अभिनेता तो शुरू से ही दोनों माध्यमों में एक साथ शिरकत करते आ रहे हैं। इसमें कोई सन्देह नहीं कि हिन्दी रंगमंच और विशेषतया राष्ट्रीय नाट्य विद्यालय से प्रशिक्षित अभिनेता को इस सवाल का सामना हमेशा करना पड़ेगा कि वो दोनों माध्यमों में किस हद तक सन्तुलन बनाए रख सके। इसके लिए ज़रूरी है कि हमारी राज्य सरकारें उसके लिए ऐसा अवसर उपलब्ध कराने की दिशा में पहल करें जिनके तहत वो अपने माध्यम को ज़्यादा प्रमुखता दे सकें। इसका एकमात्र विकल्प यही है कि देश में जितने ज़्यादा व्यावसायिक रंगमंडल होंगे उतना ही अभिनेता बहुत दिनों तक अपने माध्यम में काम करते रह सकेंगे। यों भी समस्या उतनी गहन और गम्भीर नहीं है जितनी बना दी जाती है। राष्ट्रीय नाट्य विद्यालय के चालीस वर्ष से ऊपर के इतिहास में आज तक कुल मिलाकर लगभग 650 छात्रों ने प्रशिक्षण प्राप्त किया है। इनमें से दूरदर्शन और फ़िल्मों में हम कितने लोगों को देखते हैं। शायद खींचतान कर पचास या अधिक-से-अधिक सौ। क्या यह आँकड़ा यह स्थापित करने के लिए पर्याप्त नहीं है कि बाकी पाँच सौ कहीं-न-कहीं अपने माध्यम में ही काम कर रहे हैं।

रंगमंच

- *साहित्य और रंगमंच*
- *रंगमंच से कटता साहित्य*
- *शौकिया रंगमंच की समस्याएँ*
- *रंगमंच की लोकप्रियता का प्रश्न*
- *रंगमंच और समाज*
- *संचार माध्यम बनाम रंगमंच*
- *अहिन्दी भाषी दर्शक और हिन्दी रंगमंच*
- *बाल रंगमंच : भावी दिशाएँ*

साहित्य और रंगमंच

साहित्य ने ही नाटक और रंगमंच को जन्म दिया था। बहुत दिनों तक नाटककार को ही कवि की संज्ञा से जाना जाता था। यह तो कोई बहुत दूर की बात नहीं है कि साहित्यकार बहुत सी विधाओं में एक साथ रचना-कर्म करते रहे थे। मसलन केवल हिन्दी साहित्य को ही लें तो भारतेन्दु हरिश्चन्द्र, जयशंकर प्रसाद, उपेन्द्रनाथ अश्क, धर्मवीर भारती, मोहन राकेश, लक्ष्मीनारायण लाल, भीष्म साहनी, सर्वेश्वरदयाल सक्सेना, अमृत राय, विष्णु प्रभाकर, रमेश बक्षी और गिरिराज किशोर लेकिन धीरे-धीरे ऐसा क्यों होने लगा कि हिन्दी के लेखक और साहित्यकार नाटक और रंगमंच की दुनिया से कटते चले गए और बहुत से जाने-पहचाने लेखकों ने नाटक लिखना लगभग छोड़ ही दिया है। इस उदासी-अलगाव और दूरी के क्या कोई कारण ढूँढ़े जा सकते हैं ?

सबसे ज़्यादा चौंकानेवाला तथ्य तो यही है कि पिछले पचास वर्षों के साहित्य अकादमी, भारतीय ज्ञानपीठ अथवा और कोई भी बड़ा पुरस्कार किसी हिन्दी नाटक और नाटककार को नहीं दिया गया। हाँ, अपवाद के रूप में सुरेन्द्र वर्मा और गिरिराज किशोर का नाम ज़रूर लिया जा सकता है, लेकिन उन्हें भी नाटक के लिए नहीं अपने उपन्यास सुरेन्द्र वर्मा को 'मुझे चाँद चाहिए' के लिए तथा गिरिराज किशोर को 'ढाई घर' के लिए साहित्य अकादमी पुरस्कार प्रदान किया गया। हिन्दी के नाटक और नाटककार यदि पुरस्कृत हुए भी तो संगीत नाटक अकादमी द्वारा न कि साहित्य अकादमी द्वारा। चाहे वह मोहन राकेश हों, धर्मवीर भारती हों, लक्ष्मीनारायण लाल हों, उपेन्द्रनाथ अश्क हों या फिर दयाप्रकाश सिन्हा हों क्या इसका अर्थ यह लिया जाए कि हिन्दी में सचमुच कोई ऐसा श्रेष्ठ और सशक्त नाट्य लेखक अभी भी सामने नहीं आया, जिसे किसी साहित्यिक पुरस्कार के योग्य माना जा सके ? क्या इसका यह अर्थ लगाया जाए कि नाटक-लेखन को साहित्य का हिस्सा ही नहीं माना जाता और उसे मात्र रंगमंच तक ही सीमित कर दिया गया है ? क्या इसे इस रूप में भी देखा जा सकता है कि हिन्दी में अच्छे नाटकों के न होने अथवा लिखे जाने की जो बात बार-बार की जाती है, वह अच्छे रचनाकारों के नाट्य-लेखन से जुड़े न होने की सच्चाई में निहित है ? ज़ाहिर है कि ये सारे सवाल जितने अलग-अलग दीखते हैं उतने ही शायद एक-दूसरे से जुड़े भी हुए हैं। यदि हम कम-से-कम पिछले 150 सालों के इतिहास की छान-बीन करें तो निश्चय ही हमारे हाथ में कुछ ऐसे सूत्र आएँगे

जिनके माध्यम से हमें अपने सवालों के जवाब हासिल करने होंगे।

इस दिशा में सबसे पहली शुरुआत भारतेन्दु से ही की जाए। इसमें कोई सन्देह नहीं कि भारतेन्दु ने नाटकों के अलावा कविता, संस्मरण, यात्रा-विवरण और निबन्ध भी खूब जमकर लिखे। एक सम्पादक के रूप में बहुत सी साहित्यिक पत्रिकाओं की शुरुआत की और बहुत सी मंडलियाँ बनाईं जिनमें साहित्यिक गोष्ठियाँ हुआ करती थीं। इतना ही नहीं भारतेन्दु स्वयं भी यायावर प्रकृति के थे और लगातार देश के अलग-अलग हिस्सों में भ्रमण करते रहते थे। इन सारी चीज़ों के पीछे लगातार एक ही भावना काम कर रही थी कि कैसे हिन्दी का प्रचार-प्रसार किया जाए। साहित्य को समाज के अलग-अलग वर्गों से जोड़ा जाए, और सबसे ज़्यादा नाटक विधा के माध्यम से ये सारे काम कैसे किए जाएँ। उन्होंने बहुत जल्दी पहचान लिया था कि नाटक जैसी विधा के माध्यम से ये सारे काम बहुत आसानी से सम्पन्न किए जा सकते हैं, क्योंकि नाटक अपने मंचित रूप में सीधे-सीधे समाज से जुड़ता है। अतः यह स्वाभाविक ही था कि उन्होंने मात्र रचनाकार के रूप में ही नहीं वरन् अभिनेता, व्यवस्थापक और निर्देशक के रूप में भी नाटक और रंगमंच के साथ अपना रिश्ता जोड़ा। इसीलिए यह सम्भव हुआ क्योंकि बेशक़ भारतेन्दु ने बहुत सी विधाओं में रचना-कर्म किया, लेकिन उनकी सही पहचान एक नाटककार के रूप में ही हुई।

यही बात काफ़ी हद तक जयशंकर प्रसाद के बारे में भी कही जा सकती है। वह भी कहानीकार हैं, उपन्यासकार हैं, बहुत बड़े कवि हैं; लेकिन इसका अर्थ यह नहीं है कि उनकी नाटककार के रूप में अलग से कोई पहचान नहीं है। देखा जाए तो कवि और नाटककार—उनके ये दोनों पक्ष एक-दूसरे के समानान्तर हैं। एक ओर यदि छायावादी युग के सबसे बड़े कवि के रूप में जयशंकर प्रसाद को जाना जाता है तो दूसरी ओर भारतीय रंगमंच के उतने ही बड़े नाटककार के रूप में भी। यदि कविता में लहर, आँसू और कामायनी जैसी बड़ी काव्य-कृतियाँ साहित्य में हमेशा अपना निश्चित स्थान बनाए रखेंगी तो उसी तरह से रंगमंच में चन्द्रगुप्त, स्कन्दगुप्त और ध्रुवस्वामिनी भी हमेशा चर्चा के केन्द्र में रहेंगे। इतना ही नहीं बेशक़ प्रसाद के नाटक उनके अपने समय में बहुत ज़्यादा मंचित न हुए हों, बेशक़ वह स्वयं एक व्यावहारिक रंगकर्मी के रूप में रंगमंच से न जुड़े रहे हों, लेकिन फिर भी इस बात से इनकार नहीं किया जा सकता कि जितनी चर्चा, जितना विवाद और जितना प्रचार-प्रसार पिछले 70-75 वर्षों में जयशंकर प्रसाद के नाटकों का हुआ है, उतना शायद ही किसी और नाटककार के नाटकों का हुआ हो। इसके एक-दो कारण और दिए जा सकते हैं—एक तो यही कि उन नाटकों की अभिनेयता, अनभिनेयता को लेकर विद्वानों, अध्येताओं और रंगकर्मियों के बीच कितनी ही दुविधा क्यों नहीं हो, पाठ्य-पुस्तकों के रूप में प्रसाद का लगभग हर नाटक देश के सभी बी.ए., एम.ए. के हिन्दी पाठ्यक्रमों में शुरू से लगा हुआ है। इसीलिए इन नाटकों के लगातार प्रकाशित होनेवाले संस्करणों से इस बात की पुष्टि हो जाती है। दूसरी ओर भारतीय स्वतन्त्रता संग्राम के परिप्रेक्ष्य में प्रसाद जिस तरह से अपने

नाटकों के कथानक सुदूर लेकिन गौरवमय अतीत में से ढूँढ़कर लाए, उसने जन-मानस पर बहुत गहरा असर डाला और साहित्य, समाज तथा रंगमंच को एक-दूसरे के बहुत नज़दीक ला दिया। शायद ही कोई ऐसा विद्यालय, महाविद्यालय अथवा विश्वविद्यालय हो, जहाँ प्रसाद का ध्रुवस्वामिनी न खेला गया हो। प्रसाद के अपने नाटक और रंगमंच सम्बन्धी विचारों ने भी साहित्य और रंगमंच दोनों क्षेत्रों में अच्छा-ख़ासा विवाद पैदा कर दिया था। जब उन्होंने अपने इस स्थापना को सामने रखा कि 'नाटक के लिए रंगमंच होना चाहिए न कि रंगमंच के लिए नाटक'। इसी के साथ उनका एक और विचार भी बहुत महत्त्वपूर्ण है, जिसकी तरफ़ प्रायः कम ध्यान दिया गया है, उन्होंने साफ़-साफ़ शब्दों में लिखा है कि 'यदि हिन्दी भाषा का व्यापक स्तर पर प्रचार-प्रसार करना है तो वह नाटक जैसे माध्यम से ही सम्भव हो सकता है। क्योंकि जब तक कोई भाषा ज़्यादा-से-ज़्यादा व्यवहार में नहीं आती अर्थात् बोली नहीं जाती तब तक उसका प्रचार-प्रसार सम्भव नहीं है और नाटक जैसी विधा यह सुविधा स्वयं ही प्रदान करती है। उन्होंने इस सन्दर्भ में पारसी नाटकों की लोकप्रियता का भी यही कारण दिया। इतिहास भी साक्षी है कि जब तक एक हज़ार ई. के आसपास तक संस्कृत भाषा बोलचाल का माध्यम रही तब तक वह समाज की मुख्य भाषा रही, लेकिन उसके बाद व्यवहार से कटते जाने के कारण वह मात्र पढ़ने-पढ़ाने तक सीमित होकर रह गई और उसका समाज से तो गहरा रिश्ता नहीं रह गया।

लेकिन प्रसाद ही वो पहले नाटककार भी हैं, जिन्होंने नाटक को लेकर पाठ्य-नाटक और मंचित नाटक जैसे विभाजन को पैदा होने और बढ़ाने में एक अलग भूमिका निभाई। इससे पहले आदिकाल से लेकर प्रसाद तक भारतीय अथवा विश्व रंगमंच कहीं भी इस तरह के विभाजन की कोई अवधारणा नहीं थी। साहित्य और रंगमंच दोनों भूमियों पर बराबरी के साथ प्रतिष्ठित था, लेकिन प्रसाद के बाद से लेकर आज तक जब भी नाटक और रंगमंच, साहित्य और रंगमंच के आपसी सम्बन्धों की चर्चा होती है, तो यह सवाल सबसे ज़्यादा चर्चा का केन्द्र बना रहता है, कि नाटक को साहित्य का हिस्सा माना जाए अथवा रंगमंच का। यह अलग बात है कि इस परस्पर विरोधी धारणा को पुष्ट करने में जितना योगदान प्रसाद के नाटकों का शास्त्रीय अध्ययन और दूसरे बड़े-बड़े लेकिन निरर्थक शोध-ग्रन्थों ने दिया उससे कहीं अधिक वे रंगकर्मी भी ज़िम्मेदार हैं, जिन्होंने नाटकों को पढ़े या मंचित किए बिना ही उन्हें अनभिनेय घोषित कर दिया।

प्रसाद के आगे के कम-से-कम बीस साल एक और वैज्ञानिक विकास की दृष्टि से रेखांकित किए जा सकते हैं जिसकी वज़ह से यदि एक तरफ़ साहित्य और रंगमंच के बीच की दूरी बढ़ती चली गई तो दूसरी तरफ़ अनायास और शायद अनजाने में भी ये दोनों विधाएँ एक-दूसरे के बहुत नज़दीक आ गईं। यह वैज्ञानिक विकास था भारतीय समाज में रेडियो जैसे ध्वनि-माध्यम का जन्म और फ़िल्म जैसे आरम्भ में मूक और बाद में ध्वनि के जुड़ाव से एक दृश्य के माध्यम के रूप में बोलती फ़िल्मों का प्रादुर्भाव।

हुआ यह कि रेडियो के लिए लघु नाटकों, एकांकियों, रूपकों, वार्ताओं और कथा-पाठ की ज़रूरतों ने ज़्यादातर साहित्यकारों को अपनी ओर खींच लिया। एक समय तो ऐसा था जब हिन्दी का हर बड़ा लेखक और साहित्यकार किसी-न-किसी रूप में रेडियो से ही जुड़ा हुआ था। ज़ाहिर है कि रेडियो के लिए लिखने की रचना-प्रक्रिया ने उन्हें रंगमंच जैसे दृश्य माध्यम से दूर कर दिया। बाद में यदि वही लोग किसी दृश्य माध्यम से जुड़े भी तो वह रंगमंच की बज़ाय फ़िल्म के रूप में उनके सामने मौज़ूद था। एक तो फ़िल्म से मिलनेवाला ज़्यादा मेहनताना और दूसरे एक ही समय में बहुत बड़े जन-समुदाय द्वारा देखे जा सकने की सम्भावनाओं में सभी बड़े-बड़े लेखकों को अपनी ओर आकर्षित एवं प्रलोभित किया। पारसी नाटकों के अधिकांश अभिनेता और नाटककार, हिन्दी में उपेन्द्रनाथ अश्क, अमृतलाल नागर, भगवती चरण वर्मा और यहाँ तक कि प्रेमचन्द भी फ़िल्मों के ज़ादुई आकर्षण से अछूते न रह सके। लेकिन जब बाद में इन सब लोगों का रेडियो और विशेष रूप से फ़िल्मों से मोहभंग हो गया तो ये कहानी, कविता, उपन्यास के साथ-साथ नाटक की ओर भी लौटे। एक तरह से उन्होंने उपर्युक्त दोनों लिखे गए आलेखों को ही रंगमंचीय आलेखों के रूप में परिवर्तित किया।

सन् 1942 में भारत छोड़ो आन्दोलन के साथ-साथ इप्टा के जन्म ने एक बार फिर से साहित्य, रंगमंच और दूसरी कलाओं के बीच की दूरियों को कम करने की कोशिश की। ज़ाहिर है इसके पीछे देश की आज़ादी के लिए किए जानेवाले संघर्ष की भावना भी सबमें कूट-कूटकर भरी हुई थी। जिसने सभी विधाओं के लोगों को एक ही मंच पर आने के लिए प्रेरित किया। अतः यह स्वाभाविक ही था कि चालीस-पचास के दशक में साहित्य और रंगमंच एक-दूसरे के बहुत नज़दीक थे। लेकिन जैसे ही आज़ादी मिलने के साथ वह उद्देश्य पूरा हो गया तो सब कला-माध्यमों के लोग अपनी-अपनी दुनिया में लौट गए। फिर भी 50-70 तक कम-से-कम हिन्दी में दूसरी विधाओं के लेखकों का रंगमंच से गहरा रिश्ता बना रहा। मोहन राकेश इसके सबसे बड़े उदाहरण हैं, जिन्होंने शुरुआत एक कहानीकार और उपन्यासकार के रूप में की और बाद में पूरी तरह से नाटक और रंगमंच को समर्पित हो गए। उनके साथ सबसे बड़ी सुविधा यह भी रही कि उनके सभी नाटक हिन्दी रंगमंच की लगभग सभी व्यावसायिक और अव्यावसायिक संस्थाओं द्वारा खेले गए। क़मोबेश यही स्थिति सुरेन्द्र वर्मा, बलराज पंडित, मणि मधुकर, शंकर शेष, भीष्म साहनी, असग़र वजाहत और रमेश बक्षी के नाटकों के साथ भी रही कि जैसे ही वे लिखे गए उसके तुरन्त बाद उसका मंचन भी होता रहा।

पिछली शताब्दी के अन्तिम बीस वर्षों में दूरदर्शन, वीडियो, फ़िल्म, कम्प्यूटर और इंटरनेट जैसे संचार माध्यमों के तेज़ी से भारतीय परिवेश में हस्तक्षेप के साथ साहित्य और रंगमंच की परस्पर दूरी बढ़ती गई। यह दूरी सिर्फ़ साहित्य और रंगमंच की दुनिया में ही दिखाई नहीं दी, वरन् स्वयं रंगमंच को भी लगभग छोड़ने की सी स्थिति आ गई थी। जब एक साथ बहुत से अभिनेताओं ने उपर्युक्त माध्यमों की तरफ़ प्रस्थान किया। 80-90 के बीच एक बार तो ऐसा लगा कि शायद ये अभिनेता अब पुनः रंगमंच की

तरफ़ लौटकर नहीं आएँगे, लेकिन बहुत जल्दी ही यह भ्रम टूट गया। उन अभिनेताओं ने दूरदर्शन पर लगातार अभिनय करने से जो अनुभव पाया, उससे यही निष्कर्ष निकाला जा सकता है कि आपका चेहरा उस माध्यम में कितने भी दिनों तक दर्शकों के सामने आता रहे, लेकिन अन्ततः उसका कोई स्थायी प्रभाव नहीं पड़ता। जब कि रंगमंच में अभिनेता बेशक़ सिर्फ़ दो-तीन घंटे के लिए ही मंच पर होता है, लेकिन तब भी उसके जीवन्त अभिनय की याद दर्शकों के मन-मस्तिष्क में वर्षों तक अंकित रहती है। ठीक यही बात साहित्य की दुनिया से जुड़े रचनाकारों ने भी महसूस की कि जितना स्थायित्व प्रकाशित शब्द का है उतना संचार माध्यमों में बोले जानेवाले का नहीं। इसलिए कोई आश्चर्य नहीं कि वे लोग अपने मूल-माध्यम अर्थात् साहित्य की तरफ़ लौटकर आएँ। पिछले दस-पन्द्रह वर्षों में पत्र-पत्रिकाओं के प्रचार-प्रसार और नई-नई पुस्तकों के प्रकाशन से यह तथ्य स्वयंसिद्ध हो जाता है।

लेकिन इस घर-वापसी के बावजूद साहित्य और रंगमंच के बीच की दूरी को अभी तक पूरी तरह से ख़त्म नहीं किया जा सका है। सच्चाई तो यह है कि इधर वह दूरी और ज़्यादा बढ़ती जा रही है। इसका एक कारण तो यह भी हो सकता है कि आज रंगमंच में अव्यावसायिक स्तर पर वह सक्रियता ही पूरी तरह से ग़ायब हो गई है, जो 60-80 तक के बीस वर्षों में दिखाई पड़ती थी। आख़िर साहित्यकार नाटक लिखे भी तो किसके लिए ? दूसरा कारण यह भी दिया गया कि जब कहानियों और उपन्यासों का नाट्य-रूपान्तरों के बहाने से अथवा सीधे-सीधे अपने मूलरूप में ही मंचन होना सम्भव हो गया है तो फिर साहित्यकार अलग से नाट्य-लेखन की तरफ़ क्यों प्रवृत्त हो। लेकिन यह तर्क अपने आपमें बेहद कमज़ोर है। होना तो यह चाहिए था कि अपनी कहानियों और उपन्यासों को मंच पर प्रस्तुत होते देखने के बाद साहित्यकार नाट्य-रचना के लिए आगे आते। जैसा कि पिछले 70-80 सालों में लगातार होता रहा था। रेडियो से जुड़े रहकर भी जगदीशचन्द्र माथुर, उपेन्द्रनाथ अश्क, उदयशंकर भट्ट ने नाटक लिखना बन्द नहीं किया। कहानीकार और उपन्यासकार प्रेमचन्द, पांडेय बेचन शर्मा 'उग्र', अज्ञेय और भुवनेश्वर ने भी नाट्य-रचना की। आज हम भुवनेश्वर को एक कवि और कहानीकार से ज़्यादा एक नाटककार के रूप में याद करते हैं। फिर आज वैसी स्थिति क्यों नहीं है ? क्या नाटकों का मंचन नहीं हो पाता इसलिए ? क्या नाटकों के प्रकाशन अथवा मंचन से नाटककार को कोई आर्थिक लाभ नहीं हो पाता इसलिए ? क्या साहित्य में नाटक की स्थिति दूसरे दर्ज़े की मानी जाती है इसलिए ? मैं सोचता हूँ कि ये सारे सवाल ऐसे हैं जिन पर साहित्य और रंगमंच से जुड़े लोगों को आपस में मिलकर विचार-विमर्श करना चाहिए क्योंकि नाटक का जितना सम्बन्ध रंगमंच से है उससे कहीं ज़्यादा साहित्य से है। कहा तो यहाँ तक जाना चाहिए कि पहले नाटक को एक साहित्यिक कृति के रूप में ही अपनी पहचान बनानी होती है। उसके प्रस्तुति आलेख की यात्रा तो उसके बाद ही शुरू होती है। यदि कोई नाटक साहित्य के धरातल पर ख़रा, गहरा और जीवन्त उतरता है तो यह निश्चित है कि उसकी रंगमंचीयता भी उतनी ही सशक्त होगी।

कहानीकार, उपन्यासकार यदि इस अनुभव को लेकर गहराई से सोच-विचार करें तो कोई कारण नहीं कि वह नाट्य-रचना में प्रवृत्त न हो। इतिहास साक्षी है कि आज कालिदास, भवभूति, भारतेन्दु, जयशंकर प्रसाद, धर्मवीर भारती, लक्ष्मीनारायण लाल, मोहन राकेश आदि साहित्यकारों को कभी उपन्यासकारों से ज़्यादा एक नाटककार के रूप में जाना जाता है।

रंगमंच से कटता साहित्य

साहित्य ने ही नाटक और रंगमंच को जन्म दिया था। बहुत दिनों तक नाटककार को कवि की संज्ञा से जाना जाता था। यह तो कोई बहुत दूर की बात नहीं है कि साहित्यकार बहुत सी विधाओं में एकसाथ रचना-कर्म करते रहे थे। केवल हिन्दी साहित्य को ही लें तो भारतेन्दु हरिश्चन्द्र, जयशंकर प्रसाद, उपेन्द्रनाथ अश्क, धर्मवीर भारती, मोहन राकेश, लक्ष्मीनारायण लाल, भीष्म साहनी, सर्वेश्वर दयाल सक्सेना, अमृत राय, विष्णु प्रभाकर, रमेश बक्षी और गिरिराज किशोर के नाम लिये जा सकते हैं। लेकिन धीरे-धीरे ऐसा क्यों होने लगा कि हिन्दी के लेखक और साहित्यकार नाटक और रंगमंच की दुनिया से कटते चले गए और बहुत से जाने-पहचाने लेखकों ने नाटक लिखना लगभग छोड़ दिया है। इस उदासी, अलगाव और दूरी के क्या कारण ढूँढ़े जा सकते हैं ?

ग़ौरतलब तथ्य है कि पिछले पचास वर्षों में साहित्य अकादमी, भारतीय ज्ञानपीठ अथवा कोई और बड़ा साहित्यिक पुरस्कार किसी हिन्दी नाटक और नाटककार को नहीं दिया गया है। हाँ, अपवाद के रूप में सुरेन्द्र वर्मा और गिरिराज किशोर का नाम ज़रूर लिया जा सकता है, लेकिन सुरेन्द्र वर्मा को उनके उपन्यास 'मुझे चाँद चाहिए' के लिए तथा गिरिराज किशोर को 'ढाई घर' के लिए साहित्य अकादमी पुस्कार प्रदान किया गया, नाटक के लिए नहीं। हिन्दी के नाटक और नाटककार यदि पुरस्कृत हुए भी तो संगीत नाटक अकादमी द्वारा न कि साहित्य अकादमी द्वारा। चाहे वह मोहन राकेश हों या धर्मवीर भारती हों, लक्ष्मीनारायण लाल हों या फिर उपेन्द्रनाथ अश्क।

क्या इसका अर्थ यह होगा कि हिन्दी में सचमुच कोई ऐसा श्रेष्ठ और सशक्त नाट्य लेखक अभी भी सामने नहीं आया, जिसे किसी साहित्यिक पुरस्कार के योग्य माना जा सके ? क्या इसका यह मतलब निकाला जाए कि नाटक-लेखन को साहित्य का हिस्सा ही नहीं माना जाता और उसे मात्र रंगमंच तक ही सीमित कर लिया गया है ?

यह ठीक है कि भारतेन्दु ने नाटकों के अलावा कविता, संस्मरण, यात्रा-विवरण और निबन्ध भी खूब जमकर लिखे। एक सम्पादक के रूप में बहुत सी साहित्यिक पत्रिकाओं की शुरुआत की और बहुत सी साहित्यिक मंडलियाँ भी बनाईं। भारतेन्दु स्वयं भी यायावर प्रकृति के थे और लगातार देश के अलग-अलग हिस्सों में भ्रमण करते रहते थे। इन सारी चीज़ों के पीछे उनकी यही भावना काम कर रही थी कि कैसे हिन्दी का

प्रचार-प्रसार किया जाए। साहित्य को समाज के अलग-अलग वर्गों से जोड़ा जाए, और सबसे ज़्यादा नाटक विधा के माध्यम से ये सारे काम कैसे किए जाएँ। भारतेन्दु ने बहुत सी विधाओं में रचना-कर्म किया, लेकिन उनकी सही पहचान एक नाटककार के रूप में ही हुई।

यही बात काफ़ी हद तक जयशंकर प्रसाद के बारे में कही जा सकती है। प्रसाद भी कहानीकार हैं, उपन्यासकार हैं, बहुत बड़े कवि हैं लेकिन देखा जाए तो कवि और नाटककार—उनके ये दोनों पक्ष एक-दूसरे के समान्तर हैं। एक ओर यदि छायावादी युग के सबसे बड़े कवि के रूप में जयशंकर प्रसाद को जाना जाता है तो दूसरी ओर वे भारतीय रंगमंच के उतने ही बड़े नाटककार के रूप में भी याद किए जाते हैं। यदि कविता में 'लहर', 'आँसू' और 'कामायनी' जैसी बड़ी काव्य-कृतियों की तरह 'चन्द्रगुप्त', 'स्कन्दगुप्त' और 'ध्रुवस्वामिनी' भी हमेशा हिन्दी नाट्य चर्चा के केन्द्र में रहेंगे। बेशक़ प्रसाद के नाटक उनके अपने समय में बहुत ज़्यादा मंचित न हुए हों, बेशक़ वह स्वयं एक व्यावहारिक रंगकर्मी के रूप में रंगमंच से न जुड़े रहे हों, लेकिन इस बात से इनकार नहीं किया जा सकता कि जितनी चर्चा, जितना विवाद और जितना प्रचार-प्रचार पिछले 70-75 वर्षों में जयशंकर प्रसाद के नाटकों का हुआ है, उतना शायद ही किसी और नाटककार के नाटकों का हुआ हो। इसके एक-दो कारण और दिए जा सकते हैं—एक तो यही कि उन नाटकों की अभिनेयता-अनभिनेयता को लेकर विद्वानों, अध्येताओं और रंगकर्मियों के बीच कितनी ही दुविधा क्यों नहीं हो, प्रसाद का लगभग हर नाटक देश के किसी-न-किसी पाठ्यक्रम का अनिवार्य अंग रहा है। दूसरी ओर भारतीय स्वतन्त्रता संग्राम के परिप्रेक्ष्य में प्रसाद जिस तरह से अपने नाटकों के कथानक सुदूर लेकिन गौरवमय अतीत से ढूँढ़कर लाए, उसने जन-मानस पर बहुत गहरा असर डाला और साहित्य, समाज तथा रंगमंच को एक-दूसरे के बहुत नज़दीक ला दिया। शायद ही कोई ऐसा विद्यालय-महाविद्यालय अथवा विश्वविद्यालय हो, जहाँ प्रसाद का ध्रुवस्वामिनी न खेला गया हो।

प्रसाद के नाटक और रंगमंच सम्बन्धी विचारों ने भी साहित्य और रंगमंच दोनों क्षेत्रों में अच्छा-ख़ासा विवाद पैदा कर दिया था जब उन्होंने अपने इस स्थापना को सामने रखा कि 'नाटक के लिए रंगमंच होना चाहिए न कि रंगमंच के लिए नाटक।' इसी के साथ उनका यह विचार भी बहुत महत्त्वपूर्ण है, जिसकी तरफ़ प्रायः कम ध्यान दिया गया है कि 'यदि हिन्दी भाषा का व्यापक स्तर पर प्रचार-प्रसार करना है तो यह नाटक जैसे माध्यम से ही सम्भव हो सकता है।'

प्रसाद ही वह पहले नाटककार भी हैं, जिन्होंने नाटक को लेकर पाठ्य-नाटक और मंचीय नाटक में जैसे विभाजन को पैदा होने और बढ़ाने में एक अलग भूमिका निभाई। इससे पहले आदिकाल से लेकर प्रसाद तक भारतीय अथवा विश्व रंगमंच में कहीं भी इस तरह के विभाजन की कोई अवधारणा नहीं थी। साहित्य और रंगमंच दोनों भूमियों पर बराबरी के साथ प्रतिष्ठित था, लेकिन प्रसाद के बाद से लेकर आज तक जब भी

नाटक और रंगमंच, साहित्य और रंगमंच के आपसी सम्बन्धों की चर्चा होती है, तो यह सवाल सबसे ज़्यादा चर्चा का केन्द्र बना रहता है कि नाटक को साहित्य का हिस्सा माना जाए अथवा रंगमंच का। यह अलग बात है कि इस परस्पर विरोधी धारणा को पुष्ट करने में जितना योगदान प्रसाद के नाटकों का शास्त्रीय अध्ययन और दूसरे बड़े-बड़े लेकिन निरर्थक शोध-ग्रन्थों ने दिया उससे कहीं अधिक वे रंगकर्मी भी ज़िम्मेदार हैं, जिन्होंने नाटकों को पढ़े या मंचित किए बिना ही उन्हें अभिनेय या मंचन के अयोग्य घोषित कर दिया।

प्रसाद के आगे के कम-से-कम बीस साल एक और वैज्ञानिक विकास की दृष्टि से रेखांकित किए जा सकते हैं, जिसकी वज़ह से यदि एक तरफ़ साहित्य और रंगमंच के बीच की दूरी बढ़ती चली गई तो दूसरी तरफ़ अनायास ये दोनों विधाएँ एक-दूसरे के बहुत नज़दीक आ गईं। यह वैज्ञानिक विकास था। भारतीय समाज में रेडियो जैसे ध्वनि-माध्यम का विकास और बोलती फ़िल्मों का प्रादुर्भाव। हुआ यह कि रेडियो के लिए लघु नाटकों, एकांकियों, रूपकों वार्ताओं और कथा-पाठ की ज़रूरतों ने ज़्यादातर साहित्यकारों को अपनी ओर खींच लिया। एक समय तो ऐसा था जब हिन्दी का हर बड़ा लेखक और साहित्यकार किसी-न-किसी रूप में रेडियो से जुड़ा हुआ था। ज़ाहिर है कि रेडियो के लिए लिखने की रचना-प्रक्रिया ने उन्हें रंगमंच जैसे दृश्य माध्यम से दूर कर दिया। बाद में यदि वही लोग किसी दृश्य माध्यम से जुड़े भी तो वह रंगमंच की बज़ाय फ़िल्मों के जरिए जुड़े। फ़िल्म से मिलनेवाले ज़्यादा मेहनताने से जुड़ने की सम्भावनाओं ने अनेक बड़े लेखकों को अपनी ओर आकर्षित या प्रलोभित किया। पारसी नाटकों के अधिकांश अभिनेता और नाटककार, हिन्दी में उपेन्द्रनाथ अश्क, अमृतलाल नागर, भगवती चरण वर्मा और यहाँ तक कि प्रेमचन्द भी फ़िल्मों के ज़ादुई आकर्षण से अछूते न रह सके। लेकिन जब बाद में इन सब लोगों का रेडियो और विशेष रूप से फ़िल्मों से मोहभंग हो गया तो ये कहानी, कविता, उपन्यास के साथ-साथ नाटक की ओर भी लौटे।

भारत छोड़ो आन्दोलन के साथ-साथ 1942 में इप्टा के जन्म ने एक बार फिर से साहित्य, रंगमंच और दूसरी कलाओं के बीच की दूरियों को कम करने की कोशिश की। ज़ाहिर है कि इसके पीछे देश की आज़ादी के लिए किए जानेवाले संघर्ष की भावना भी सभी में कूट-कूटकर भरी हुई थी। इसने सभी विधाओं के लोगों को एक ही मंच पर आने के लिए प्रेरित किया। अतः यह स्वाभाविक ही था कि चालीस-पचास के दशक में साहित्य और रंगमंच एक-दूसरे के बहुत नज़दीक थे। लेकिन जैसे ही आज़ादी मिलने के साथ वह उद्देश्य पूरा हो गया तो सब कला-माध्यमों के लोग अपनी-अपनी दुनिया में लौट गए। फिर भी 50-70 तक कम-से-कम हिन्दी में दूसरी विधाओं के लेखकों का रंगमंच से गहरा रिश्ता बना रहा। मोहन राकेश इसके सबसे बड़े उदाहरण हैं, जिन्होंने शुरुआत एक कहानीकार और उपन्यासकार के रूप में की और बाद में पूरी तरह से नाटक और रंगमंच को समर्पित हो गए।

पिछली शताब्दी के अन्तिम बीस वर्षों में दूरदर्शन, वीडियो, फ़िल्म जैसे संचार माध्यमों के तेज़ी से भारतीय परिवेश में हस्तक्षेप के साथ साहित्य और रंगमंच की परस्पर दूरी बढ़ती गई। जब 80-90 के बीच एक साथ बहुत से अभिनेताओं ने उपर्युक्त माध्यमों की तरफ़ प्रस्थान किया तो एक बार ऐसा लगा कि शायद ये अभिनेता अब पुनः रंगमंच की तरफ़ लौटकर नहीं आएँगे, लेकिन बहुत जल्दी ही यह भ्रम टूट गया। उन अभिनेताओं ने दूरदर्शन पर लगातार अभिनय करने से जो अनुभव पाया, उससे यही निष्कर्ष निकाला जा सकता है कि आपका चेहरा उस माध्यम में कितने भी दिनों तक दर्शकों के सामने आता रहे, अन्ततः उसका कोई स्थायी प्रभाव नहीं पड़ता। जब कि रंगमंच में अभिनेता भले ही थोड़ी सी अवधि के लिए ही मंच पर होता है, लेकिन तब भी उसके जीवन्त अभिनय की याद दर्शकों के मन-मस्तिष्क में वर्षों तक अंकित रहती है। स्वयं रंगकर्मियों के लिए भी नाटक का हर मंचन एक नया अनुभव होता है और टीवी सीरियल जीवन्त नाटक का विकल्प नहीं होता।

लेकिन इस घर वापसी के बावजूद साहित्य और रंगमंच के बीच की दूरी को अभी तक पूरी तरह से ख़त्म नहीं किया जा सका है। सच्चाई तो यह है कि इधर वह दूरी और ज़्यादा बढ़ती जा रही है। इसका एक कारण तो यह भी हो सकता है कि आज रंगमंच में अव्यावसायिक स्तर पर वह सक्रियता ही पूरी तरह से ग़ायब हो गई है—जो 60-80 तक के बीस वर्षों में दिखाई पड़ती थी। आख़िर साहित्यकार नाटक लिखे भी तो किसके लिए। दूसरा कारण यह भी दिया गया कि जब कहानियों और उपन्यासों का नाट्य-रूपान्तरों के बहाने से अथवा सीधे-सीधे अपने मूलरूप में ही मंचन होना सम्भव हो गया है तो फिर लेखक अलग से नाट्य-लेखन की तरफ़ क्यों प्रवृत्त हो। लेकिन यह तर्क अपने आपमें बेहद कमज़ोर है। होना तो यह चाहिए था कि आपसी कहानियों और उपन्यासों को मंच पर प्रस्तुत होते देखने के बाद साहित्यकार नाट्य-रचना के लिए आगे आते जैसा कि पिछले 70-80 सालों में लगातार होता रहा था। रेडियो से जुड़े रहकर भी जगदीश चन्द्र माथुर, उपेन्द्रनाथ अश्क, उदयशंकर भट्ट ने नाटक लिखना बन्द नहीं किया। कहानीकार और उपन्यासकार प्रेमचन्द, पांडेय बेचन शर्मा 'उग्र', 'अज्ञेय' और भुवनेश्वर ने भी नाट्य-रचना की। आज हम भुवनेश्वर को एक कवि और कहानीकार से ज़्यादा एक नाटककार के रूप में याद करते हैं। फिर आज वैसी स्थिति क्यों नहीं है ? क्या नाटकों का मंचन नहीं हो पाता इसलिए ? क्या नाटकों के प्रकाशन अथवा मंचन से नाटककार को कोई आर्थिक लाभ नहीं हो पाता इसलिए ? क्या इसलिए कि साहित्य में नाटक की स्थिति दूसरे दर्ज़े की मानी जाती है ? मैं सोचता हूँ कि ये सारे सवाल ऐसे हैं जिन पर साहित्य और रंगमंच से जुड़े लोगों को आपस में मिलकर विचार-विमर्श करना चाहिए, क्योंकि नाटक का जितना सम्बन्ध रंगमंच से है उससे कहीं ज़्यादा साहित्य से है। कहा तो यहाँ तक जाना चाहिए कि पहले नाटक को एक साहित्यिक कृति के रूप में अपनी पहचान बनानी होती है।

उसके प्रस्तुति आलेख की यात्रा तो उसके बाद ही शुरू होती है। यदि कोई नाटक

साहित्य के धरातल पर खरा, गहरा और जीवन्त उतरता है तो यह निश्चित है कि उसकी रंगमंचीयता भी उतनी ही सशक्त होगी। कहानीकार-उपन्यासकार यदि इस अनुभव को लेकर गहराई से सोच-विचार करें तो कोई कारण नहीं कि वह नाट्य रचना में प्रवृत्त न हों।

शौकिया रंगमंच की समस्याएँ

इस महीने के आरम्भ में, दो दिनों के लिए इलाहाबाद जाना हुआ। वहाँ की एक नाट्यमंडली 'अभिनय' ने अपने ही एक वरिष्ठ सदस्य शैलेश श्रीवास्तव द्वारा लिखित नाटक 'मरीचिका' का राष्ट्रीय नाट्य विद्यालय के अनुभवी स्नातक गोविन्द गुप्ता के निर्देशन में मंचन किया था। यह देखकर अच्छा लगा कि एक तरफ़ जहाँ हम हिन्दी रंगमंच में नए नाटकों के अभाव का रोना रोते रहते हैं, वहाँ एक स्थानीय संस्था ने एक बिल्कुल नए आलेख को प्रस्तुत करने का बीड़ा उठाया। बेशक् कथ्य एवं शिल्प के स्तर पर नाटक उतना सशक्त नहीं था लेकिन महत्त्वपूर्ण बात यह है कि जब तक हम किसी भी ताज़े नाटक को प्रस्तुति की प्रक्रिया से नहीं लेकर चलेंगे, तो नया नाटककार सीखेगा कैसे ? इस दृष्टि से उपर्युक्त नाटक और उसकी प्रस्तुति के लिए निर्देशक और मंडली की सराहना की जानी चाहिए कि उन्होंने नाटककार को अपने सामने मंचित होने की प्रक्रिया से जोड़कर उसे अपने ही आलेख को अधिकाधिक निखारने और सँवारने के अवसर प्रदान किए।

दूसरे दिन मंडली के सदस्यों ने एक गोष्ठी का आयोजन किया, जिसमें नाटक मंडलियों के सामने सदैव उपस्थित रहनेवाली समस्याओं पर विचार-विमर्श किया गया। लगभग दो-तीन घंटे की बातचीत में से जो कुछ भी निष्कर्ष के रूप में सामने आया, वह हिन्दी रंगमंच के दो अतिवादी छोरों को प्रस्तुत करता है। एक ओर भारतीय रंगमंच में हिन्दी रंगमंच का शीर्ष स्थान इसलिए है कि उसने सम्पूर्ण देश के अलग-अलग हिस्सों में होनेवाली रंगकर्म के लिए नाट्य लेखन एवं प्रस्तुति के स्तर पर ऊँचे-से-ऊँचे प्रतिमान स्थापित किए हैं, तो दूसरी ओर चालीस-पचास सालों के अनवरत प्रयोगों के बाद भी उससे जुड़ी कम-से-कम तीन शाश्वत समस्याएँ आज भी अपने उसी रूप में मौज़ूद हैं। वे हैं नाटकों की तैयारी के लिए पूर्वाभ्यास स्थलों का अभाव, नाटकों में काम करने के लिए तत्पर और उत्साही लड़कियों का अभाव और अन्ततः नाटकों की प्रस्तुति पर होनेवाले व्यय को जुटाने के स्रोतों-संसाधनों का अभाव। ऐसा नहीं है कि ये समस्याएँ विशेष रूप से मात्र हिन्दी रंगमंच की ही अपनी समस्याएँ हैं। कमोबेश हर भाषा और प्रान्त के शौकिया रंगमंच की यही मूलभूत और शाश्वत समस्याएँ हैं, लेकिन आज तक इस बात पर कभी गहराई से विचार नहीं किया गया कि शौकिया रंगमंच में ये समस्याएँ आज तक ज्यों-की-त्यों क्यों बनी हुई हैं ?

सबसे पहले पूर्वाभ्यास के लिए उपयुक्त स्थान की बात की जाए। हरेक नाट्यमंडली अपने-अपने सम्पर्क सूत्रों के माध्यम से किसी स्कूल, कॉलेज, ऑफिस-परिसर अथवा सामुदायिक भवनों का अपने पूर्वाभ्यासों के लिए इस्तेमाल करती रहती है। लेकिन इस सुविधा का इस्तेमाल हमारी तरफ़ से हमेशा एकतरफ़ा होता है अर्थात् हम स्थान का इस्तेमाल तो करना चाहते हैं लेकिन बदले में उस स्थान विशेष से जुड़े लोगों के लिए कुछ नहीं करना चाहते। मैं यहाँ उस सुविधा के एवज में कुछ धन देने की बात नहीं कर रहा हूँ। हममें से कितनी मंडलियों ने इस विषय में विचार किया अथवा पहल की कि हम बारी-बारी से उस स्कूल या कॉलेज के छात्रों के साथ भी, बिना किसी स्वार्थ या आर्थिक अपेक्षा के नाटक को लेकर कुछ काम करें। इससे दो लाभ होंगे—एक तो हमें नया दर्शक वर्ग मिलेगा, दूसरे उस जगह से जुड़े लोग भी इस कला के प्रति प्रवृत्त होंगे। दूसरा कारण यह भी बनने लगता है कि हम शुरू में तो उन जगहों को नाटकों के पूर्वाभ्यास के लिए लेते हैं लेकिन बहुत जल्दी ही वे नाटक से ज़्यादा दूसरी चीज़ों के लिए इस्तेमाल होने लगती हैं। मसलन अड्डेबाजी, शराबख़ोरी और लड़कियों के साथ की जानेवाली बेज़ा हरक़तें। यह अकारण नहीं है कि स्वयं में संसार की सबसे सुन्दर एवं श्रेष्ठ कला होने के बावजूद समाज में नाटक और रंगमंच करनेवालों को वह सम्मान का दर्ज़ा प्राप्त नहीं है, जो दूसरी विधाओं के सर्जकों को मिलता रहा है।

रंगमंच में लड़कियों के अभाव को भी उपर्युक्त परिप्रेक्ष्य में अच्छी तरह से जाँचा-परखा जा सकता है। हम हमेशा इस बात की अपेक्षा क्यों करते रहते हैं कि दूसरे परिवारों की लड़कियाँ नाटकों में काम करने के लिए आएँ ? हम स्वयं अपने ही परिवार से यह पहल क्यों नहीं करते ? आज से पच्चीस-तीस साल पहले इलाहाबाद के ही कशालकर दम्पति ने 'प्रयाग रंगमंच' नाट्यमंडली में स्वयं तो शिरकत की ही, अपने साथ अपनी लड़कियों को भी मंच पर लेकर आए। उसी का परिणाम यह हुआ कि हिन्दी रंगमंच के प्रयोगशील निर्देशक डॉ. सत्यव्रत सिन्हा ने भी अपनी लड़की को मंच पर उतारा। शम्भु मित्र की पत्नी और बेटी सदैव उनके साथ मंच पर सक्रिय रहीं। हबीब तनवीर की बेटी जब से पैदा हुई, मंच से जुड़ी हुई है। और भी न जाने कितने उदाहरण दिए जा सकते हैं, लेकिन मूल बात यही है कि जब तक कोई भी शुरुआत हम अपने घर से नहीं करेंगे, तब तक कुछ नहीं होनेवाला। क्या यह अपने आप में एक अन्तर्विरोध नहीं है कि एक तरफ़ हम रंगमंच से समाज को बदलने का दावा करते हैं, दूसरी तरफ़ हम अपनी सोच एवं व्यवहार में उतने ही दक़ियानूसी हैं ? और नाटकों को मंचित करने के लिए धन के अभाव की समस्या तो सबसे ज़्यादा हास्यास्पद जान पड़ती है। किसी और शौक़ की पूर्ति के लिए हमारे पास कभी धन का अभाव नहीं होता? फिर यदि नाटक भी हम महज़ अपने शौक़ के लिए ही कर रहे हैं, तो इसके लिए उस अभाव का रोना क्यों ? यदि हम रंगकर्म को शौक़ के रूप में न लेकर एक व्यवसाय के रूप में अपनाना चाहते हैं तो ज़ाहिर है कि उस स्थिति में हमें अपना

पूरा-पूरा समय नाटक और रंगमंच को देना होगा। फिर कोई कारण नहीं कि हमें अपने जीवनयापन के लिए धन की प्राप्ति न हो।

रही नाटकों की प्रस्तुति से जुड़े धन की व्यवस्था का सवाल। समस्या तब पैदा होती है जब हम यह सारी ज़िम्मेदारी संस्था के मात्र एक ही व्यक्ति पर लाद देते हैं। यदि प्रस्तुति के पूरे बजट की व्यवस्था मंडली के सभी सदस्य आपस में मिलकर करें तो समस्या का निराकरण आप ही आप हो जाएगा और इसके लिए कई विकल्प सुझाए जा सकते हैं। उदाहरण के लिए हर सदस्य कम-से-कम दस टिकट अवश्य बेचे, कम-से-कम एक विज्ञापन अवश्य लाकर दे, हर सदस्य बारी-बारी से पूर्वाभ्यास में दी जानेवाली चाय का ख़र्चा उठाए, यदि कोई सदस्य बिना बताए किसी कारण से पूर्वाभ्यास में देरी से पहुँचता है तो खेल-खेल में दंडस्वरूप उस पर कुछ जुर्माना किया जाए। भले ही ये सारे विकल्प बहुत ही सरल और मनोरंजक लगते हों लेकिन अन्ततः धनाभाव की पूर्ति का रास्ता यहीं से निकलेगा। जब हम रंगकर्म को एक सामूहिक कला मानते हैं तो फिर उसके हर पक्ष में उस सामूहिक साझेदारी से परहेज़ क्यों ? एक और विकल्प है दर्शकों की स्थायी वार्षिक सदस्यता। एक जमाने में कलकत्ता की 'अनामिका' संस्था ने सालों-साल यह प्रयोग किया था। दिल्ली में नवें दशक के आरम्भ में 'सम्भव' ने भी इसी रास्ते से धनाभाव की समस्या का निराकरण किया था। लेकिन यह भी उतना ही ज़रूरी है कि हम दर्शकों से वार्षिक सदस्यता लेने के बाद उनके प्रति अपनी ज़िम्मेदारी पूरी करें अर्थात् हम उनसे जितने नाटक प्रस्तुत करने का वादा करते हैं, उन्हें अवश्य प्रस्तुत करें।

रंगमंच की लोकप्रियता का प्रश्न

इसमें कोई सन्देह नहीं कि हमारे यहाँ नाटक और रंगमंच के आदि ग्रन्थ नाट्यशास्त्र में आज से न जाने कितने हज़ार वर्ष पूर्व रंगमंच के उद्देश्य को बहुत साफ़-साफ़ शब्दों में विवेचित, विश्लेषित कर दिया गया था और वह यह कि रंगमंच का उद्देश्य दर्शक को मनोरंजन प्रदान करना है और इसके साथ-साथ मनोरंजन के माध्यम से ही कोई शिक्षा, सन्देश अथवा उपदेश भी दिया जाना है। बीसवीं शताब्दी के सुप्रसिद्ध चिन्तक, नाटककार और निर्देशक बर्तोल्त ब्रेष्ट ने भी कुछ इससे मिलती-जुलती बात कही है जब वह कहते हैं कि नाटक का उद्देश्य है टू एंटरटेन एंड इंस्ट्रक्ट। हमारे यहाँ प्रदर्शनकारी कलाओं के सन्दर्भ में रसास्वादन की जो बात बार-बार की जाती है, उसका भी एक तरह से यही अभिप्राय है। यूँ भी यह सवाल सहज रूप में उठाया जा सकता है कि आख़िर कोई दर्शक किसी नाटक को देखने अथवा संगीत के कार्यक्रम को सुनने क्यों आता है ? ज़ाहिर है कि अपनी दिन-भर की व्यस्तता, परिश्रम और मानसिक थकान के बाद उसे कुछ-न-कुछ ऐसा ज़रूर चाहिए जो उसके थके-हारे मन-मस्तिष्क और शरीर को सुकून दे और उसे नई ऊर्जा और स्फूर्ति से भर दे।

लेकिन धीरे-धीरे यह होता गया है कि मनोरंजन के नाम पर दर्शकों को कुछ भी परोस देने की परिपाटी ने भी एक साथ ही जन्म ले लिया। यदि हम रंगमंच के इतिहास को उठाकर देखें तो मनोरंजन के नाम पर फूहड़ता, अश्लीलता और सस्तापन यदि पश्चिम में यूनानी कॉमेडियों से ही शुरू हो गया था तो हमारे यहाँ भी कुछ हद तक मध्यकाल में विकसित लोकरंगमंच, आधुनिक काल का पारसी रंगमंच, दिल्ली का पंजाबी रंगमंच और महाराष्ट्र एवं बंगाल का व्यापारिक रंगमंच भी इसके लिए ज़िम्मेदार हैं। यहाँ तक कि फ़िल्मों और दूरदर्शन ने भी इसमें अपना भरपूर योगदान दिया है। उपर्युक्त सामग्री परोसनेवालों का तर्क यह है कि वह ऐसा दर्शकों की माँग पर प्रस्तुत करते हैं। लेकिन यह मात्र अर्ध-सत्य ही माना जा सकता है। यदि सचमुच में ऐसा होता तो इधर पिछले वर्षों में एक के बाद एक फ़िल्में, नाटक और दूरदर्शन पर होनेवाले ऐसे तथाकथित मनोरंजक कार्यक्रम दर्शकों द्वारा क्यों नकार दिए जाते। मुझे नहीं लगता कि कोई भी दर्शक मात्र मनोरंजन के लिए किसी कार्यक्रम में आता है, वरन् वह मनोरंजन से भी आगे उस अनुभव को गहराई में, अनुभूत करना चाहता है। इसीलिए आज प्रदर्शनकारी कलाओं के समक्ष सबसे बड़ी चुनौती यही है कि एक तरफ़ तो उन्हें

अपने-अपने माध्यमों को ज़्यादा-से-ज़्यादा लोकप्रिय बनाना है, और इसके साथ ही दूसरी तरफ़ उन्हें मनोरंजन के उन उच्च कलात्मक प्रतिमानों को भी सुरक्षित रखना है, जिनके तहत वे कला माध्यम आज तक समाज में समाद्रित रहे हैं। यह बहुत ही महीन रस्सी अथवा नंगी तलवार पर चलने जैसा है। इस बात की सम्भावना हमेशा बनी रहती है कि कब आप उस सीमा-रेखा को लाँघ जाएँ जो सस्ती लोकप्रियता और मार्मिक भेदक मनोरंजन में एक बहुत ही झीना सा परदा डाले रहती है। यदि हम अपने रचनात्मक मूल्यों में कहीं भीतर से थोड़ा सा भी सजग और सचेत हों तब सम्भवतः इस दुविधा का सामना नहीं करना पड़ेगा।

लेकिन सचमुच में ऐसा होता नहीं है। दिक़्क़त यही है कि रंगमंच, फ़िल्म और दूरदर्शन जैसे माध्यमों के साथ जुड़ा हुआ ग्लैमर, पैसा और प्रचार-प्रसार किसी भी रचनात्मक कलाकार को कब आकर्षित कर लेगा, इस बारे में कुछ नहीं कहा जा सकता। यही कारण है कि शुरू-शुरू में अपने काम को लेकर पूरी तरह से प्रतिबद्ध कलाकार भी अन्ततः उससे मिलनेवाले आर्थिक लाभों को लेकर ज़्यादा चिन्तित रहने लगते हैं और उनके लिए वे किसी भी प्रकार का समझौता करने के लिए तैयार रहते हैं। रंगमंच में नया और प्रयोगशील रंगकर्म करनेवालों का यही हश्र हुआ, फ़िल्म में भी कला फ़िल्में बनानेवाले कब व्यावसायिक फ़िल्मों की तरफ़ चले गए, यह सबको मालूम ही है। यहाँ तक कि खेलों की दुनिया में भी लोकप्रिय होने के लिए व्यावसायिक हथकंडे किस हद तक घुसपैठ करने लगे हैं, यह सभी जानते हैं। इस पूरी पृष्ठभूमि के बाद यह सवाल अपनी जगह बना ही रहता है कि लोकप्रियता और मनोरंजन में कब किस का पलड़ा भारी हो जाए कुछ कहा नहीं जा सकता। संक्षेप में यही कहा जा सकता है कि लोकप्रियता के नाम पर क्या अपनी नाट्य प्रस्तुतियों में उन भड़कीले तत्त्वों को सज़ा कर रख दिया जाए जिनसे दर्शक थोड़ी देर के लिए बेशक़ चकाचौंध हो जाए, लेकिन अन्ततः वह तत्त्व किसी गहरे मानवीय मूल्य की प्रतिष्ठा न कर पाए, या हम प्रयोगशील भी हों, नई-नई क़िस्म का काम भी करें और साथ-साथ उसे समाज में स्वीकृति भी मिलती चले तो मैं समझता हूँ कि यह सवाल अपने आप समाप्त हो जाएगा कि रंगमंच को अपने आपको लोकप्रिय बनाने के लिए किस हद तक मनोरंजक तत्त्वों का सहारा लेना पड़ेगा।

रंगमंच और समाज

सुप्रसिद्ध यूनानी दार्शनिक अरस्तू का कथन है कि कला जीवन का अनुकरण है। इसी के समानान्तर हमारे यहाँ के चिन्तक और शास्त्रकार भरत का कथन भी उल्लेखनीय है कि नाटक लोक का अनुकीर्तन है। उपर्युक्त दोनों कथनों से इस बात की पुष्टि हो जाती है कि कला और समाज का परस्पर गहरा रिश्ता होता है। यही बात रंगमंच और समाज के विषय में भी कही जा सकती है बल्कि रंगमंच और समाज के बारे में तो और भी ज़्यादा समर्थन के साथ, क्योंकि जहाँ साहित्य, संगीत, नृत्य, चित्रकला, मूर्तिकला जैसी सभी कलाएँ अपनी मूल प्रकृति में ऐकान्तिक हैं, वहाँ रंगमंच अपने आप में ही एक सामूहिक कला है। अर्थात् नाटककार, अभिनेता, निर्देशक दूसरे नेपथ्यकर्मी और अन्ततः दर्शकों को मिलाकर किसी भी नाटक के मंचन में एक बड़े जन-समूह की हिस्सेदारी होती है। सबसे बड़ी बात यह भी है कि यह हिस्सेदारी अप्रत्यक्ष रूप में नहीं, वरन् सीधे-सीधे आमने-सामने जीवन्त स्तर पर घटित होती है। कहने का तात्पर्य यह है कि जहाँ दूसरी सभी कलाओं में रचना और उसके पाठक श्रोता अथवा दर्शक के बीच कोई प्रत्यक्ष और सीधा सम्बन्ध नहीं होता, वहाँ रंगमंच में यह जीवन्त सम्बन्ध हमेशा से मौज़ूद रहा है। इतना ही नहीं दूसरी कलाओं में यदि समाज की उपस्थिति नहीं भी है तो भी उनके अनुशीलन में कोई समस्या नहीं है, लेकिन रंगमंच की तो दर्शकों अथवा समाज की उपस्थिति के बिना कल्पना ही नहीं की जा सकती। यदि हम रंगमंच के जन्म और आज तक के विकास की कहानी पर भी ग़ौर करें तो समाज के साथ उसके गहरे रिश्ते को और भी अच्छी तरह से रेखांकित किया जा सकता है। उदाहरण के तौर पर एक व्यक्ति द्वारा बहुत से लोगों को कहानी सुनाना, बहुत से व्यक्तियों द्वारा विशाल जनसमूह के सामने कथावाचन और कथागायन और अन्ततः वाचन-गायन होते हुए नाटकों के प्रदर्शन के रूप में परिणति किसी भी रूप में देखें, समाज बराबर अपनी उपस्थिति दर्ज़ करता रहा है।

रंगमंच ने अपनी तरफ़ से एक और तरह की पहल करके भी समाज के साथ अपने सम्बन्धों को और पुष्ट किया है। वह इस रूप में कि अभी तक समाज नाटकों के मंचन में आया करता था, लेकिन लोक नाटकों, पारसी नाटकों, नुक्कड़ नाटकों और यायावर रंगमंडलियों के माध्यम से रंगमंच ने अपनी ओर से भी समाज के बीच पहुँचने की पहल की। संक्षेप में कहा जा सकता है कि रंगमंच अपने शुद्ध अर्थों में एक

सामाजिक गतिविधि है, जिसमें पूरा समाज एक साथ शिरकत करता है। रंगमंच और समाज के इस सम्बन्ध को एक और दृष्टिकोण से भी व्याख्यायित किया जा सकता है। प्रत्येक नाटककार अपनी रचनाओं के लिए समाज से ही अपनी सामग्री उठाता है और वह सामग्री नाटक के मंचन के बहाने अभिनेता, निर्देशक और दूसरे रंगकर्मी समाज को ही लौटा देते हैं। कहा भी गया है कि दर्शक रंगमंच में अपने जीवन का प्रतिबिम्ब देखने ही आते हैं, उससे प्रभावित होते हैं, अभिभूत होते हैं। और अन्त में कहीं-न-कहीं रंगमंच उनके जीवन में एक तरह का निखार, सुधार और परिष्कार लाता है। इस प्रकार रंगमंच और समाज के आपसी सम्बन्धों की एक वर्तुलाकार यात्रा पूरी होती है।

अब इसे क्या कहा जाए कि एक ओर तो रंगमंच और समाज के शुरू से ऐसे गहरे रिश्ते रहे हैं, दूसरी ओर समाज में कलाकार को ही सबसे ज़्यादा उपेक्षित माना गया है। पाँच हज़ार वर्षों का एक लम्बा इतिहास होने के बावजूद आज भी समाज में नाटक और रंगमंच से जुड़े कलाकार को वह सम्मान का दर्ज़ा प्राप्त नहीं है जो साहित्यकार, चित्रकार, शिक्षक, प्रशासक और राजनीतिज्ञ तक को हासिल है। यहाँ तक कि चौथी शताब्दी ई.पू. में कौटिल्य ने भी अपने अर्थशास्त्र में नटों को शूद्र की संज्ञा से अभिहित किया है और उन्हें नगर की सीमा के बाहर आवास सुविधाएँ प्रदान करने का प्रावधान किया है। आख़िर ऐसा क्यों हुआ कि जो कला समाज को ऊँचा उठाने में सबसे ज़्यादा सहयोग करती है उसी के प्रयोक्ताओं को इतनी हेय दृष्टि से देखा जाता है। यदि इसके कारणों की गहराई से जाँच-पड़ताल की जाए तो कुछ ठोस सूत्र पकड़े जा सकते हैं। सबसे पहले तो यही अवधारणा कि रंगमंच अपने आप में एक शुद्ध और स्वतन्त्र कला न होकर विभिन्न कलाओं का संगम है और इसीलिए उसे हमेशा से मिश्रित या संकीर्ण कला का दर्ज़ा दिया गया है। दूसरे अपने जन्म से ही प्रशासक वर्ग द्वारा संक्षिप्त, पोषित और पल्लवित होने के कारण उसके प्रयोक्ता हमेशा से समाज के उस वर्ग से आते रहे हैं जो आर्थिक रूप से कभी भी उतना सम्पन्न नहीं था। यह स्थिति सिर्फ़ हमारे ही देश में रही हो ऐसा नहीं है। प्राचीन तथा मध्यकाल में इंग्लैंड, फ्रांस, स्पेन और ज़र्मनी आदि देशों में जो लोग रंगमंच में काम कर रहे थे, वे गुलाम होते थे या समाज के निचले तबकों से जुड़े व्यवसायों से सम्बद्ध होते थे, जैसे कि मोची, लोहार, सोनार इत्यादि। देखा जाए तो एक और कारण भी प्रस्तुत किया जा सकता है वह यह कि रंगमंच का मूल उद्देश्य मनोरंजन प्रदान करना है। अतः यह काम शुरू से ही ऐसे लोगों को सौंप दिया गया जो अपनी कला और कारीगरी से समाज को प्रसन्न कर सकें अर्थात् समाज के उस वर्ग ने अपने आपको पहले से ही उस उच्च धरातल पर प्रतिष्ठित कर लिया जिसे दर्शक वर्ग कहा जाता है और उन्हें प्रसन्न करनेवाले उनसे नीचे ही रहे। मदारी और सर्कस के कलाकारों के प्रति समाज के रवैए के पीछे क्या यही धारणा काम नहीं करती रही है ?

मुझे लगता है कि समाज में रंगमंच को लेकर ऐसी अवधारणाओं के पीछे एक और भी बहुत बड़ा मनोवैज्ञानिक कारण दिया जा सकता है। जैसा कि शुरू में ही कहा

गया था रंगमंच स्वयं में ही एक सामूहिक माध्यम है। अतः वह स्त्री-पुरुषों की खुली भागीदारी भी काफ़ी हद तक समाज की दृष्टि में रंगमंच के एक हेय माध्यम माने जाने की ज़िम्मेदारी हो जाती है। कहीं-न-कहीं रंगमंच की प्रक्रिया से गुज़रते हुए विभिन्न चरित्रों को जीते हुए, अभिनीत करते हुए और चौबीस घंटे एक साथ रहते हुए उसमें शामिल स्त्री-पुरुष कलाकार समाज द्वारा स्वीकृत उन मर्यादाओं और सीमाओं को अनजाने या अनायास ही लाँघ जाते हैं जो उसकी व्यवस्था के आधारस्तम्भ होती हैं और यही बात समाज को स्वीकार नहीं होती इसीलिए कहा भी गया है कि सभी कला माध्यमों में रंगमंच सबसे ज़्यादा कठिन और जटिल माध्यम है क्योंकि कलाकार यदि दूसरों के जीवन की अभिव्यक्ति करते-करते स्वयं अपने जीवन की ही अभिव्यक्ति करने लगें तो इससे बड़ा अन्तर्विरोध कोई दूसरा नहीं हो सकता। इस प्रकार हम देखते हैं रंगमंच और समाज के आपसी रिश्ते उतने सीधे और सपाट नहीं होते जितने कि वे बाहर से दिखाई पड़ते हैं। समाज में रंगकर्म करनेवाले की स्थिति तलवार की धार पर चलने के समान है। अर्थात् अपने अभिनय और मंचन के माध्यम से कलाकार समाज के लिए जिन ऊँचे मानकों और आदर्शों की प्रतिष्ठा करते हैं यदि वे अपने वास्तविक जीवन में स्वयं ही उनसे डिग जाएँ तो उन्हें कोई क्षमा नहीं करेगा। अतः रंगमंच और समाज के रिश्तों की आदर्श स्थिति यही है कि दोनों एक-दूसरे के पूरक बनें।

संचार माध्यम बनाम रंगमंच

सन् 1980 के आसपास जब हमारे देश में दूरदर्शन, वीडियो, फ़िल्म, कम्प्यूटर और इंटरनेट जैसे संचार माध्यमों का एक साथ चहुँतरफ़ा तकनीकी आक्रमण हुआ तो तुरन्त यह घोषणा कर दी गई कि अब रंगमंच के दिन गिने-चुने रह गए हैं। लेकिन आश्चर्य है कि महज़ 20-21 वर्ष में ही सारे संचार माध्यम अपने उत्कर्ष तक पहुँचकर अपनी सार्थकता और अर्थवत्ता को लगभग खो चुके हैं और शिखर से ढलान की तरफ़ लुढ़कने के लिए विवश हैं। यहाँ तक कि सन् 1895 में आविष्कृत फ़िल्म जैसे सशक्त और प्रभावशाली माध्यम की मृत्यु की घोषणा भी 1995 में कर दी गई; लेकिन रंगमंच जैसा माध्यम जहाँ पहले था वहीं आज भी है और पहले से कहीं ज़्यादा अपनी उपस्थिति को दर्ज़ करा रहा है।

लगता है कि हम लोगों की स्मृति बहुत क्षणभंगुर होती है। रंगमंच को लेकर ऐसी आशंकाएँ व्यक्त करते हुए हम यह बिल्कुल भूल जाते हैं कि रंगमंच के साथ न जाने कब से यह खेल होता रहा है और हर बार रंगमंच एक नए रूप और नए रंग में हमारे सामने प्रकट होता रहा है। आइए, अपनी याददाश्त को थोड़ा ताज़ा किया जाए और पिछले तीन-चार हज़ार वर्षों के रंग इतिहास पर एक नज़र दौड़ाएँ। भरत के नाट्यशास्त्र से पूर्व ही भारतीय रंगमंच का इतना विकास और उत्थान हो चुका था कि वह अपने पतन की ओर अग्रसर होने लगा था। ऐसे में भरत जैसे मनीषी रंग-चिन्तक और प्रयोक्ता को उसे संस्कार देने की ज़रूरत महसूस हुई और उसने नाट्यशास्त्र की रचना कर डाली। लगभग एक हज़ार ईस्वी के आसपास जब भरत द्वारा प्रतिपादित शास्त्रीय रंगमंच का अवसान होने लगा तो तुरन्त देश के अलग-अलग हिस्सों में क्षेत्रीय भाषाओं, बोलियों और उप-भाषाओं में लोक रंगमंच का उदय हो गया। सत्रहवीं-अठारहवीं शताब्दी में अंग्रेज़ों के आने के बाद लगा कि यह लोक रंगमंच भी समाप्तप्राय हो जाएगा तो अंग्रेज़ी के रंगमंच के समानान्तर पारसी रंगमंच की धारा चल पड़ी और बहुत ही लोकप्रिय हुई। सन् 1930 के आसपास फ़िल्म में ध्वनि के आविष्कार ने और कैमरे की फोटोग्राफ़ी ने पारसी रंगमंच को गहरा धक्का पहुँचाया और एक बार फिर लगा था कि रंगमंच का नामोनिशान मिट जाएगा। लेकिन ऐसा कुछ भी नहीं हुआ और शहरों, महानगरों, गाँवों, क़स्बों में—कहने का अर्थ यह है कि अपने अलग-अलग रूप-रंगों में रंगमंच फिर से उसी शिद्दत और ऊर्जा के साथ सक्रिय हो उठा—चाहे वह शौकिया

रंगमंच हो, नुक्कड़ रंगमंच हो, लोक रंगमंच हो, प्रयोगशील रंगमंच हो या फिर जो भी जैसा भी, उसका आकार-प्रकार हो।

समझ में नहीं आता कि हर बार हम रंगमंच के पतन को लेकर ही इतनी चिन्ता क्यों करने लगते हैं, जबकि हम अच्छी तरह जानते हैं कि रंगमंच एक सामूहिक माध्यम है, एक जीवन्त माध्यम है और जब तक आदमी ज़िन्दा है तब तक रंगमंच भी ज़िन्दा रहेगा। ये सारे के सारे संचार माध्यम आदमी ने ही आविष्कृत किए हैं और यदि ये आदमी के सर पर चढ़कर ही बोलने लगे तो इससे हास्यास्पद स्थिति कोई दूसरी नहीं हो सकती। इतना ही नहीं, ये सारे के सारे संचार माध्यम और दूसरी रचनात्मक कलाएँ अपनी मूल प्रकृति में ऐकान्तिक हैं। अतः वे बेशक़ एक सीमा तक पहुँचकर समाप्त हो जाएँगे, लेकिन रंगमंच जैसा सामूहिक माध्यम समाज से जुड़ा रहने के कारण कभी नहीं मर सकता।

उपर्युक्त पृष्ठभूमि के सन्दर्भ में यह सवाल सहज ही उठाया जा सकता है कि सामूहिक और जीवन्त होने से ही क्या कोई माध्यम अपने आप में अमरत्व को प्राप्त करने का अधिकारी हो जाता है ? कदापि नहीं। दरअसल यह सामूहिकता और जीवन्तता आदमी के अपने व्यक्तित्व की शर्तों पर निर्भर है। बहुत सीधी और सपाट भाषा में कहा जाए तो दूरदर्शन में आदमी अपने कद से छोटा दिखाई देता है और फ़िल्म में उसके कद को बढ़ा-चढ़ाकर दिखाया जा सकता है लेकिन रंगमंच ही अकेला ऐसा माध्यम है जहाँ आदमी अपने मौलिक कद और व्यक्तित्व के साथ प्रस्तुत होता है। इतना ही नहीं, दूरदर्शन और फ़िल्म के मुक़ाबले रंगमंच के एक बड़ा माध्यम होने के कुछ और दूसरे कारण भी हैं। कहने को दूरदर्शन और फ़िल्म प्रसार-प्रचार की दृष्टि से रंगमंच से बड़े माध्यम हैं लेकिन सच्चाई यह है कि वे सामाजिकता से पूरी तरह से कटे हुए हैं अर्थात् इन माध्यमों का मज़ा आदमी अपने घर में बैठकर ही ले सकता है लेकिन रंगमंच देखने के लिए उसे हर बार अपने घर से बाहर आना पड़ता है और इस तरह से सही मायनों में एक सामूहिक और सामाजिक क्रियाकलाप में हिस्सेदारी करनी पड़ती है। कोई यहाँ भी यह सवाल कर सकता है कि क्या नाटकों को भी हम अपने ड्राइंगरूम या वेडरूम में नहीं देख सकते ? ज़रूर देख सकते हैं लेकिन उस रूप में वे नाटकों के रिकॉर्डेड संस्करण ही कहे जा सकते हैं। जो काम फ़िल्म और दूरदर्शन जैसे माध्यम ज़्यादा अच्छी तरह से कर सकते हैं। नाटक को देखने का सचमुच का आनन्द तो ठीक अपने आँखों के सामने एक ज़िन्दा आदमी को मंच पर अभिनय करते हुए ही उठाया जा सकता है।

अहिन्दी भाषी दर्शक और हिन्दी रंगमंच

पिछले वर्ष राष्ट्रीय नाट्य विद्यालय रंगमंडल के साथ अपनी एक प्रस्तुति कृष्णा सोबती की लम्बी कहानी 'ऐ लड़की' को लेकर चीन और अपने देश में गुवाहाटी और कोलकाता के अहिन्दी भाषी दर्शकों के सामने प्रस्तुत करने का अवसर मिला। यह मेरे लिए और प्रस्तुति के कलाकारों के लिए भी इतना उत्साहवर्धक एवं आश्चर्यजनक अनुभव था कि उसने बरबस मन में कई तरह के सवाल पैदा कर दिए। सबसे पहला सवाल तो यही कि जिस प्रस्तुति को अपने भाषा-भाषी दर्शक वर्ग ने उतने खुलेपन से नहीं लिया था यह कैसे सम्भव था कि दूसरी ओर यहाँ तक कि विदेशी भाषा-भाषी उससे इतनी आत्मीयता से जुड़ गए ? दूसरी जिज्ञासा यह भी हुई कि क्या सचमुच में किसी भी कला को देखने का अनुभव उसकी भाषागत सीमाओं से परे होता है ? और एक अन्तिम सवाल यह भी सामने आया कि जिस भाषा में प्रस्तुति हो रही है उस भाषा के दर्शक अपनी भाषा को लेकर बेशक़ उतने सजग और संवेदनशील नहीं होते लेकिन दूसरी भाषा के दर्शक निश्चित ही क्यों होते हैं ?

ये सारे प्रश्न 'ऐ लड़की' के सम्बन्ध में इसलिए भी महत्त्वपूर्ण हो जाते हैं क्योंकि यह प्रस्तुति पूरी तरह से आलेख पर आश्रित है और किसी तरह के गीत, संगीत, नृत्य और मुद्राओं के बिना अपना आकार गढ़ती है। कोलकाता और गुवाहाटी तो फिर भी हमारे अपने शहर हैं और उनमें हिन्दी जानने-समझनेवाले मिल ही जाते हैं यद्यपि इस तथ्य को अनदेखा नहीं किया जा सकता कि दोनों शहरों में नाट्य प्रदर्शन के लिए जो भी दर्शक वर्ग उपस्थित था वह वहाँ का भाषाभाषी दर्शक ज़्यादा था और हिन्दी का कम। लेकिन चीन का अनुभव इन दोनों शहरों के अनुभव से एकदम अलग था। हम लोगों ने वीजिंग में स्थित सेंट्रल एकेडमी ऑफ ड्रामा द्वारा आयोजित अन्तर्राष्ट्रीय नाट्य समारोह में इस प्रस्तुति के दो प्रदर्शन किए। दर्शकों की तात्कालिक प्रतिक्रिया हँसी एवं उच्छ्वासों के भीतर से उसी क्षण हम तक पहुँच रही थी। प्रदर्शनों के बाद तो उन्होंने कलाकारों की मंडली को हाथों-हाथ लिया। उन्होंने खुले मन से स्वीकार किया कि यद्यपि वे हिन्दी भाषा का एक अक्षर भी नहीं समझते तब भी कहानी और कहानी में व्यक्त भावों, अर्थों और संवेदनाओं को अनुभूत करने में उन्हें बिल्कुल भी कठिनाई नहीं हुई क्योंकि माँ और उसकी लड़की के आपसी सम्बन्ध उनकी अपनी ज़िन्दगी से भी उतना ही निकट से जुड़े हुए थे जितना कि वह हमसे ताल्लुक़ रखते हैं।

यह सारा अनुभव नाटक के कथ्य और उसकी प्रस्तुति शैली को लेकर भी कुछ सोच-विचार के आधार बिन्दु प्रस्तुत करता है। यदि कथ्य ज़्यादा-से-ज़्यादा शाश्वत और आधारभूत समस्याओं से जुड़ा होगा तो कोई कारण नहीं कि वह किसी भी भाषा में मंचित हो रहा है, दर्शक तक सम्प्रेषणीय न हो। यही बात प्रस्तुति शैली के विषय में भी कही जा सकती है। आमतौर पर हम लोगों के दिमाग़ में यह धारणा रची-बसी रहती है कि जिस प्रस्तुति में गीत, संगीत, नृत्य जैसे आकर्षक तत्त्व होंगे उसे दर्शक बड़ी आसानी से समझ लेते हैं और जो मात्र शब्दों और अभिनेता के दिन-प्रतिदिन के हावभाव और व्यवहार के भीतर से प्रस्तुत किया जाता है वह प्रायः दर्शक के लिए बोझिल होने लगता है। सवाल गीत, संगीत की उपस्थिति अथवा अनुपस्थिति का नहीं है जितना कि प्रस्तुति के समग्र प्रभाव का, फिर चाहे हम उसे किसी भी शैली में क्यों न करें दर्शक जब किसी नाटक को देखने आता है तो वह एक सम्पूर्ण जीवनानुभव को पूरी विश्वसनीयता के साथ अपने सामने घटित होते देखना चाहता है और उसी सम्पूर्णता में उसे अनुभूत करना चाहता है। अन्तः अनुभव प्रस्तुति के अच्छा होने अथवा ख़राब होने से ज़्यादा जुड़ा है न कि उसके किसी भाषा विशेष में अथवा किसी शैली विशेष में होने से।

इसीलिए हम पाते हैं कि हिन्दी फ़िल्मों का ज़्यादा बड़ा दर्शक समूह अहिन्दी भाषी राज्यों में मिलता है। हिन्दी की सारी फ़िल्मों का निर्माण अहिन्दी भाषी राज्यों में ही हो रहा है। हिन्दी प्रदेशों में कार्यरत नाट्य मंडलियों के समक्ष भले ही दर्शकों के अभाव की समस्या मौज़ूद रहती हो, अहिन्दी भाषी राज्यों में इस स्थिति का कभी भी सामना नहीं करना पड़ता। यह शायद इसलिए भी कि अहिन्दी भाषी राज्यों के दर्शक अपने यहाँ घटित हो रहे हिन्दी रंगमंच का तुलनात्मक दृष्टि से आकलन करने के लिए भी उपस्थित होते हैं। इतना ही नहीं अहिन्दी भाषी राज्यों में कार्यरत हिन्दी नाट्य मंडलियाँ बहुत दिनों तक सक्रिय रह पाती हैं और उन्हें दर्शकों का भी भरपूर सहयोग मिलता है। कोलकाता में 'अनामिका', 'अदाकार', 'पदातिक' और 'रंगकर्मी', मुम्बई में 'थिएटर यूनिट' और 'अंक', बंगलौर में 'कादम्बरी' आदि कुछ ऐसी ही नाट्य संस्थाएँ रही हैं।

इधर, एक और नई शुरुआत देखने में आई है। अभी तक जिन नाट्य मंडलियों का ज़िक्र मैंने किया है वे अहिन्दी भाषी नगरों में होते हुए भी मूलतः हिन्दी भाषा-भाषी अभिनेताओं द्वारा ही संचालित होती रही हैं बेशक़ उनके दर्शक अहिन्दी भाषी होते हों। लेकिन इधर कुछ ऐसी मंडलियों का भी गठन हुआ है जो अहिन्दी भाषी राज्यों में भी है और उनमें काम करनेवाले भी उन्हीं भाषाओं के अभिनेता हैं लेकिन वे हिन्दी में अभिनय कर रहे हैं। मैं विशेष रूप से बंगलौर की दो नाट्य मंडलियों 'दृष्टि' और 'दक्षिणी' का उल्लेख करना चाहूँगा। सम्भव है देश के दूसरे अहिन्दी भाषी नगरों में भी वहीं के भाषा-भाषियों द्वारा संचालित हिन्दी नाट्य मंडलियाँ काम कर रही हों।

अन्त में इन सारे तथ्यों से एक सत्य अवश्य ही प्रमाणित होता है कि हिन्दी भाषा का विवाद राजनीतिक स्तर पर हिन्दी भाषियों एवं अहिन्दी भाषियों के बीच कितना ही उलझा क्यों न हो, जहाँ तक नाटक और रंगमंच जैसी कला और विधा के अनुभव का सम्बन्ध है वहाँ इस भाषा विवाद के दूर-दूर तक दर्शन नहीं होते।

बाल रंगमंच : भावी दिशाएँ

भारतीय रंगमंच का सबसे अछूता और अनचाहा पहलू यदि कोई है तो वह है बाल रंगमंच। इसे विडम्बना ही कहा जाएगा कि हमारे यहाँ नाट्य कला के प्रशिक्षण के लिए वयस्कों के लिए तो विभिन्न विश्वविद्यालयों राज्यों और केन्द्रीय सरकार द्वारा स्थापित नाट्य विद्यालय मौज़ूद हैं, लेकिन बच्चों को आरम्भ से ही इस दिशा में प्रेरित करने के लिए एक भी अलग या स्वतन्त्र रूप से स्थापित विद्यालय नहीं है जबकि उसकी बेहद ज़रूरत है।

यदि हम दूसरे क्षेत्रों में नज़र डालें तो हमें हर विधा के प्रशिक्षण के विद्यालय मिल जाएँगे। उदाहरण के लिए खेल, नृत्य, संगीत, चित्रकला और गायन, इनमें से कोई भी विषय ऐसा नहीं है जो या तो विद्यालयों में ही एक नियमित विषय के रूप में पढ़ाया-सिखाया जाता है अथवा उसके लिए अलग से भी प्रशिक्षण केन्द्र खुले हुए हैं। लेकिन रंगमंच को लेकर ऐसी कोई व्यवस्था नहीं है। स्कूलों में सांस्कृतिक और वार्षिक गतिविधियों के नाम पर एक-आध छोटे-मोटे नाटकों को प्रस्तुत करके काम चला लिया जाता है। जबकि बच्चों को सर्वांगीण विकास के लिए रंगमंच के प्रशिक्षण की भी उतनी ही ज़रूरत है, जितनी दूसरी विधाओं के। दूसरे शब्दों में कहा जाए तो शायद रंगमंच के प्रशिक्षण की सबसे ज़्यादा ज़रूरत है क्योंकि रंगमंच एक ऐसी कला है जिसमें बाकी सारी कलाएँ समाहित हैं।

एक और कारण से भी बाल रंगमंच की शुरुआत बहुत पहले से ही हो जानी चाहिए। बच्चे के शरीर की मांसपेशियों के लचीलेपन, आवाज़ और गले की स्वर कंठियों, कल्पना, स्फूर्ति और ऊर्जा—इन सारे तत्त्वों को ध्यान में रखा जाए तो यह बेहद ज़रूरी हो जाता है कि रंगमंच का प्रशिक्षण बचपन से ही शुरू कर दिया जाए क्योंकि वयस्क होने के बाद हमारे शरीर की बनावट को बहुत ज्यादा तोड़ना-मोड़ना या लचीला बनाना सम्भव नहीं हो पाता। इतना ही नहीं, बच्चों के व्यक्तित्व के विकास की दृष्टि से भी बच्चों के जीवन में रंगमंच के महत्त्व को रेखांकित किया जा सकता है। बच्चों में प्रायः पाई जानेवाली झिझक, आत्मविश्वास की कमी, नेतृत्व का अभाव और अपने आप में सिमटे-सिकुड़े रहना, ये सभी नकारात्मक पहलू रंगमंच जैसे माध्यम के हस्तक्षेप से सहज ही दूर किए जा सकते हैं। इसलिए यह अकारण नहीं है कि पिछले कुछ वर्षों में शिक्षा के क्षेत्र में इस दिशा में काफ़ी सोच-विचार हुआ है और यह एक शुभ संकेत है कि

इधर कुछ राज्य सरकारों ने अपने विद्यालयों में रंगमंच को एक अनिवार्य विषय के रूप में पढ़ाने की शुरुआत की है।

इधर बाल रंगमंच के भी दो अंगों की चर्चा बार-बार होती है। एक तो बच्चों द्वारा किया जानेवाला रंगमंच और दूसरा बच्चों के लिए किया जानेवाला रंगमंच। पहलेवाले विकल्प में स्वयं बच्चे, बढ़-चढ़कर शिरकत करते हैं। और दूसरे में मुख्य रूप से वयस्क बच्चों के दर्शक समूह के सामने प्रदर्शन करते हैं और इस तरह बच्चों को भी उस अनुभव में शामिल कर लेते हैं। पिछले कुछ वर्षों में एक और क्षेत्र में भी बाल रंगमंच को लेकर काफ़ी काम हुआ है और वह है शिक्षा के लिए रंगमंच का प्रयोग। विदेशों में भी ड्रामा इन एजुकेशन और थिएटर इन एजुकेशन जैसी अवधारणाओं ने जन्म लिया है। यहाँ ज़ोर इस बात पर रहता है कि बच्चों की अपनी शिक्षा-पद्धति में समाहित गणित, भूगोल, इतिहास, सामाजिक विज्ञान आदि विषयों को नाटक और रंगमंच के माध्यम से ज़्यादा से ज़्यादा रोचक और दृश्य रूप में प्रस्तुत करके पढ़ाया-सिखाया जाए। देखा गया है इस पद्धति से बच्चे कठिन से कठिन विषय को भी बहुत आसानी से सीख जाते हैं और उनका रंगमंच के प्रति भी लगाव बढ़ता है। जर्मनी में ग्रिप्स थियेटर और दिल्ली में राष्ट्रीय नाट्य विद्यालय द्वारा स्थापित थियेटर इन एजुकेशन कम्पनी बनाम संस्कार रंग टोली ने इस दिशा में उल्लेखनीय काम किया है। बंगाल, महाराष्ट्र और कर्नाटक में भी कुछ ऐसी संस्थाएँ और निर्देशक लगातार इस तरह के काम को लेकर सक्रिय हैं। स्कूलों, कॉलेजों, बच्चों के अभिभावकों और स्वयं में रंगमंच के प्रति बढ़ते रुझान को देखते हुए बाल रंगमंच के भावी स्वरूप को लेकर कुछ आशाएँ बँधती हैं।

मैं समझता हूँ कि इस बिन्दु से हम इस दिशा में एक ठोस नींव की शुरुआत कर सकते हैं। सबसे पहले तो अलग-अलग जगहों पर जाकर शिक्षकों के साथ ऐसे रंगशिविर आयोजित किए जाएँ जिनमें उन्हें इसका प्रशिक्षण दिया जाए कि बच्चों के साथ नाट्य कला को लेकर कक्षाओं में क्या काम किया जा सकता है। राष्ट्रीय नाट्य विद्यालय ने समय-समय पर नवोदय विद्यालय के शिक्षकों के साथ और इधर हाल में गोवा राज्य के शिक्षकों के साथ ऐसे शिविर आयोजित किए हैं जिनके परिणाम बहुत उत्साहवर्धक रहे। यह इसलिए ज़रूरी है कि हर बार राष्ट्रीय नाट्य विद्यालय के विशेषज्ञ बच्चों के स्कूलों में जाकर काम नहीं कर सकते। यदि स्वयं उन स्कूलों के शिक्षकों को ही इस विधा में प्रशिक्षित कर दिया जाए तो बाहर से विशेषज्ञों को बुलाने की ज़रूरत ही नहीं पड़ेगी।

केन्द्र सरकार और राज्य सरकारें नाट्य कला को भी एक अनिवार्य विषय घोषित करें। इससे कई लाभ होंगे। नाट्य कला को विद्यालयों में पढ़ाने वाले इच्छुक शिक्षकों के लिए एक नया विकल्प पैदा होगा। बच्चों के सामने संगीत, नृत्य, चित्रकला और नाट्य में से किसी एक विषय में विशेषज्ञ हासिल करने की सुविधा रहेगी। बेशक़ बाद में जाकर वे सब बच्चे भले ही रंगमंच को अपने जीवन का अन्तिम लक्ष्य न बनाएँ, लेकिन इतना तय है कि आयु के इस दौर में एक बार रंगमंच के प्रशिक्षण से गुज़रने

के बाद ये बच्चे बड़े होकर रंगमंच एवं दूसरी कलाओं के अच्छे दर्शक साबित होंगे, उन्हें किस तरह से सराहा जाना चाहिए, इसकी जानकारी प्राप्त करेंगे और अन्ततः देश के अच्छे नागरिक बनेंगे।

इसमें कोई दो राय नहीं हो सकती कि जिस समाज और देश में लोगों की ज़िन्दगी के ज़रूरी हिस्से के रूप में नाट्य कला जैसे माध्यम की आरम्भ से हिस्सेदारी रही है, वह संस्कृति और सभ्यता की दृष्टि से भी बहुत उन्नत समाज और देशों के रूप में जाने जाते हैं और हमें सन्तोष व गर्व है कि भारत भी इसका एक आदर्श उदाहरण रहा है।

संस्थाएँ

- *सांस्कृतिक संस्थानों की स्थिति और नियति*
- *हिन्दी नाट्य मंडलियों के पच्चीस साल*
- *एक अनूठा रंगमंडल*
- *दर्पण के तीस साल*
- *अंक के पच्चीस साल*

सांस्कृतिक संस्थानों की स्थिति और नियति

यह बड़े दुर्भाग्य का विषय है कि जब भी हमारे यहाँ किसी बड़े और महत्त्वपूर्ण साहित्यिक सांस्कृतिक अथवा कला प्रतिष्ठान की स्थापना होती है तो उसके विषय में उसके संचालकों द्वारा बड़े-बड़े वायदे और घोषणाएँ की जाती हैं लेकिन महज़ पाँच-सात या अधिक-से-अधिक दस साल की अवधि में ही वे सारी घोषणाएँ और वायदे धरे-के-धरे रह जाते हैं। और संस्थाएँ पूरी तरह से निष्क्रिय होकर बैठ जाती हैं। अभी हाल में भारत की संस्कृति, साहित्य नाटक और दूसरी कलात्मक गतिविधियों के लिए नए-नए स्थान और भवन बनाने की ज़रूरतों पर ज़ोर दिया गया। इसी सन्दर्भ में हम लोगों को बहुत से ऐसे संस्थानों की याद हो आई जहाँ सुविधाओं के नाम पर सब कुछ मौज़ूद है लेकिन गतिविधि और कार्यकलाप शून्य के बराबर है। यूँ तो देश के अलग-अलग भागों में ऐसे न जाने कितने भवन और संस्थान मौज़ूद होंगे लेकिन हम सुविधा के लिए मात्र पाँच ऐसे संस्थानों पर अपना ध्यान केन्द्रित कर रहे हैं ताकि इनसे जुड़ी समस्याओं की ओर आम पाठक का भी ध्यान आकर्षित किया जा सके।

सबसे पहला संस्थान है मध्य प्रदेश, भोपाल में स्थित भारत भवन जिसकी स्थापना, 1981 में हुई थी, जिसका उद्‌घाटन तत्कालीन प्रधानमन्त्री श्रीमती इन्दिरा गांधी ने किया था, उस समय इसके सर्वेसर्वा लोगों में श्री अशोक वाजपेयी, श्री स्वामीनाथन और श्री ब.व. कारन्त जैसे शीर्षस्थ लोग जुड़े हुए थे और पहले पाँच वर्षों में सचमुच में इस संस्थान में नाटक, संगीत, चित्रकला, मूर्तिकला और साहित्य के क्षेत्र में इतना महत्त्वपूर्ण काम किया कि यह संस्थान देश के दूसरे ऐसे संस्थानों के लिए एक आदर्श प्रतिमान बन गया। लेकिन आज स्थिति यह है कि वहाँ न तो कोई गतिविधि होती है और न किसी गतिविधि को क्रियान्वित करने के लिए कोई धन ही उपलब्ध है। चूँकि भारत भवन के पास अपनी कोई गतिविधि नहीं है इसलिए आज उसे अपने प्रेक्षागृह में भोपाल अथवा बाहर की मंडलियों के प्रदर्शन अपने नाम से आयोजित करने पड़ते हैं। कहने को भारत भवन के पास अपना रंगमंडल है लेकिन पिछले दो-तीन सालों से उसमें कोई नई प्रस्तुति तैयार नहीं हुई। सदस्य कलाकार सुबह समय पर आते हैं। हाज़िरी रज़िस्टर में दस्तख़त करके चल देते हैं। सबसे बड़ी हास्यास्पद स्थिति तो यह है कि रंगमंडल के निदेशक सुप्रसिद्ध रंगकर्मी श्री हबीब तनवीर ने न जाने कब से अपना त्यागपत्र सौंप रखा है लेकिन तकनीकी तौर पर वह आज तक स्वीकृत नहीं हुआ क्योंकि

इसके लिए कार्यकारिणी की मीटिंग बुलाने के लिए जितनी धनराशि की दरकार है वही उपलब्ध नहीं है इसलिए जब भी मीटिंग होगी तभी उस त्यागपत्र पर विचार किया जा सकेगा।

इसी से मिलता-जुलता एक-दूसरा केन्द्र है राजस्थान जयपुर में स्थित जवाहर कला केन्द्र। इसके पास इतना बड़ा परिसर है कि उसमें एक पुस्तकालय, दो बन्द प्रेक्षागृह और एक बहुत बड़ा मध्यवर्ती नाम का खुला रंगमंच, बाहर से आनेवाले अतिथियों और प्रतिभागियों के रहने के लिए पर्याप्त सुविधाएँ और तरह-तरह की कक्षाएँ आयोजित करने के लिए कई दूसरे कक्षा, लेकिन स्थिति फिर वही ढाक के तीन पात। जवाहर कला केन्द्र की गतिविधियों के नाम पर सालाना बज़ट कुल जमा सवा तीन लाख रुपए, जिसमें हर कला और विधा से सम्बन्धित गतिविधि को सम्पन्न होना है। अन्दाज़ा लगाया जा सकता है कि ऐसे में गतिविधि के नाम पर वहाँ क्या सम्भव हो सकता है। इसलिए जवाहर कला केन्द्र को भी मन मसोसकर भारत भवनवाला रास्ता ही अख़्तियार करना पड़ता है और वो यह कि अपने परिसर में दूसरी संस्थाओं की गतिविधियाँ आयोजित करने की सुविधा देकर उसके साथ अपना नाम जोड़ने का सन्तोष।

भारत के पश्चिम में गोवा राज्य में स्थित कला अकादमी का नाम भी इस सन्दर्भ में बड़ी आसानी से लिया जा सकता है। वहाँ भी दो बन्द परीक्षागृह, एक खुला रंगमंच, एक पुस्तकालय, कला वीथिकाएँ और एक छोटा सा अतिथिगृह भी उपलब्ध है। संगीत, नृत्य और नाटक के तीन वर्षीय पाठ्यक्रम भी उपलब्ध हैं। किसी हद तक संगीत और नृत्य के पाठ्यक्रम की स्थिति फिर भी सन्तोषजनक है लेकिन नाट्य विद्यालय लगभग पन्द्रह वर्ष बाद भी अपनी पहचान बनाने में असफल रहा है। तीनों के छात्रों की संख्या कुल मिलाकर आठ व नौ है। होता यह है कि भले ही छात्र अलग-अलग कक्षाओं में हों उनकी ज़्यादातर कक्षाएँ एक साथ होती हैं। स्थायी शिक्षक संकाय के नाम पर शुरू से कुल तीन ही शिक्षक थे जिनमें विद्यालय का निर्देशक भी शामिल है। आज स्थिति यह है कि अभी हाल ही में निर्देशक द्वारा त्यागपत्र दिए जाने के बाद बाकी बचे दो शिक्षकों में से अब एक निर्देशक है और दूसरा अलग-अलग विषयों का शिक्षक-सुनकर अज़ीब लगेगा कि विद्यालय के साथ अपना एक रंगमंडल भी जुड़ा हुआ है जिसमें विद्यालय से अलग-अलग सालों में शिक्षा प्राप्त छात्र स्थायी-अस्थायी कलाकार के तौर पर जुड़े हुए हैं लेकिन रंगमंडल क्या कर पा रहा है इसकी कोई विशेष जानकारी उपलब्ध नहीं है। दूसरी तरफ़ सकारात्मक पहलू यह भी है कि गोवा ही भारत का पहला ऐसा राज्य है कि जिसने नाटक जैसे विषय को अनिवार्य रूप से स्कूलों के पाठ्यक्रम का हिस्सा बनाने की पहल की है। इस काम के महत्त्व को देखते हुए गोवा कला अकादमी ने पिछले दिनों लगभग 25-30 स्कूली शिक्षकों के साथ राष्ट्रीय नाट्य विद्यालय के सहयोग से एक रंगशिविर आयोजित किया जिसमें उन शिक्षकों को नाटक जैसा विषय बच्चों को कैसे पढ़ाया जाए, इसका प्रशिक्षण दिया गया।

अब चलें देश के पूर्वी राज्य असम की राजधानी गुवाहाटी में स्थित श्रीमन्त शंकर

कलाक्षेत्र का परिसर, जहाँ पुनः स्थान और सुविधाओं की दृष्टि से क्या कुछ मौज़ूद नहीं है। मन्दिर, बड़ी-बड़ी कलावीथियाँ, सेमिनार-हॉल, स्टूडियो, बड़े-बड़े अतिथि गृह और विशाल फैला प्राकृतिक कलात्मक परिसर जिसकी देखभाल में ट्रस्ट के सचिव के अलावा न जाने कितने और लोग भी नियमित, अनियमित स्तर पर कार्यरत हैं लेकिन ठोस गतिविधियों और कार्यकलापों के नाम पर फिर भी शून्यता की स्थिति। शायद हमें कभी पता भी न चलता कि देश के पूर्वी हिस्से में सारी सुविधाओं से लैस कोई ऐसा प्रतिष्ठान उपलब्ध है यदि राष्ट्रीय नाट्य विद्यालय असम के रंगकर्मियों के लिए पिछले वर्ष उसके परिसर में संस्थान के सहयोग से एक पैंतालीस दिवसीय रंगशिविर आयोजित न करता। उस गतिविधि के इतने नतीज़े सामने आए कि इस साल पुनः संस्थान ने आग्रह किया कि वैसा ही रंगशिविर दोबारा इस वर्ष भी आयोजित किया जाए जिसे राष्ट्रीय नाट्य विद्यालय ने स्वीकार कर भी लिया है। आशा की जानी चाहिए यदि ऐसी गतिविधियों का सिलसिला प्रतिवर्ष नियमित स्तर पर चल निकला तो यह संस्थान सक्रिय हो उठेगा। अन्त में देश की राजधानी में स्थित इन्दिरा गांधी कला एवं संस्कृति केन्द्र जिसकी स्थापना 1983 में की गई थी लेकिन वस्तु स्थिति यह है कि उसको केन्द्र सरकार द्वारा प्रेक्षागृह और भवन निर्माण के लिए दिए गए सौ करोड़ रुपए समाप्त हो चुके हैं और आज तक काम पूरा नहीं हुआ है। सबसे मज़ेदार बात यह है कि उपयुक्त सभी संस्थान भवन और प्रतिष्ठान एक टूरिस्ट की नज़र से तो भले ही अपनी उपस्थिति दर्ज़ करते आ रहे हैं लेकिन जिन उद्देश्यों, कार्यों और गतिविधियों के लिए उनकी स्थापना की गई थी, उस दिशा में कोई ठोस कार्य आज तक सम्पन्न नहीं हुआ। क्या इस बात पर गम्भीरतापूर्वक सोच-विचार नहीं किया जाना चाहिए। एक तरफ़ तो नए-नए संस्थान खोलते जाने की जल्दबाजी कर रहे हैं और दूसरी तरफ़ पहले से मौज़ूद बड़े-बड़े संस्थानों की वर्तमान स्थिति और नियति पर कोई प्रश्नचिह्न नहीं लगा रहे हैं ?

हिन्दी नाट्य मंडलियों के पच्चीस साल

अगले अप्रैल में मणिपुर की राष्ट्रीय और अन्तर्राष्ट्रीय स्तर पर चर्चित नाट्य मंडली 'कोरस रेपर्टरी थिएटर' अपनी स्थापना के पच्चीस साल पूरे कर रही है। इस संस्था के निदेशक श्री रतन थियम हैं जिन्होंने इन वर्षों में अपनी संस्था के साथ 'इम्फाल-इम्फाल', 'चक्रव्यूह', 'कर्णभारम', 'उत्तर प्रियदर्शी' और 'अन्धा युग' जैसी यादगार प्रस्तुतियाँ की हैं, जिन्होंने भारत में ही नहीं पूरे विश्व में भारतीय रंगमंच की एक विशिष्ट पहचान बनाने में सहयोग दिया। 'कोरस रेपर्टरी थिएटर' की रजत जयन्ती के बहाने से हिन्दी रंगमंच की भी उन तमाम रंगमंडलियों की याद आ जाना स्वाभाविक है जिन्होंने मात्र 25 बरस ही नहीं बल्कि इससे भी ज़्यादा समय तक अपनी सक्रियता को बरकरार रखा।

हिन्दी रंगमंच के उस इतिहास की तरफ़ लौटें जो आज़ादी के पचास बरसों में फैला हुआ है तो सबसे पहले कोलकाता की नाट्य मंडली 'अनामिका' का नाम आता है। जो 1955 से 1980 तक तो बहुत सक्रिय रही लेकिन उसके बाद अपने आन्तरिक विरोधों के कारण बिखरती चली गई। मुम्बई की 'थिएटर यूनिट' का भी लगभग यही इतिहास है। लेकिन सत्तर के दशक में दिनेश ठाकुर द्वारा स्थापित 'अंक' मंडली इसी वर्ष अपने पच्चीस बरस पूरे कर रही है। इसी के साथ उत्तरांचल की बहुचर्चित नाट्य मंडली 'युग मंच' ने भी सन् 2000 में अपनी स्थापना के 25 वर्ष पूरे किए हैं और आज भी उतनी ही क्रियाशील है। बहुत अरसा नहीं बीता कि उत्तर प्रदेश की दो महत्त्वपूर्ण नाट्य संस्थाओं—क्रमशः 'रूपान्तर' (गोरखपुर) और 'दर्पण' (लखनऊ, कानपुर और दूसरे शहर) ने भी अपने जीवन के इतने साल पूरे कर लिए थे और यह प्रसन्नता का विषय है कि ये संस्थाएँ आज भी हिन्दी रंगमंच को अपनी प्रस्तुतियों से समृद्ध करती रहती हैं।

दिल्ली भी इसका अपवाद नहीं है। 1967 में स्थापित 'अभियान' आज भी उतनी ही सक्रिय है जितनी वह सातवें-आठवें दशक में थी। इसी सन्दर्भ में हम हबीब तनवीर की मंडली 'नया थिएटर' का उदाहरण भी ले सकते हैं जो कुछ ही वर्षों बाद अपनी स्थापना के पचास बरस पूरे करने की स्थिति में पहुँच जाएगी। यहाँ उन संस्थानों को याद करना भी अप्रासंगिक नहीं होगा जो बेशक़ आज उतनी सक्रिय नहीं है अथवा लगभग बन्द ही हो गई है लेकिन फिर भी अपनी स्थापना के शुरुआती दौर में इन

संस्थाओं ने हिन्दी रंगमंच में प्रस्तुति के स्तर पर जो प्रतिमान स्थापित किए थे वह आज भी अन्य संस्थाओं के लिए ईर्ष्या का विषय हो सकते हैं। उदाहरणतः दिल्ली की संस्था 'प्रयोग' जिसने 'जुलूस' को हिन्दी रंगमंच में पहली बार प्रस्तुत किया था, दिशान्तर की प्रस्तुति 'एक रुका हुआ फ़ैसला' जिसने हिन्दी रंगमंच में दर्शकों के रिकॉर्डतोड़ उपस्थिति से अपनी पहचान बनाई। 'सम्भव' की 'महाभोज', 'ये आदमी ये चूहे', 'जायज़ हत्यारे' और 'अनारो' जैसी मंच प्रस्तुतियाँ जिन्होंने दिल्ली रंगमंच में नियमित दर्शक सदस्यता की शुरुआत की। दिल्ली के बाहर इलाहाबाद में 'प्रयाग रंगमंच' जिसने भारतेन्दु के नाटक 'अन्धेर नगरी' की एक बहुत ही उत्तेजक और आधुनिक व्याख्या प्रस्तुत करके अखिल भारतीय स्तर पर अपने आपको और प्रस्तुति के निर्देशक डॉ. सत्यव्रत सिन्हा को भी प्रतिष्ठित किया। इसी क्रम में लखनऊ की 'मेघदूत' की भी याद आती है जिसने 'कोलाज़' और 'महानगर तीन संवाद' जैसी कविताओं और कहानियों के मंचन की पहल की। लखनऊ की ही एक दूसरी नाट्य संस्था 'लकीस' के अस्तित्व को भी अनदेखा नहीं किया जा सकता जिसने 'तुग़लक' और 'खड़िया का घेरा' जैसे नाटकों को शारीरिक रंगशैली के माध्यम से बहुत ही विश्वसनीयता और सफलता के साथ प्रस्तुत किया था।

ज़ाहिर है यह सारा इतिहास अपने आप में पूरा नहीं है। हिन्दी प्रदेश के दूसरे शहरों, क़स्बों में भी ऐसी ही महत्त्वपूर्ण नाट्य मंडलियाँ मौज़ूद हैं जो लगातार अपने-अपने स्तर पर उतना ही सार्थक और महत्त्वपूर्ण रंगकर्म कर रही होंगी। यहाँ उद्देश्य संस्थाओं के नाम गिनाने अथवा उनका सम्पूर्ण लेखा-जोखा प्रस्तुत करना नहीं वरन् इस तथ्य को रेखांकित करना था कि हिन्दी रंगमंच की अपनी अन्तर्भूत समस्याओं के रहते हुए भी उपर्युक्त संस्थाएँ लगातार काम कर पा रही हैं। इतना ही नहीं महज़ काम करना ही नहीं वरन् अपने काम से दूसरे क्षेत्रों के रंगमंच के बरक़्स अपनी निजी पहचान बनाना भी उतना ही महत्त्वपूर्ण माना जाना चाहिए। इसी के साथ इस तथ्य का उल्लेख भी ज़रूरी है कि हिन्दी रंगमंच की इन रंग मंडलियों के माध्यम से ही दूसरी भाषाओं के नाटककारों, निर्देशकों और यहाँ तक कि अभिनेता, अभिनेत्रियों को भी पूरे भारत में अपने-आपको स्थापित करने में सफलता मिली। यहाँ तक कि कई दूसरी भाषाओं के नाटक तो पहली बार हिन्दी रंगमंच पर ही प्रस्तुत होकर चर्चा में आए और बाद में अपनी मूल भाषा में मंचित हुए। हिन्दी नाट्य रंगमंडलियों की ये उपलब्धियाँ किसी भी दृष्टिकोण से कमतर नहीं हैं।

एक अनूठा रंगमंडल

महानगरों में बैठे रंगकर्मियों को हमेशा यही लगता रहता है कि जो भी सार्थक और महत्त्वपूर्ण रंगकर्म हो रहा है वह सिर्फ़ चन्द महानगरों तक सीमित है और वे स्वयं ही उसे अंज़ाम दे रहे हैं। लेकिन सच्चाई शायद ठीक इसके उलट है। पिछले तीन-चार दशकों में जितना ताज़ा, प्रयोगशील और उत्तेजक रंगकर्म शौकिया नाट्य मंडलियों द्वारा छोटे-छोटे क़स्बों, नगरों से किया गया, उसके अनुपात में महानगर बहुत पीछे रह जाते हैं। आज के जितने भी स्थापित निर्देशक हैं उन्होंने अपने रंगकर्म का एक बड़ा हिस्सा उन्हीं क़स्बों, शहरी और नगरों में बिताया था, जो महानगर की श्रेणी में नहीं आते।

एक ऐसी ही तस्वीर से इधर सामना हुआ। पिछले दिनों लखनऊ के प्रसिद्ध रंगकर्मी आतमजीत सिंह का फोन आया कि शाहजहाँपुर में कुछ लोग एक रंगमंडल की स्थापना करना चाहते हैं, इसके लिए सलाह-मशविरा करना चाहते हैं। क्या आप आ पाएँगे ? मैंने तुरन्त हामी भर दी। यूँ भी शाहजहाँपुर जाना मेरे लिए पहली बार नहीं हो रहा था। हिन्दी नाटक के इतिहास में अपना स्थान सुरक्षित रखनेवाले नाटककार भुवनेश्वर की जन्मभूमि है यह शहर। हृदयेश जैसे जाने-पहचाने कहानीकार वहीं रहते हैं। सांस्कृतिक, विशेषतः नाटक और रंगमंच की गतिविधियों को लेकर इधर बहुत तेज़ी से यह शहर चर्चा में आया है। यहाँ के नागरिकों और प्रशासन ने सभी आधुनिक सुविधाओं से लैस एक बहुत ही सुन्दर प्रेक्षागृह का निर्माण कराया है। पिछले दो-तीन बरसों से फरवरी माह में राज्य / राष्ट्रीय स्तर पर नाट्य समारोहों का आयोजन भी होता है। पिछले कई वर्षों से भुवनेश्वर शोध एवं नाट्य संस्थान प्रतिवर्ष हिन्दी भाषा के किसी महत्त्वपूर्ण नाटककार को भुवनेश्वर पुरस्कार से सम्मानित करता आ रहा है, जिसके तहत विपिन कुमार अग्रवाल, नन्दकिशोर आचार्य, रामेश्वर प्रेम, असग़र वजाहत और त्रिपुरारी शर्मा जैसे नाटककार सम्मानित किए जा चुके हैं। लेकिन इस बार शाहजहाँपुर शहर में नहीं वरन् वहाँ से दस-बारह किलोमीटर दूर लखनऊ-सीतापुर मार्ग पर स्थित एक छोटे से गाँव बरतारा में जाना हुआ, जहाँ पिछले बीस बरसों से विनोबा सेवा आश्रम जैसी स्वयंसेवी संस्था अपने लगभग ग्यारह सौ कार्यकर्ताओं के साथ गाँव के लोगों के लिए स्वरोज़गार, शिक्षा, पशुपालन, खेती और कुटीर उद्योगों के माध्यम से एक ऐसा परिवेश और वातावरण निर्मित करने में संलग्न है, जिसे किसी भी दृष्टि से एक आदर्श माना जा सकता है। गांधी और विनोबा की अवधारणाओं से प्रेरित यहाँ सभी लोग अपनी

मेहनत से अपने लिए रहने-खाने की सुविधाएँ तो जुटाते ही हैं, साथ-साथ अपने श्रम से तैयार सामान जैसे कि रज़ाइयाँ, खादी के कपड़े, अचार, मसाले इत्यादि बाहर भी भेजते हैं और इस तरह से पूरी तरह से आत्मनिर्भर हैं। सबसे बड़ी और सुख देनेवाली बात यह है कि ये सभी लोग पूरी तरह से अपनी ज़मीन से जुड़े होने के बावजूद अपनी सोच में बिल्कुल आधुनिक हैं। इसी का नतीज़ा है कि यहाँ नाटक और रंगमंच से सम्बद्ध 'ढाई आखर रंगमंडल' की अवधारणा ने जन्म लिया।

गांधी और विनोबा की गाँव से जुड़ी तीन अवधारणाओं में गौशाला, पाठशाला के विषय में तो पहले से जानकारी थी लेकिन इन्हीं तीन में नाट्यशाला भी शामिल है—यह तथ्य मेरे लिए भी सुखद आश्चर्य था। गाँव के बच्चे-बूढ़े गौशाला में बीमार पशुओं की सेवा-देखभाल करें, पाठशाला में नई से नई शिक्षा प्रणाली के माध्यम से साक्षरता ज्ञान प्राप्त करें और नाट्यशाला में सांस्कृतिक एवं नाटक जैसे कार्यकलापों से सन्ध्या के समय मनोरंजन प्राप्त करें। दिन-भर शारीरिक एवं मानसिक श्रम के बाद नाट्यशाला की अवधारणा कितनी सटीक एवं आधुनिक जान पड़ती है और वह भी गांधी और विनोबा जैसे चिन्तकों के सन्दर्भ में ? बहरहाल, सेवा आश्रम के संचालकों—रमेश भाई और विमला बहन के दो सपने तो बहुत पहले से साकार हो गए थे और वे गौशाला व पाठशाला के रूप में क्रियाशील थे। लेकिन नाट्यशाला का सपना अधूरा पड़ा हुआ था। संयोग से पिछले वर्ष भारतेन्दु नाट्य अकादमी, लखनऊ के एक छात्र मनोज सिंह और उनके साथ आतमजीत सिंह का आश्रम में आना हुआ। दोनों ने वहाँ के कार्यकर्ताओं के साथ कुछ नुक्कड़ नाटक तैयार करवाए, जिन्हें गाँव-गाँव जाकर प्रस्तुत किया गया। इस कार्यक्रम को आशातीत सफलता मिली और अगली कड़ी के रूप में इस वर्ष सितम्बर-अक्टूबर में भीष्म साहनी के पूर्णकालिक नाटक 'माधवी' का मंचन किया, जिसके प्रदर्शन बरतारा, शाहजहाँपुर में ही नहीं, विनोबा की निर्वाण स्थली पौनार में आयोजित वार्षिक समागम में भी किए। जितने भी लोग वहाँ एकत्रित हुए वे यह देखकर चकित हुए बिना नहीं रह सके कि जितनी तेज़ी से ये लोग अलग-अलग आश्रमों से आए सैकड़ों लोगों के लिए भोजन बना व परोस सकते हैं, उतनी ही कुशलता से नाटक भी प्रस्तुत कर सकते हैं और हज़ारों दर्शकों को नाटक की कथा, गीत, संगीत व अभिनय से बाँध भी सकते हैं। इस पहले, छोटे से प्रयास को ही एक रंगमंडल का स्वरूप दे दिया गया। लगभग बीस गाँव के लोग इस प्रक्रिया में शामिल थे, उन्हें ही रंगमंडल में रखा गया है। वे गाते भी हैं, वाद्ययन्त्र भी बजाना जानते हैं, नाटक की सारी मंच सामग्री, वेशभूषा स्वयं तैयार करना जानते हैं। रंगमंडल के लिए अपेक्षित आर्थिक पक्ष की पूर्ति भी पहले से परिचालित योजनाओं में से ही करेंगे। दिन का आधा हिस्सा श्रमदान, स्वरोज़गार और दूसरे कार्यकलापों के भीतर से अपने लिए और रंगमंडल के लिए आर्थिक संसाधन जुटाने को समर्पित और बाकी हिस्सा नाटकों की तैयारी के लिए इस प्रकार एक कार्यशैली स्वयं ही विकसित हो गई है।

उपर्युक्त सारी जानकारियों का अपने रंगकर्मी मित्रों, सहयोगियों, पाठकों, दर्शकों के

साथ शेयर करने का मक़सद यही था कि हम सदा आर्थिक अभावों को लेकर चिन्तित रहते हैं लेकिन उस दिशा में सरकारी सहायता पर निर्भर रहने के अलावा कोई ठोस कदम नहीं उठा पाते। ऐसा नहीं है कि गाँव के स्तर पर दूसरे हिस्सों में रंगकर्म को लेकर ऐसी कोशिशें नहीं हो रही होंगी। इस रंगमंडल का उल्लेख इसलिए ज़रूरी लगा कि विनोबा सेवा आश्रम जैसी स्वयंसेवी संस्था के लिए भी ऐसा पहली बार सम्भव हुआ। दूसरे पूरी तरह से गाँव के लोगों के साथ मिलकर ही कार्य को सम्पन्न किया जाना है। तीसरे, पहले से क्रियाशील अपने जीवन और कार्यपद्धति में से ही उस रंगमंडल के लिए आर्थिक स्रोत जुटाना—इससे शहरों में रहनेवाले रंगकर्मी भी प्रेरणा ग्रहण कर सकते हैं। इम्फाल में आज से लगभग बीस-बाईस साल पहले ऐसी ही कोशिश रतन थियम ने की थी और आज कोरस रिपर्टरी थिएटर पूरे विश्व रंगजगत में जाना जाता है। हिमाचल प्रदेश में मंडी के पास सतोहल गाँव में पिछले तीन साल से एक नाट्य विद्यालय कार्यरत है, जिसका सपना भारतेन्दु नाट्य अकादमी व राष्ट्रीय नाट्य विद्यालय के स्नातक सुरेश शर्मा ने देखा था। यहाँ प्रतिवर्ष पूरे देश से तीस-पैंतीस लोग पढ़ने आते हैं। शान्तिपुर (प. बंगाल) में रंगपीठ और गुवाहाटी (आसाम) में सीगल थियेटर अकादमी भी ऐसे ही नाट्य विद्यालय हैं, जो अपने प्रयत्नों से रंगकर्म के प्रशिक्षण में लगे हैं।

दर्पण के तीस साल

आज से लगभग पैंतीस साल पहले कानपुर में एक रंगमंडली का जन्म हुआ था, जिसका नाम था द एम्बेसैडर्स। इस संस्था ने एक बार डॉ. लक्ष्मीनारायण लाल के नाटक दर्पण का मंचन किया। नाटक का नाम और उसकी प्रस्तुति से उत्साहित होकर संस्था ने अपना नाम ही 'दर्पण' रख लिया। इस तरह से कानपुर शहर में आज से लगभग बत्तीस वर्ष पहले 'दर्पण' की शुरुआत हुई और उसी की पहली शाखा के रूप में लखनऊ में 'दर्पण' का आविर्भाव हुआ। इसके बाद तो 'दर्पण' की शाखाएँ सीतापुर, गोरखपुर और दिल्ली में भी बनीं। इन सबका श्रेय 'दर्पण' के संस्थापक स्व. सत्यमूर्तिजी को दिया जाएगा जिन्हें उत्तरप्रदेश का हर रंगकर्मी मास्साहब के नाम से जानता था क्योंकि वह कानपुर के पास उन्नाव के एक डिग्री कॉलेज में पढ़ाया करते थे, लेकिन रंगमंच को लेकर बहुत ही सोच-समझवाले और कटिबद्ध कार्यकर्ता थे जिन्होंने नेपथ्य में रहकर रंगमंच के विकास के लिए जो काम किए उसके उदाहरण हिन्दी रंगमंच में बहुत कम मिलेंगे।

यह बहुत ही प्रसन्नता की बात है कि लखनऊ में स्थापित 'दर्पण' 1 नवम्बर, 2001 को अपनी स्थापना के तीस वर्ष पूरे कर रहा है। यों तो हिन्दी और भारतीय रंगमंच में ऐसी भी दूसरी संस्थाएँ मिल जाएँगी जो शायद तीस वर्ष से भी ज़्यादा पहले स्थापित हुई हों, लेकिन तीस वर्ष तक लगातार सक्रिय रहने का इतिहास अकेले 'दर्पण' जैसी संस्था के नाम जाता है। हाँ, अपवाद के रूप में हम यहाँ हबीब तनवीर की रंगमंडली 'नया थियेटर' का नाम अवश्य ले सकते हैं जो लगभग पैंतालीस वर्षों से लगातार काम करती आ रही है और आनेवाले कुछ वर्षों में अपनी स्वर्ण जयन्ती मनानेवाली है। 'दर्पण' जैसी संस्था के साथ सबसे महत्त्व की बात यह है कि वह लगातार तीस वर्षों तक काम ही नहीं करती रही वरन् भारतीय रंगमंच के बड़े से बड़े रंग-निर्देशकों के साथ काम करने का अनुभव भी उसके सदस्यों को मिलता रहा है। ब.व. कारन्त ने 'हयवदन' जैसे नाटक की शुरुआत दिल्ली से बाहर यदि कहीं की तो वह 'दर्पण' लखनऊ के साथ बलराज पंडित ने अपना सुप्रसिद्ध नाटक 'पाँचवाँ सवार' का मंचन राष्ट्रीय नाट्य विद्यालय के बाद यदि कहीं पहली बार किया तो 'दर्पण' के साथ, बंसी कौल जैसे रंग-निर्देशक ने तो राष्ट्रीय नाट्य विद्यालय से प्रशिक्षण प्राप्त करने के बाद अपने रंग-जीवन की शुरुआत ही 'दर्पण' के साथ की और विभिन्न

प्रस्तुतियों के माध्यम से एक लम्बी पारी खेली। चाहें तो इसी क्रम में रवि बासवानी की प्रस्तुति 'व्यक्तिगत' निवेदिता भार्गव की प्रस्तुति 'एक लड़की पाँच दीवाने' और संजीव विलसन की प्रस्तुति 'लड़ी नजरिया' का नाम भी ले सकते हैं।

अभी तक जिन लोगों की चर्चा की गई है वे सभी राष्ट्रीय नाट्य विद्यालय से निकले हुए लोग थे। जिन्होंने पहली बार 'दर्पण' के साथ काम किया, लेकिन इसके साथ-साथ स्वयं 'दर्पण' के अपने संस्थापक सदस्यों में भी कई ऐसे रंगकर्मी शामिल थे जो आज के बहुचर्चित रंग-निर्देशक, अभिनेता और लेखक कहे जा सकते हैं। उर्मिल कुमार थपलियाल, पी.डी. वर्मा, स्वदेश बन्धु, माया गोविन्द, डॉ. अनिल रस्तोगी, शोभना अग्रवाल और विजय श्रीवास्तव ऐसे नाम हैं जो लगातार 'दर्पण' से जुड़े रहे और कभी अभिनेता के रूप में और कभी निर्देशक के रूप में उन्होंने 'दर्पण' की गतिविधियों को लगातार चालू रखा। उर्मिल कुमार थपलियाल ने स्वयं को हिन्दी रंगमंच के एक चर्चित निर्देशक के रूप में ही नहीं वरन् एक नाटककार के रूप में भी स्थापित किया। इस दृष्टि से उनके नाट्यालेख 'हरिचन्नर की लड़ाई', 'भौंरी कथा' और 'प्यारे हरिचन्द की कहानी रह जाएगी' आदि रचनाओं का उल्लेख किया जा सकता है। इतना ही नहीं, 'दर्पण' के साथ हमेशा समर्थ और सशक्त अभिनेत्रियों की भी एक लम्बी कतार जुड़ी रही जिनमें माया गोविन्द, प्रमोद बाला, नीरजा गुप्ता और शोभना अग्रवाल का नाम हमेशा याद रहेगा।

'दर्पण' के तीस साल पूरे होने पर उपर्युक्त सारी बातों, नामों और प्रस्तुतियों को याद करना इसलिए ज़रूरी हो जाता है कि हम हमेशा इस बात को लेकर चिन्तित रहते हैं कि हिन्दी रंगमंच में ऐसी रंगमंडलियों की संख्या कम होती जा रही है जो पूरी शिद्दत से रंगकर्म में प्रवृत्त रही हों। इसमें कोई सन्देह नहीं कि 'दर्पण' का कोई भी सदस्य अपनी आजीविका के लिए कभी भी पूरी तरह से संस्था पर निर्भर नहीं रहा। इसके बावजूद जीवन-भर अपने दूसरे काम और व्यवसाय के बाद शामों में पूर्वाभ्यास के लिए नियमित रूप से एक आदत के रूप में लगभग प्रतिदिन मिलते रहना कोई कम बड़ी उपलब्धि नहीं है। इससे भी बड़ी बात यह कि अपने काम के माध्यम से 'दर्पण' मात्र लखनऊ तक ही सिमटकर नहीं रह गया वरन् उसने पिछले तीस सालों में न जाने कितने अखिल भारतीय नाट्य महोत्सवों में शिरकत करके पूरे देश में अपनी पहचान स्थापित की है। दरअसल, 'दर्पण' जैसी संस्था का महत्त्व इसलिए भी और बढ़ जाता है कि उसका स्वरूप सही मायनों में एक संस्था जैसा न होकर एक परिवार की तरह है। जैसे एक परिवार में बहुत से सदस्य सालों-साल एक-दूसरे के साथ रहते हैं, आपस में लड़ते-झगड़ते हैं, बहस करते हैं और अन्ततः एक-दूसरे के साथ रहने के लिए प्रतिबद्ध भी हैं—कुछ-कुछ ऐसा ही बिम्ब 'दर्पण' का भी बनता है, जब-जब मुझे उनके सम्पर्क में आने और कुछ समय बिताने का मौक़ा मिला है। बेशक़ 'दर्पण' की सारी प्रस्तुतियों ने बहुत ऊँचे कलात्मक प्रतिमान स्थापित न किए हों लेकिन इस बात से इनकार नहीं किया जा सकता है कि माया गोविन्द जैसी अभिनेत्री,

शोभना अग्रवाल द्वारा अभिनीत हयवदन में पद्मिनी की भूमिका, विमल बनर्जी द्वारा प्रस्तुत विभिन्न चरित्र और उर्मिल कुमार थपलियाल के आलेख और संगीत रचनाएँ ये कुछ ऐसे मील के पत्थर हैं जो हिन्दी रंगमंच में अपना स्थान हमेशा के लिए बनाए रखेंगे।

अंक के पच्चीस साल

अभी हाल ही में मुम्बई जाना हुआ। मौक़ा था वहाँ की प्रसिद्ध हिन्दी नाट्यमंडली 'अंक' की 1 अक्तूबर, 2001 को रजत जयन्ती के अवसर पर आयोजित संगोष्ठी और समारोह का शुभारम्भ। पिछले पच्चीस सालों में मुम्बई जैसे मूलतः अहिन्दी-भाषी महानगर में एक हिन्दी भाषा में कार्यरत नाट्यमंडली की तरह से लगातार सक्रिय रहते हुए अंक ने 63 नाटकों के 4400 प्रदर्शन किए हैं, जो अव्यावसायिक रंगमंडलियों की दृष्टि से अपने आप में आज मिसाल है अर्थात् एक साल में औसत, 175-76 दिन प्रदर्शन। इस दृष्टि से अव्यावसायिक तो क्या, मेरी जानकारी में हिन्दी की शायद कोई व्यावसायिक रंगमंडली भी ऐसी नहीं होगी जो इतने प्रदर्शनों का दावा कर सके।

इस अवसर पर जो संगोष्ठी आयोजित की गई थी, उसका विषय था—हिन्दी रंगमंच की समस्याएँ और सम्भावनाएँ बनाम संचार माध्यम। सुबह लगभग 11 बजे से लेकर शाम के 6 बजे तक पूरे दिन चली संगोष्ठी में इस विषय के कई पहलू उभरकर सामने आए। सबसे महत्त्वपूर्ण पहलू तो यही था कि रंगमंच से रेडियो, फ़िल्म, टेलीविज़न और दूसरे संचार माध्यमों की तरफ़ जाने की परम्परा हिन्दी रंगमंच में कब नहीं थी। क्या रेडियो के आने के बाद हिन्दी के अधिकांश नाटककार रेडियो की तरफ़ पलायन नहीं कर गए थे ? इसी तरह फ़िल्म और उसमें आवाज़ के आने के बाद पारसी रंगमंच से न जाने कितने अभिनेता-अभिनेत्रियाँ उधर चले गए थे। सन् 80 के आसपास दूरदर्शन, वीडियो इत्यादि संचार माध्यमों की आँधी में पुनः एक बार रंगमंच अभिनेताओं से लगभग शून्य हो गया लेकिन सच्चाई यह है कि इतने बड़े-बड़े झटके खाने के बाद भी रंगमंच ज्यों का त्यों अपनी ज़मीन पर क़ायम है। यह अलग बात है कि जिन संचार माध्यमों की वज़ह से उसमें यदाकदा अवरोध पैदा होते रहे, वे स्वयं ही आज पृष्ठभूमि में लौट गए हैं। इसी के साथ एक-दूसरा पक्ष यह भी उभरकर आया कि जब दूसरे भाषा-भाषी राज्यों में इन संचार माध्यमों के आने के बाद भी वहाँ के रंगमंच पर कोई बहुत गहरा असर नहीं पड़ा तो फिर हिन्दी रंगमंच के साथ ही ऐसा क्यों हुआ ? जैसा कि इस तरह की संगोष्ठियों में हर बार होता है, विषय के इर्द-गिर्द हिन्दी रंगमंच से जुड़े कुछ दूसरे पहलू भी बहस का मुद्दा बने, जैसे कि नाटक के आलेख की समस्या, उसके पूर्वाभ्यास की समस्या और दर्शकों के अभाव की समस्या। इसमें कोई सन्देह नहीं कि हिन्दी रंगमंच पर आप किसी भी तरह की संगोष्ठी का आयोजन कर लें, लेकिन

कुछ शाश्वत समस्याएँ तो हर बार लौटकर आएँगी ही। इन सब सीमाओं के होते हुए भी इस संगोष्ठी का महत्त्व इसलिए बढ़ जाता है कि पूरे दिन-भर मुम्बई और बाहर से आए हुए जाने-पहचाने और अनुभवी रंगकर्मियों ने बिना लागलपेट के पूरी ईमानदारी के साथ अपनी बात कही और श्रोताओं ने भी इसमें पूरा सहयोग किया।

स्वयं अंक नाट्य मंडली के लिए यह दिन हमेशा एक यादगार दिन बना रहेगा। एक साल पहले ठीक इसी दिन उसने 25वें वर्ष की शुरुआत की थी और तब भी यह शुरुआत एक नाट्य समारोह से हुई थी, जिसमें सभी प्रस्तुतियाँ विजय तेन्दुलकर के नाटकों पर आधारित थीं। अंक ने वर्ष 2000 को विजय तेन्दुलकर वर्ष के रूप में मनाने का निश्चय किया था, इसलिए 1 अक्तूबर, 2000 को उसने विजय तेन्दुलकर पर केन्द्रित एक सेमिनार के आयोजन से अपने 25वें साल की शुरुआत की थी और दूसरे दिन से लगातार एक सप्ताह तक विजय तेन्दुलकर के 6-7 नाटकों का समारोह आयोजित किया था। ठीक 25 साल पूरे होने की ख़ुशी में पुनः विजय तेन्दुलकर पर रंगतेन्दुलकर नाम से एक पुस्तक का भी गुलजार द्वारा लोकार्पण किया गया। मराठी भाषा से अलग किसी दूसरी भाषा में किसी एक रचनाकार तेन्दुलकर पर केन्द्रित हिन्दी में यह पहली पुस्तक है, जिसका सम्पादन प्रयाग शुक्ल ने किया है। उपर्युक्त सारे कार्य-कलापों के सन्दर्भ में अंक जैसी संस्था का महत्त्व चौगुना हो जाता है और वह इस रूप में कि सभी नाटकों की लगातार प्रस्तुतियों के माध्यम से ही नहीं वरन् बीच-बीच में इस तरह के सेमिनारों, संगोष्ठियों और विमर्श के भीतर से रंगकर्मियों को एक साथ एक मंच पर बैठकर अपने अनुभवों को आपस में शेयर करने का अवसर मिलता रहा है।

दूसरे दिन अंक की प्रस्तुति के रूप में विजय तेन्दुलकर के नाटक 'अंज़ी' को देखने का मौक़ा भी मिला। देखकर लगा कि जो संस्था सेमिनार और संगोष्ठियों के स्तर पर इतनी जागरूक है, उसे प्रस्तुति के स्तर पर भी अपना आत्म-परीक्षण करना चाहिए। इसमें कोई सन्देह नहीं कि अंक के सभी प्रदर्शन दर्शकों से ख़चाखच भरे रहते हैं लेकिन सवाल यह है कि हम उन्हें क्या दे रहे हैं। दिनेश ठाकुर, प्रीता माथुर ठाकुर, मुकुल नाग और दूसरे सक्षम अभिनेताओं की उपस्थिति के बावजूद नाटक जिस तरह के हास्य की सृष्टि करता है वह बेहद बासी और फूहड़ लगता है। मैं समझता हूँ कि यदि अंक जैसी ज़िम्मेदार मंडली इस दिशा में गम्भीर सोच-विचार की पहल करे तो निश्चित ही उसके काम में एक नई ताज़गी और निखार आएगा। बहरहाल, सारी घटनाओं, दुविधाओं और प्रश्नों से जूझते हुए पच्चीस साल पूरे कर लेने पर अंक को पुनः बधाई।

अन्य

- *दर्शकों के अभाव का प्रश्न*
- *रंगमंच के नए इतिहास का सवाल*
- *नाट्य पत्रिकाओं का एक रेखाचित्र*

दर्शकों के अभाव का प्रश्न

हिन्दी रंगमंच पर प्रायः तीन फ़तवे दिए जाते रहे हैं कि यहाँ अच्छे नाटकों का अभाव है, दर्शकों का अभाव है और टिकट खरीदकर देखनेवाले दर्शक तो हैं ही नहीं। इनमें से पहले फ़तवे के विरोध में मैं लगातार इस कॉलम और अपने दूसरे लेखों के माध्यम से अपने पाठकों का ध्यान आकर्षित कराता रहा हूँ। जहाँ तक दूसरे और तीसरे फ़तवे की बात है, वह भी अपने अनुभव के आधार पर कम और सुनी-सुनाई बातों पर ज़्यादा आधारित हैं। सबसे पहला सवाल तो यही उठता है कि यदि सचमुच में दर्शकों का अभाव है तो फिर नाटक-मंडलियाँ लगातार किसके लिए नाटक करती रहती हैं और यदि टिकट खरीदकर नाटक देखनेवालों का भी अभाव है तो फिर नाटक करनेवाले लोग अपने ख़र्च कहाँ से पूरे करते हैं ? यह सही है कि सभी को सरकारी सहायता नहीं मिलती, लेकिन अपनी जेब से ख़र्च कर भी कितने दिन तक रंगकर्म किया जा सकता है ?

पिछले दिनों राष्ट्रीय नाट्य विद्यालय रंगमंडली ने भोपाल में अपनी सात प्रस्तुतियों का एक नाट्य समारोह आयोजित किया जिसकी स्थानीय ज़िम्मेदारी मध्य प्रदेश कला परिषद की थी। मैं स्वयं अन्तिम दो दिनों में उपस्थित था और वहाँ के दर्शकों की उपस्थिति को देखकर लगा कि अन्तिम दो फ़तवे भी निरस्त कर दिए जाने चाहिए। सातों दिन प्रेक्षागृह दर्शकों से ख़चाखच भरा रहा और वह भी टिकट खरीदकर आनेवाले दर्शकों से। मेरी जानकारी में भोपाल हिन्दी प्रदेश का एकमात्र ऐसा शहर है जहाँ शुरू से टिकट खरीदकर नाटक और दूसरे सांस्कृतिक कार्यक्रमों को देखने की परम्परा रही है। दूसरे अहिन्दी-भाषी प्रदेशों जैसे कि महाराष्ट्र और बंगाल के बारे में तो सुना था और व्यक्तिगत रूप से देखा भी है कि लोग हमेशा टिकट खरीदकर नाटक देखने आते हैं, लेकिन पूरे हिन्दी प्रदेश में उदाहरण के रूप में यदि किसी एक शहर का चुनाव करना हो तो वह शायद भोपाल ही होगा और यह बात मैं इस बार के नाट्य समारोह के अनुभव पर नहीं वरन् पिछले कम-से-कम तीस वर्ष के अनुभव के आधार पर कह सकता हूँ। टिकट खरीदकर नाटक देखने की शुरुआत का श्रेय वहाँ शरद जोशी और अशोक वाजपेयी जैसे संस्कृति-प्रेमियों को दिया जाना चाहिए। कार्यक्रम चाहे सरकारी हो, चाहे गैर- सरकारी, इनमें प्रवेश टिकट खरीदकर ही होगा। यहाँ तक कि कोई मन्त्री, अफ़सर अथवा आयोजन से अप्रत्यक्ष रूप से जुड़े लोग भी यदि नाटक देखना चाहते

हैं तो वे भी टिकट खरीदकर ही जाते हैं।

नाटकों में दर्शकों के अभाव का रोना दरअसल मुफ़्त में पास बाँटने का ही नतीज़ा है। लगातार नाटक दर नाटक हम दर्शकों को आमन्त्रित करते रहते हैं। इस कारण उनकी भी यही अपेक्षा होने लगती है कि निमन्त्रण तो आएगा ही, अपनी तरफ़ से टिकट खरीदकर जाने की ज़रूरत क्या है। नतीज़ा यह हुआ कि यदि किसी संस्था ने किसी दिन पास बन्द करने का निर्णय ले भी लिया तो दर्शकों ने जाना ही छोड़ दिया। कहने का अर्थ यह है कि दर्शकों की आदतों को स्वयं नाटक करनेवाले लोगों ने ही चौपट किया है और अब सारा दोष उनके सर ही मढ़ा जा रहा है। ऐसा नहीं है कि दर्शक टिकट खरीदकर नाटक नहीं देखना चाहता। जब वह समाचार पत्र-पत्रिकाएँ खरीदने, फ़िल्म देखने और दूसरे कामों के लिए पैसा ख़र्च करता है या कर सकता है तो कोई कारण नहीं कि वह नाटक भी टिकट खरीदकर न देखें। नाटक करनेवाले लोग पास इसीलिए बाँटते हैं कि उन्हें दर्शकों से सिर्फ़ अपनी प्रशंसा सुनने की आदत है। वह जानते हैं कि जो दर्शक पैसा ख़र्च करके नाटक देखने आएगा और नाटक यदि उसकी अपेक्षाओं पर खरा नहीं उतरेगा तो वह उस प्रस्तुति की धज्जियाँ उड़ा देगा और इसी से हम लोग डरते हैं।

दर्शक सचमुच में कुछ सार्थक रंगमंच देखना चाहता है जो उसके अपने अनुभव को भीतर तक प्रभावित करे, झकझोरे, उकसाए और साथ-साथ उसका मनोरंजन भी करे। उनके लिए नाटक या तो अच्छा होता है या खराब, उसे इस बात से कोई देना-देना नहीं होता है यह किस शैली में खेला गया है, उसका सीधा-सादा रिश्ता यह बनता है कि पहले नाटक उसे समझ में आए और फिर वह उसे दूसरों के साथ भी शेयर कर सके।

प्रायः हम उसे नाटक के नाम पर एक ऐसी खिचड़ी अथवा भानुमती का कुनबा पकड़ा देते हैं जिसमें सम्प्रेषण के स्तर पर उसे कुछ प्राप्त नहीं होता। वह जैसा खाली-खाली नाटक देखने आया था उससे भी ज़्यादा खाली वह तब होता है जब वह नाटक देखकर लौट रहा होता है। भोपाल बेशक़ एक प्रतिनिधि शहर माना जा सकता है। ऐसा नहीं है कि देश में दूसरे ऐसे नगर नहीं होंगे। ज़रूर होने चाहिए और होंगे भी क्योंकि दर्शकों की नीयत पर शक करने से ज़्यादा ज़रूरी है हम स्वयं अपनी जाँच-पड़ताल करें। हम नाटक क्यों करते हैं, कैसा नाटक करना चाहते हैं और किन दर्शकों के लिए करना चाहते हैं। यदि इन सवालों के जवाब हमारे सामने साफ़ हैं तो टिकट लगाकर भी यदि हम नाटक करें तो दर्शक अवश्य आएगा और वह ही हमारा सच्चा दर्शक होगा।

रंगमंच के नए इतिहास का सवाल

शायद बहुत कम क्या, हिन्दी के किसी पाठक, दर्शक, आलोचक अथवा रंगकर्मी के पास यह जानकारी नहीं होगी कि मराठी के सुप्रसिद्ध नाटककार विजय तेन्दुलकर के नाटक 'घासीराम कोतवाल' की रचना और मंचन से लगभग पन्द्रह वर्ष पूर्व यह नाटक हिन्दी रंगमंच में लिखा जा चुका था, प्रकाशित हो चुका था और राष्ट्रीय नाट्य विद्यालय द्वारा मंचित भी हो चुका था। यह नाटक है हिन्दी के जाने-पहचाने नाटककार जगदीश चन्द्र माथुर द्वारा रचित 'शारदीया' जिसे उन्होंने पहली बार तीन-चार दृश्यों के रूप में उन्नीस सौ चौवन में लिखा था और वे दृश्य उसी वर्ष 'कल्पना' में प्रकाशित हुए थे। फिर उन्नीस सौ उनसठ में यह पुस्तकाकार छपकर आया और बासठ-तिरसठ में शान्ता गांधी के निर्देशन में राष्ट्रीय नाट्य विद्यालय द्वारा मंच पर प्रस्तुत किया गया। इसमें घासीराम कोतवाल से मिलती-जुलती भूमिका रार्जेराव घाटगे के चरित्र को उस समय के प्रतिभाशाली छात्र-अभिनेता ओम शिवपुरी ने अभिनीत किया था। शायद पाठकों के लिए यह जानना भी दिलचस्प होगा कि इसकी मंच-सज्जा विद्यालय के निदेशक इब्राहिम अल्काज़ी ने की थी।

आख़िर ऐसा क्यों हुआ कि जब उन्नीस सौ सत्तर के आसपास से लेकर पूरे दशक में 'घासीराम कोतवाल' की चर्चा अपने उत्कर्ष पर थी, इस नाटक की याद किसी को नहीं आई ? एक सीधा-सादा कारण तो यही दिया जा सकता है कि यह नाटक यथार्थवादी मुहावरे में लिखा गया था, जबकि 'घासीराम कोतवाल' पूरी तरह से एक संगीतमय आलेख के भीतर से उभरकर आता था। यह वह दौर था, जब भारतीय रंगमंच में लोक तत्त्वों से समाविष्ट नाटकों की रचना और उनकी मंच-प्रस्तुतियों पर ज़ोर था। 'बकरी', 'रस गन्धर्व', 'हयवदन' जैसे नाटक उसी दशक की देन हैं। यों भी हम हिन्दीवाले इतने उदार हैं कि हमारे यहाँ चाहे कोई मौलिक युक्ति, खोज़ या रचना बेशक़ पहले रची जा चुकी हो, हमें उसकी याद कभी नहीं आती। कुछ उदाहरणों से इसकी पुष्टि स्वयं ही हो जाएगी। नाटक के भीतर होनेवाले नाटक का उसके मुख्य पात्रों पर क्या असर पड़ता है। इसके लिए शेक्सपीयर के नाटक 'हैमलेट' का ज़िक्र तो हम बार-बार करेंगे, लेकिन भूलकर भी भवभूति के नाटक 'उत्तररामचरित' का उल्लेख कभी नहीं करेंगे, जिसमें यह युक्ति शायद पहली बार अपनाई गई थी और वह भी शेक्सपीयर से कम-से-कम आठ सौ वर्ष पहले। बादल सरकार का नाटक 'एवम् इन्द्रजीत' अपने

अलग से लगते कथ्य और शिल्प के कारण बेहद चर्चित हुआ, लेकिन ठीक उसी कथ्य एवं संरचना पर आधारित 'ग्रेजुएट-67' नाम से एक नाटक की रचना स्व. बी.एम. शाह बहुत पहले कर चुके थे, जिसे बाद में उन्होंने 'त्रिशंकु' के नाम से दोबारा लिखा, जो बेहद लोकप्रिय हुआ। सोफोक्लीज के नाटक 'इडीपस' पर तो हम जमकर चर्चा करते हैं लेकिन स्वयं हमारे यहाँ प्रचलित मिथ का ध्यान किसी को नहीं आता अर्थात् पूरन भगत और उसकी माँ के आपसी सम्बन्ध, जिस पर पंजाबी के मशहूर कवि शिव बटालवी ने अपनी लम्बी कविता 'लूना' लिखी है।

इस तरह की अनदेखी मात्र रचनाकारों के साथ हुई हो—ऐसा भी नहीं कहा जा सकता। हिन्दी रंगमंच के अभिनेता-अभिनेत्रियों और निर्देशकों के साथ भी ऐसा ही हुआ है। क्या यह सच नहीं है कि जितनी चर्चा हमारे समीक्षकों, आलोचकों ने अहिन्दी भाषी अभिनेताओं और निर्देशकों की है, उसके मुक़ाबले हिन्दी रंगमंच के रंगकर्मी दूर-दूर तक उनके लेखन की प्रेरणा नहीं बनते। मुझे याद नहीं पड़ता कि मैंने कभी डॉ. सत्यव्रत सिन्हा की निर्देशन कला अथवा ओम शिवपुरी की अभिनय कला पर कोई स्वतन्त्र लेख पढ़ा हो। हिन्दी रंगमंच के अभिनेताओं और निर्देशकों पर विस्तार से यदि कभी लिखा भी गया तो इसकी पहल स्वयं निर्देशकों को ही करनी पड़ी। इधर 'नटरंग' के ताज़ा अंक में उत्तरा बावकर और मनोहर सिंह जैसे अभिनेता पर उनके निर्देशकों क्रमशः डॉ. अनुराधा कपूर और अमाल अल्लाना ने ही पहली बार इतने विस्तार से लिखा है। इसी तरह से मनोहर सिंह, उत्तरा बावकर, सुरेखा सीकरी, ओमपुरी, नसीरुद्दीन शाह, मास्टर फिदा हुसैन जैसे अभिनेताओं और इब्राहिम अल्काज़ी, सत्यदेव दुबे, श्यामानन्द जालान, हबीब तनवीर जैसे हिन्दी भाषी निर्देशकों पर एक नियमित लेखमाला लिखने का मुझे भी अवसर मिला था। अब ये सारे लेख मेरी दोनों पुस्तकों—'पहला रंग' और 'रंग कोलाज़' में संकलित हैं।

इसे हिन्दी रंगमंच का अन्तर्विरोध ही कहा जा सकता है कि जिन लोगों को इस भाषा के रंगमंच की समस्याओं, भविष्य की सबसे ज़्यादा चिन्ता रहती है, उन्होंने ऐसे रंगकर्मियों पर तो खूब लिखा जो अपनी भाषा में किए गए रंगकर्म के कारण नहीं, अन्ततः हिन्दी रंगमंच में अपनी प्रस्तुतियों के कारण ही ज़्यादा पहचाने और प्रतिष्ठित हुए लेकिन स्वयं हिन्दी भाषा के ऐसे रंगकर्मियों को भूले-भटके भी याद नहीं किया ?

मैं इस पूर्वाग्रह को किसी भाषागत संकीर्णता के दायरे में बाँधकर देखना नहीं चाहता फिर भी कहीं यह कचोट तो होती ही है ? क्या यह सच नहीं कि यदि समय रहते ओम शिवपुरी को संगीत नाटक अकादमी पुरस्कार से सम्मानित कर दिया जाता (जो शायद मरणोपरान्त भी नहीं किया गया) तो शायद वह फ़िल्मों की तरफ़ न जाते ? ठीक यही बात हिन्दी रंगमंच के सबसे सफल निर्देशक रंजीत कपूर के विषय में भी कही जा सकती है। इसीलिए यह बेहद ज़रूरी है कि हिन्दी रंगमंच का एक नया इतिहास लिखा जाए और उसमें सक्रिय उसकी अपनी भाषा-भाषी रंगकर्मियों के अवदान-योगदान का भी उचित मूल्यांकन किया जाए।

नाट्य पत्रिकाओं का एक रेखाचित्र

पिछले कुछ वर्षों में हिन्दी नाटक और रंगमंच की दुनिया में पुनर्जागरण का दौर आया है। राष्ट्रीय नाट्य विद्यालय द्वारा पिछले चार वर्षों में 'रंग प्रसंग' छमाही पत्रिका हिन्दी में और 'थिएटर इंडिया' छमाही पत्रिका अंग्रेज़ी में प्रकाशित हो रही है और इतने कम समय में ही दोनों ने अपनी विशिष्ट पहचान बना ली है, यह सूचना उनके बढ़ते पाठक वर्ग के आँकड़ों में पुष्ट होती रहती है। अभी 3 अप्रैल, 2001 को हिन्दी रंगमंच दिवस के अवसर पर लखनऊ में भारतेन्दु नाट्य अकादमी द्वारा अपने रजत जयन्ती वर्ष में 'भरत रंग' नामक छमाही पत्रिका का लोकार्पण करने का आमन्त्रण मिला। यह निश्चय ही एक अच्छी शुरुआत है और पहले ही अंक में शास्त्रीय रंगमंच, समकालीन रंगमंच, लोक रंगमंच, दृष्टिकोण, व्यक्तित्व, अनुभव और ध्येय, इतिहास के पृष्ठों से, नाट्य संगीत, वाणी, पश्चिमी रंगमंच इन शीर्षकों के अन्तर्गत कुल मिलाकर तेईस लेख और नाट्यालेख के तहत एक नाटक और सम्पादकीय को मिलाकर सही अर्थों में रजत जयन्ती के पच्चीस वर्षों की संख्या को संयोग से पुष्ट कर जाते हैं। सबसे बड़ी और सुखद बात यह है कि ये सारे लेख और टिप्पणियाँ ऐसे लोगों द्वारा लिखे गए हैं जो किसी-न-किसी रूप में रंगमंच के व्यावहारिक पक्ष से जुड़े रहे हैं। इसीलिए उनके लेख कोरे सैद्धान्तिक न होकर अनुभव से प्राप्त सिद्धान्तों से समाविष्ट हैं और रंगलेखन के लिए यही पहली और ज़रूरी शर्त है। 'भरत रंग' ने अपने पहले ही अंक से जो आशा और उत्सुकता जगाई है उसे आगे भी बरकरार रखेगी, यही सबसे बड़ी चुनौती है। बहरहाल, पहले अंक के प्रकाशन पर अकादमी और अकादमी के निदेशक (जो पत्रिका के सम्पादक भी हैं) सुशील कुमार सिंह को बधाई, मात्र एक चेतावनी के साथ कि लखनऊ रंगमंच पर डॉ. शरद नागर के अत्यन्त गवेषणात्मक लेख हैं। उल्लिखित तारीखों में प्रूफ की ऐसी भयंकर भूलें हो गई हैं कि सारा इतिहास ही गलत हो जाएगा।

'भरतरंग' के बहाने पिछले पचास सालों में भारतीय रंगमंच, विशेषतः हिन्दी रंगमंच से सम्बन्धित अनेक पत्र-पत्रिकाओं को याद किया जा सकता है। इसमें कोई सन्देह नहीं कि भारतीय रंगमंच पर हिन्दी में प्रकाशित होनेवाली पहली और आज भी उतनी ही महत्त्वपूर्ण पत्रिका 'नटरंग' सर्वोपरि है। आज से लगभग पैंतीस-छत्तीस साल पहले शुरू होनेवाली इस पत्रिका ने कई दृष्टियों से रंगमंच के क्षेत्र में नए प्रतिमान स्थापित किए यथा सभी भारतीय भाषाओं के नए एवं सार्थक नाट्यालेखों का प्रकाशन, रंगलेखन के

लिए एक नई पीढ़ी को प्रोत्साहित करना, नाटकीय समीक्षा को रूढ़ प्राध्यापकीय ढाँचे से बाहर निकालकर उसे व्यावहारिक रंगकर्म से जोड़ना और देश के दूर-दराज़ के शहरों और क़स्बों में होनेवाले रंगमंचीय ब्यौरों को भी प्रमुखता से छापना। इस प्रकार 'नटरंग' ने सारे भारतीय रंगमंच को एक ही स्थान पर एकत्र करने और विश्लेषित करने में एक पुल का काम किया। खेद है कि अपनी व्यवस्थागत कठिनाइयों के कारण इधर 'नटरंग' अपनी नियमितता खो बैठी है और उसमें प्रकाशित सामग्री में भी वह ताज़गी दिखाई नहीं पड़ती, जिसकी उससे सदा अपेक्षा रहती है। 'रंगप्रसंग' और 'थिएटर इंडिया' से भी बहुत पहले पैंसठ से सत्तर के बीच राष्ट्रीय नाट्य विद्यालय ने 'थिएटर इम्पैक्ट' नाम की द्विभाषी पत्रिका शुरू की थी लेकिन वह तीन अंकों के बाद ही बन्द हो गई। ब्रेष्ट के रंगसिद्धान्तों का पहला हिन्दी अनुवाद 'रंगमंच के लिए कुछ विचार सूत्र' शीर्षक से इसी पत्रिका में प्रकाशित हुआ था जिसे सुप्रसिद्ध रंगकर्मी और राष्ट्रीय नाट्य विद्यालय के वर्तमान निदेशक रामगोपाल बजाज ने तब अनूदित किया था, जब वह यहाँ के छात्र और बाद में पहले रंग मंडल के सदस्य थे।

इसी दौर की अंग्रेज़ी में प्रकाशित तीन और पत्रिकाओं का उल्लेख करना भी बेहद ज़रूरी है। कालक्रम के हिसाब से इनमें पहली है 'थिएटर यूनिट' जिसे इब्राहिम अल्काज़ी मुम्बई से इसी नाम की अपनी नाट्य संस्था की ओर से निकाला करते थे, जब तक वह राष्ट्रीय नाट्य विद्यालय के निदेशक नियुक्त नहीं हुए थे। भारतीय नाट्य संघ की मुख पत्रिका 'नाट्य' और राजेन्द्र पॉल द्वारा सम्पादित 'इनैक्ट'–इन तीनों पत्रिकाओं में पचास से अस्सी तक के भारतीय रंगमंच का इतिहास संकलित, विवेचित और विश्लेषित है। बाद में ये पत्रिकाएँ भी अपने-अपने कारणों से बन्द हो गईं। केन्द्रीय संगीत नाटक अकादमी की त्रैमासिक पत्रिका 'संगीत नाटक' भी पूरी तरह से रंग पत्रिका तो नहीं है, लेकिन फिर भी यदा-कदा रंगमंच विषयक कुछ लेख प्रकाशित होते रहते हैं। क़मोबेश यही स्थिति 'नेशनल सेंटर फॉर परफार्मिंग आर्ट्स' द्वारा प्रकाशित अंग्रेज़ी पत्रिका की थी। इधर कोलकाता से निकलनेवाली 'सीगल थिएटर क्वार्टली' ने भी शुरू में तो ध्यान आकर्षित किया था लेकिन अब वह भी अनियमित हो गई है। पिछले पच्चीस वर्षों में तीन और ऐसी नाट्य पत्रिकाओं का प्रकाशन हुआ जो कभी नियमित, कभी अनियमित और कभी बन्द हो गईं। ये हैं उ.प्र. संगीत नाटक अकादमी द्वारा 'छायानट' जो काफ़ी अन्तराल के बाद अब लगभग नियमित निकल रही है और अगले वर्ष अपना सौवाँ अंक निकालने की तैयारी में है। म.प्र. कला परिषद ने भी अपनी पत्रिका 'कलावार्ता' के सौवें अंक के साथ कुछ साल पहले अपने पुनर्प्रकाशन की शुरुआत की थी। कोलकाता की प्रसिद्ध नाट्य संस्था 'अनामिका' द्वारा 'नाट्यवार्ता' जो आज तो बन्द है लेकिन अस्सी के आसपास अपने रजत जयन्ती वर्ष में संस्था ने इस पत्रिका का एक महत्त्वपूर्ण विशेषांक 'नाट्यशास्त्र' पर प्रकाशित किया था।

अभी तक इस लेख में उन पत्रिकाओं को बिल्कुल भी छुआ नहीं गया है जो हिन्दी-अंग्रेज़ी से अलग देश की दूसरी हर भाषा में प्रकाशित होती हैं, जिनमें बांग्ला की

'बहुरूपी' मराठी की 'नाटक' तो बेहद चर्चित हैं। हिन्दी में भी बेगूसराय से 'रंग अभियान' और भोपाल से 'रंग संवाद' के अंक बराबर डाक से मिलते रहते हैं। फिर ऐसी साहित्यिक पत्रिकाओं की संख्या भी अपने-आप में कम नहीं है जो बेशक़ नाटक और रंगमंच की पत्रिकाएँ नहीं हैं, लेकिन उनमें इन विषयों पर गहरी शोधपरक सामग्री छपती रही है। बहुत पहले 'आलोचना' जैसी पत्रिका ने भी अपना एक विशेषांक नाट्य पर केन्द्रित किया था। कभी 'सूत्रधार' के नाम से धर्मेन्द्र गुप्त के सम्पादन में निकलनेवाली पत्रिका का भी एक अंक नाटक विशेषांक के रूप में निकला था। अभी इधर हिन्दी की चर्चित और विवादास्पद पत्रिका 'वर्तमान साहित्य' ने बीसवीं सदी के साहित्य के आकलन की कड़ी में सौ बरस के हिन्दी रंगमंच पर एक विशेष अंक प्रकाशित किया था। इस प्रकार यह सारा इतिहास एक तथ्य के प्रति बेहद आश्वस्त करता है कि यदि एक ओर हिन्दी रंगमंच अपने व्यावहारिक स्तर पर लगातार सक्रिय और गतिशील रहा है तो दूसरी ओर उन सारे कार्यकलापों का लेखा-जोखा भी विभिन्न पत्र-पत्रिकाओं के पृष्ठों पर दर्ज़ होता रहा है।